语言学著作序文集

第二辑

Yuyanxue Zhuzuo Xuwenji

戴庆厦 著

中央民族大学出版社
China Minzu University Press

图书在版编目（CIP）数据

语言学著作序文集. 第二辑 / 戴庆厦著. -- 北京：中央民族大学出版社，2025.7. -- ISBN 978-7-5660-2513-5

Ⅰ. H0-53

中国国家版本馆 CIP 数据核字第 2025BR5413 号

语言著作序文集（第二辑）

著　　者	戴庆厦
责任编辑	戴佩丽
封面设计	舒刚卫
出版发行	中央民族大学出版社
	北京市海淀区中关村南大街 27 号　邮编：100081
	电话：（010）68472815（发行部）　传真：（010）68933757（发行部）
	（010）68932218（总编室）　　　　（010）68932447（办公室）
经 销 者	全国各地新华书店
印 刷 厂	北京鑫宇图源印刷科技有限公司
开　　本	787×1092　1/16　印张：36.75
字　　数	546 千字
版　　次	2025 年 7 月第 1 版　2025 年 7 月第 1 次印刷
书　　号	ISBN 978-7-5660-2513-5
定　　价	186.00 元

版权所有　翻印必究

前 言

2021年10月，我出版了《语言学著作序文集》（民族出版社）一书，汇集了我为语言学著作写的序，还加上我在学术会议上的一些讲话、报告和我的专著中的前言后记。这些短文，也是我的科研成果一部分，既分析研究了民族语言著作出版物的学术价值，又记录了我和同行挚友的学术交流和友情，还便于读者使用，其中有些见解和认识是我的其他论文所没有的。大部分都已公开见书，汇集在此，目的是便于读者和我自己查看，也便于梳理我在语言研究上的一些理念。我很珍惜这些发自内心陆续写出的短文。

文集出版后的这些年，一些朋友对我说："这种序文有特色，读者喜欢读。从中能够了解到语言学研究的新信息和新动态。年轻学者还能够参考治学方法。"我还听到，有的老师为了写序，或给学生写论文评语，以及为了写好会议发言，也会找这本书做参考。我听到后感到特别高兴，觉得集子出版的效果比当初预想的好。这些反馈，让我萌生了要再编写出版续卷的念头。

序文是文体的一种。在信息交际中有不可替代的文本价值。读者接到一本新著，往往会先翻出"序""后记"先读为快，再决定下一步该怎么读。这是读者普遍从阅读实践中总结出的经验，很有道理。这是因阅读序和后记，能够较快地掌握该书的内容、特点、创新点，能够获取自己所需要的信息，特别是当今出版物如林的时代更是如此。由此想到，怎样写好语言学著作的序、后记，能够使它对读者更有用，是学科建设值得探讨、总结的。

本续集主要汇集了我2020年至2025年1月为语言学著作写的序言以及在一些学术会议上的发言和我出版的语言学著作的后记，还包括少量这之前未收入的。全书共116篇，分为序文、后记、讲话报告、祝词和怀念等四个部分。文中不当之处，希望读者予以指正。

戴庆厦

2025年2月8日

目 录

第一部分　序文

斯琴《中央民族大学中国少数民族语言文学学科纵览》序……………002
张博《汉语同族词的系统性与验证方法》序 …………………………003
《汉藏语学报》发刊词 …………………………………………………005
加强语言和谐的调查研究是当务之急
　　——罗骥、余金枝《语言和谐论集》序 …………………………008
《云南师范大学汉藏语研究院文库》总序 ……………………………012
赞"重田野调查，七年磨一剑"的语言研究精神
　　——蒋颖《大羊普米语参考语法》序 ……………………………015
戴庆厦、余成林主编《语言国情调查概论》导言……………………019
谚语研究的一个有价值的个案
　　——李树新《达斡尔族、鄂温克族、鄂伦春族谚语文化研究》序 …023
谢红梅《阿昌语方言词汇集》序 ………………………………………028
一部考察藏缅语格助词历史演变的新著
　　——王跟国《藏缅语族语言格助词研究》序 ……………………031
史诗文献注释方法论的创新
　　——胡素华《彝族史诗〈勒俄特依〉(ꀈꂾꋊꑳ)译注及语言学研究》序…034
语言研究方法论的反思
　　——戴庆厦《汉藏语研究方法论讲稿》自序 ……………………037
戴庆厦《戴庆厦自选文集》自序 ………………………………………040

戴庆厦《语言学著作序文集》前言 ……………………………… 042
深入的个案研究是语言研究的基础
　——张琪《南段拉祜熙话语法研究》序 …………………… 044
描写语言学之树长青
　——刘劲荣《彝缅语比较语法话语材料数据库》序 ……… 048
一部有新意的语言生态成因、演变的个案研究
　——经典《广东世居民族的语言生态及语言和谐》序 …… 052
一部来自教学一线的好书
　——金海月《韩国学生汉语语法习得研究》序 …………… 055
李春风《景颇族·怒江州片马茶山语参考语法》序 ………… 058
卿雪华《佤语岳宋话研究》序 ………………………………… 061
张鑫《墨江豪尼哈尼语参考语法》序 ………………………… 064
戴庆厦、闻静《分析性眼光与语言研究论集》前言 ………… 068
赵敏《中老跨境哈尼语对比研究》序 ………………………… 071
赞"十年磨一剑"的治学之道
　——马重奇《明清以来闽南方言历史比较研究》序 ……… 074
一部有创意的民族语言地图集
　——陈娥《中国布朗语方言地图集》序 …………………… 080
海外汉语方言调查研究的一部力作
　——陈晓锦《海外汉语方言研究导论》序 ………………… 085
张景霓《环江毛南语参考语法》序 …………………………… 089
一部有特殊价值的参考语法
　——袁梦《泰国斯戈克伦语参考语法》序 ………………… 092
创新语言功能理论 服务国家语言战略
　——史春颖《赫哲语社会功能修复机制研究》序 ………… 096
戴庆厦《尽精微，求至真》一书的学术自述 ………………… 099
十年磨一剑的一部傣族文献研究新著
　——杨光远《阿洪姆兰基译注》序 ………………………… 109

一部用类型学视角研究藏缅语并列结构的新著
　　——范丽君《藏缅语并列结构类型比较研究》序 ………… 113
孟高棉语研究的一部有珍贵价值的新著
　　——王育弘《孟高棉语的语音和词汇》序 ………………… 117
创新语言治理理论 服务国家语言治理
　　——王世凯《国家语言治理与治理现代化》序 …………… 120
创新与扎实：壮语语法研究的新高度
　　——评吕嵩崧《南部壮语语法研究》………………………… 124
新时代语言国情调查研究的新探索
　　——经典《广东世居民族的语言生态与语言和谐》一书读后 … 134
汉语否定研究的新进展
　　——评王世凯《汉语否定的发生与语义功能研究》………… 144
建立适合中国国情的濒危语言理论研究
　　——《云南师范大学学报》主持人语 ……………………… 148
"跨境语言"的新进展
　　——《贵州民族研究》主持人语 …………………………… 150
新时代必须加强语言影响与语言适应研究
　　——《云南师范大学学报》主持人语 ……………………… 152
必须加强中华民族共同体语言关系研究
　　——《玉溪师范学院学报》主持人语 ……………………… 154
新时代语言国情调查研究大有可为
　　——《语言国情调查研究》专栏主持人语 ………………… 155

第二部分　后记

《语言国情调查概论》后记……………………………………… 158
《戴庆厦文集》（第七卷）后记…………………………………… 161
《中缅跨境景颇族语言研究》后记……………………………… 163

《景颇语参考语法》（修订版）后记 ……………………………… 167
《戴庆厦先生口述史》后记 ………………………………………… 169
《分析性眼光与语言研究论集》后记 ……………………………… 171
《戴庆厦文集》（第八卷）后记 …………………………………… 172

第三部分　讲话、报告

怎样培养有扎实功底的民族语言研究博士
——"语言学博士生导师高级研修班"讲话 ……………… 176
在"首届中国语言学方法与方法论问题学术讨论会"上的讲话 …… 185
学好普通话是少数民族的强烈愿望 ………………………………… 188
中国的语言保护
—— 在老挝"湄公河流域语言文化国家会议"上的讲话 …… 190
在"中央民族大学文学院多语智能研究中心挂牌仪式暨发展研讨会"
上的讲话 …………………………………………………………… 195
"四结合"是发展我国语言研究的必由之路
——"第五届南方语言研究高端论坛"开幕式讲话 ………… 197
在"中国民族语文应用研究中心"专家咨询会上的讲话 ………… 199
在中央民族大学中国语言文学学部《红楼梦》跨文化研讨会"上的讲话 201
境外跨境语言描写研究的几个问题
—— 对中央民族大学语言学研究生的讲话 ………………… 205
少数民族语文现代化当前的形势和发展
——"中国语文现代化学会民族语文现代化专委会成立仪式"讲话 …… 212
在《语言文字应用》2021年编务工作会议上的讲话 …………… 216
从语言上论述中华民族共同体的认同
——"国家语言文字推广与中华民族共同体建设国际高端论坛
暨闽南师范大学国家语言文字推广基地揭牌仪式"讲话 ……… 218

4

在"铸牢中华民族共同体意识的创新性实践——中国少数民族语言文学学院'混合式'改革的成就与经验座谈会"上的讲话 …………… 222

在"语言学专业培养方案专家论证"上的讲话 …………… 225

加强研究各民族语言中长期形成的中华民族共同体意识

——"中国民族语言应用第二届高峰论坛"讲话 …………… 226

在"湖南及周边省区虚词时空立体研究及数据库建设"开题会议上的讲话 …………… 229

在《语言文字应用》杂志创刊30周年会议上的讲话 …………… 234

珍惜博士研究生学习的四年

—— 对在读博士研究生的一次讲话 …………… 236

语言博物馆是传播传承优秀文化遗产的阵地

——"首届语言博物馆学术研讨会"讲话 …………… 239

在"'职教出海'研究中心成立仪式暨《职业中文教育学刊》学术研讨会"上的讲话 …………… 243

在"戴庆厦教授汉藏语系语言研究学术思想研讨会"闭幕式上的讲话 … 245

再论语言和谐与语言竞争

——"全国民族语文翻译工作业务骨干研修班"报告 …………… 247

中国的语言国情及民族语文政策

—— 民族出版社报告 …………… 272

论科学保护各民族语言文字

——"语言文字应用研究第一届优秀中青年学者培训班"报告 ………… 284

谈谈我的语言学研究

—— 云南民族大学报告 …………… 295

中国语言保护的理论与方法

——"第50届国际汉藏语暨语言学会议"报告 …………… 302

我国四次语言大调查的回忆

——"中国民族语言学会民族语文应用专业委员会首届学术研讨会"报告 308

边疆语言调查研究的三个问题

——"第二届边疆语言与民族文化论坛"报告 …………… 320

谈谈如何培养对语言现象的敏锐性
——云南师范大学汉藏语研究院报告 ·········· 325
我国民族语言状况面面观
——北京语言大学报告 ·········· 336
老挝语言状况调查、编写的一些体会
——"第三届语言资源与智能国际学术研讨会暨《万国语言志》编写启动会"报告 ·········· 351
分析性语言虚词的语法属性定位——以藏缅语族景颇语为例
——"第五届语言类型学国际学术研讨会"报告 ·········· 359
我的语言学事业
——云南师范大学报告 ·········· 368
谈谈语音能力在语法研究中的重要性——以藏缅语为例
——南开大学"实验语音学+"云上论坛报告 ·········· 378
语言描写与语言解释
——贵州民族大学报告 ·········· 386
动态视角下的藏缅语动词特点及其属性——兼与汉语比较
——湖南大学报告 ·········· 397
从语言类型视角谈谈怎样认识汉语的特点
——青岛大学国际教育学院报告 ·········· 408
"语言田野调查交流"报告 ·········· 415
论新时代中国跨境语言资源保护的重要意义
——"首届中国少数民族语言资源保护学术讨论会"报告 ·········· 420
中华民族共同体的形成是中国社会发展的大势
——中国民族语文翻译局报告 ·········· 427
必须加强彝缅语类型特点的研究——兼论彝缅语的类型属性
——第七届"国际彝缅语言暨语言学"报告 ·········· 435
要善于发现语言中有特点的专题——以景颇语研究为例
——"中国民族语言学会第16次全国学术讨论会暨第二届青年论坛"报告 442

谈谈语言反观：以藏缅语的特点反观汉语为例
—— 在北京语言大学语言科学院成立十周年庆典上的报告 ·············· 452
谈谈新时代的语言国情调查 —— 兼回顾中华人民共和国成立后的几次语言国情调查
—— "中国民族语言学会民族语文应用专业委员会第四次学术研讨会暨中国民族语文应用第三届高层论坛"报告 ·············· 459
跨境语言与国家安全
—— 国家语委高级研修班报告 ·············· 464
从非汉语反观汉语的三个理论问题
—— "汉外语言研究交流与融合高端论坛"报告 ·············· 483
三论汉语研究与非汉语结合的重要性
—— 中国传媒大学报告 ·············· 487
从语言类型视角看景颇语的补语 —— 兼与汉语的补语比较
—— "第52届国际汉藏语言暨语言学会议"报告 ·············· 495
景颇语教学经验点滴
—— 1987年在中央民族学院语文系"语言教学经验交流会"上的报告 ··· 506
新时代语言国情调查研究的几点思考
—— "第六届边疆语言文化暨第八届周边语言文化论坛"报告 ·············· 515

第四部分　祝贺、怀念

在"第二届跨境语言研究论坛暨第五届中国云南濒危语言遗产保护学术研讨会"开幕式上的贺词 ·············· 520
在商务印书馆125周年华诞纪念会上发表题为"'商务'是作者的温暖之家"的贺词 ·············· 522
在国际阿昌族阿鲁沃罗节文化节上的致辞 ·············· 526
中国社会科学院民族学与人类学研究所建所60周年贺词：新时代中国民族语文工作的新作为 ·············· 528

在"中国云南濒危语言有声资源采录技术培训班"上的开班致辞 ……… 530
在"首届跨境语言高端论坛"上的致辞 …………………………… 532
"詹伯慧语言学奖"成立大会贺词 ………………………………… 534
在"中国语言生活皮书"编纂十五周年暨第三届中国语言生活学术研讨会
　开幕式上的致辞 …………………………………………………… 535
在"中国外语战略研究中心"十年总结会上的致辞 ……………… 536
《黔南民族师范学院学报》创刊40周年刊庆寄语 ………………… 537
我和《中国语文》…………………………………………………… 538
在"严学宭先生诞辰110周年纪念暨学术研讨会"上的发言 …… 541
忆学良师对中国民族语文专业建设的杰出贡献
　——在"马学良先生诞辰110周年纪念活动暨马学良学术思想研讨会"
　上的发言 …………………………………………………………… 544
永远怀念好友章太兄 ………………………………………………… 549
邢福义先生是我的学习榜样
　——沉痛哀悼好友福义兄 ………………………………………… 552
回忆我与赵杰的三次交谈 …………………………………………… 555

附录

附录一　《光明日报》文：做个"田野调查派"——戴庆厦先生与民族语言学
……………………………………………………………………… 560
附录二　中央民族大学新闻网讯：戴庆厦教授汉藏语系语言研究学术思想
研讨会在校举办 …………………………………………………… 571

后记 …………………………………………………………………… 573

第一部分 序文

斯琴《中央民族大学中国少数民族语言文学学科纵览》序[①]

中央民族大学少数民族语言文学学科经过近半个世纪的发展历程，在几代人的努力下，培养了大批从事少数民族语言文学教学、科研、翻译以及行政管理的人才，为发展少数民族文化教育做出了应有的贡献，在国内外都有广泛的影响。这一时期的发展历程，应通过文字保存下来，这对今后的学科研究是非常有用的。国内外有关学者也经常来询问我们这一学科的现状及历史。在我们的日常工作中，包括总结学科发展经验、申报项目以及对外交流等，深感缺乏反映本学科历史全貌的系统资料。为此，担任学院秘书的斯琴同志经过大量采访、搜集整理编成此书。

该书对我校少数民族语言文学近半个世纪的学科建设、教学科研工作、人才培养、专家学者、机构设置、领导变换等情况做了较全面、系统的介绍，记载了1950—1999年的大事记，并对学科的现状及发展进行了阐述，是一部难得的史料，对今后学科的发展以及国内外相互交流都有一定的参考价值。

是为序。

2000年7月

[①] 斯琴：《中央民族大学中国少数民族语言文学学科纵览》，北京：民族出版社，2000年。

张博《汉语同族词的系统性与验证方法》序[1]

张博教授的《汉语同族词的系统性与验证方法》书稿即将出版，我非常高兴。对这部书的学术价值，又辛师和王宁先生在序中都谈了很中肯、很有分量的话，我非常同意。我这里只想谈几句与汉藏语系语言同族词研究有关的一些想法，以示祝贺。

四年前，张博完成了专力探讨汉语同族词的验证问题的博士学位论文，做得不错，得到评审专家的一致好评。毕业当年，她就已得到出版的机会，可是她却放弃了。她告诉我，这是因为在论文答辩时讨论到的一些问题，她觉得很有必要对此做进一步的探讨。于是，在毕业后的三年多时间里，她坚持不懈地进行研究、修改，反复琢磨。她从类型学的角度，思索汉语同族词滋生繁衍的语言文字背景；发掘大量的同族词实例，揭示汉语同族词孳衍的内在规律。这就使得她的研究方法能够更好地适应汉语同族词的本体特征，使二者有机地结合在一起，从而突显了汉语内部材料平行互证这一最重要的验证方法的可行性。可以说，这本书的新思路和新框架，是基于语言自身的特点探索适宜的研究方法的有益尝试，具有重要的理论意义和方法论价值。这种求实求真、不浮躁的学术态度，是难能可贵的。

---

[1] 张博：《汉语同族词的系统性与验证方法》，北京：商务印书馆，2003年。

最令我感到高兴的是，张博能在多年研究汉语词汇的基础上，将视野扩大到与汉语有发生学关系的汉藏系亲属语言。半个多世纪的汉藏语研究的实践证明，汉语研究必须与汉藏系非汉语研究相结合。因为这种结合可以使汉语研究和同语系非汉语研究相互启发，彼此为用。我们的先辈李方桂、罗常培等汉藏语研究大师们，在这条崎岖、艰难的道路上苦苦探索，为后来者开辟了一条新路。但这仅仅只是个良好的开始，大量的问题还有待后来者去做。张博的这部著作，能够准确地把握历史比较语言学的基本方法，汲取周法高"语义比较法"，严学宭、董为光、曹广衢的"同族词比较法"，以及非汉语（如景颇语）同族词的研究成果，并利用汉语和同语系非汉语之间的语义对应、语音对应和同族词对应，来证明汉语同族词的语义关系、语音关系和族属关系，具有一定的方法论意义。张博所提出和运用的多种验证方法，不仅有利于解决汉语同族词和词族研究因文献资料不足而存在的一些难题，而且还为汉藏系语言同源词研究提供了一些有价值的线索和方法论原则。

如果说还有遗憾的话，那就是张博在攻读博士期间用于学习藏语的时间太有限，对藏缅语族其他语言的学习未能顾及。李方桂先生根据自己长期的治学经验，曾对汉语、汉藏语研究者提出了"博于各种藏汉语的知识，而精于自己所专门的系统研究"的要求。我想，假如张博能多掌握一门非汉语的汉藏系语言，并能开展不同语言有深度的同族词比较，我相信她会在汉藏词汇比较研究方面取得更有突破价值的成果。

张博教授做学问执着努力，一心扑在学问上，而且为人正直谦逊，是难得之才。我希望，张博能在这部著作的基础上继续努力，也希望有更多的年轻朋友致力于汉藏语言的比较研究，使21世纪的中国语言学因汉语和同语系非汉语研究的密切结合而有更多的新拓展、新突破。

是为序。

2003年6月8日

《汉藏语学报》发刊词[①]

我国的语言研究近期有了喜人的进步。《中国语文》《民族语文》《语言研究》《语言学论丛》《语言科学》《汉语学报》《当代语言学》等专业语言学学术刊物汇成了方阵，耀眼夺目，映出了我国语言研究的一派生机，在这样的形势下，《汉藏语学报》应运而生。

汉藏语系语言（简称"汉藏语"）是世界诸语系中的一大语系，不仅使用人口多、分布广、语种多，而且还有区别于其他语系语言的复杂特点。中国有丰富的汉藏语，历来被誉为"汉藏语的故乡"。汉藏语研究，无论对语言学理论研究、应用研究，乃至民族学、人类学、社会学、教育学等相关学科的研究，都具有其不可替代的重要价值。

朱德熙先生曾经说过："现代语言学的许多重要观点是以印欧语系的语言事实为根据逐渐形成的。采用这种观点来分析汉语，总有一些格格不入的地方。这是因为汉语和印欧语在某些方面（最明显的是语法）有根本性的不同。由此可见，如果我们不囿于成见，用独立的眼光去研究汉藏语系语言，就有可能对目前公认的一些语言学观念加以补充、修正甚至变革。从这方面看，汉藏语研究有十分重要的意义。"[②]

近半个世纪以来，汉藏语研究在国内外有了长足的进步。具体表现

---

① 载于《汉藏语学报》2007年第1期，北京：商务印书馆。
② 马学良主编：《汉藏语概论·序》，北京：民族出版社，2003年10月第2版。

在：一批汉藏语研究的成果相继出现，受到人们的重视；"汉藏语研究"这一新兴学科已被国内外学术界所认可，影响越来越大；一大批汉藏语研究者已在不同国家、不同地区出现，形成一批有内聚力的队伍；每年一届的国际汉藏语会议经久不衰；等等。但是，面对汉藏语研究的发展，至今国内外还没有一个以汉藏语为园地的专业刊物，这很不利于汉藏语研究者之间，特别是汉语研究者与非汉语研究者之间的交流。

创办汉藏语研究的专业刊物，早已是国内外几代汉藏语专家的愿望，但由于条件不成熟而未能实现。今天，这个愿望终于实现了。我们希望这个新生的刊物，能够成为"汉藏语爱好者之家"，能够有助于汉语研究者与非汉语研究者之间的沟通。

本刊提倡从语言事实出发，在科学的语言学理论、方法的指导下，探求新的语言规律，并以新认识来丰富、发展、变革原有的语言学积累。所以，重语料、重方法、重理论建设是本刊所要强调的。

对汉藏语的调查研究，应该说还是远远不够的。对许多语言，目前只有粗浅的认识，甚至对一些语言目前还停留在所知甚少或完全不知上。所以，本刊重视田野调查获取的新语料，鼓励年轻人去做深入的语言田野调查。任何一个国家要发展本国的语言研究，必须充分利用本国的语言资源，这是发展语言学的一条最好的途径。汉藏语研究也是如此。

语言的奥妙是无穷的，对它的认识是无止境的。因而，对语言奥妙的探索，应该是多角度、多方法的。所以，本刊将不拘一格地录用各类来稿。山外有山，天外有天。只要是有新语料的、有新创意的，或是揭示了新的语言规律的，不管是哪个学派、哪种风格，我们都欢迎。

汉藏语大师李方桂先生说过："但是我也不希望，比方说，专研究汉语的可以一点不知道别的汉藏语系语言。印欧的语言学者曾专门一系，但是也没有不通别系的。就拿汉语说，其中有多少问题是需要别的语言帮助的。""所以依我的意见，将来的研究途径不外是'博而能精'，博于各种汉藏语的知识，而精于自己所专门的系统研究。"李先生的经验之谈，不但是广大汉藏语研究者的座右铭,而且也是我们创办《汉藏语学报》的指导思想。

愿向同仁虚心请教,互相切磋,共同为办好《汉藏语学报》而努力!

2007年9月

加强语言和谐的调查研究是当务之急

—— 罗骥、余金枝《语言和谐论集》序[①]

一、语言和谐问题研究具有重要意义

我国是一个多民族、多语种、多文种的国家，不同语言之间必然存在和谐与不和谐的语言关系。这是语言生活中不能回避的客观事实。

语言关系有多种不同的类型：既有语言和谐又有语言不和谐（包括语言矛盾、语言冲突、语言歧视等）。语言和谐是语言关系中的一种最佳类型，是人们所追求的共同愿望。什么是"语言和谐"？语言和谐是指一个国家、一个地区的不同语言（包括不同的方言）在使用中各就各位，和谐共处，协调有序；在和谐中各尽其责，共同发展；既不相互排斥或歧视，也不发生冲突。一个文明的社会，必须要有相互尊重对方语言使用习惯的社会风气和民间道德。语言和谐是社会和谐的一个重要组成部分，语言不和谐，社会也不会和谐。

任何一个多民族、多语言的国家，都存在语言生活的和谐问题。我国的情况也是这样。我国的语言文字虽然情况复杂，但不论是现在还是过去，主流还是和谐的，当然也有不和谐的因素。这是我国重要的语言国情。科学地处理好语言关系，保证不同语言的和谐，才有利于社会稳定和

[①] 罗骥、余金枝：《语言和谐论集》，成都：四川大学出版社，2014年。

民族发展。特别是在我国现代化建设日趋深入的今天，随着民族关系的进一步加强和民族关系的新变化，语言和谐问题更为突出，出现了许多前所未有的问题。所以，加强语言和谐的调查研究，从理论上弄清我国语言和谐的客观规律，不但具有语言学、社会学、政治学、教育学的理论价值，更重要的是，对于引导我国语言生活的和谐健康发展，对于加强民族团结，都具有不可替代的应用价值。

二、语言学界对语言和谐的特点和规律知之甚少

"语言和谐"是近期提出并被强调的一个新概念、新问题。回顾过去，虽然人们每天都在使用语言，但对语言和谐的认识是朦胧的、不到位的，理性认识缺少大量的事实做依据，说不出语言和谐的具体特点及其形成的条件和原因。不管是现在还是过去，我国的语言生活中存在无数生动、具体的语言和谐实例，但是并未引起人们（包括语言工作者在内）的重视，也未引起人们的思考。举例来说，云南地区的语言和谐种类多，有汉语和少数民族语言的和谐、少数民族语言之间的和谐、汉语不同方言的和谐、通用语和方言的和谐、少数民族语言内部不同支系语言的和谐、跨境语言的和谐、本国语和外语的和谐等，但对如此复杂的语言和谐问题缺乏研究。云南德宏傣族景颇族自治州是一个由傣、景颇、阿昌、德昂、傈僳等民族组成的多民族地区。这里的不同民族友好相处，各自使用自己的母语，还互相学习对方的语言，大家都以多掌握一种语言为荣。这里的少数民族都积极学习通用语——汉语普通话，认为是发展自己民族所不可缺少的。长期居住在这里的汉族，有许多人也会说一口漂亮的民族语言。1911年我们中央民族大学曾组织团队调查了这一地区的语言关系，调查中得到了大量生动的事实，认识到这一地区的语言和谐是由社会、经济、文化发展的需要决定的，并有其深远的历史传统。各民族的语言和谐使大家深受感动。

中国境内不同语言、不同方言的关系，虽然学界尚未完全认识清楚，还不能科学地理出其规律和成因，但能大致看到贯穿古今的一条语言和谐的主线。所以我国的语言工作今后必须重视调查研究语言和谐的现状和历史，从实践上和理论上弄清我国语言和谐的概念、范围、表现、特点、类型、成因以及演变的规律和趋势，还要调查研究局部存在的不和谐的因素和成因，并以获取的新的认识和事实有理有据地向各族人民进行宣传，还可用来作为制定语文方针、政策的依据或参考。要让大家都知道，我们历史上的语言生活就是这么走过来的，是不以人们的意志为转移的，其基本走向是坚持语言和谐、克服语言不和谐，语言和谐是各族繁荣、发展的保障。

三、语言和谐调查研究的方方面面

语言和谐的调查研究势在必行。怎样做好我国的语言和谐调查研究呢？

我认为，要对我国现今语言生活中的语言和谐进行广泛、深入的调查研究，这是认识语言和谐的基础。还要善于调查、发掘历史上语言和谐的事实和规律。现实和历史是紧密相连的，历史是根由、是借鉴。

还要做好语言和谐理论、方法的研究。诸如：怎样确定语言和谐的概念；怎样划分语言和谐的类型；怎样认识语言和谐研究的理论意义和应用价值；怎样理解语言和谐中强势语言和弱势语言、语言互补与语言竞争的关系；怎样分析语言接触和语言影响在语言和谐中的关系；怎样确定形成语言和谐的原因及条件；怎样认识语言和谐与双语的关系；怎样研究跨境两侧的语言和谐问题。语言不和谐虽是局部存在的问题，但必须重视和研究。必须调查语言不和谐有哪些表现（具体事例），其危害性如何；还要分析其形成的各种内外原因，包括思想根源、历史因素、民族关系等。

语言和谐调查研究应重在个案调查。建议在全国范围内根据不同民族、不同地区的差异，选出有代表性的个案点，分期、分批地开展调查研究，并在具体的语言事实的基础上逐步归纳特点、规律和理论问题。个案点的调查，必须强调深入、细致、具体，防止"蜻蜓点水""走过场"，处理好理论和事实的关系。必须重视第一线的、微观的、穷尽式的个案调查；调查组成员必须深入群众的语言生活中，与语言使用者进行面对面的调查。

实现和谐有序的、有中国特色的语言生活，是各族人民和语言工作者的共同愿望；但要实现这一愿望必须加强语言和谐的调查研究。

云南师范大学汉藏语研究院近年来选择"语言和谐"作为研究院的重点攻关课题之一，无疑是符合研究我国国情和语言研究的实际需要的。2012年，他们赴丽江市古城区七河镇共和村进行了纳西、白、汉等民族的语言和谐的调查，写出了"丽江市古城区七河镇共和村的语言和谐"的调查报告，还计划在数年内开展多个语言个案的调查研究。最近罗骥、余金枝两位教授主编了《语言和谐问题调查文集》，汇集了近5年来我国开展语言和谐研究的成果，其出版将对我国跨境的语言研究起到一定的促进作用。

是为序。

《云南师范大学汉藏语研究院文库》总序[①]

建业难，建业苦，建业乐。

为促进我国汉藏语学科的发展，2012年我在时任云南师范大学校长杨林教授的积极支持和时任《云南师范大学学报》主编、汉语史专家罗骥教授的倡议和运作下，于2012年4月27日在云南师范大学成立了国内外第一个以汉藏语为研究对象的汉藏语研究院。到现在已走过了七个年头。回忆从建院到现在，既有困难缠绕的愁苦，又有取得成绩的欢乐。我们从无到有，从心里没底到如何办成一个有特色的汉藏语研究机构，有了初步的体会和经验。

开初，整个研究院只有我（院长）和罗骥（常务副院长）、胡韶星（办公室秘书）三人，后来逐渐调进新人余金枝（副院长）等，目前已有九位专职研究人员，初具规模。学校给汉藏语研究院的定位是：办成以汉藏语系语言为研究对象的科学研究和高层次人才培养的实体机构。七年来，在学校的支持和老师们的共同努力下，研究院在队伍建设、科学研究、人才培养等方面都取得了显著成绩。研究院已建立起一支结构合理、素质优良、团结实干的科研教学队伍。研究院现有教授3人，副教授3人；具有博士学位的7人，博士后1人；博导2人，硕导7人。

七年来，研究院九名研究人员共获得省级以上的科研项目20项。其

[①]《云南师范大学汉藏语研究院文库》总序见第一部《语言和谐论集》，成都：四川大学出版社，2014年。

中省重大招标项目1项，国家社科基金重点项目2项，国家社科基金一般项目1项、青年项目1项、西部项目2项；部委级项目3项；获准建设1个省级科研平台。已出版专著19部，其中A类出版社14部；发表论文83篇，其中核心期刊38篇。研究院已建立起一套高层次人才培养体系。从2013年开始招收培养博士研究生，2015年开始招收培养硕士研究生，2015年开始招收博士后。已有3届博士生毕业；现有在读博士研究生5人，在读硕士研究生28人；其中外国留学生有5人。

七年来一些项目获奖：田阡子的"格西霍尔语动词的时-体范畴"获"李方桂田野调查奖"（2014年）；余金枝的《湘西矮寨苗语参考语法》（著作），获云南省第20届哲学社会科学优秀成果奖三等奖（2016年）；罗骥的《〈舜典〉三危考》，获云南省第21届哲学社会科学成果奖一等奖（2017年）；和智利的《纳系族群父辈女性亲属称谓的类型及地理分布》，获云南省第21届哲学社会科学成果三等奖（2017年）；彭茹的《汉藏语系语言基数词研究》（著作），获云南省第22届哲学社会科学优秀成果三等奖（2018年）。陈娥被评为2018年云南省"万人计划"青年拔尖人才。

这些成绩来之不易。我们的体会主要是：

一、坚定地树立"实力是硬道理"的理念，团结一致地为提高我国汉藏语研究的实力而尽力奋斗。研究院始终要求老师们尽力多出有新意的成果。

二、突出特色。根据国家的总体规划和学科建设的要求，以及研究院的实际情况，安排我们的工作，形成我们的特色。近期，我们把研究院的工作重点放在两个方面：一是云南境内汉藏语系语言研究，特别是研究薄弱或空白的语言；二是研究与云南跨境的语言。

三、立足本土，眼观四方。我们把焦点聚在云南及我国这块语言学沃土上，努力挖掘本土的"金"资源。但是，我们也重视学习、吸收国内外有关现代语言学、汉藏语言学的研究经验，来丰富、改善我们的视角和方法。

四、"摸着石头过河"。在学科建设方向、奋斗目标、人才培养、机构设置等方面，我们在继承前人经验的基础上，努力在实践中摸索总结自己的经验。

为了更好地保存、推进我研究院的研究成果，我们汉藏语研究院决定出版"云南师范大学汉藏语研究院文库"。我希望这一文库能够不断丰富新成果，为我国汉藏语的研究事业贡献力量。

是为序！

2019年5月26日

赞"重田野调查，七年磨一剑"的语言研究精神

——蒋颖《大羊普米语参考语法》序[①]

普米语是藏缅语中一种具有特色的，并有一定历史语言学地位的语言。它对藏缅语乃至汉藏语的历史研究以及语言类型学的研究都有重要价值，所以一直受到语言学界的关注。但回顾过去的研究，我们看到普米语的研究成果还很少。国外主要是马提索夫的 *Dayang Pumi phonology and adumbrations of comparative Qiangic*（《普米语大羊话音系及与羌语支初步比较》），国内主要是陆绍尊的《普米语简志》和《普米语方言研究》、傅爱兰的《普米语动词的语法范畴》等。其成果现状与显赫的语言地位存在较大的反差。

我先后调查过数十种藏缅语，但是我深深感到，普米语是我遇到的最难记录的一种语言。这是由于它的语音丰富，语法现象十分复杂。我在1993年曾带几个硕士生到怒江州兰坪白族普米族自治县普米族山寨调查并系统地记录过普米语，这才使我认识了这种奇特的语言，记录中遇到的苦头至今难以忘怀。当时的这种感觉，使我产生了要培养几个博士生做普米语研究的念头。后来我招收了傅爱兰做博士，就让她做普米语研究，在指导傅爱兰做博士学位论文《普米语动词的语法范畴》时，我对普米语的

[①] 蒋颖：《大羊普米语参考语法》，北京：中国社会科学出版社，2015年。

奥妙有了进一步的认识。傅爱兰的这部博士论文获得了第八届北京大学王力语言学奖二等奖。2003年至2006年，蒋颖跟我读博士，以优异的成绩毕业留校，并出版了她的博士论文《汉藏语系语言名量词比较研究》。2007年，我主持了国家社科基金重点项目中国少数民族语言系列参考语法，我当机立断决定让她也做普米语的参考语法。我认为她在这块富矿上能够挖掘出有价值的成果，能够在藏缅语的语法研究上做出新的贡献。她很快就接受了我的建议，并开始了她漫长的艰苦跋涉。

我清楚地知道，蒋颖在从2007年定题到现在快7年的时间里，经历了一个艰难但又充实的语言探索过程。她有6年的寒暑假都是孤身一人在普米族山寨调研。面对如此复杂的普米语，她度过了多少个"柳暗花明又一村"！我记得在北京或在民族地区做田野调查时，总会接到她的"求救"电话，或让我听听这对音是一个音位还是两个音位，或问问我某个语法现象能否看成一个什么样的语法范畴。我还帮她在北京核对过本书的音系和词汇。7年中，她收集到了80多万字的普米语语料，并学会了普米语的一般会话，对普米语有了一定的感性认识，为她以后的普米语研究打下比较扎实的基础。这是多么宝贵的财富啊！没有"七年磨一剑"的精神，没有她对普米语的钟情，是不可能坚持下去的。

蒋颖的这部著作写得不错。我觉得有这样几个亮点值得肯定：

一是作者重语言事实，揭示了普米语许多有价值的特点，这些特点对于汉藏语的历史研究、语言类型学理论的研究都是有价值的。比如：普米语有22个复辅音声母，而且一部分复辅音正处于向单辅音衰变的过程中，这些语料对于构拟原始汉藏语的声母系统，有着一定的借鉴价值。又如：普米语的动词人称、数、趋向等语法范畴和语法形式复杂，对研究古代汉语及其他亲属语言动词的特点有可贵的参考价值。再如：普米语的语法形态正处于屈折形式向分析形式转化的中间阶段，屈折形式减少，分析手段增多。分析手段中，助词系统丰富发达，承担了许多重要语法意义，如施事格、对象格、与格、工具格、从由格、领属格等格助词，在句中不仅出现频率高，而且变化有序。这些对藏缅语语法类型的转型研究是不可多得的活化石语料。

二是在方法论上，作者把语言描写和语言解释紧密结合，要求自己对语言现象既做到尽可能客观的、细致的、翔实的描写，又做到能够进行可能的、合理的理论解释，把二者结合在一起。比如在描写复辅音系统时，她广泛收集了变读现象，并用这种变读来解释复辅音向单辅音演变的趋势。作者重视细致的语料分析，不满足于粗线条的勾勒。比如在趋向前缀的描写上，书中描写很细，把能观察到的特点尽可能地罗列出来，并做了对比分析。普米语的否定式很有特点，其语序受人称、数、体、自主非自主等多种语法意义的制约，作者对此都做了详细的描写。这种方法对于缺乏历史文献的语言研究尤为重要。

三是作者重视现代语言理论的运用。比如格理论、语法化理论、类型学理论等被运用于该书的语法分析之中。但作者还是从具体的语言实际出发，并不受已有理论的约束。比如：在指示代词的类别分类上，她根据普米语实际情况把指示代词分成了距离指示代词、方位指示代词、数量指示代词、方式与程度指示代词、旁指与分指代词等小类，其中距离指示代词和方位指示代词的区分是她新提出的。又如：动词和形容词是否分立，是汉藏语语法研究中的一个重要理论问题。该书对动词和形容词的共性与个性做了对比，认为二者是两个不同的词类，而且还对形名同形、动名同形、动词形容词的名词化作了分析。

四是作者重视活的语言调查，认为活的语料是语言分析研究的基础，田野调查是深化中国少数民族语言研究的唯一手段，所以她下大力气深入该民族的语言生活，收集了丰富的第一手语料。她除了在北京找普米族人和玉庭先生调查普米语以外，还多年连续利用寒暑假前往普米族聚居区兰坪白族普米族自治县调查普米语。这部大作的内容大多是她在田野调查中一点一滴收集的。她虽然是汉族，但她在研究普米语的过程中，广泛接触了普米族人，与他们交了朋友，建立了真挚的民族感情，这成为她多年坚持不懈地研究普米语的感情基础。

  我们这一代汉族做少数民族语言调查已经走过了半个多世纪，实践经验告诉我们，做语言研究，特别是做一种非母语的语言研究，一定要有意识地坚持多接触语言实际，做语言田野调查，不断积累必要的语感和语言知识，这样才能对活的语言现象有正确的判断，不至于停留在"瞎子摸象"的阶段上。这虽然只是一句简单的老话，但真要做到是不容易的，而蒋颖用自己的多年实践证明自己走的这条路是有效的。我国的少数民族语言研究正面临着广泛深入调查的新阶段，预计将会有更多的青年投入这场语言大调查之中，所以，我们提倡"重田野调查，七年磨一剑"的精神，是十分必要的。

  是为序。

2013 年 12 月

戴庆厦、余成林主编《语言国情调查概论》导言[①]

一

在当今的现代化进程中,由于社会、经济、文化的不寻常的变化,语言也随之出现前所未有的新变化。近期,我们在民族语文工作中遇到了一些新问题,促使我们从理论与实践的结合上去思考,去探讨,去寻找答案。比如:

其一,在现代化进程中我国处于弱势的少数民族语言为适应社会发展的需要,在语言功能和语言结构上究竟发生了什么变化?

其二,我国历史上早已形成的多元一体的民族格局,如今语言关系随着民族关系的变化,究竟发生了什么变化!应当怎样因势利导,发扬主流正能量,抑制或克服不利因素?

其三,我国少数民族语言中,究竟有哪些语言还在稳健地发展,哪些语言出现衰退,还有哪些语言濒危?我们的语言保护政策应当怎样分门别类地应对?

其四,我国少数民族随着现代化建设的发展、民族地区的变化,学习国家通用语的热情不断增长,双语人不断增多。这是基本估计。但不同民

[①] 戴庆厦、余成林主编:《语言国情调查概论》,北京:中国社会科学出版社,2017年。

族、不同地区除了共性外，还存在什么差异，应如何估量？我国的双语政策应当如何根据不同民族的状况对号入座，应当如何促进双语的稳定发展？

其五，应当怎样保护我国各民族语言？怎样保证强势语言和弱势语言在使用和发展中两全其美？等等。

要解决以上这些问题，需要对我国的语言国情有一个清晰的了解。对象清，主意明。了解我国的国情，不仅是政策制定的需要，而且是语言学、民族学、社会学建设的需要。没有可靠的国情事实做依据，要科学地解决我国的语言问题，就必然会出现盲目性、一刀切的张冠李戴。所以，要应对我国新的语言问题，首先必须弄清我国的语言国情，即对我国民族地区的语言现状进行全面、系统的调查，了解我国现时的语言状况。

二

语言研究的历史告诉我们，人们对语言的研究主要集中在语言共时研究和语言历时研究两大方面，出现了历史语言学、描写语言学、形式语言学、社会语言学等不同的流派。各个流派虽然使用的方法论不同，认识语言的角度不同，但目标都指向语言的特点是什么，语言是如何演变的，都企图弄明白语言究竟是什么。

语言的内容究竟是什么？由于语言是人类认识世界的工具，是人类相互交流的工具，其属性决定了语言主要包括语言使用状况和语言本体结构特点两方面内容，二者是语言的双翼，共同发挥语言的作用，缺一不可。就是说，我们研究语言，既要了解语言结构的特点是什么，又要认识语言使用状况如何。这应该是毋庸置疑的。

但过去的语言研究，长期存在忽视语言使用状况研究的趋向。一谈起语言研究，不是共时，就是历时，不是语音，就是语法词汇。至于对语言的使用状况的研究不受重视，似乎被认为是"登不得大雅之堂"，常常是做结构研究的人附带做一些，了解多少算多少。这种状况，对语言研究来说是有缺陷的，对语言学的发展是不利的、有害的。

事实上，语言结构研究与语言使用研究是相辅相成的，互为条件的。语言结构是语言使用的基础，而语言使用则制约着语言结构的存在和变化。一个功能大的语言，其结构的特点不同于功能小的语言。在中国这样一个多民族长期交融的地区，不同语言你中有我，我中有你，要弄清其面貌必须密切结合社会、历史的状况才有可能，只盯着结构本体就会出现误差，而把结构研究与使用研究结合起来就会天外有天。所以，认识好语言，要以语言结构特征的认识为基础，但还要认识它的使用情况。使用情况包括它有多少人使用、它的功能有多大、它与别的语言的接触关系如何、母语人的语言态度如何等。

一个国家的政府或政党要妥善地解决该国的语言使用问题，健全各民族的语言生活，充分发挥语言的作用，妥善解决不同语言的矛盾，就必须全面、深入开展包括语言使用和语言结构的语言国情调查。

三

本书撰写的目的，是通过我们10多年做语言国情调查的体会，呼吁人们提高对语言国情调查重要性的认识，希望为我国民族语文政策的制定提供有用的咨询材料，为我国语言学学科的建设提供帮助。

书中除了阐述语言国情调查的一些必要的理论概念外，还提供一些如何做好语言国情调查的具体做法。

我们希望帮助读者了解：为什么要开展语言国情调查，其价值、意义是什么；语言国情调查的主要内容有哪些，方法是什么；语言功能的调查法有哪些；怎样制作调查表格；怎样进行语言结构调查；怎样做跨境语言调查；如何做语言保护调查；怎样做双语问题调查；怎样运用现代化手段开展语言国情调查；语言国情调查者应具备哪些基本素质等。

参加本书编写的都多次参加过近期的语言国情调查。大家在田野调查的第一线艰苦地爬滚过，获得了不同程度的感性知识，思考过民族地区现代化进程的语言生活。但大家都认为构建语言国情调查的理论与方法是有高难度的，需要众多人的共同努力和较长时间的积累。本书只能算是一个尝试。

2016年6月30日

谚语研究的一个有价值的个案

——李树新《达斡尔族、鄂温克族、鄂伦春族谚语文化研究》序[①]

《达斡尔族、鄂温克族、鄂伦春族谚语文化研究》一书即将付梓，树新教授要我写个序，我欣然答应。读了这部新著，我认为该书民族特色、地方特色突出，语料丰富，研究视角独到，研究内容具有较强的实用性、科学性和系统性。我很赞赏树新教授长期以来在谚语研究，特别是在中华多民族谚语研究上所做的探索和努力。

20世纪20年代初，郭绍虞先生就深入揭示了谚语的本质特点。他在《谚语的研究》中说："谚是人的实际经验之结果，而用美的言辞以表现者，于日常谈话可以公然使用，而规定人的行为之言语。"郭绍虞先生说，这个定义虽是单由于谚字的语义综合而建立的，有时或者犹恐不能适用于一切的言语，不过谚的主要性质，总不能外是罢了。

我国是一个多民族的国家，各个民族都有自己的谚语。我主要做少数民族语言教学、研究，长期以来，在与少数民族的接触中，深感谚语在语言中的重要作用。每个民族在日常的语言生活中，都会不断使用集中体现民族智慧的谚语来表达自己的思想感情，提高语言交际的效果。一句短短的谚语，在语言交际中会深深打动你的心，比一大段话更能使你受到感染

[①] 李树新：《达斡尔族、鄂温克族、鄂伦春族谚语文化研究》北京：商务印书馆，2019年。

和启示。人们在对子女的教育、对善恶的表态、对生活中喜乐的表达中，谚语起了很大的、不可替代的作用。谚语运用得怎样，是衡量一个人语言水平高低的重要内容之一。我们看到，有智慧的政治家、科学家、教育家，往往是使用谚语表达自己情感的能手。

我年轻时在边疆景颇山寨学习景颇语，景颇语中丰富多彩、别具一格的谚语深深感染了我。景颇族谚语的主要特点，一是生动性、鲜明性，让听者印象深刻、受到感染；二是富于哲理，话中有话，弦外有音，要经过思考才能悟出其真实的意义。比如，"和尚吝啬梳子"，用来比喻吝啬鬼，自己用不上，还不愿给人，听起来比说"你别小气"更有效果。又如，"在黄牛面前拉二胡"比喻批评不看对象，"好话不入耳。好药味不甜"比喻不要只看表面。还有"盐放多了自己能知道，话说多了自己感觉不到""水涨，筏高""像布谷鸟一样会选择时机""容貌不变，思想会变""树弯看得见，人心见不着"等，也极为富于哲理、生动有趣。

景颇族的谚语具有强烈的民族性，谚语所说的内容与群众生活息息相关，用来比喻的也是群众最熟悉的事物。例如"只有扔烂叶的坡，没有扔兄弟的坡""竹子不裂缝就不会进水""走远路先问路，做事情先看榜样""对大象拉二胡"等，都是景颇族特有的表达，是景颇族语言的精华。

达斡尔族、鄂温克族、鄂伦春族是我国人口较少的三个民族。这三个民族在历史上居住地域邻近，有着许多相同相近的文化，有着共同的原始宗教信仰。达斡尔族、鄂温克族、鄂伦春族人民依据自己的社会实践和生活实践，总结、提炼出了大量具有较强哲理性、科学性、实用性的谚语。这是他们对自然现象、社会现象长期观察的艺术总结，是用有节奏的语言和完整的形式，典范地表述劳动人民的斗争经验和思想感情，并富有教育意义的民间语言。开展达斡尔族、鄂温克族、鄂伦春族谚语研究，无论是从濒危语言保护的角度，从多民族谚语比较研究的角度，还是从谚语文化价值挖掘的角度，都具有重要的学术价值和实用价值。

这部大作共分八章，既论述了这三个民族的谚语与民族起源及发展、自然环境、宗教文化、生产生活、文化价值观等的关系，还剖析了谚语的表意特征、修辞特征和形式特征，并附有这三个民族谚语的精选辑录，内容非常丰富。通观全书，我认为本书具有以下几个特点：

第一，中华谚语是古往今来中华各民族共同创造的谚语，是中华各民族谚语系统的集合，具有同一性和多样性的基本特征，是中华民族祖祖辈辈流传的重要文化资源和精神财富。本书收录了大量的少数民族谚语，为我们提供了大量的民族语言谚语的珍贵语料，大大丰富了我国民族文化的宝库。近几年来，我国少数民族谚语的搜集、翻译、整理与研究工作取得了可喜的成果，各民族谚语选的问世如雨后春笋，不仅大大丰富了我国民族文化的宝库，而且促进了各民族之间的团结与文化交流，因此，开展少数民族谚语的搜集整理和研究工作，其意义是十分深远的。

第二，本书视角宏大，有完整的系统性。谚语是对一个民族世世代代社会生活经验的观察和理想信念的记录，但一条条谚语又都比较零散，不加以梳理很难看出它的整体性和系统性。本书很好地解决了这个问题。它将谚语纳入了民族的历史起源、自然资源、宗教信仰、生产生活方式、文化价值观以及表义特征、修辞特征、韵律特征的框架内，堪称是一部有价值的系统的谚语个案研究。

第三，谚语是语言中的精华和瑰宝，它像一面镜子，鲜明、形象地反映了一个民族在不同历史时期的社会制度、风土人情，它是语言文化研究的重要途径。本书通过对谚语的描写和分析，既充分展示了达斡尔族、鄂温克族、鄂伦春族文化特定的社会背景，又通过文化背景、文化模式的描写展示了谚语语义形成、引申、发展的轨迹，进而揭示了达斡尔族、鄂温克族、鄂伦春族的思维方式和认知心理，让我们充分感受到了语言和文化水乳交融的关系。

第四，本书对蕴含在谚语中这些朴素而丰富的文化内涵进行了挖掘，十分值得肯定。达斡尔族、鄂温克族、鄂伦春族在长期的山林生活中，养成了自己特殊的民族气质和民族精神，这些气质和精神通过谚语直观展现在我们面前。达斡尔族说"天下父母的恩情,比天高大比地深",鄂伦春族说"自己尊敬老人,儿女也会尊敬自己",这两句谚语都说出了父母对于孩子的深厚恩情与尊敬老人的重要性。达斡尔族谚语说"人民爱国家,国家才安定",说出了热爱祖国与民族发展的重要关系,鄂温克族谚语说"牛羊不入山,树林长得欢",揭示了草原文化蕴含的生态文明的意义和价值。鄂伦春族谚语"不敢进深山,难成好猎手""办事要靠智慧,狩猎要靠勇敢""害怕黑夜穿密林,不算真正的猎人""石头再大隔不断流水,森林再密挡不住猎骑""直树长在山峰顶上,勇敢的猎人长在森林里",体现了鄂伦春人面对生存环境威胁时勇敢无畏的精神。再比如达斡尔族谚语"有桥河壮观,有客家兴旺",鄂温克族谚语"不友好接待来客,出门也无人关照",鄂伦春族谚语"山美引飞禽,歌美招贵客"等,充分体现了少数民族人民热情好客的文化传统和友善精神。达斡尔族"只重美貌相爱的人,一旦美貌失去感情也淡薄",鄂温克族谚语"心上的花浇水才鲜艳,看上的人交心才情深",鄂伦春族谚语"白桦树要有青松相配,巧手姑娘要好猎手来娶",则说出了这三个民族朴素的爱情观念。这些谚语通过比拟、象征等手法,融达斡尔族、鄂温克族、鄂伦春族生活中最常见的事物、事情入谚,将朴素真挚的情感化入谚语,具有十分妥帖的表达效果。

我们知道,民族精神是一个民族成员共同认同的世界观、人生观、价值观和共同遵循的思维方式、行为方式,具有对内动员和凝聚民族力量,对外展示和树立民族形象的重要功能。中华文化是中国56个民族在长期历史发展过程中共同积淀下来凝固而成的,各个民族的价值观念、伦理道德、风俗习惯等既是本民族文化精华,也是中华民族认同的主要依据。该书展示了在中国漫长的历史发展进程中,中华各民族人民密切交往、相互交融、相互依存、互动促进、协调发展,共同谱写了壮美诗篇,形成了休戚与共的"多元一体"文化格局。从这个意义上说,挖掘蕴含在达斡尔族、鄂温克族、鄂伦春族谚语中的朴素而丰富的文化内涵和文化价值具有掘宝的意义，这对于系统地总结和展示中华多民族谚语共有的文化价值，构建和弘扬现代中华文化，建设中华民族共有精神家园都有着重大的意义。

第五，达斡尔语、鄂温克语、鄂伦春语均属阿尔泰语系，本书对达斡尔语、鄂温克语、鄂伦春语谚语的语言特点进行了描述，呈现了达斡尔语、鄂温克语、鄂伦春语的语言个性。达斡尔族、鄂温克族、鄂伦春族谚语用句紧凑明快，复句多于单句，整齐自然，生动活泼，便于记诵。从修辞角度来看，这三个民族语言的谚语辞格多样，尤多比喻、夸张、对比、比拟之言，使谚语具有了形象性、通俗性的特点。此外，这三个民族语言的谚语合辙押韵，在语音上呈现抑扬顿挫、朗朗上口的特点，在韵律的形式上也具有韵律感、节奏感，语势上下连贯、酣畅淋漓，别具特点。

树新教授长期从事语言与文化研究，数十年如一日地勤奋研究语言和文化的关系，特别是汉族谚语和少数民族谚语研究，功底深厚，视觉敏锐，创新力强。这部具有基础作用和理论价值的著作问世，值得祝贺。它必将对我国的谚语研究和文化研究起到重要的推动作用，并对语言学、修辞学、社会学、民族学等学科的研究都会有宝贵的参考价值。

我愿意在此呼吁人们对中华多民族谚语研究给予更多的关注和重视，并且热切期待有更多很好的关于中华多民族谚语研究的成果问世。

是为序。

2019 年 2 月 18 日

谢红梅《阿昌语方言词汇集》序[1]

阿昌语是我喜欢研究的一种藏缅语。

20世纪80年代之前，学界对阿昌语了解很少，发表的著作也少见。记得，日本藏缅语研究著名学者西田龙雄先生在一次国际汉藏语暨语言学的会议上曾经问我："中国有说缅甸语的居民分布吗？"我回答说："没有。但中国有阿昌族，阿昌族的语言与缅甸语比较接近。"他接着说："是的。阿昌语有点像古缅甸语。"我们在谈话中都认为阿昌语在藏缅语研究中具有重要的分量。

1979年，我接受了撰写《阿昌语简志》的任务。我约了老同学云南民族大学崔志超副教授于1980年赴云南省德宏自治州调查阿昌语。那时主要做了阿昌语陇川方言的调查。调查中一下子就被阿昌语多变体的特点（即同一现象在不同地区、不同年龄、不同性别、不同语境中有不同的变体）所吸引。我们对阿昌语陇川方言的基本特点做了调查后，又对梁河方言、潞西方言做了简要的调查。1985年，我和崔志超出版了《阿昌语简志》（民族出版社）。

通过一段时间的阿昌语调查，我深深感到阿昌语虽然人口不多但方言差异大，特点丰富，大有搞头，但不可能在短时间内完成，心想留在以后再做。到了21世纪初，中央民族大学启动了教育部"985"工程，我们不失时机地在语言国情调查研究项目中列入了阿昌语调查。2005年，我们

---

[1] 谢红梅：《阿昌语方言词汇集》，昆明：云南民族出版社，2019年。

组织了《阿昌族语言使用现状及其演变》子课题组赴阿昌族分布地区广泛调查阿昌语的特点及使用状况，2008年由商务印书馆出版了《阿昌语语言使用现状及其演变》一书。时建（青岛大学副教授）当时就参加了调查，主要研究梁河方言，出版了专著《阿昌语梁河方言参考语法》。之后，又有谢红梅（云南省民语委助理研究员）、杨露（云南师范大学讲师）等后起之秀，进入了阿昌语研究队伍，都做出了成绩。

谢红梅2018年跟我攻读博士。她勤奋好学，做事认真，两年来多次与我讨论阿昌语的问题。半个多世纪以来的时代变迁，阿昌语不同年龄段的语音的确发生了一些变化，不同的村寨在语音上也出现差异，加上汉语借词的影响，一些清化音、塞音韵尾都发生了变化。她细致地捕捉到这些变化，如实地记录了下来，并在书中做了描述。由于篇幅的局限，书中只比较了梁河方言关璋点和弄丘点的语音异同，对不同年龄段语音变化来不及详细展开，这个课题今后可以继续再做。

三个方言的基本词，红梅也做了较多的调整，增加了许多阿昌地区特有的动植物词、生产生活用词和文化词，看得出来做研究很用心，对阿昌族的生产生活也有比较深的了解。

三个方言基本词汇的整理是一个费时、费力又不讨巧的工作。红梅能静下心来，认真记录，用中英对照的方式出版，也算为阿昌语留下珍贵的语料。总体看来，对三个方言音系的归纳比较客观、全面，为今后进一步深化阿昌语的方言比较研究提供了基础。此外，该书对阿昌语的构词法和借词的特点也有描述；对阿昌语梁河方言不同年龄段借词的使用异同都做了分析。这些都有价值。

我一直主张扎实做田野，语言的新发现多来源于田野，语言的变化也只能从田野中才能找到。红梅能扎根于田野耐下性子做语言记录，这个素质我很欣赏。年轻人做语言研究，我主张多积累语言的感性认识，在这当中逐渐提升理论分析和归纳推理的能力，没有感性认识，提出的见解是不牢靠的。

阿昌语由于方言土语差别大，"十里不同音"，所以全面细致地描写阿昌语的方言土语将是深入研究阿昌语的基础。从这个角度说，红梅这本描写性的著作有其客观需要的价值。

我希望此书是她学术生活的一个新起点。今后要研究的问题还很多，预祝发扬优点，弥补不足，做出更多的成绩来。

是为序。

2019年5月20日

一部考察藏缅语格助词历史演变的新著

—— 王跟国《藏缅语族语言格助词研究》序[①]

格助词是藏缅语族语言中的一个普遍现象，已有的语言描写研究都多少涉及这一现象，也有专门针对某一语言的格系统作全面描写分析的。这是藏缅语语法研究中有价值的但研究又相对薄弱的课题。如果能够综合考察藏缅语中格助词的情况，比较格助词的异同及其联系，肯定对藏缅语格助词的共性特征会有更好的把握。

在课题的研究中，王跟国博士明智地全面梳理了已有文献中格助词的概念特征，包括藏缅语族语言、阿尔泰语系语言、日语等语言中相关的概念特征，注意到了格助词兼有组织句法结构和表示句中名词性成分和动词之间语义关系的功能，并进而把该书的研究对象限定在名词、代词、名词性短语之后的助词上，从附着对象和动词的语义关系上选取了施事、对象、处所、工具、从由、比较等六类格助词进行研究。

他坚持"事实是基础"的原则，尽力收集藏缅语格助词的语料，共收集了中国境内藏缅语族40余种语言（包括方言）的语料，奠定了藏缅语格助词研究的材料基础。凭丰富的语料，全面整理了藏缅语格助词的形式及用法。

该书还运用历史比较的方法对各类格助词的历史层次进行了分析。作者从比较中发现，藏缅语族语言的格助词多是在原始藏缅语分化为不同的

[①] 王跟国：《藏缅语族语言格助词研究》，北京：中国社会科学出版社，2019年。

语支之后独立形成的，即使是在同一语支内部，其各类格助词的同源性也比较弱。在比较的基础上，揭示了格助词的来源差异，包括不同类别的格助词的来源差异和同一类别的格助词的来源差异。

从整个语言系统来看，发现格系统是黏着性语言发展为分析性语言的产物。指出了格系统内部结构的动态性特征，即"随着语言表述中信息成分的增多，一些复杂表述的句式化，格助词的语法功能也会随着整体句法结构的变化而变化。结果是系统之内会有新的格助词产生，有的格助词趋向于消失，或是新的格助词和原有的表达相同功能的格助词并存，有的格助词发生功能'转型'"。当然，由于藏缅语的历时研究缺乏文献史料，词源比较主要是通过共时层面上的形式差异进行的，其方法还有待于完善和推进。

作者重视运用横向比较的方法，观察探讨同类格助词在不同语言中的类型特征，发现处所格助词在藏缅语中就存在性质不同的两类，一类是典型的处所助词；另一类是由方位词虚化而来的准处所助词。典型的处所助词来源不太明确，本身没有维向特征，准处所助词来源于方位词，本身具有明确的维向特征。属于典型处所助词的语言，不仅仅是普通名词，像"北京""湖心"这样的处所名词以及"桌子上"这样的方位短语也只有带上处所助词时才能表示事物存在的处所；而属于准处所助词的语言，表示事物存在处所时，只是普通的事物名词需要带上处所助词，像"北京""湖心"这样的处所名词以及方位短语后面就不需要带处所助词了。这实质上反映出了藏缅语族语言内部用事物表示空间的类型差异。通过比较，作者还指出藏缅语格助词的对立既不是受主宾语关系决定的，也不是完全受施受关系决定的，而是要受语法关系、语义系统、语用功能等多种因素的制约。因此他认为藏缅语的格系统既不是典型的主宾格语言，也不是典型的作通格语言，而是一种特殊的格系统。书中还通过藏缅语和汉语的比较，揭示了藏缅语施事助词和汉语被动句中介词的区别。

跟国的专著《藏缅语族语言格助词研究》一书是在他的博士学位论文

基础上完成的。他是我2009年在北京语言大学招收的首位博士生。从博士一年级后的暑假开始，就跟随我到云南芒市、勐腊，老挝琅南塔等地进行过多次田野调查，实地了解并感受了少数民族语言的使用情况，参与完成了《云南德宏州景颇族语言使用现状及其演变》《勐腊县克木语及其使用现状》《老挝琅南塔省克木族及其语言》等著作。田野调查增强了他对少数民族语言研究的兴趣和信心。他说，中国境内有丰富的少数民族语言，可以通过比较来认识语言的特点，是语言研究的有利因素，但真正要进入语言研究中并非停留在表层现象那么简单，更不是一朝一夕的事情。在博士论文的选题上经过一番周折，最终选择了藏缅语族语言格助词的研究。

格助词的使用作为藏缅语的一个典型特征隐藏着无数的"谜"，需要持续的研究。该书仅仅是藏缅语格助词研究的一个起步，期望有更多的学者加入这个行列中，更好地探讨其真相。

跟国事业心强，对语言研究有一种强烈的求知欲，而且待人真诚，乐于助人，做学问能吃苦。博士毕业后还坚持不懈地进行少数民族语言的田野调查，每年暑假基本上是在西南民族地区度过。几年中就获得了少数民族语言研究的国家社科课题，参与了少数民族语言的语言保护项目，发表了一些少数民族语言研究的成果，已于2014年晋升为副教授。他重视语言学理论的学习，创新意识强，而且乐于做语言田野调查。我希望他能在这条路上走下去。

是为序。

2019年10月18日

史诗文献注释方法论的创新
—— 胡素华《彝族史诗〈勒俄特依〉(ꀉꄶꄜꅋ) 译注及语言学研究》序[①]

素华教授的《彝族史诗〈勒俄特依〉译注及语言学研究》一书经过数年的努力，已经成稿即将出版，要我写个序。这个课题有新意，研究也做得很好，所以我很愿意写这个序，以示祝贺。

我国许多民族都有口传史诗，它们是民族的文化瑰宝。这些史诗结合了诗歌和口语的特点，语言和经典文献的发展相互影响，语言学的研究需要以文献作为语言学研究材料以窥语言的历时变化。彝族史诗《勒俄特依》是一部有文字记载，又以口传为主的叙事史诗，诗以五言为主，融合了口语叙述故事的句式特点。作者胡素华教授兼备母语人和扎实的语言学理论功底的双重优势，她严格地通过语言学的理论、田野调查方法对彝族史诗《勒俄特依》进行了可靠的考证和释义、准确的语法分析与标注，并进行了语言学特征特别是彝语历时演变特征的分析和研究。译注部分对叙事史诗进行了彝文、彝语注音符号、国际音标、词汇释义和语法标注、句译等五行对照描写研究，并标注韵律词。

[①] 胡素华:《彝族史诗〈勒俄特依〉(ꀉꄶꄜꅋ)译注及语言学研究》，北京：中国社会科学出版社，2020年。

该著作首次结合现代语言学理论与传统和本土的语文学理论知识，对我国少数民族口传史诗进行深入的语言本体研究。史诗文本释义、语法标注和文本语言学研究等三个主要方面互为关系，并基于史诗文本的翻译和语法标注，对史诗反映出的语言事实进行了细致深入的剖析和系统的梳理。还在现当代语言学前沿理论方法框架下，从普通语言学、语言类型学、文献语言学、韵律构词学、韵律句法学等多个分支学科交叉的视角，参考诗学语言学理论和神话比较学，对史诗的语言学特征进行研究。重点研究了史诗的节律、构词韵律、句法韵律、文学词、文化词、摹状词、存在动词、句法构式、话题结构、连动结构、体貌范畴、示证范畴、动词语法范畴、名词语法范畴和不同词类的语法化过程，揭示了史诗的语言学特征，特别是对诗学和语言学的接口——韵律，这个古老而又新晋很热门的问题也做了重要和突破性的研究。在文本标注中标明韵律词，注意到在单音节词向双音节词转换的过程中，词和词素不是泾渭分明，不好切分，韵律又在构词过程中起着重要作用。

该著作在研究内容、研究方法、研究范式上有较大的创新和突破，为我们研究口传史诗的韵律特点、句法构式、语法范畴、构词和语言历时演变提供了有价值的理论、方法及研究范本。可作为各民族的典籍译注、整理和研究的参考，也能被学科的交叉研究所借鉴。同时，本书对彝族的口传文学、诗学、神话、历史、哲学、诗学人类学、文学人类学、民俗学、天文学、生物学等研究提供有用的参考资料。以往的史诗研究大多从文学、社会学、民俗学、人类学和哲学等角度进行的研究，但由于没有确切的注释和语言特点的分析，研究深度受限，该研究突破了史诗研究的传统模式和框架，对史诗文本的研究从文学、诗学范畴跨越到语言学、文献语言学范畴，具有方法论的创新性和学理上的拓展性，具有较高的学术价值和理论价值。

史诗《勒俄特依》是彝族民间重要的口传非物质文化遗产，对史诗文本的整理、注音释义，有利于保存、保护和传承非物质文化遗产。所以该著述可作为高校相关专业的教材或辅助阅读材料，也可用为彝族聚居区中小学双语教育和文化传承的教材，具有实际的应用价值。

是为序。

2019年3月

语言研究方法论的反思

—— 戴庆厦《汉藏语研究方法论讲稿》自序[①]

这本讲稿汇集了我对汉藏语语言研究方法论的一些思考和认识。几十年来，我除了在自己的学校讲授语言学课外，还有幸被一些高校、会议、讲习班邀请去做语言学报告。报告的内容无非是介绍语言事实和介绍理论方法两个方面。为了对付讲课和报告，我对自己以往的语言研究做一番思考，做了大小不等的梳理和小结。在这部书里，我抽出一些报告把自己的心得体会奉献给大家，特别希望能对从事语言学研究的青年学子有所帮助。我还希望通过整理这部分讲稿，能够对自己的语言研究方法论有所反思，认真认识一下自己走过的路哪些该肯定，还有哪些不足。

语言研究都离不开用什么方法去描写、分析、解释语言，都要讲究从什么视角、用什么手段去揭示语言的规则或规律。我做少数民族语言研究已经有60多年了，回想起来，虽然在具体的语言研究中，都在自觉地或不自觉地、感性地或理性地去思考用什么方法去对付语言，但长期以来限于勤以挖山，挖一块是一块，并没有认真去思考用什么方法的问题，也没有形成有力的方法论思维。

回想起来，我的民族语言研究大体经历了以下两个阶段。

20世纪50年代至60年代，是我开始做民族语言研究的阶段。这阶段主要以模仿为主。当时，由于刚踏入民族语言研究的门槛，没有任何语言

[①] 戴庆厦：《汉藏语研究方法论讲稿》，北京：商务印书馆，2021年。

研究的经验，加上授业老师给我们传授的大都是研究汉语的方法和经验，我们也就很自然地用研究汉语的一套去研究少数民族语言，至于哪些合适、哪些不合适就不会多考虑了。

这一阶段我也出了一些成果，但其中不乏是用研究汉语的方法去套自己的民族语言研究。那时不知道应该怎样处理好语言研究中的共性和个性，特别是要如何重视个性。现在看来，借鉴汉语研究的方法来研究民族语（特别是属于汉藏语系语言的少数民族语言），应该说有其一定的好处，也是不可缺少的，因为任何一门学问开始做时不可避免地都会有或多或少的模仿。汉语语法研究的开拓者《马氏文通》不也是主要借鉴英语语法的研究来研究汉语的吗？但是光借鉴是不能代替对揭示民族语个性的追求。我们那时接受方法论的教育，多是汉语研究方面的，所以这方面的思维活动比较强，这就在一定程度上抑制了对民族语个性的敏锐感和探索精神。在处理民族语的语言现象时，容易出现削足适履、强搬硬套的做法。如：汉语有被动句，藏缅语族语言如景颇语、哈尼语等大多没有，当时仅凭汉语的被动句可以用这两种语言来表达，就认为藏缅语也有被动句。硬套的例子还有很多，又如汉语有介词，也跟着在许多藏缅语里列出介词一类。

初学时的背景和启蒙老师的熏陶，往往对一个人的学术道路有重大的影响。在我初期的学术道路上，不可避免地也受到启蒙老师的影响。好的地方是，在做学问上重视语言事实，愿意花时间和精力去收集、整理语料；欠缺的是，在语言学的理论、方法创新上没有更多的追求。

到了20世纪70年代下半叶，随着改革开放春风的到来，以及接触了语言学各种新流派，再加上我随着对民族语言研究的加深，开始思考如何取得适合自己研究语言的方法，也就是如何从偏重模仿转为偏重创新，以及如何处理好模仿与创新的辩证关系。从这时起，我从各国语言学家那里，陆续学到了许多新的知识。我认识到，在语言研究中创新是不易的、艰苦的，但它是语言研究的推动力，是语言学发展、革新的动力，我逐渐体会到，对从事语言研究的人来说，有了创新哪怕是微小的创新，都有说不出的愉快。于是，在语言研究中，我更重视民族语言的个性，思考应该使用什么手段去发掘我所研究语言的方法。增强了方法论的理念后，在研究中就见到了过去没有见到的新景物。

比如，我注意到景颇语的句尾词，认为它是黏着性语言向分析性语言转变的产物，是个富矿，大有可为。于是，我连续写了五篇有关研究景颇语句尾词的论文，一步一步探索句尾词的奥秘。从开始只是平面分类、描写，再到一个个专题的深入研究，有从句尾词形成的结构机制探索句尾词的特点，有从人称、数标记的多选择性分析句尾词的两面性，有从两类句尾词的对比中发现句尾词的新特点，还从语言类型的转型认识句尾词的衰变等，一步步深化了句尾词的研究。我从中体会到讲究方法论对研究的好处。又如，近期我在思考怎样根据分析性语言的特点研究语言。我所研究的汉藏语系语言，都属于分析性语言，如果能抓住分析性的特点就能更贴近语言实际，挖掘出更多的语言规律。我先从众多的分析性语言中梳理了分析性语言的共性，如单音节性、语序固定、缺乏形态、虚词丰富等，并进一步在分析性语言内部根据分析性的强弱划分为不同的类型，然后确定以后要深入研究的专题。我认为，通过分析性的视角研究语言是一个新视角，能够深化汉藏语的研究。

人贵在正确认识自己。只有认识了自己，才会给自己设计一个好的方向盘。但正确认识自己不是一件易事。

由于这是一本《讲稿》，有两点要说明：一是这些讲稿有部分后来曾改为论文发表，所以其内容、观点及语料与发表过的论文难免会有部分重复。二是汉藏语系语言数量多，我只熟悉其中一部分语言，书中所谈的，多是我所熟悉的语言，难免会出现不平衡或片面。

方法论涉及的面广，是一个不易讲好的题目。书中有何不当，敬请读者指正。

2018年12月8日

戴庆厦《戴庆厦自选文集》自序[①]

校领导拨专款为我们几位资深教授出版自选集，我感到既暖心又兴奋。衷心感谢校领导的关怀和厚爱。

中华人民共和国成立初期的1952年，我就来到中央民族学院学习少数民族语言，四年毕业后留校任教至今。不知不觉已过了67年。我除了出外实习、田野调查、开会外，大部分时间都是在这个美丽的校园中度过的，在"宿舍、办公室、教室"三个点来回移动。母校创立后大部分的历程，我都经历过，使我对母校产生了同舟共济、不离不舍的感情。我把母校看成自己的家，愿意为她的发展、壮大尽自己的一份力量。我认为，一个教师爱校与爱国是一致的，二者是相辅相成的。

我主要是做语言学的教学、研究的。我的工作和我的兴趣，主要是少数民族语言，主攻景颇语和藏缅语。所以，我的成果里大多是景颇语和藏缅语方面的研究，以及汉藏语系语言理论、方法的研究。此外，为了工作的需要，我还做了一些社会语言学和语言功能等方面的研究，诸如语言政策、语言国情、跨境语言、濒危语言、语言关系等的研究。

在这个自选集里，我主要选景颇语和藏缅语的论文，还选几篇社会语言学和语言功能等方面的论文。不一定很完善、很周到，但多少能反映我半个多世纪的历程，能看出我在做什么。

语言是一种由各种信息汇集、受各种因素影响的复杂综合体，要科学

[①] 戴庆厦：《戴庆厦自选文集》，北京：中央民族大学出版社，2021年。

地、准确地认识语言的特点和演变规律，是很不容易的，有的还要经过多次的反复。我把自己半个世纪以来发表的成果选出一些编辑成册，奉献给读者，希望能得到批评指正。

编辑这本到处是音标的专业书很有难度。我要感谢责任编辑戴佩丽教授的耐心和努力，以及出版社的领导和工作人员的帮助。还要感谢我的老伴儿徐悉艰教授（中国社会科学院人类学与民族学研究所）尽心帮助我校对。

谨把此书献给伟大祖国70周年生日！祝敬爱的祖国蒸蒸日上、繁荣富强！还祝母校各族学子不断进步，学业有成！

2019年8月3日

戴庆厦《语言学著作序文集》前言[1]

这本序文集主要收录了我多年来写过的序文,还有一些后记、讲话,这些短文是我的文集(《戴庆厦文集》)里所没有收入的成果。

半个多世纪以来,一些同行挚友和我的研究生们要我为他们的成果作序。我很感动,一般都会答应。一则情谊难却,觉得应当为他们的辛勤努力获得的新成果表示支持和鼓励。我是过来人,深知从事科学研究的艰苦和喜悦,做科研的人似乎没有什么能比自己亲手做出成果更值得珍惜和高兴。再则,我还能通过写序文这一活动多读些书,多了解一些语言学行情,还可以通过作序扩大自己的思路和知识面。何乐而不为!

这些序文、后记、讲话,是我长期积累起来的,是我的科研生活的一部分内容。它和一般论文不同,可以不受论文传统体例的约束,体例比较自由,可长可短,便于抒发一些自己在一般论文里所不能进入或不适合说的话。一些闪光的理念或开始萌芽的思想,往往可以在这些短文里自由抒发、真实道出,其中的理念有的竟成为我后来继续研究的基础。无怪乎许多人读新作愿意先读序文。

这些短文是一篇一篇地、无计划地写出的,包括的内容比较多,不像《文集》那样单纯。所以,要把这些短文串成一本书首先遇到的是怎样排序,是按照内容排序呢?还是按时间先后排序呢?经过反复,我采取了按时间顺序排列。

---

[1] 戴庆厦:《语言学著作序文集》,北京:民族出版社,2021年。

感谢诸多作者在疫情中及时为我提供电子版。感谢我的学生李浩博士为此书的编辑付出了大量的精力，一篇一篇地核对、补充资料，并不厌其烦地排列。还有次林央珍、伦静、赵勇等博士生也做了许多工作。我还要感谢民族出版社欧光明主任、马少楠责任编辑及其同事为本书的出版所做的努力。感谢所有为本书出版付出辛勤劳动的朋友！

2020年6月21日

深入的个案研究是语言研究的基础

—— 张琪《南段拉祜熙话语法研究》序①

我过去做过彝缅语语言的语法研究,还带过一些研究彝缅语语法的研究生,所以读了张琪博士的新著《南段拉祜熙话语法研究》,备感亲切。我愿意把自己读后的一些感触写出来,与有兴趣的同仁一起交流。

一

我首先感到这一课题的研究在藏缅语的语法研究中很有价值,课题的成果显示了一个"新"字。

拉祜族是分布在我国西南边疆的一个跨境民族,人口有45.37万人(2000年),在缅甸、泰国、老挝等国都有分布。我在2010年1月1日至15日曾与刘劲荣教授等一起组成"语言国情调查团队"到云南澜沧拉祜族自治县做《澜沧拉祜族语言使用现状及其演变》课题的调查,2010年1月19日至2月22日又去泰国清莱拉祜族地区调查泰国拉祜族及其语言使用现状。经过第一线田野调查,我具体感受到拉祜族是如何坚守、传承自己的语言,还看到拉祜语里蕴含着丰富的语言资源,觉得拉祜语非常值得研究。著名藏缅语语言学家J.A.Matisoff(马提索夫)教授用了毕生大部分精力研究了泰国的拉祜语,作出了巨大贡献;但中国拉祜语的研究,过去

---

① 张琪:《南段拉祜熙话语法研究》,北京:中国社会科学出版社,2021年。

比较薄弱，这些年有了很大的进展，取得了瞩目的成就。

南段山是怒山山系孔明山脉中一个分支的最高山峰，位于澜沧拉祜族自治县糯福乡东南部，当地人将南段山周围的这片地方称为"南段地区"。拉祜语分拉祜纳和拉祜熙两大方言，南段拉祜熙话属于拉祜熙方言。拉祜熙方言由于使用人数较少已面临濒危，亟待记录保存。过去还没有人系统做过这一地区的语法研究和别的专题研究，是一个有价值的空白点。作者用语言类型学的方法对拉祜熙话语法系统进行深入的研究，构建其语法体系的基本框架，揭示其独特的语法现象，为藏缅语语法的比较研究提供一个新的个案和新的语法现象，为后人提供一份珍贵的语言文献资料，还为拉祜语语法的历史研究提供有用的认识。全文共分十章。第一章为绪论，第二章为音系，第三章到第八章讨论与句法结构相关的系列问题，第九章讨论语义范畴，最后一章是全文的总结。

藏缅语语种多，方言复杂，不同语言、不同方言的差异能够反映藏缅语语言类型的历史演变，对于共时描写和历史演变的研究都有不可替代的价值。所以，我一直认为藏缅语研究要多做个案，我自己在做，还鼓励年轻的学者、博士多做个案研究。有了反映实际语言的语料，说话就有底气了。近十年来藏缅语单一语言的语法个案研究成果不断增多，这是可喜的现象。

二

张琪博士做这一课题的研究时，重视语料的收集和现代语言学理论方法的运用。做好语言研究，语料是第一性的，是基础，是决定成果质量的关键，但还要讲究理论方法。本文所用的语料是作者在第一线田野调查中收集、记录的。书中介绍，所调查的南段老寨，共有77户，274人，其中拉祜熙267人。全寨的拉祜熙人，都是拉祜纳和拉祜熙双语者。村民们除极少部分外出务工、入赘或外嫁人员外，均不会讲汉语普通话，田野调查还得请拉祜纳母语人进行翻译。

该书重视类型语言学的运用，注重形式和范畴的双向视角，努力探求跨语言的蕴含关系和等级序列。作者根据拉祜熙话是强分析性语言的特点，努力对虚词进行分析。比如：对后置词宾语标记、受事标记、比较基准标记的细致描写，揭示其虚化的过程和特点，并指出这些后置词大多是强制性的，在拉祜熙话中具有显赫性特点。拉祜熙话语序和虚词是表达语法的主要手段，语序固定且虚词丰富。但拉祜熙话不属于单纯依靠语序表示意义的语言，因为有格标记，事实上是格标记和语序两种手段并用的语言。

文中还认为，拉祜熙话的话题是一个显赫的句法成分。主要表现为：话题使用频率高，具有一定的强制性。话题标记较丰富，主要有 $lε^{31}$ 和 qo^{33} 两个。另外，提顿词 $ε^{31}$ 和 ve^{33} 都有话题标记的作用。拉祜熙的话题 $lε^{31}$，由系动词演变而来，标记和焦点标记相同。

拉祜语中语气词较丰富，有 ve^{33}、a^{31}、o^{31}、le^{33}、$lɔ^{31}$、$vɤ^{31}$ 和 $nε^{31}$ 等。表达直陈的语气词就有2个：ve^{33} 和 a^{31}。语气词位于句末时可以连用。作者对语气词做了细致的分析。

书中还对拉祜熙话中几个主要虚词的句法功能进行了梳理。认为虚词 ve^{33} 是拉祜语中最广泛使用的一个虚词，在拉祜语中具有12种句法功能，有系动词、话题标记、焦点标记、数词中表示最末的后缀等。虚词 $lε^{33}$ 的句法功能有：宾语从句的标句词、跨类并列标记（可以连接体词性并列结构又可以连接谓词性并列结构）、连接词（可以连接两个名词成分又可以连接两个小句）、数词中连接数词与个位数词的连接词。$lε^{33}$ 主要的句法功能是连接词，即可以连接小句也可以连接短语结构甚至是词或语素。还认为 $lε^{33}$ 是由副词"才"虚化而来的。a^{31} 的句法功能有：宾语标记、受事标记、比较基准标记以及持续体助动词、被动句中兼表被动义、有二价形容词的句子中引介客体。其中，受事宾语标记是 a^{31} 的主要功能，比较基准标记、表被动的功能和引介客体的功能是由此衍生而来的。

此外，还分析了动词连用的特点。拉祜熙话的动词连用，最多可以连用5个，2到3个动词连用为普遍现象。动词之间不需要加连接成分。动词"去/找"tɕa³³用处很广泛，可以与很多普通动词搭配连用，可称之为"泛用动词"。

对类称范畴也做了细致分析。类称范畴是拉祜语名词的重要特征之一，类指有专用的语法形式，即四音格词形式。认为类指名词的句法环境是属性谓语，不能与事件谓语相配，不能受数量短语、指示词、单数人称代词、限定性名词的修饰，不能带全量成分。

三

在酝酿写这个序言时我想到：怎样对分析性语言的语法进行分析，怎样建立分析性语法研究的论文方法，是分析性语言研究必须重视、解决的问题。

作者在描写拉祜熙的语法时，肯定会自觉或不自觉地把着力点放在分析性特点上。我们看到，分析性语言的虚词比非分析性语言丰富，是语义表达和语法系统中的一个重要因素，而且不同的分析性语言，由于分析性强弱的差异以及语言系统的特点不同，在虚词的层次上、功能上以及来源上会有不同的特点，藏缅语的虚词特点不同于汉语，藏缅语内部的不同语言的虚词特点也存在差异。所以，我希望张琪博士根据自己活生生的语料，进一步思考拉祜熙话语法的分析性特点，进一步对有特点的语法现象作出理性的解释和定性。

是为序。

2020年7月13日

描写语言学之树长青

—— 刘劲荣《彝缅语比较语法话语材料数据库》序[①]

云南省民族众多,语言资源丰富,是我国语言学、民族学、社会学发展的重要宝地。在诸多语言中,彝缅语支语言语种多,分布广,使用人口多,包括拉祜语、彝语、哈尼语、傈僳语、纳西语等语言,在汉藏语系藏缅语族的历史比较中占有独特地位。

2006年,刘劲荣教授获得的国家社科基金《彝缅语比较语法话语材料数据库建设》项目。据我所知,这个项目是他所在学校获得的第一个语言类的国家社科基金。当时,国家社科基金立项项目相对较少,涉及少数民族语言研究的就更少,能够立项实属难得。该数据库是我国第一个以汉藏语系藏缅语族彝语支多种语言为对象的数据库。

课题组成员经过多年共同努力,按照课题制定的实施计划和调查提纲,完成了话语材料库、语法例句库、语法分析研究等方面的工作,其中话语材料共收入彝语、傈僳语、拉祜语、哈尼语、纳西语、缅甸语6种语言的话语材料250万字的搜集整理、汉文译注和翻译,材料均采用4对照形式,即民族文字、国际音标、词语译注、句子汉译4行对照排列,同时每篇都有忠实通顺的汉语译文。语法例句库建设以虚词、语序、句型为主要内容,精选词组208条、句子935句。同时,又完成了彝缅语语法分析研究相关论文32篇,涉及彝缅语言共时、历时的研究,并于2010年由云

[①] 刘劲荣:《彝缅语比较语法话语材料数据库》,北京:民族出版社,2021年。

南民族出版社出版发行。由于参加项目的多是熟悉母语的专家，语料的记录是准确的，信得过的。

此次出版的《彝缅语比较语法话语材料数据库》，是"彝缅语比较语法话语材料数据库建设"项目内容之一，共录入了彝语、傈僳语、拉祜语、哈尼语、纳西语、载佤语、缅甸语等7种语言的词组208个，句子935句的搜集整理、译注和翻译。词组、句子均采用3对照7对比的形式，即每种语言的句子采用国际音标、词语译注、句子汉译3行对照排列，以3对照的句子用7种语言对比排列，除彝语和纳西没有标出民族文字外，其他的傈僳语、拉祜语、哈尼语、缅甸语、载佤语5种语言都标注有民族文字，每个句子排列共有19行。词组和例句考虑到彝缅语比较语法的需要，从句子的结构、谓语的性质、句子成分的分布等方面做了选择，力求能为彝缅语语法比较研究者提供翔实可靠的语料。

《彝缅语比较语法话语材料数据库》语料库构成了建立彝缅语与汉语的对比语法的基础，相信它的出版将会推动彝缅语言描写语法、比较语法、历史语法的研究，并有助于开拓彝缅语言比较语法学的建设，还能推动彝缅语言系属分类的研究，为汉藏语言系属研究提供新的语言证据。该语言数据库的建立，还可以为汉藏语系语言建立比较语法数据库提供参照，为建设一个科学的、系统的彝缅语比较语法话语材料数据库提供一定的基础。

语言事实是语言研究的基础，有了翔实可靠的语料，才有发展语言学理论的基础。我国的语言调查，虽然经历过半个多世纪的艰苦努力，记录、积累了大量的资料，推动了我国语言学的建设，但由于我国的语言丰富复杂，空白点还不少，加上随着社会文化的快速发展，各种语言都发生了适应性的变化，这决定了语言研究者必须适应语言发展的现实，不断调查、认识语言的现状。所以我认为，描写语言学是各种分支语言学发展的基础，是需要特别重视和用力的，也就是说，描写语言学之树是常青的。为了描写语言学发展的需要，我国需要有一批既熟悉语言学基础理论、基础知识，又有扎实的调查、记录语言基本功（包括能记音、能记录词汇语法材料、能做田野调查、能对语言事实有敏锐性、能使用实验仪器、能写出调查报告等）的描写语言学的专门人才。

"中国少数民族语言文学"专业是云南民族大学的特色专业和优势学科，目前开设有景颇语、西双版纳傣语、德宏傣语、傈僳语、彝语、拉祜语、佤语、纳西语、藏语、壮语、苗语、哈尼语、白语12个民语13个语种的本科班，从1956年开办至今，已走过65年的光辉历程，先后建成了"民族语言重点实验室""民族语言与文化资源库""民族语言文字博物馆"，现已发展成为我国乃至世界语种多、人才聚集、有实力的民族语文教学科研基地，成为民族语言人才培养和研究的重要处所。参与《彝缅语比较语法话语材料数据库建设》的课题组成员大多为该基地操彝缅语母语的专家。

项目主持者刘劲荣教授是突出的拉祜族优秀学者，现为云南民族大学二级教授、博士生导师，是云南民族大学少数民族语言文学学科的领头人。最近，他又主编出版了近300万字的《中国少数民族大辞典·拉祜族卷》，是一部知识性与学术性相结合的拉祜族大型百科全书，历时10余年，可谓十年磨一剑。目前，他正在主持完成国家社科基金重点项目"东南亚跨境拉祜语比较研究"项目。近年，他主持并完成国家社会科学基金项目"彝缅语言比较语法话语材料数据库建设"，完成国家语言资源保护项目"南方民族语言调查·拉祜语纳方言""民族语言调查·云南金平拉祜苦聪方言金平土语""民族语言调查·云南澜沧拉祜纳方言木戛拉巴土语""民族语言调查·云南拉祜语苦聪话"，为国家语言资源保护做出了积极的贡献。他曾在《民族语文》《中央民族大学学报》等核心期刊发表学术论文60余篇，公开出版的专著、合著、译著有《拉祜语四音格词研究》《汉拉简明词典》等30余部。曾获国家级教学成果优秀奖一次、云南省教学成果一等奖两次、云南省哲学社会科学奖两次。2019年《澜沧笙歌》一书，获中共中央组织部党员教育中心组织的第四届全国党员教育培训教材展示交流活动"优秀教材"。

  我的研究领域涉及彝缅语支诸语言。由于业务上的关系，从20世纪50年代开始，我就与云南民族大学有了接触和来往，在民族语研究中得到他们的许多帮助，结交了许多好朋友，友情深深记心间。所以，我感到能为此书写序是件特别荣幸的事。祝云南民族大学的语言学学科建设更上一层楼，不断有新的发展。

  是为序。

2021年9月11日

一部有新意的语言生态成因、演变的个案研究

——经典《广东世居民族[①]的语言生态及语言和谐》序[②]

广东是一个多民族、多语种的省份。在广东各民族中,仅有壮族、瑶族和畲族仍然保存自己的语言,这些语言具有复杂的特点和语言关系,值得深入研究,但是过去没有人对它们做过系统研究。这部《广东世居民族的语言生态及语言和谐》专著,以广东民族为研究对象,通过选取民族聚居区有代表性的村落,以穷尽式的个案调查法逐户进行语言调查。主要完成了以下研究内容:一、现阶段广东省各民族聚居村的语言使用情况及成因;二、民族地区6—19岁青少年的母语和兼用语的能力调查;三、目标地区语言生态环境的各项指标的调查和评估;四、对影响广东民族的语言生态发展的主要因素的归纳和总结。最后,结合不同民族地区间的差异对比和广东经济、社会发展的特殊性,对世居民族语言生态系统的维护和语言和谐关系的构建做了一定的探讨。

我读了这部书稿,觉得主要有以下几个亮点:一是语料新,语料均来源于课题组成员入村、入户调研所得来的一手材料,所有数据都有详细的户籍信息和问卷、访谈材料支撑,保证了语料的真实可靠。二是课题新,

---

[①] 此处"世居民族"是指长期居住在广东省内的各民族。
[②] 经典:《广东世居民族的语言生态及语言和谐》,北京:中国社会科学出版社,2022年。

已有的关于广东民族语言生活的研究多针对某个单一民族，而经典第一次尝试从整体上反映广东境内民族语言地区的语言生活状况，给人以耳目一新的感觉。三是观点新，本研究从田野调查出发，以语言生态环境的评估为落脚点，并结合不同民族地区间的差异对比和广东本地区经济、社会发展的特殊性，对广东省各少数民族语言的现状有了新的了解和认识，提出语言保护和语言和谐策略，具有一定的新意。四是方法新，该研究在使用传统的田野调查法的基础上，还尝试以语言生态学的眼光看待、分析问题，并结合民族学、社会学和语言经济学的研究角度，探讨了语言国情研究的方法。

从研究结论上看，这部作品着力于田野调查所获得的理性认识，在此基础上进一步解答了多民族国家中如何针对各国的特点，分析语言竞争与语言和谐的关系、母语和兼用语的关系、现代化进程中小语种的生命力的维护以及怎样认识多元化和一体化等问题。我国民族地区的语言情况十分复杂，历史的、现实的交织一起，语言内部和外部的因素都在起作用，经典通过对该课题的调查研究，形成了一些认识，使人们能够获得对广东民族地区语言使用状况的新认识，还可以为民族语言的资源保护和处理好民族地区的多语关系，提供更有针对性、整体性和长期性的参考。更重要的是，对国家制订语言政策、推广通用语、保护语言资源、处理民族关系，稳定社会生活等问题都将有一定的借鉴作用。

2011—2014年间经典随我攻读博士学位。在攻读博士期间她曾多次与我一起去境内外做语言调查，对语言本体和语言功能的研究都有较好的感性知识和理性认识。到广东工作后，她便萌发了去调查当地民族语言的想法。由于少数民族人口总数较少，广东地区的民族语言国情调查相对薄弱，因此，她申请的项目"广东各民族语言使用情况和语言保护对策研究"很快得到了国家语委的支持。在过去的几年中，她带着她的研究生一起到粤西、粤北、粤东的民族地区做调查，收集了不少一手材料，获得了对广东省民族语言国情的最新的认识。现在，她将调查所得融进这部书稿。我觉得这部书稿的出版，对如何认识我国语言与民族在新时代的关系，如何做好语言工作是会有帮助的。

是为序。

2021 年 5 月 25 日

一部来自教学一线的好书

—— 金海月《韩国学生汉语语法习得研究》序[①]

汉语作为第二语言教学自20世纪80年代以来，无论是教学理论研究还是教学实践研究都取得了一定的成绩，但如何才能提高教学质量依旧是我们需要攻克的重大课题。

教学质量是教育的生命线。想要提高教学质量需要创造良好的教学环境、培养学生良好的学习习惯，与此同时要提高教师自身素质和业务水平。作为汉语教师，通过对比学生母语与汉语，认识汉语特点，预测学习难点是教师的基本功之一。基于语言对比预测学习难点需要科学的论证过程，这本《韩国学生汉语语法习得研究》为我们提供了一种范式。

这本书有两大特点：一是描写充分，有数据、有解释；二是以语言对比与语言类型学知识作为研究的支撑。

语言现象的静态描写是语言研究的基础，充分的描写可为语言特点的分析提供依据。本书对学生中介语的类型描写十分详细，语料来自大规模的语料库及作者的实际调查。如关于韩国学生"使"字结构习得特点的研究，本书以北京语言大学HSK动态语料库为基础进行了偏误类型分类，再结合问卷对不同学习阶段的韩国学生进行了细致调查，总结出了其习得特点，翔实的语料为语言特点的分析提供了深厚的依据。在语料库语言学广泛应用的今天，大数据为我们开辟了新的视野，提供了新的角度。大数

[①] 金海月：《韩国学生汉语语法习得研究》，北京：民族出版社，2023年。

据与语言学研究的结合为语言现象的解释打下了坚实基础。注重用数据说话，通过提取的数据的客观发展趋势来描写语言学问题，结合多维度的数据分析，使语言现象的解释更有理有据。这可以说是本书的一大亮点。

语言对比是将不同的语言进行系统的共时比较，以揭示它们之间相同点和不同点的一种语言分析方法。语言对比的目的是寻求不同语言之间的共性和个性，从而科学地认识人类语言的语法特点和演变规律。语言对比存在以下两个途径：一是通过两种语言规律的对比发掘相互间的共性和个性；二是通过语言教学的实践反观不同语言的特点，从隐性、显性的对照中揭示不易觉察的语言现象和规律。将学生母语和汉语进行对比，可以预见学生的难点和常犯的错误，准确抓住教学重点，有针对性地进行教学，有利于帮助学生克服母语干扰，提高学生对汉语的理解和使用水平。同时可将对比成果用于教学的课程设计和教材编写中。如韩国学生渐变义副词习得特点的研究，本书对韩汉相近语义的渐变义副词进行了详尽对比，为学生的偏误成因分析提供了有力依据。语言对比必须要求深化和细化，因为它是语言比较得以深入的关键，而对非亲属语言的比较来说，这显得尤为重要。这一点在本书中有很好的体现。不同语言的语法对应有大规则和小规则之分。认识语言的语法特点，光靠大规则是不够的，必须寻找大规则下的小规则。特别是教学语法，不能只停留在大规则的对比上，而应当把着力点放在小规则的探索上。这本书在做语言对比的过程中，不失把语言分析放在类型学视野中进行了考察。语言类型学研究方法论应用于国际中文教育也是一种新思路、新方法。想要对不同国别的学生因材施教，必须了解语言共性，想要对不同国别的学生因材施教，必须了解语言类型。

金海月多年从事国际汉语教学，她又精通韩语，了解韩语母语人的汉语学习特点。丰富的教学经验激发她更多的理论思考。她对语言共性与个性认识高，常从语言类型的转变看外国人学习中文的规律。这一点在我与她日常进行学术观点交流时就有具体感受。有一次我们谈论到构词法，她认为少数民族语言研究中关于构词法的研究略显单一化、形式化，我们不仅要从形式上出发，观察其构词结构类型，而且还要从不同结构类型的使用频度及一种语言常见的构词类型的认知习惯进行深入分析。如韩语是OV型语言，但构词时动宾结构很有活力，当然这和与汉语的语言接触有关，不过也要思考为什么韩语词汇对动宾结构的可接受性如此强，这一现象对韩国学生习得汉语时产生什么样的影响。我听了后很受启发。不久，我把景颇语词典重新过了一遍，理出了景颇语构词特点，观察到了其构词类型的倾向性特点，得到了一些新认识。

我想，从教学实践经验中形成的语言习得的阶段性成果，恰恰是汉语教学特别需要的。

2023年1月

李春风《景颇族·怒江州片马茶山语参考语法》序[①]

我国景颇族有景颇、载瓦、勒期、浪速、波拉等支系。怒江州的茶山是景颇族一个人口较少的支系，是当地古老的世居民族，主要分布在云南省怒江州泸水县（今泸水市）片马镇岗房、古浪、片马三个行政村的中缅边界线上。据史籍记载，茶山人的祖先来到片马已有上千年的历史，在由北方南下的迁移过程中，茶山支系与景颇族的主体分离，定居在封闭的怒江州片马地区，被片马主体民族傈僳族包围，并与缅甸茶山人往来密切。片马茶山语是属于汉藏语系藏缅语族缅语支的一种跨境语言，国内使用的人数只有百余人。因其独特的特点，其语言及语言关系在语言学研究中具有重要的地位，抢救记录该语言，也能保护他们的文化。

国内外学者对茶山语的研究较少。2009年，我带了中央民族大学"985"团队首次赴片马地区对片马茶山人及其语言做了一些调查，于2010年出版了《片马茶山人及其语言》一书，该书着墨于茶山语的社会功能，也对茶山语概貌进行初步描写。之后我认为茶山语还可以持续深入调查。春风博士一直对民族地区的语言关系和语言本体研究兴趣浓厚，并希望能够在我们的研究基础上继续进行田野调查研究。2016年以后，她得到这个机会——获得国家社科基金资助项目"片马茶山语参考语法研究"。

[①] 李春风：《景颇族·怒江州片马茶山语参考语法》，广州：暨南大学出版社，2023年。

之后的四年里，她利用寒暑假期间，连续四次深入片马茶山人居住的村寨，与茶山人同吃同住，收集、记录、整理近20万字茶山语语料，获得了大量第一手材料，培养了茶山语语感，还对部分语料进行拍摄、录制。

本书是该社科项目的主要研究成果，是国内首部以片马茶山语为描写对象的语法著作，首次在动态历史背景中，探索分析片马茶山人的语言使用情况、语言关系，并对片马茶山语的语音、词汇和语法进行全面系统的描写研究。作者对茶山语的社会功能、语音系统、构词法、十大词类及其语法特点、语法功能以及句法等进行了全面描写。其主要内容及特点有：

一、茶山语单音节单纯词占优势，多音节单纯词较少；双音节合成词较多，多音节合成词较少。茶山语以借自汉语为主，还有少量缅语、傈僳语、其他支系语言等借词。

二、名词词缀的虚化程度具有层次性，性范畴依靠后缀表示，数范畴表现形式比较简单，有大称和小称，名物化的表现形式有前加、后加名物化标记等。代词有数范畴，非典型格范畴有形态变化等。动词在茶山语句法结构中占有核心地位，有态、式、体、貌范畴，单音节动词可以重叠，双音节动词重叠多表示动作的状态。数词在句中不能单独使用，序数词的表达比较丰富，有本语词、借自汉语的借词、借自缅语中的英语借词等，单个数词不能重叠。量词比较发达，单音节性是茶山语量词的重要语音特点，量词在句法结构中一般不能脱离数词，具有强制性。形容词能重叠，表示性状程度的加深，其语法形式比较丰富，能构成自动态和使动态。副词不能重叠，但不同的副词可以连用。茶山语助词没有形态变化，不能重叠，有少量是由实词语法化而成，结构助词具有多功能性，等等。

该书具有一定的意义和价值。作者根据最新调查数据，利用社会语言学研究方法，描写片马茶山人语言使用现状及与其他民族的语言关系，并与2009年的片马茶山人语言使用情况进行对比，做了动态分析，总结了10年间语言使用变化的特点。茶山语分析性较强，还保留了大量形态变化和特点，如代词的属格、动词的态等。本研究还在调查中使用影像搜集，以录像形式录制保留了片马茶山语的词汇、句子及长篇语料，并记录大量语言事实。这些影像资料，有利于后续研究。这部语法著作，社会调查比较充分，语料较翔实。

春风多次跟我去民族地区做语言国情调查研究，还参加过跨境语言调查研究，是一个能吃苦的年轻人。茶山语值得持续关注，希望春风今后能继续对茶山语做更深入的调查研究。

是为序。

2023年3月26日

卿雪华《佤语岳宋话研究》序[①]

《佤语岳宋话研究》一书，是卿雪华博士的教育部项目的结项成果。

她原是中央民族大学毕业的博士，主攻佤语，我教过她语言学的课。2010年9月，我与周植志、曾思奇两位教授为中央民族大学的少数民族语言文学博士生合作开设一门新课"汉藏、南岛南亚语言结构分析"，卿雪华是当时听课的博士生之一。她学习努力，有事业心。

2023年6月，我应邀到昆明学院人文学院做语言学方面的学术报告，难得又与她再一次见面，交谈甚欢，非常高兴。卿雪华告诉我，她已完成了教育部项目"佤语岳宋话研究"，要我为她的著作写序，我很愿意，欣然应允。

目前关于佤语的研究成果，多集中在研究标准音点巴饶克方言的沧源佤族自治县岩帅佤语，对另外两个佤语方言阿佤方言、佤方言的研究成果很少，尤其是对阿佤方言缺乏比较细致的描写成果。她的新著《佤语岳宋话研究》，能够弥补这一不足。就我看来，这部著作具有以下几个特点和价值。

一、佤语阿佤方言岳宋话是佤语方言的重要组成部分，其描写和研究对于整个孟高棉语族语言的深入研究都具有重要的学术价值。

佤语属于南亚语系孟高棉语族佤德语支。可分为巴饶克、阿佤、佤三个方言。巴饶克方言主要通行在沧源、澜沧、耿马和双江等县；阿佤方言

[①] 卿雪华：《佤语岳宋话研究》，北京：社会科学文献出版社，2024年。

主要通行在西盟、孟连两县以及与这两县毗邻的澜沧拉祜族自治县的部分地区；佤方言主要通行在永德和镇康两县。目前佤语各个方言点的研究不平衡，大部分研究成果均以佤语标准音点巴饶克方言沧源佤族自治县岩帅佤话为依据，而对于阿佤方言和佤方言则只有语音系统的介绍及比较，缺乏对这两种方言的词汇和语法结构的详细描写和深入研究。

卿雪华的专著《佤语岳宋话研究》是首部对阿佤方言的岳宋佤语进行详细描写和研究的著作。阿佤方言区处于阿佤山的中心地带，这里交通闭塞，经济落后。尤其是西盟地区中华人民共和国成立前尚处于"原始社会"末期，受外界影响较少，其佤语较多地保留了古代佤语的特点。因而，对西盟岳宋佤语进行词汇和语法的详细描写和研究，可以为孟高棉语族乃至南亚语系的亲属语言比较提供有价值的语料。

二、佤语岳宋话在佤德语支内部有自己独特的特点，在共时研究、历时比较研究中都具有一定的价值。

岳宋佤语与标准音点岩帅佤语相比较而言，其语音系统复辅音较多，有三合复辅音，元音不分松紧，都没有声调。语法方面最大差异是岳宋佤语的优势语序是"谓语+主语+宾语"，而岩帅佤语则是"主语+谓语+宾语"与"谓语+主语+宾语"语序并存。《佤语岳宋话研究》一书首次对西盟岳宋佤语进行共时的词汇和语法的描写，有利于以后更全面地了解佤语的结构特点，推动佤语研究向纵深发展。其研究成果能为佤语各方言的词汇、语法的共时比较提供翔实的语料，为探究佤语语言中的词汇化、语法化等研究提供可借鉴的语料，还能为南亚语系与汉藏语系等其他语系的比较和语言类型学研究提供可靠的资料。而且，岳宋佤语的深入研究有助于佤族语言文字的规范化，有利于促进佤族语言文字的学习、使用和规范。

三、岳宋佤语的深入研究，有利于保护佤族语言的丰富资源。

语言是一种重要的资源。尤其对一些功能有所衰变、人口较少的民族语言或方言，必须像保护自然资源一样予以保护和利用。而对一种语言的保护，首要的办法就是对其语言的各要素作细致的描写记录。自20世纪以来，语言濒危已经成为全球化的伴生现象，语言的多样性正不同程度地发生变化。随着民族地区经济社会的迅速发展，城市化的速度加快，许多少数民族语言活力下降，面临着亟待保护的态势。就佤语使用的现状来看，分散杂居于其他民族区的佤族年轻人中也有一些不会说佤语了，就是佤族聚居区的年轻人也有一部分不会说佤语。这说明佤语的交际功能正在下降。我们有必要对佤语的方言进行深入的描写研究，以便更好地保护佤语资源。对佤语岳宋话的详细描写和深入研究，还能为相关学科如社会学、历史学、民族学等学科的研究提供语言证据，促进人文学科的发展。

我希望卿雪华博士能在这一领域不断做出新的贡献。

是为序。

2023年9月26日

张鑫《墨江豪尼哈尼语参考语法》序[①]

张鑫博士毕业已经六年了，这期间她几经修改、充实自己的博士论文，现在认为可以出版了。她嘱我写序，我欣然同意。留下这篇序，可为当年她艰苦攻关留下美好的记忆。

《墨江豪尼哈尼语参考语法》一书，是以汉藏语系藏缅语族彝语支的哈尼语豪白方言的豪尼次方言（以下简称豪尼话）为研究对象，根据云南实地调查的第一手语料写成的。书中收集了包括词汇、短语、语法例句和长篇语料等各类材料，有30多万字。收集到的语料主要包括两类：自然话语语料和启发式话语材料。自然话语语料包括自然真实语境下的话语、神话、传说、童话故事等长篇语料。启发式话语材料包括分类词汇、短语结构和语法例句。通常由调查者先行给出一些语法例词，提供相应的语境，然后再由发音人说出相应的词、短语和语法例句。

本书借鉴参考语法的描写分析原则，综合运用现代语言学的基本理论，并兼顾传统语法的研究范式，对豪尼话的语法结构及其特点进行了较为全面、系统的共时描写与分析。书中融入现代语言学理论的研究方法，对一些有特点的语法现象及其成因做了分析，从类型学的视角考察豪尼话的因果复句、话题句、存在句等。全书共分九章，从语言社会人文背景、语音系统、词类、短语、句子结构、特殊句式、复句、构词法和词汇特点等方面分析了豪尼话的基本特点。本书的末尾附有长篇语料和分类词汇。

[①] 张鑫：《墨江豪尼哈尼语参考语法》，北京：中国社会科学出版社，2024年。

作者将豪尼话归纳出以下三个主要特点。

第一，豪尼话是以分析性为主的语言。

豪尼话表现语法意义主要借助语序和虚词两个手段。其基本语序类型是SOV型，即主语–宾语–谓语，这一语序为无标记的语序。但若是将宾语移至主语之前，变为OSV型，则需在主语（通常是施事）后添加施事助词，表示对施事者的强调。OSV型语序是出于语用的需要而出现的，是有标记的语序。书中指出，语序是豪尼话表达语法意义的主要手段之一。

此外，豪尼话还有丰富的虚词，特别是表达各种范畴的助词十分丰富，包括结构助词、格助词、体助词、语气助词、情态助词五大类，涵盖语法、语义、语用等各个方面。

豪尼话中的助词承担了重要的表达语法意义的功能。助词属于语法化程度很高的功能词，一个助词往往具有多种语法功能。这与语言的经济性原则相关。在分析性强的语言中，功能词都属于封闭型的词类，数目往往不多，但承担着丰富复杂的语法功能。

第二，豪尼话的一些重要参项与SOV语言类型相和谐。

比如，豪尼话的助词有的后置于中心词。如：格助词后置于名词或代词，话题助词后置于话题成分，语气助词后置于小句等。美国语言学家约瑟·哈罗德·格林伯格在语言共性第4条指出：采取SOV为常规语序的语言，在远远超过随机频率的多数情况下，使用后置词。又如，豪尼话有的领属语助词前置于名词，这与格林伯格的语言共性第2条不同。格林伯格认为，使用前置词的语言中，领属语几乎总是后置于中心名词，而使用后置词的语言，领属语几乎总是前置于中心名词。

第三，豪尼话的一些语法特征符合类型学的语言共性。

如：动词所带的状语全都位于动词之前。格林伯格的语言共性第7条指出：在以SOV为优势语序的语言中，如果没有或仅有OSV为其替换性语序，那么动词所带的一切状语都处于动词之前。豪尼话以SOV为优势语序，且替换性语序只有OSV，从其状语与中心语的语序来看，所有的状语全都位于谓词性中心语之前。又如，豪尼话的差比句，其构成模式是"比较基准＋比较标记＋比较结果（形容词）"，符合格林伯格的语言共性第22条指出的后置词语言的共性。

本书的价值在于：

第一，哈尼语是个方言复杂的语言，过去对哈尼语方言的研究比较薄弱，大量珍贵的语料尚未被发掘出来使用，这部新著能为哈尼语方言比较研究以及哈尼语语法的历时发展提供一个新的个案。

第二，能为藏缅语语法研究提供新语料，有助于藏缅语语法研究的深入。

第三，由于豪尼话在语言接触中受到周边语言广泛、长久、深入的影响，因而对于语言接触的研究，尤其是语言接触背景下语法结构特点的研究具有一定的价值。

该书注重使用了田野调查、描写与统计等研究方法。豪尼话是一种有口语而无文字的语言，因而有必要把主要精力花在实地语言调查与真实的话语记录上。作者重视田野调查并对田野调查有浓厚的兴趣，曾四次到墨江实地进行语料搜集。与当地豪尼同胞建立了深厚的友情，把豪尼人当成自己的亲戚。在调查期间，她与老乡一起上山采茶、回家炒茶，熟悉他们的劳动生活。因此她已能说一些简单的豪尼话，并对豪尼话有了感性认识。她有幸成为两位豪尼人孩子的干妈，并为孩子起名。正如她所说的："我特喜欢做田野，老想去田野调查。"她把研究豪尼话当成自己的事业，默默追求，勤奋以对，不断积累新的语料和认识，语料的获取与核实都是在逐渐熟悉豪尼话的过程中完成的。

豪尼话是一种受汉语影响比较广泛、长久、深入的语言，本书对语言接触背景下汉语借词的数量、义类分布、各类借词所占比例等均进行了统计，对加深豪尼话的描写、分析，以及对接触语言学的研究都有一定的价值。

张鑫是2010年我在北京语言大学招收的博士。她的硕士学位是在内蒙古大学获得的，师从李树新教授，打下了较好的专业基础。她性格开朗，厚道朴实，有强烈的事业心。进校后，很快就对少数民族语言的本体研究有了浓厚的兴趣，愿意为少数民族语言的描写研究多做一些事。入学后经过一段时间的考虑，我决定让她主攻哈尼语豪尼话，这是因为过去研究豪尼话的人少，是个空白点，我虽然做过一些研究，但只是初步的研究，认为应该有个年轻人继续做专门研究。商量决定后，她很快就到豪尼人的主要居住地墨江去学习语言、记录语料，我也专程到过墨江听取她的田野调查情况，并帮助她核对了语料。这段美好的历程，至今记忆犹新。

　　哈尼族是我国原有150多万人口的民族，在境外越南、老挝、泰国、缅甸也有分布。哈尼族的语言有较大的方言分歧，特点丰富，对于语言学研究有着重要价值，有大量的事要做。但哈尼语的研究成果至今仍较少，有待进一步加强。可喜的是，目前已有几位年轻人都选择哈尼语方言为主攻方向，预计今后的研究会有较大的进展。张鑫2015年又获批国家社科基金青年项目"墨江白宏哈尼语参考语法研究"，好事成双，其成果必将成为《墨江豪尼哈尼语参考语法》的姊妹篇。祝张鑫继续坚持田野调查，加强学习，早日成才。

　　是为序。

2023年10月18日

戴庆厦、闻静《分析性眼光与语言研究论集》前言[①]

这本论文集一共汇集了与语言分析性眼光相关的论文36篇，包括不同语系、不同类型特点的语言。希望本书的出版，能帮助读者了解我国多年来的语言研究如何运用分析性眼光揭示语言特点的，还希望有助于推动从语言类型角度对我国语言的研究。

语言研究，必须根据语言特点进行，才能更好地揭示语言的特点和规律。这是语言学家经过长期实践形成的共识。人类语言的特点多种多样，可以从不同的角度去认识。从语言结构特点上，可以根据形态发达与否分为形态型语言和分析性语言；可以根据声调特点分为有声调语言、无声调语言和声调萌芽型语言；可以根据重音分为重音型语言和非重音型语言；可以根据语序特点分为动宾型语言和宾动型语言，还可以根据虚词的特点分为多种类型等。从语言功能上，可以根据使用人口多少分为大语种和小语种；可以根据语言的社会地位分为国家通用语和非通用语；可以根据语言功能是否衰退分为濒危语言、衰退语言和非濒危、非衰退语言等等。在上述语言特点的不同分类中，形态多少的差异是语言结构特点中比较重要的、对语言特点和规律有较大影响力的一种类型，是语言研究中必须重视的一个特点。

[①] 戴庆厦、闻静：《分析性眼光与语言研究论集》，北京：民族出版社，2024年。

朱德熙先生曾经敏锐地觉察到汉语和印欧语在类型特点上有根本性的差异，坚持要使用不同的研究方法。他说道："现代语言学的许多重要观点是以印欧语系的语言事实为根据逐渐形成的。采用这种观点来分析汉语，总有一些格格不入的地方。这是因为汉语和印欧语在某些方面（最明显的是语法）有根本性的不同。由此可见，如果我们不囿于成见，用独立的眼光去研究汉藏语系语言，就有可能对目前公认的一些语言学观念加以补充、修正甚至变革。从这方面看，汉藏语研究有重要的意义。"（引自马学良主编《汉藏语概论》中的序，民族出版社，2003年10月）

我主要是做汉藏语系藏缅语族语言研究的。藏缅语和汉语、壮侗语、苗瑶语一样都属于分析型语言，但不同语言的分析性强弱程度不同。在学习、研究藏缅语的过程中，在进行不同语言的比较研究中，通过一个个实例我逐渐认识到把握分析型特点的重要性、体会到分析性强弱对认识语言特点及演变的有效性。比如，我在研究景颇语的使动范畴时发现使动范畴有多种不同的语法形式，而且不同形式交叉使用，构成一个不可分割的系统。如何解释其成因在开始时不明白，后来有了语言类型的眼光后才明白，这种多形式的形成是景颇语使动范畴的语法形式由形态型向分析型演变中出现的，既有形态特点，又有分析特点，还有形态和分析合璧式，存在不同的层次，用语言类型的眼光还能觉察出其演变趋势。又如，景颇语为什么有丰富多样的句尾词，是藏缅语其他语言少有的。如果用分析型眼光就能解释这类词是带有形态特点的语气助词的特殊形式，既是表语气的分析型虚词，但又有形态变化，带有浓厚的类型交叉特点。其他又如景颇语并列复合词词素孰先孰后、补语为什么不发达、为什么没有介词等，都能通过分析型眼光得到合理的解释。

藏缅语的语言事实促使我不断思考分析型眼光的理论、方法问题。这些年来我连续发表了多篇论述分析型眼光的概念、价值、方法等论文。2018年，我与闻静合写了《论"分析型语言"研究眼光》（载《云南师范大学学报》，2017年第5期，由《人大复印资料·语言文字卷》2018年1月

《中国社会科学文摘》2018年3月转载），比较系统地对分析型眼光这一理论方法做了论述。

今后，预计通过语言类型揭示、论述语言特点及其演变的研究还会不断加强。我们将创造条件争取编辑第二集出版。

2024年5月20日

赵敏《中老跨境哈尼语对比研究》序[①]

赵敏的国家社科基金项目"中老跨境哈尼语对比研究"已结题，在此基础上写成同名专著即将由中国社会科学出版社出版。她希望我能为专著写个序，我欣然答应。原因有二：一是赵敏曾经跟我攻读过博士，主要研究哈尼语方言，还多次随我一起到民族地区做过语言田野调查。二是我年轻时多年做过哈尼语的调查、研究，对哈尼语有了一些了解，并建立了难忘的感情。

回顾以往，岁月如歌。我大学一毕业就有幸参加了中国科学院少数民族语言调查第三队赴云南调查少数民族语言，那时让我转做哈尼语的调查和哈尼文的创制工作，度过了四年的"黄金"时光。至今，我还清晰地记得当年走过的红河两岸哈尼族的村村寨寨，记录哈尼语方言土语的日日夜夜。通过田野调查实践，哈尼语丰富多彩的方言特点使我大开眼界，觉得它有挖不完的语言资源，大有可为。所以，后来带的博士生，我都尽量让他们选择哈尼语方言，如今哈尼语的碧约话、卡多话、豪尼话、西摩洛话等方言点都有了一批年轻的博士在把守，并取得了不少令人耳目一新的新成果。

赵敏2006年考上了我的博士，当时我就让她做卡多话研究。我在1957年就调查了哈尼语卡多话，做了一些研究，认识到卡多语是一个有特点的方言，值得调查研究。但那时的任务主要是创制哈尼文，主要做了

[①] 赵敏《中老跨境哈尼语对比研究》于2025年由中国社会科学出版社出版。

语音的描写研究，未能对语法词汇进行系统研究。所以我一直想培养一位研究哈尼语卡多话的专家。所以，当我提出要她研究卡多话时，她高兴地答应了。后来经过几年的学习、调查，赵敏在卡多人朱茂云的帮助下，对卡多话有了系统的认识，完成了《墨江哈尼族卡多话参考语法》专著。有了这个基础后，她就进入深入研究哈尼语的新阶段。

到了2012年，赵敏看到语言学研究中跨境语言研究不断升温，有了做跨境哈尼语的调查研究的念头。一天她找我说："老师，您做过泰国的阿卡语研究，还出版了《泰国万伟乡阿卡族及其语言使用现状》以及《泰国阿卡语研究》两部专著，这是国内学者首次对境外哈尼语的研究。我想继续做没人做过的老挝阿卡语的调查研究，并申请国家社科基金。好吗？"我听后立即表示同意。2013年，赵敏获得国家社科基金项目"中老跨境哈尼语对比研究"，我非常高兴，因为这是一个将境内外哈尼语做系统对比的好机会，就鼓励她申请。经过艰苦的立题、论证、申请，有幸得到项目。后来又经过多年的调查、撰写，终于完成了原定的预想。其中的酸甜苦辣，我是清楚的。

粗读了这部初稿，形成了以下三点认识。

一、选题好，有价值。跨境语言调查研究在我国刚刚兴起，大量的空白点等待我们去填补。该书有丰富的、鲜活的阿卡语描写语料，使人耳目一新，很有价值。还有中老阿卡语的比较研究，也是以前没有人做过的。我虽然记录过泰国的阿卡语，但未能与中国的阿卡语进行比较。

二、语料来自田野调查，有其价值。田野调查是获取鲜活语料的主要手段。该书的六个点的语料丰富可靠，是今后阿卡语深入研究的宝贵语料。跨境语言的田野调查是很辛苦的，会遇到许多在国内调查没有的难点困难。我很高兴本书的研究是建立在大量一手语料之上，使该书的研究结论具有可信度。

三、抓住阿卡语的分析性特点选择比较重点，如虚词比较、构词和语序比较等。该书从语音、词汇以及语法三个板块对中老哈尼语进行了对比，寻找分化时间差异以及跨境差异引起的语言发展、变化，并得出"支系差异、分化时间差异对哈尼语造成的影响要大于跨境差异对哈尼语造成的影响"的观点。

　　功夫不负有心人，经过九年的努力，今天这本作为中老哈尼语系统对比的研究成果即将问世，虽然比较研究还是初步的，一些地方还可以再深入，但开了个好头。我很欣慰看到新一代学者的成长，衷心表示祝贺。

　　是为序。

2022年2月12日

赞"十年磨一剑"的治学之道
——马重奇《明清以来闽南方言历史比较研究》序[①]

我与著名语言学家马重奇教授相识多年，是福建老乡，又是知心老朋友。我们现在虽然南北相隔，但在语言学研究上时有交流、互相信任。近来，他送来国家社会科学基金重大招标项目（项目编号：10ZD&128）成果——《明清以来闽南方言历史比较研究》，索序于我，我十分高兴，欣然接受。一则能增长自己的见识，二则能与重奇教授分享我的阅读感受，特别是想向学术界推荐这部极具分量的学术大著。我的母语是接近闽南方言的莆仙方言，在阅读成果中天然的语感不禁使我为之感动、赞叹。我不时在想，成果的字里行间不知凝聚了作者多少心血，一张张表格的绘制和一章章的撰写，不知要花费作者多少精力！

重奇教授长期潜心治学，博得学界的广泛赞誉和尊崇。他是福建省乃至全国的优秀专家，福建省高校领军人才，特别是在音韵学和方言学的研究领域做出了突出的贡献。他在海内外出版学术著作约30种，在国家核心刊物上发表论文170余篇；承担各类科研项目20余项，荣获国家哲学社会科学优秀成果文库1项，教育部高等学校科学研究优秀成果奖（人文社会科学）一等奖1项，二等奖2项，福建省社科优秀成果奖一等奖5次，

---

① 马重奇《明清以来闽南方言历史比较研究》于2025年7月由商务印书馆出版。

二等奖2次，福建省优秀教学成果奖一等奖1次等。2009年任国务院学位委员会"学科评议组中国语言文学学科组成员"和全国哲学社会科学规划领导小组"国家社会科学基金语言学科评审组专家"，2010年和2021年两次被评为国家社科基金重大项目首席专家，2011年被聘为"教育部长江学者评审委员会语言学科组成员"，2018年被确认为福建省领导直接联系的高级专家，2022年被确认为"2022中国高贡献学者"。面对如此卓越的成就和荣誉，敬佩之情油然而生。我清楚地知道，从2010年立项以来，重奇教授已先后在重要刊物上发表了多篇长文，颇受学界关注，如今的成果在原有基础上不断打磨而更加成熟。如此一部闽南方言的研究佳作可算作"十年磨一剑"。

中国的语言资源十分丰富，福建更是如此，闽地历史悠久，北方移民多批次入闽，即有"福建六大民系"之说。八闽大地方言复杂，形成了闽东、闽北、闽南、闽中、闽客、闽赣和莆仙方言区，而闽南方言又可分为东、南、西、北四片。海内外众多学者曾从不同视角关注并有力推进研究，闽方言的研究成果精彩纷呈，一县一点的方言调查报告已完成。从客观条件来讲，闽南方言历史比较研究作为创新工程、理论性和前沿性集为一体的研究工作成为可能。而从主观方面来看，重奇教授长期致力于闽方言文献的整理与研究，搜集了一批又一批的语料，为汉语方言研究做出了开创性的贡献。他能够挑起闽南方言综合研究的重担，能从新的视角运用科学的方法挖掘出新观点，还能纵横兼顾、古今贯通开创传统音韵学研究和汉语方言调查的新风气，即通语史与方言史互相结合、传世文献与鲜活方言互相印证、共时与历时研究互补。读了《明清以来闽南方言历史比较研究》大作后发现具有如下三个特点。

（一）规模宏大，体系严密

成果分为音韵篇、词汇篇和语法篇三大部分，鸿篇巨制，书稿将近一百二十余万字，规模宏大，体系严密。

第一册为音韵篇。第一编，现代大陆闽南方言音韵比较研究篇；第二编，现代台湾闽南方言音韵比较研究篇；第三编，现代闽台闽南方言音韵比较研究篇；第四编，闽台闽南方言音系与中古音比较研究篇；第五编，清代以来闽台闽南方言韵书音系历史比较研究篇；第六编，清代以来闽南与闽东、闽北方言文献音系比较研究篇。从共时比较来看，兼跨闽台两地，而且对闽东和闽北进行比较；从历时比较来看，现代闽南方言又与中古音展开比较。为了更好地了解闽台闽南方言9个方言点字音的一致性与差异性，所附附录是根据中国科学院语言研究所编辑的《方言调查字表》编撰了《闽台闽南方言字音韵对照表》，这种对照表能够全面清晰地反映闽方言的古音遗留情况。唐代以河南中州人为主体的入闽汉人带来当年的中州汉语，形成闽方言最重要的基础成分，不但保留东晋时期中原人士保留的上古雅言成分，而且还有唐代洛下正音（以《广韵》为代表）的中古汉民族标准语成分，构成了闽方言的共同性。通过现代闽方言与《切韵》音系的历史比较，可以发现它们存在着共性。

第二册为词汇篇，主要包括：第一章，闽台闽南方言词汇的构成与特点；第二章，闽台闽南方言的构词法；第三章，闽台闽南方言的重叠式构词；第四章，闽台闽南方言词汇的总论；第五章，闽台闽南方言词汇则着重收集闽台9个闽南方言点（厦门、漳州、泉州3个方言点，台湾高雄、台南、台北、鹿港、宜兰、台中6个方言点）的词汇。

第三册为语法篇，主要从词法和句法进行探讨，词法包括第一章，名词、动词、形容词；第二章，代词；第三章，数词、量词；第四章，副词、介词；第五章，连词、助词、叹词、拟声词。句法包括第六章，闽台闽南方言句式特点；第七章，特殊句子的类型；最后两章为闽台闽南方言词法特点比较研究和闽台闽南方言句法特点比较研究。

总之，如此规模的巨著从宏观的体系建构到微观的描写分析，均可以为闽方言的进一步比较研究提供坚实的研究基础。该成果还全面系统地展示了海峡两岸闽南方言语音、词汇和语法的一致性和差异性，探索了历史源流关系，丰富和发展了闽台一体和闽台同源的学说。这不仅对汉语方言学和汉语史研究具有宝贵的学术意义，而且对驳斥"台湾语独立论"具有现实意义。总之，该成果是闽方言研究的重大突破，是一部新时代方言研究的扛鼎之作。

（二）考证扎实，结论可靠

早在2002年，重奇教授就出版《闽台方言的源流与嬗变》一书，开始对两岸的闽南方言和客家方言进行了全方位、多角度的比较研究。之后他又广泛搜集、仔细鉴别、全面整理了闽方言文献，并通过这些文献比较研究形成科学认识：对闽南方言的语音、词汇和语法做了全面描写，分析了不同地区的闽南方言分支所存在的一致性和差异性，并指出哪些语言现象已经发生变化，哪些尚未发生变化，哪些正在发生变化。这样展示方言变化发展的论述可以为闽南方言研究史提供宝贵的参考价值。《明清以来闽南方言历史比较研究》内容丰富，有理有据，结论平稳，充分显示了作者驾驭闽南方言文献与方言学知识的学术功力，以及朴实的治学风格。

寻找、确立演变链是为揭示语言的历史演变规律服务的，是历史语言学研究的一个方法，属于历史语言学范畴。语言研究的主要目标是揭示语言的规律，包括语言的结构规律和演变规律。寻求语言历史演变规律主要有两种方法：一是文献比较法，即通过不同时期文献的比较，或文献与现存口语的比较，发现语言演变的规律；二是语言比较法，即通过亲属语言或方言的比较，从不平衡性中探索语言演变的规律。而这两种方法的运用，都与寻求、确立演变链有关[①]。

地域方言的动态比较研究利于推动汉语方言学乃至整个中国语言学的

---

① 详见戴庆厦《论亲属语言演变链》，载《语法研究的深化与拓展》，北京：商务印书馆，2015，第14页。

发展，益于建立具有中国特色的普通语言学。重奇教授对方言学、音韵学和历史语言学十分熟悉，能够将各学科知识相互为用，相得益彰，这样的知识体系使他能在方言研究中打开新局面，开拓新领域。所完成的著作《明清以来闽南方言历史比较研究》自然就有深度和广度。闽方言源自上古汉语，台湾方言又来源于闽方言，说明了海峡两岸闽南方言一脉相承，有着不可分割的同祖同源关系。重奇教授能够通过比较发现具体的细节，是因为他手头拥有丰富的历史文献材料。他之所以能够成竹在胸，是由他具有深厚的语言学素养，加上对母语方言的无比热爱，能够做到深入观察、细致描写的素质决定的。

（三）视野开阔，资料完备

现代汉语方言研究从早期记录、描写、分析、比较方言语音的角度逐渐向着兼顾方言的语音、词汇和语法多维度研究的格局转化。三十多年来，重奇教授在闽方言的广阔天地里步步拓展，层层深入，先从自身的母语漳州方言入手开展充分调查著成《漳州方言研究》（香港纵横出版社，1994年版）。他的《清代三种漳州十五音韵书研究》（福建人民出版社，2004年版），是韵书比较学的杰作。《汇集雅俗通十五音》《增补汇音》《渡江书十五音》，是对福建漳州的三种韵书的深入研究。《闽台闽南方言韵书比较研究》（中国社会科学出版社，2008年版）则是一部闽南方言韵书集大成之作，是针对闽台地区所有的闽南方言韵书进行的历史比较研究。他主编的《清代民初方言韵书整理及研究丛书》（中国社会科学出版社，2021—2023年版）是将《增补汇音妙悟》《拍掌知音》《汇集雅俗通十五音》《增补汇音》《渡江书十五音》《八音定诀》《潮语十五音》《潮声十七音》《击木知音》《加订美全八音》《建州八音字义便览》等重要方言韵书整理出版，便于读者利用这些宝贵的地方文献。他所关注的方言资料从漳州扩大到泉州、厦门和潮汕地区，又从闽南延伸到闽东和闽北，从闽粤到台湾，从国内到国外，收集材料之全和涉及范围之广，充分体现了他重视语料的优良学风。

重奇教授在充分占有闽南方言文献资料的基础上，从语音、词汇和语法三个方面对闽台闽南方言进行了全面研究。学术视野开阔，搜集资料充分，成果所展现出来的学术功力和研究毅力超乎寻常，从他身上可以看到新时代学人所肩负的学术担当。重奇教授长期致力于闽南方言的调查与研究，兢兢业业，勤勤恳恳，这么厚重的成果需要他付出难以想象的努力。他是韵学领域精耕细作的开垦者，是闽南方言文化事业不辞辛劳的传灯者。

重奇教授能够在自身掌握的丰富语料的基础上开拓视野，从综合比较寻找问题，从历史发展寻找论题，从理论架构寻找方向。这种立足传统基础并能追求创新突破的做法值得赞赏，值得推广，也值得庆贺。

值此付梓之际，作为相知三十余年的老朋友，我乐意借此机会发表自己的一些粗浅的看法。相信研究两岸的语言文字、历史文化等学者们，必定会对该书有更深入、更高的评价。

重奇教授作为闽南人，还将研究从国内的闽南方言转到境外丰富的闽方言传教士文献，2020年在福建人民出版社出版了《近代传教士所撰闽台闽南方言文献集成及其研究》，凡十三册。欣闻他近期又在北京的商务印书馆陆续出版了大型图书《明清以来闽方言文献集成与研究》，这是21世纪富有开创性、独具匠心的里程碑式的成果，值得闽南方言研究学者关注。在此谨向他致以热烈的祝贺，并期待他有更新的学术精品问世。

2023 年 10 月 5 日

一部有创意的民族语言地图集
——陈娥《中国布朗语方言地图集》序[①]

陈娥博士的《中国布朗语方言地图集》是国家社科基金项目的主要成果。该项目于2018年立项，2023年结项，获"良好"等级。作者在7年多的田野调查、优选条目、分类制图的过程中用力很勤，不断加深对语言的认识，终于汇成了这部布朗语方言与地理结合研究的地图集，具有原创性。该书弥补了布朗语过去研究的空缺，对我国地理语言学的建设和发展也有一定的价值。值得庆贺。

云南省是我国语言资源极其丰富的省份。境内分布有汉藏语系的汉语、藏语、彝语、哈尼语、傣语、壮语、侗语、苗语、瑶语等以及属于南亚语系的佤语、德昂语、布朗语、克木语等26种语言，语言接触、语言影响的现象十分复杂，各语言、各方言之间呈现出多样的变异状态。云南丰富、复杂的语言状态，可以通过不同的理论、方法、角度、手段进行研究，揭示其内在的规律与外部影响，认识其共性和个性。多年的研究经验证明，使用地理语言学的方法和手段，是分析、认识语言特点的一种行之有效的方法。在我国，使用地理语言学研究民族语言的成果还很少，正处于方兴未艾时期。我国民族语言丰富的语言资源，能为语言地理学的建设和发展提供有力的支撑。

就我看来，《中国布朗语方言地图集》这部地图集主要有以下几个

---

① 陈娥《中国布朗语方言地图集》于2025年6月由中国社会科学出版社出版。

特点。

一，语料具有真实性、可靠性。本书的语料基本上都是作者经过实地田野调查所得。该课题每个点至少调查800个词语，100多个短语和句子，收集了共约40万字的第一手语料。由于布朗族主要分布在山区，为了进入到高山村寨获取语料，作者在调查的途中还遇到过山体滑坡和泥石流的危险，有时还需乘坐摩托车才能到达调查目的地。所记录的语料大大超过了绘图所需的语料。据我所知，作者从一开始就明确认识到：收集语料对于任何一种语言地图的绘制都是最重要的，所以始终坚持现场记音、录音，认真核对记录的语料。

二，布点有代表性。该地图集的语言点遍布布朗语的所有乡镇。我国布朗语分布在云南省境内的西双版纳州、普洱市、保山市、临沧市等31个市县乡镇，分布分散。该地图集的调查点共有11个县市区镇的36个调查点，几乎每个乡镇都有分布点。这一条保证了本地图集内容的全面性，能够比较全面地反映布朗语方言的整体面貌。

三，该地图集的布点充分考虑布朗族的人文特点和语言特点。这些条目所包含的语言特征广泛、丰富。各类条目的比例分布得当，取舍合理，保证了内容的全面性和有机联系。

语言地图集是语言调查研究理论和实践在图形上的集中表现，是一个比较复杂的研究课题。《中国布朗语方言地图集》比较全面地展示了布朗语的方言/土语特点与分布特征，展现了布朗语方言内部差异大的不同质的方言/土语。这是课题组近7年连续不断深入田野收集语料和认真提炼观点的结果。

作者在实施计划中反复思考了以下三个问题：什么是语言特征，如何选择语言特征，在地图上怎样表现语言特征。

什么是语言特征？特征就是一事物异于其他事物的特点。但是对于语言特征地图来说，所说的特征应该同时包括共性特征和个性特征两个方面。所谓共性特征，就是能够反映布朗语普遍性的语言特征。作者根据布朗语的具体情况做了特征的归纳。语音方面，有丰富的复辅音、鼻冠音、清化音、辅音韵尾、声调等。其中，布朗语所有调查点都有声调，这是布朗语不同于同语族的佤语、德昂语、克木语的主要语音特征。韵尾–h主要分布在布朗方言和拉瓦方言的边缘地带，其对应有–ʔ、–t、–r、–t、–p、–k、–tɕh、–l、–ŋ、–n、–m等；–r主要分布在拉瓦方言；–tɕh只分布在拉瓦方言。词汇方面的共性主要有：布朗语的借词十分丰富，但仍以固有词为主。从音节来看，布朗方言带弱化音节的词语较多。从词义看，比较多的调查点没有反义形容词，而是在形容词前面加一个否定词来表示相反义。

　　词汇方面的个性特征鲜明，不仅表现在不同布朗语调查点的语音形式差异大，还表现在不同调查点对同一概念的切分方式差异大。布朗语语音差异大的原因主要有：第一，词语的来源丰富。布朗语的词语包括布朗语的固有词、同语族语言共有的同源词、南亚语系语言共有的同源词、傣语借词、汉语借词、佤语借词等。布朗语借词的分布情况有自己的特点。即使是同一来源的词语，不同调查点的语音差异也较大。其主要原因是布朗族多分布在交通不便的山区，使得分布在不同地区的布朗语相互交流融合的机会少。因此，布朗语没有形成统一的标准语，也没有出现周边地区的布朗语方言向标准布朗语趋同的现象。第二，处于不同地区的布朗族，其语言受到周边不同的强势语言的影响。因此，不同地区的布朗语借词不同。第三，不同方言/土语的词语的语音处于不同的发展演变阶段。比如"扫帚"的声母，包括带鼻冠音的双唇浊音mb、双唇浊音b、带鼻冠音的双唇清送气音mph、带鼻冠音的双唇清音mp、双唇清送气音ph、双唇清音p，这些音构成了一条系统的语音演变链，不同的调查点处于演变链的不同阶段。所以，布朗语十里不同音的现象十分普遍。据统计，不同点的布朗语表达同一词义的语音形式多在15个以上。

　　布朗语词义差别大的主要原因有：第一，不同的方言/土语对同一概念的切分方式存在差异：比如"亮"，有的调查点有"（天）亮""（灯）亮""（色彩）亮"之分，用不同的三个词语来指称，而有的用两个不同的词语来指称，有的只用一个词语来指称。比如好龙的"（天）亮"是 pa^{53}，"（灯）亮"是 $\chi a\eta^{53}$，"（色彩）亮"是 $khlik^{53}$；邦协的"（天）亮"与"（灯）亮"都是 pa^{35}，"（色彩）亮"是 $su\tilde{a}^{33}$；忙平的"（天）亮""（灯）亮""（色彩）亮"都是 pat^{33}。第二，不同的布朗语方言/土语的共词化方式不同，导致布朗语方言/土语之间的词义差异大。为此，作者对31组近义词的关系绘制了关系地图。

语法方面，布朗语不同的方言/土语的语法差异也很大。比如不同调查点的量词分别处于不同的发展阶段，有萌芽型、欠发达型和发达型等不同的层次；表示数量义的手段和方式也存在差异；比较句的语序、标记、句法结构等方面都存在很大差异。

根据什么标准对布朗语进行方言分区也是本书的难点。前贤都把布朗语分为两个方言。本书根据布朗语的自称、布朗语的特征词和部分语音特征的地理分布，把布朗语分为乌方言、布朗方言、拉瓦方言三个方言。从地理位置来看，乌方言分布在西北部，拉瓦方言分布在中部，布朗方言分布在南部。因此，布朗语的分布呈ABC的分布格局。从语音来看，拉瓦方言的浊音声母最多，乌方言的浊音声母较少，布朗方言的浊音声母最少；拉瓦方言复辅音声母的数量和类型最多，布朗方言其次，乌方言最少。从词汇来看，乌方言的汉语借词较多，拉瓦方言的佤语借词较多，布朗方言的傣语借词较多；量词的发展阶段不同，布朗方言的量词处于萌芽阶段，拉瓦方言的量词属于欠发达阶段，乌方言的量词属于发达阶段。从语法来看，乌方言的语法简单一些，且内部的一致性比较高，拉瓦方言和布朗方言就复杂得多。因此，本书认为把布朗语分为三个方言更符合布朗语的语言事实。

总的看来，该著作已取得了较多的成果，完成了98个词条、15种语音、2种语法结构的研究，绘制了168幅地图。由于布朗语方言内部比较复杂，还需投入更多的力量深入研究。随着城市化进程的推进，布朗语的使用前景不容乐观，抢救记录布朗语语料刻不容缓。这部地图集能成为继续深入研究布朗语的基础。

陈娥博士在这一课题上已取得了显著成绩，难能可贵。我希望她能在此基础上继续前进，获取更多的成就。

是为序。

2024年1月1日

海外汉语方言调查研究的一部力作

——陈晓锦《海外汉语方言研究导论》序[①]

暨南大学陈晓锦教授是位研究方言的著名专家,特别是对海外方言的研究很有见地。她的新著《海外汉语方言研究导论》即将出版,约我写个序,我非常高兴地接受了。

我的主要研究领域不是汉语方言,但对方言研究和海外方言研究的重要性有一些认识,也有兴趣;而且,我是闽南人,早期对自己的母语莆仙话有兴趣,做过一些研究。我长期以来主要做少数民族语言研究,还到过泰国、老挝、缅甸、哈萨克斯坦等一些国家做少数民族语言的跨境语言研究。其间免不了要遇到汉语方言问题,如少数民族语言与汉语方言的接触,如何受到汉语方言的影响,以及少数民族兼用当地汉语方言等问题。所以,我一直认为对汉语方言的研究很有价值,并认为这是汉语研究必须加强的领域。

汉语方言丰富多彩,蕴含着无限的、不可替代的文化遗产,怎么估计都不会过分。国内的汉语方言,已有大量有分量的研究成果,但海外还有汉语方言,在许多国家流行,按照其所在地的环境和条件在演化。海外华人社区主要流行汉语的粤方言、闽方言、客家方言、吴方言和官话方言,这些方言是海外华人与祖籍国系连的最亲切、自然的链条。但对海外华人社区的汉语方言,研究得少,研究的学者不多,大多还是空白。

[①] 陈晓锦《海外汉语方言研究导论》于2025年由商务印书馆出版。

据我所知，陈晓锦教授的方言研究先是做国内的，后来才逐渐扩大到海外。她先是在国内从事汉语粤、闽、客方言的调查研究，凭借着自己母语潮州话和广东一带丰富的方言条件，从20世纪90年代中开始慢慢地就将研究的重点放到了海外。近二三十年来，她的足迹遍及五大洲，在语言学界原本少为人知的领域摸爬滚打。她和她的团队在海外调查研究涉及的国家（地区）已超过30个，涉及的调查点超过了80个。她的东南亚华人社区汉语方言调查研究的成果《东南亚华人社区汉语方言概要》（三卷本）获得了教育部第八届高等学校科学研究（哲学社会科学）二等奖。不算之前的研究成果，光是她主持的国家社科基金重大项目"海外华人社区汉语方言与文化研究"的最后成果（300多万字的6本一套丛书）中，由她承担的《海外华人社区的粤方言》就有150多万字。

虽然学界介绍汉语方言调查研究的理论、方法的书已有不少，但到目前为止还没有关于海外汉语方言调查研究的专著出版。为了让更多的人认识汉语方言研究这一不可或缺的部分，让更多的人了解海外华人社区的汉语方言，鼓励更多的年轻人加入调查研究的队伍参加海外的田野调查研究，晓锦教授写出了《海外汉语方言研究导论》一书。该书较全面地论述了海外汉语方言的界定、内涵、分布及特点，比较详细地介绍了调查海外汉语方言的理论方法，以及调查研究时要注意的问题。作者在论述中根据自己在海外的经验、教训，深入浅出地论述海外汉语方言的调查方法。相信该书的出版，将会推动海外汉语方言调查研究的发展，对境外语言的调查研究也会有帮助。

读了晓锦教授的新著，我有两点印象特别深。

一、坚持田野调查，从田野调查中获得真知灼见

晓锦教授在方言研究中，不满足于案头工作，而一直坚持做田野调查。这是很不容易的。我们都知道，方言是语言的地方本体，跨国方言还

是国界变体,都蕴含着无尽的地区特色,包括社会文化各个方面历时和共时的信息,所以只有亲自深入到方言使用的第一线,经过实地调查才能真正体会到方言的特点及其蕴含的社会文化元素。否则只能是"盲人摸象"的片面认识,还有可能出现语料记录上的错误。方言是实实在在的客体,要准确地认识它,就必须直接与它接触,从感性到理性地逐步认识其特点和规律。特别是海外方言,由于其形成、发展不同于国内方言,并非使用国内惯用的方法所能解决的,而必须根据当地的实际去"量身裁衣",而且还必须常常"换位思考"。我做跨境语言调查研究时也遇到这一难点,常在如何科学地区分"共性"和"个性"上徘徊,但田野调查能够多少避免调查上的主观性和片面性。晓锦教授不止一次地对我说,她也是"田野调查派",我听了很赞赏,这正是我们能够舒畅地交流的条件。

二、该书为海外汉语方言的调查立起了框架,有创新的价值

海外汉语方言调查是汉语方言调查的一个重要组成部分,与国内汉语研究相比既有共性又有个性。这一研究,必须要有符合研究客体相关的理论方法做框架。晓锦教授在新著中做了开创性的探索,难能可贵。

全书共分五章,涉及理论方法的方方面面。如在导言一章中,对海外汉语方言的概念进行了系统的论述,还从中提取了"扩散"与"回归"两个重要概念做了有新意的探讨,她论述了华人的移民方式与华人社区方言文化的关系,还对新老华人的语言观做了有新意的分析。在语言本体描写研究中,作者对海外华人社区汉语方言的语音、词汇、语法的特点进行了系统的描写和解释,从继承与保留、创新与借入两个对立统一体中揭示了词汇系统的创新和发展,从外语词的直接使用与语码转换、汉语方言词语进入居住国主流语言等视角进行了分析。在调查方法上,论述了海外华人社区汉语方言语料收集的方法,包括如何开展一般语料收集和华人口述历史的记录,如何开展海外华人社区汉语方言调查的访谈。书中还提出了挽

救海外濒危汉语方言的理论论述。

　　全书列出的内容是一个系统，对于研究海外华语方言有着重要的理论价值和应用意义，让人耳目一新。

　　海外华语方言研究是一个正在兴起的新课题，需要在今后不断完善和充实。任何一个学科或分支学科的发展都会是这样。我对海外汉语方言只有一些接触，但已深感其研究的价值。在语言学研究上，海外汉语方言蕴含着许多新特点、新规律，能为语言学深入研究增添新的认识。而且，海外汉语方言还蕴藏许多汉语过去的特点，对汉语史的研究有着不可替代的特殊价值。所以说，海外汉语方言的研究应当引起汉语学界更多的重视。

　　我认为，对人类语言的认识不能估计过高，对语言的复杂性和难度要有足够的认识。我做语言调查研究已70年，接触了许多语言，但时时感到做的语言越多，做得越深入，就更多地感到语言的复杂性，其博大精深不是容易认识到的。

　　我的好友张振兴教授也为晓锦的新著写序。他是研究方言的大家，能为新著给出有分量的话，我只能敲点边鼓，为振兴教授助兴。

　　是为序。

2024年2月10日

张景霓《环江毛南语参考语法》序①

今又读到景霓教授的又一专著——《环江毛南语参考语法》（2016年国家社科基金项目成果之一），备感兴奋。多年来，景霓热爱自己的专业，坚守广西丰富的语言资源，勤以开垦、发掘、整理，先后出版了《毛南语动词研究》（中央民族大学出版社，2006）、《罗城仫佬族语言使用现状及其演变》（科学出版社，2017）、《环江毛南族语言使用现状及其演变》（科学出版社，2017），形成了一组壮侗语族语言结构分析及使用状况研究的丛书，为民族语言研究做出了贡献。可喜可贺！

看了这部新著，不禁引我回想起2024年4月与景霓一起到广西三南毛南族调查毛南语的美好日子。当时，我们通过第一线的田野调查，在村寨与毛南人父老兄弟直接接触、对居民生活做了观察、记录，夜晚参加群众集会，听取了老乡们即兴唱出的民歌，了解了民风民情。我俩还专门记录了毛南语的语言结构特点，从中发现毛南语存有许多有价值的特点，比如分析性特点、韵律特点、语气词特点、动词特点等，发现了毛南语与汉语有密切的关系。我们特别对毛南族的语言使用情况进行了社会调查，具体了解到毛南族为了顺应社会发展的需要，在语言使用上不断有过适应性的变化。还从毛南语的语言结构和使用特点中发现对中华民族共同体意识有价值的一些证据。

景霓教授团队深耕毛南语研究近四十年，成果丰厚。《环江毛南语参

---

① 张景霓《环江毛南语参考语法》于2025年6月由中国社会科学出版社出版。

考语法》是景霁教授团队的又一新作，具有一定的理论意义和应用价值。毛南语隶属于汉藏语系壮侗语族仡佬语支，具有独特的语音、词汇和语法特点，是研究我国南方民族语言及壮侗语族有特殊价值的一种语言。研究发现，环江毛南语的语法结构丰富多样，包括词汇和句法等多个方面。在词法方面，环江毛南语具有丰富的词形变化和词类划分；在句法方面，句子的结构复杂多变，包含多种句式和语气类型。这些特色能对认识壮侗语族乃至汉藏语系语言的特点提供新的视角。

《环江毛南语参考语法》在研究方法上采用了多种科学手段，确保研究的全面性和准确性。作者深入环江毛南族自治县，参与并观察他们的日常生活，理解毛南语在实际语境中的使用情况，收集到大量第一手的语言资料。团队还建立专门的语料库，语料包括日常对话、民间故事、歌谣等多种文本类型，为语法分析提供了丰富的语言材料。作者还运用现代语言学的理论和方法对毛南语的语法系统进行全面描写和分析，其中包括词类的划分、句法结构的解析、语序特征的总结等方面，旨在揭示毛南语语法的内在规律和特点。

《环江毛南语参考语法》这本书的创新之处在于，全面系统地整理了环江毛南语的语法体系，主要内容涵盖了语音、词汇、词类、词组、句子、简单句、复杂句及句类等多方面，填补了以往研究中的空白和不足。同时注重语法研究的全面性，也注重个别语言现象的特殊性，主要突出环江毛南语典型的、具有代表性的语法描写分析。例如，提出毛南语名词具有一些特殊的语法特点。

《环江毛南语参考语法》也注重与现代语言学理论的结合，该书运用了现代语言学的理论和方法来解释毛南语的语法现象。例如，运用配价语法理论、构式语法理论等来分析动词的句法结构和语义特征，运用类型学视角来比较毛南语与汉语的共性和个性，在地区内对不同地方的毛南语进行比较和分析等。在研究语音部分，对上南话和下南话的声母、韵母系统分别进行比较。上南的毛南语和下南的毛南语语音系统大体是相同的。

尤其是声调，上南话与下南话完全相同，但在声母、韵母方面还有一些差异。

《环江毛南语参考语法》的编写，不仅填补了国内外在环江毛南语语法研究方面的空白，也为语言学界提供了一份宝贵的研究资料。还将促进环江毛南语及其所属语族的研究工作，推动民族语言文化的传承与发展并能为语言学、民族学等相关学科的研究提供有益的参考和借鉴。

我国是一个多民族、多语种的国家，上百种语言分属汉藏语系、阿尔泰语系、南亚语系、南岛语系、印欧语系等五大语系，语言研究面对的领域广阔无比，研究内容深奥有序。我从事民族语言研究已有70年历史，深感对每一种民族语言的探究，都有助于对中华语言文化的深入挖掘。我通过田野调查提高了对深入调查、研究一种语言个案的认识，认为当今我国的语言工作者必须努力去做各种语言特点包括结构特点、使用特点、演变特点等方面的研究。如果我们能对我国的每个语言的特点都有深入、系统的认识，必将大大推动我国民族语言的研究，能为发展我国具有本土特色的语言学理论提供坚实的基础。景霓这些年带领她的团队坚持不懈地这样做了，取得了有效的成绩。

是为序。

2024 年 8 月 16 日

一部有特殊价值的参考语法
—— 袁梦《泰国斯戈克伦语参考语法》序①

任何一种语言的参考语法对语言研究都会有或多或少的价值，有的价值可能现在没有发现，但以后会在一定条件下显露出来。为什么这里用"有特殊价值"呢？根据有二：一是克伦语是属于藏缅语的一种语言，但有一些重要特点则与藏缅语很不相同。比如基本语序在藏缅语里普遍是"宾谓型"，而克伦语是少见的"谓宾型"（目前只发现还有一个白语是"谓宾型"，但特点与克伦语不同）。二是在句法结构中克伦语状语少，补语丰富，也与藏缅语许多语言不同。其他又如结构助词、构词等方面还有一些不同的特点。为什么会有这种特殊差异呢？是系属来源不同，还是后来出现变异呢？是语言本身的创新，还是语言接触引起的差异呢？半个多世纪以来，这些客观存在的语言事实一直困扰着语言学家。有的学者试图通过语言接触来解释，有的试图从系属来源上找原因，但都未能得到合理的解释。这说明克伦语是藏缅语族中的一个研究较薄弱、疑难杂症较多的语言，成为当今值得深入研究的一种语言。它的研究，对语言类型学研究、语言接触的研究、语言演变的研究，都会有不可替代的价值和意义。

克伦语（Karen）是克伦族的语言，是藏缅语中使用人数较多的一种语言，约有400万人，主要分布在泰国和缅甸。缅甸在上百种语言中，

---

① 袁梦《泰国斯戈克伦语参考语法》于2025年由中国社会科学出版社出版。

克伦语在使用人数上位居第二。克伦语的特殊性受到国际语言学界的重视。美国著名语言学家Paul.K.Benedict（白保罗）在汉藏语的系属分类表中，认为"克伦语同藏–缅语在分类上属于同一层次。它们都是从共同的母语（藏–克伦语）派生出来的。"而且认为"藏–克伦语族构成与汉语并立的上位语族（supper family）"。回顾克伦语的研究，在国际上有美国学者Jones Robert（琼斯）的著作 *Karen Linguistic Studies: Description, Comparison and Texts*（克伦语的语言学研究：描述、比较与文本）最早从语言学角度开启对克伦语的系统性研究。日本学者加藤昌彦（Kato Atsuhiko）的「ポー・カレン語文法」（普沃克伦语语法）对普沃克伦语进行过系统的语法描写。此外还有一些学者对克伦语的不同方言进行过语法研究，但目前尚未对斯戈克伦语语法进行过深入全面的描写。

在我国，克伦语则少有人研究。20世纪80年代初为了深入研究藏缅语语法，我与傅爱兰、刘菊黄一起在我国西南边境找到克伦语母语人并对缅甸克伦语进行了初步的描写、研究，整理了克伦语的音系、语法概况，还了解了缅甸克伦人的社会、文化情况。我们一起撰写了《克伦语初探》一文，发表在《中央民族大学学报》1987年第6期，成为我国最早的克伦语研究成果。后来又做了一些调查、记录。通过几次调查我认识到，克伦语的很多语言现象符合藏缅语的特征，是藏缅语语言研究的一个富矿。由于当时研究条件的限制，我们仅对语言概况做了记录、描写，没有进一步深入研究。但我一直希望能够有机会重启克伦语调查研究。由于这些年教学和科研较为繁忙，一直都未能得以实现。直到2020年，袁梦到中央民族大学跟我读博士，才根据她的条件决定让她来主攻克伦语，她欣然接受了。她在读博前一直是云南师范大学的老师，有条件认识泰国、缅甸的克伦族国际学生当发音人。后来她几经周折找到了克伦语母语人，于是就开始做泰缅边境的斯戈克伦语研究。

袁梦是个肯吃苦、敢于面对难题的研究生。克伦语对她来说是一个全新的语言，一切都要从零开始。自从确立了研究克伦语的目标以后，她就开始积极与克伦族老师联系，通过网络学习克伦语。经过近一年的学习后，她初步掌握了一些克伦语拼读规则和日常用语，并获得了国家公派研究生项目的资助，前往泰国清莱克伦族聚居区深入调查克伦语。2022年自3月至11月，她独自一人前往泰国和缅甸边境克伦族聚居区进行了长达8个月的沉浸式田野调查，这期间经历了当地社会动荡、地震、新冠疫情等多个困难，坚持不懈地进行田野调查，获得了50多万字的克伦语言文字、语音视频资料，并全部用国际音标标注好，进行了语言学译注。这些都是藏缅语研究的珍贵资料。如果没有对克伦语的热爱，是难以坚持下去的。

袁梦这部著作写得不错，我认为有以下几个亮点值得肯定。

一是语料丰富。作者认真梳理语料，对克伦语的语法进行了描述，作者通过长期的沉浸式田野调查，与克伦人同吃同住，收集语料，观察他们的生活，记录了大量的语料，涉及绪论、语音、构词、语法等各个方面。共用十八章对克伦语进行了全面系统的描写。

二是作者在著作中尽可能突出克伦语的语言特点。作者根据语言事实，提炼出克伦语最大的语言特点就是语序与其他藏缅语不同，从构词、句法等方面着重描写了语序特点并将其与藏缅语进行比较，总结出克伦语的特点。指出克伦语的主要特点有：单音节词根比例大，构词语序多样化，语法手段主要靠语序来实现，形态变化少，分析性强，虚词发达，多功能性强，状语贫乏补语丰富等。

三是作者在写作中重视语言类型分析性强的特点，运用了分析性眼光对语言现象进行分析。还将克伦语与其他分析性语言进行比较，以确定其分析性的层次。同时还运用语言类型学、历史比较法对具体的语言现象或语法特征进行分析，将形式与意义、演绎与归纳、描写与解释结合在一起研究，力求尽可能深入全面地揭示斯戈克伦语的语法面貌。

四是重视田野调查，重视第一手语言资料收集。作者充分认识到语料是参考语法的基础，只有充足的语料才能写出翔实可靠的参考语法。为此，她勇于深入泰缅边境克伦族聚居区，在克服语言困难、生活困难中坚持与克伦人共同生活，交好朋友，为她获取宝贵语料提供条件。

境外语言是我国语言研究的一项任务，目前还有大量的境外和跨境语言尚未得到记录研究。袁梦的斯戈克伦语参考语法的研究，是对境外民族语言描写的一次尝试，有其借鉴价值。我很高兴看到她尽自己所能带回了大量的语料，并对克伦语有了一定的感性认识，完成了描写克伦语参考语法的写作。我希望今后能有更多的语言学者能走出去，去调查更多的境外语言。这不仅能够丰富我国的语言研究，也是推动"一带一路"方针所必须做的。我国的语言学队伍中，需要有一支研究境外语言的行家队伍。

是为序。

2024年8月18日

创新语言功能理论 服务国家语言战略
—— 史春颖《赫哲语社会功能修复机制研究》序①

史春颖博士2021年以"赫哲语社会功能修复机制研究"为题申报并获批了教育部人文社会科学研究青年基金项目（项目编号：21YJC740044）。近日，她携课题的最终成果《赫哲语社会功能修复机制研究》找我，要我为她的新成果写一个序，我欣然答应。春颖是我的学生，博士期间一直听我的课，跟我讨论社会语言学问题。这个选题是她的博士论文方向的延续，她做了多年，不断深入研究，今天看到她的成果能付梓出版，我为她高兴，觉得后生可畏。

我在2000年也去过黑龙江调查赫哲语的情况，撰写了《中国濒危语言个案研究》一书，在里面发表了以街津口赫哲族乡为个案的调查文章，调查了该乡赫哲语使用现状并进一步探讨了导致赫哲族语言濒危的因素。二十年后春颖博士继续关注相关研究，这种历时的、动态的语言生活研究，是很有价值也有意义的。我认为她主持的语言社会功能的研究项目在理论和实践上都非常有意义，也是我多年感兴趣的研究课题。

读了书稿，很欣慰，觉得课题最终成果《赫哲语社会功能修复机制研究》是一部有新意、有价值的著作，值得尽快出版，服务于赫哲族同胞、学界和社会。语言社会功能的调查研究是社会语言学方向的一个大课题，涉及的问题方方面面，有许多有价值的理论课题值得研究。中国是一个多

---

① 史春颖《赫哲语社会功能修复机制研究》于2025年6月由中国社会科学出版社出版。

民族、多语种、多文种的国家，这是我国的基本语言国情。进行语言调查是国家治理语言文字问题的依据，还能够推动语言学科发展，培养、造就语言学家。

《赫哲语社会功能修复机制研究》调查濒危赫哲语的社会功能变化，探讨语言自我修复的内在机制，其研究价值主要表现在两个方面，一是理论价值，二是应用价值。

首先在理论价值方面，这个课题为构建具有中国特色的科学语言保护理论提供个案。保护语言文化多样性已成为学界的共识。但由于世界各地政治制度、经济发展、人文自然等因素的差异，目前并未形成公认的语言保护理论。党的十七届六中全会明确提出"科学保护各民族语言文字"以后，国内学术界更加重视具有中国特色的科学语言保护语言文字的探讨，但相关理论尚在探讨摸索阶段。本研究从语言社会功能的自我调剂角度关注赫哲语的发展变化，凸显中国制度和语境下语言发展的特色，研究成果能够为构建具有中国特色的科学语言保护理论提供个案。

另外，该研究能在语言功能研究上为丰富普通语言学、语言演化学和社会语言学理论提供个案材料。现代语言学自创立至今只不过一百多年，学术界对语言的本质、语言演化机制、语言与社会的关系等基本问题还有不少未知领域，不同流派对这些基本问题有着不同的看法。本研究从语言社会功能自我修复的角度关注赫哲语的发展变化，有着创新性，相关成果能够进一步丰富语言功能的相关理论。

其次在应用价值方面。课题关注濒危语言使用者的语言生活，呼吁相关部门给予更多人文关怀，进一步构建和谐的语言生活。语言具有工具性、文化性和战略性；是交流工具，民族文化的组成部分和其他文化的载体，也是国家战略资源。关注濒危语言使用者的语言文化生活，为其提供丰富多彩的文化产品，能够加深对中华民族的认同，从而有利于进一步构建和谐的多民族语言生活。同时，为语言管理部门和教育部门制定语言政策和教育政策提供数据参考。语言政策和教育政策关乎民生，影响民心所向。语言政策和教育政策应该根据语言发展变化规律和经济社会的发展变化动态调整。本研究关注濒危语言社会功能的发展变化以及自我调整机制，相关成果能够为完善语言政策和教育政策提供第一手参考借鉴资料。

研究方法上，《赫哲语社会功能修复机制研究》的研究创新采用语言田野调查研究方法。春颖博士把人类学的口述史研究方法引入濒危语言的功能研究，采取连续跟踪观察式的研究方法，获取真实、客观的第一手材料，五年时间多次往返调查地，以志愿者身份深度参与赫哲族乌日贡大会、开江节等活动，访谈了非物质文化遗产中心工作人员、民族乡主管文化教育事业的乡长和干事、民族乡中心校的赫哲语教师还有乡民，访问了赫哲民族文化村、伊玛堪传习所、民俗馆等地，搜集并整理访谈材料三十万余字。她还把定性研究和定量分析结合起来综合分析，得出赫哲语的社会功能变化为"交际功能—文化功能"的转向，以此功能转向为基础，构建了濒危语言社会功能自我调节模型，这对科学保护濒危语言具有重要的意义。

该书调查研究了赫哲语当下的社会功能，并与以往成果比较，总结和分析赫哲语社会功能变化、赫哲语社会功能的自我修复及其内在机制，为语言保护研究、语言演化研究、社会语言学研究提供个案资料。

在新时代，如何认识语言在新时代的作用并使其更好地为社会发展服务，这是一个重要的理论问题。多年来，春颖博士在语言功能研究方面进行了有益的探索，积累取得了出色的成绩，难能可贵。我高兴地向读者推荐她的新著，并希望她能持续深耕，做出更大的贡献。

是为序。

2024 年 11 月 30 日

戴庆厦《尽精微，求至真》一书的学术自述[①]

一

我的专业是汉藏语语言学。自1952年进入这个领域后，一直从事这一学科的教学和研究。至2023年11月15日止，我共出版了专著45部（部分为合著），如《戴庆厦文选》1—7辑、《藏缅语研究》1—5辑、《语言调查教程》《汉藏语研究方法论讲稿》《语言学著作序文集》等；还发表了论文436篇，主编了专著58部。

我在教学中为博士生、硕士生、本科生上过汉藏语概论、藏缅语概论、彝缅语概论、景颇语教程、语言学概论、社会语言学概论、语言调查、语言学前沿等课程，培养了近百名博士、硕士研究生。

我的主业是汉藏语系语言研究，对汉藏语系藏缅语族的景颇语研究较多，还对汉藏语语言学的理论方法做些力所能及的研究，此外还做了社会语言学方面的研究，包括跨境语言、语言国情、濒危语言、语言保护、语言关系、语言政策等方面的研究。这本自选集收录的论文，主要是这几方面已发表的部分成果。

我深感自己是有幸的，能够长期、连续地做自己所学专业和感兴趣的

[①] 戴庆厦《尽精微，求至真》，于2025年6月由首都师范大学出版社出版。

教学科研工作，能用自己的专业知识为祖国的建设服务。

二

我年轻时就锁定以景颇语为主攻方向，把注意力、兴奋点集中在景颇语上。我的学术志向是以景颇语为主，再扩大到其他一些相关的领域，并做些语言学理论方法的研究。因而，在汉藏语语言学领域里我在景颇语上用的精力比较多，成果也多些。因为我是汉族，景颇语不是我的母语，所以长期以来我很重视学习景颇语，曾有多次机会深入到西南边境的景颇山寨调查研究、学习语言，我对景颇语有了感情，也有了语感，十分热爱景颇语。至今，在景颇语研究上已出版专著11部，发表论文54篇。此外，我还做了其他一些语言如载瓦语、阿昌语、浪速语、勒期语等语言的研究，还做了汉藏语言学理论方面和社会语言学方面的研究。

我研究景颇语重视以下几点。

1. 用力收集语言事实，并挖掘其语言学价值。我在编写景颇语词典、语法、教材的过程中收集了大量的语料，这成为我不断研究课题的靠山。我坚定地认为，语言事实是语言研究的靠山，而且还认为景颇语里蕴含着大量有价值的语言事实，具有理论提升的价值。

2. 在研究中除了研究一般特点外，还着力探索、研究景颇语中带有特点、具有理论价值的专题。比如，我很重视研究景颇语的句尾词，先后发表了四篇论文。因为我看到句尾词是景颇语的一个非常重要的语法点，是藏缅语其他语言所没有的。景颇语的句尾词共有350多个，句法功能是表示句子的人称、数、体、方向等语法范畴，有形态变化，反映了藏缅语由屈折型向分析型的转型特点，保留着藏缅语古代的屈折特点，对汉藏语历史的研究具有特殊价值。此外，我还提取了景颇语其他一些有特点的专题来做，如《景颇语的一个半音节》《景颇语名词的类称范畴》《景颇语的泛指动词》《景颇语的使动范畴》《景颇语的宾动结构》《萌芽期量词的类型学特征——景颇语量词的个案研究》《景颇语的重叠及其调量功能》《景颇语并列结构复合词的元音和谐》《景颇语四音格词产生的机制及其类型学特征》《景颇语单音节词在构词中的变异》《景颇语词的双音节化对语法的影响》《景颇语的NP+e式——并与汉语被动结构比较》《论景颇语的支系语言——兼论语言和社会的关系》《景颇语的话题》等。研究越深入，越觉得有意思，有价值。通过这些有特点的专题研究，我对景颇语有了深入的认识。我逐渐明白，能不能提取语言中有价值的专题，是做语言研究的一种必要的能力，需要有意识地去培养。

3.微观深入、宏观把握。我在做主攻语言景颇语的研究中，要求自己要有不断深入的意志和功夫。深信"细"才有可能出真知，才能揭示其本质特征。比如，我做景颇语并列复合词（如"父母""前后"等）的研究，花了很多时间穷尽地收集了大量并列复合词的语料，对其词素的词序进行了排列，终于发现并列复合词词序的孰先孰后不是由语义决定，而是由元音舌位的高低决定的。一般是舌位高的在前，舌位低的在后。极少数用语义决定前后的语序，是语义与语音二者竞争中语义获胜的结果。在深入研究的基础上，我发表了《景颇语并列复合词的元音和谐》一文。

在宏观上，我时时把景颇语的特点放入藏缅语语言类型的演变中考察，寻找其生成的原因。多年的藏缅语比较研究已经证明，藏缅语的演变存在由屈折型向反响型的演变，而景颇语处于这一演变链的中心地位，具有"承上启下"的特点。景颇语的许多特点，可以通过语言类型的演变得到合理的解释。比如，上面所说的句尾词既有形态型特征又有分析型特征，就是景颇语类型处于形态型向分析型过渡所致。又如，景颇语的使动范畴的语法形式既有形态型又有分析型，而且分析型不断增多，这与景颇语的语言类型正处于显著形态型向分析型转型有关。基于这一认识，1998年我发表了《景颇语使动范畴的结构系统和历史演变》一文。

4.重视语言系统内部不同元素的关系。语言是个系统，要准确认识这个系统中的某些子特征，必须有系统知识的参照。我认识到景颇语每个语言现象的产生和演变，都不是孤立的，都受整个语言系统的制约。因而，研究每个具体问题都会自然联想到整个系统的特点。比如：研究景颇语的量词时，发现存在许多双音节合成量词，这是其他彝缅语所没有的。为什么会产生这些合成量词，其生存的土壤是什么呢？经比较，发现这大约与景颇语双音节韵律有关。景颇语的量词贫乏，个体名词计量时大多不需要量词，但由于名词以双音节为主，数词大多也是双音节的，二者结合时构成四音节词，符合双音节韵律。所以，若要加量词，量词是双音节就更能符合双音节韵律的要求，所以容易产生双音节合成量词。在做景颇语的专题时，我重视语音、语法、语义之间的关系，注意从不同的角度挖掘特点。比如，做语法专题时，注意从语音、语义上看语法的特点，不能"单打一"。

除了主攻景颇语外，我还做了一些其他藏缅语的研究（包括单语描写研究和多语比较研究），发表了一些论文。如：《载瓦语使动范畴的形态变化》《勒期语的长短元音》《独龙语木力王话的长短元音》《阿昌语的清鼻音》《哈尼语元音的松紧》《论彝语支》《藏缅语族松紧元音研究》《藏缅语族语言声调研究》《藏缅语的形修名语序》《藏缅语族使动范畴的历史层次》《中国藏缅语描写语言学的现状及展望》等。我对一些过去未研究过的语言做了描写，还通过语言比较揭示了一些历史演变规律。

三

除了语言本体结构的研究外，我还做了一些社会语言学的研究，涉及跨境语言、濒危语言、语言国情、语言关系、语言政策等领域。做这些研究，是想如何使语言更好地适应社会的需要。比如，当我看到有些语言正处于功能衰退或濒危状态，语言使用面临着新的问题，认为语言学家必须去研究语言衰退、濒危的性质、表现，并提出对策，而不能袖手旁观。我曾在"中国语言生活绿皮书10周年纪念会"上讲过这段话："一个有作为、有良知的语言学家,必须关心人民大众的语言生活。"因为我认为,语言研究不外乎两个方面的内容,一是语言本体方面的,包括语音、语法、词汇、语义、文字等方面的研究,一是语言使用功能的研究,包括语言功能的强弱、语言国情、语言关系、语言与国家、语言与民族等方面的研究。这两方面是构成语言研究的一个完整的系统,相辅相成,不可分离。语言学家的任务主要是研究语言的本体,但也要研究语言的使用情况。况且,语言结构特点与使用特点相互影响,互为条件。结构系统会因语言使用状况的变化而发生变化;而语言使用状况也会影响语言结构特点。研究语言结构如果不了解、研究其社会情况,就会有一定的盲目性,也不易深入。长期以来,我一直以本体研究为主,但也做语言使用研究,还做了一些社会语言学研究,我觉得这条路是对的。

四

近40年来,我在跨境语言调查研究上做了一些研究,深感跨境语言研究对国家发展的意义。因为我研究的语言大多是跨境语言,目睹了跨境语言对国家安全、边疆建设的重要性。但是直至20世纪80年代以前,国内外都未出现这一概念。1983年,我和马学良老师在《语言和民族》一文中为了阐述语言和民族的关系,提出了"跨境语言"这一概念。在文中提道:"跨境语言的发展问题,是值得研究的一个问题。"没想到这竟成为国内外首次提出的"跨境语言"概念。到了1993年,在我国改革开放大背景的影响下,跨境语言研究作为语言学研究的一个组成部分也就应运而生。那时,我正好主持中央民族大学中国少数民族语言文学专业的学科建设,就把学院多年来的研究成果汇集成《跨境语言研究》一书,于1993年12月由我主编在中央民族学院出版社出版,成为国内外研究跨境语言的首部专著。书中对跨境语言概念、价值的论述,使其成为跨境语言学科建立过程中的闪光点。1998年,中央民族大学有幸获得了"985"工程基地。我把跨境语言研究列为语言中心的主要任务之一。之后，我主编了12个境外跨境语言项目，其中多数项目我都通往国外做田野调查，取得了大量的第一手语料和认识。多年来已出版的专著有：《泰国万伟乡阿卡族及其语言使用状况》《泰国阿卡语研究》《泰国清莱拉祜族及其语言使用现状》《东干语调查研究》《泰国勉语参考语法》《老挝普内语研究》等，还发表了一批论文，如《跨境语言研究的历史和现状》《边疆地区语言状况研究须有中国特色》《论跨境语言的和谐与冲突——以中缅跨境景颇语为例》《跨境语言调查的方法论问题》《跨境语言与国家安全》等。2011年，我主持申报的国家语委"十二五"科研规划重大项目"中国跨境语言现状调查研究"获得批准，至2015年5月完成。该项目共完成10部跨境语言研究专著：《老挝克木族及其语言》《泰国优勉（瑶）族及其语言》《蒙古国蒙古族语言使用现状》《哈萨克斯坦维吾尔族及其语言》《缅甸的民族及语言》《中缅跨境景颇族语言研究》等。其中8部已由中国社会科学出版社出版。这十年是我国境外跨境语言调查研究丰收的十年。这期间我还发表了一些论文，反映了我对跨境语言的认识。如《我国跨境语言学研究》《深化跨境语言研究的五个理论问题》等。自2008年以来，我有幸先后10次参加了境外跨境语言的调查。其中，泰国3次（阿卡语、优勉语、拉祜语），老挝4次（泰仂语、克木语、普内语、西拉语），缅甸2次（景颇语），哈萨克斯坦1次（维吾尔语），取得了一些调查报告编写的经验。40多年一路走来，我对跨境语言的概念、属性、类型以及成因等问题形成了一些认识。

五

我还做了语言国情的研究。语言国情是指一个国家的语言状况，包括语言使用、语言结构的现状及其演变。中华人民共和国成立时，对我国究竟有多少种语言、语言的结构特点、功能特点不甚了解，严重影响如何制定语言政策，怎样帮助少数民族发展文化教育。近半个多世纪以来，我为适应国家的需要开始做语言国情调查研究。出版过《阿昌语简志》《仙仁土家语研究》等专著。2005年，中央民族大学"985"工程建立，我在"语言中心基地"列入了"新时期中国少数民族语言使用情况调查研究"系列项目，随即在全国少数民族地区开展了21个点的个案研究，主编了21部著作在商务印书馆出版。有《基诺族语言使用现状及其演变》《阿昌族语言使用现状及其演变》《云南里山乡彝族语言使用现状及其演变》《基诺族语言使用现状及其演变》《云南德宏州景颇族语言使用现状及其演变》《绿春县哈尼族语言使用现状及其演变》《莫旗达斡尔族语言使用现状及其演变》等。

在《论"语言国情学"》一文中，我对"语言国情学"的概念、意义进行了定位论证，分析了现代化进程中语言国情的新特点，以及语言国情调查的主要内容。认为研究语言国情是为了科学地认识我国的语言状况，为解决我国各民族语言文字的使用、发展，发展各民族的文化教育提供了依据，为语言研究提供新的养料。

我认为，语言国情调查必须包括的内容有：语言的数量、分类、本体特点，语言使用情况如何（包括语言在各个领域诸如家庭、公众场合、学校教育、大众媒体等的语言使用情况），母语和兼用语的语言功能（包括使用场合、使用频率、使用态度的定位），制约语言功能的条件如何（包括人口数量、分布特点、婚姻状况、经济形态、历史来源、民族关系等），母语和兼用语的语言关系如何（包括二者功能的分工、互补、和谐度，以及二者的竞争），怎样认识语言功能的演变趋势（包括方向、特点、速度）等。还认为语言国情调查研究必须把语言学同社会学、民族学、历史学结合在一起，才能深入揭示客体的本体特征。

文中还认为，中国进入现代化建设的新时期，由于实行了改革开放的方针，民族地区的面貌发生了前所未有的、涉及各个领域的巨大变化，而语言反映社会的变化最敏感、最迅速，必然也会跟随社会发生前所未有的新变化。这种变化包括语言功能和语言结构两个领域，涉及语言影响、语言兼用、语言转用等几个方面，比较明显的是兼用国家通用语汉语的比例空前加大。论文还论述了不同语言的功能互补是满足现代化进程语言交际需要的重要手段。论文还指出，进入现代化进程的新时期，由于经济文化、科技教育的大发展，一些使用人口较少或杂居的民族语言，其功能出现不同程度的下降。

六

为了认识我国的濒危语言现象，解决如何挽救濒危语言，我亲自到满语、赫哲语、土家语、仙岛语等濒危语言地区调查了濒危语言的特点、演变趋势，发表了一些濒危语言共时描写著作，如：《濒危语言的语言状态——仙仁土家语个案分析之一》《濒危语言的语言活力——仙仁土家语个案分析之二》《从共时差异看语言濒危——仙仁土家语个案分析之三》《三家子村满语使用情况个案研究》《仙岛语濒危趋势个案研究》《濒危语言的言语差异》。还有侧重理论研究的，如：《中国濒危语言研究面临的几个理论问题》《濒危语言研究在语言学研究中的地位》《濒危语言与衰变语言》《"濒危语言热"二十年》等。我还主编了《中国濒危语言个案研究》《濒危语言保护与民族文化保护》等著作。

在《"濒危语言热"二十年》一文中，我认为抢救濒危语言的提出是必要的，也是适时的，有利于保护我国语言的生态。但必须从我国的实际出发，不能完全照搬国外的做法。中国语言，虽有濒危，但没有像国外一些人估计的那么严重，小语种不是如想象的那么脆弱。认为必须加强濒危语言的理论研究，建立适合中国国情的濒危语言理论、方法。此文在核心期刊发表，并被《新华文摘》《中国社会科学文摘》转载。

此外，除了跨境语言、语言国情、濒危语言的研究外，我还做了语言关系、语言和谐、语言保护、少数民族学习汉语、语言政策等课题的研究，发表了一些论文。

七

七十年来，我的学术生涯逐渐形成了以下一些理念。

（一）重视语言事实，并努力学习语言学理论，摆好二者的关系。我坚定地认为语言是第一性的，应当把主要力气用在语料的收集和理解上，而理论是第二性的；语料是永恒的，理论是可以改变的。所以我一直重视语料的建设。

（二）立足本土，眼观世界。我认为我国是一个多语种、多文种、语料丰富的大国，有挖不尽的语言资源，应该充分利用我国的语言资源进行语言学理论建设。现代语言学理论必须学习、借鉴，但也必须要有本土语言研究的基础。我发表过《立足"本土"，讲究"视野"——漫谈当今语言研究之路》一文，对本土的概念、价值及研究方法做了系统的阐述。

（三）必须努力开展汉语和非汉语的比较研究。汉语是世界上使用人口最多的语言之一，而且历史悠久，文献丰富，与我国的非汉语关系密切，我们有可能通过汉语和非汉语的比较、反观，加深对我国语言的认识。"反观"，是我国语言研究的一个重要方法，是一条可利用的大道。为此我发表了一些论文，阐述汉语和非汉语结合的必要性和可能性。如：《汉语和非汉语结合研究是深化我国语言学研究的必由之路》《汉语结合非汉语研究的一些理论问题》《从非汉语反观汉语》《再论汉语非汉语研究相结合的必要性》《再论汉语的特点是什么——从景颇语反观汉语》。还主编了《汉语与非汉语结合研究成果汇要》一书。

（四）必须从语言类型视角研究语言。我国汉藏语居多，而汉藏语是分析型语言，不同于形态变化突出的屈折语、黏着语。这两种不同类型的语言在特点上存在重要差异，必须要有不同的研究方法。我提出"分析型"的眼光，是指要针对分析型的特点制定研究方法和研究策略，不能一味用西方形态发达的语言的研究方法研究汉藏语，必须建立具有汉藏语特点的分析型语言研究方法。我还认为，要重视语言转型，从转型中发现语言的变化及发展趋势。为此，我发表了《论"分析性语言"研究眼光》《汉藏语声韵调分析法》《论景颇语的分析型属性》《论分析性语言研究法的构建》《论藏缅语由形态型向分析型转型的趋势》《怎样运用分析性眼光研究藏缅语》等论文。

（五）坚持田野调查。语言是在群众中、社会中使用的，必须亲自到现场才能得到真知。长期以来，我坚持做田野调查，从田野调查中得到真知，看到语言的实情，体会到田野调查的欢乐和好处。如果不亲历现场，是无法得到真实的感觉的。我认为自己是一个"田野调查派"，我的博士生们也都以称自己是"田野调查派"为豪。我发表过《谈谈语言田野调查》《田野调查在语言研究中的重要地位》《濒危语言的田野调查》《跨境语言调查与换位思考》等论文阐明自己的观点，还联合主编了《到田野去——语言学田野调查的方法与实践》一书。

（六）语言研究和语言教学相结合。70年来，我一直是既做研究又做教学，深感语言研究和语言教学相结合的好处。在教学中能够发现一些语言研究的新材料、新题目。我很喜欢跟学生一起写论文，相互切磋，共同进步。我去做田野调查总是带上研究生一起去，共同完成成果。我的研究成果也多通过教学得到检验。我的著作中有一些就是在讲稿的基础上整理出来的，如：《语言学概论》《社会语言学教程》《社会语言学概论》《语言调查教程》《景颇语基础教程》《汉藏语研究方法讲稿》等。这些教材也是科研成果。科研做得好，也有助于搞好教学。我教课中效果好的，多是我做过研究的课题。

以上是我的学术经历的大致情况。我之所以能够在语言学领域做出一些成绩，其精神支柱是我对祖国的热爱，愿意尽力报效祖国，当然还有我对语言学的兴趣。2004年，国家民委授予我首届"突出贡献专家奖"，我在会上表态时说："人生的价值在于贡献"，这代表了我对人生的认识。

2023年6月21日

十年磨一剑的一部傣族文献研究新著

—— 杨光远《阿洪姆兰基译注》序[①]

傣族文献《阿洪姆兰基译注》书稿杀青后，主编光远教授让我写个序。我们是同行，又是老朋友，我对他的为人以及做学问的态度都很了解，近年又多次听过他对这一专题的学术报告，便欣然答应。

据光远教授考证，在印度东北部阿萨姆邦居住着一些傣族，他们是1215年从"勐卯弄"，即中国德宏傣族景颇族自治州首府瑞丽市迁徙而去的。而这部《阿洪姆兰基》或《阿洪傣族编年史》，是对从中国云南迁徙至印度阿萨姆邦的傣族的历史记录和生活写照，具有重要的学术价值。

这部历史书是用阿洪傣文书写的，记载了阿洪傣族的迁徙路线和迁徙过程至定居后很长时间发生的历史事件。"姆兰基"的意思是"古代事件的记录"或"历史文献"。"姆兰基"可分为"王室姆兰基"和"民间姆兰基"两类。阿洪傣族认为，"姆兰基"是有价值的文化财富和必不可少的文献，是荣誉的象征和无价的知识。

从内容上看，《阿洪姆兰基》可分为"天堂"和"人间"两部分，其内容展现了700多年前阿洪傣族的社会生活，反映了阿洪傣族与德宏傣族在语言文字和历史文化方面的关系。从语言的词汇来源方面看，从第一代阿洪傣王召思嘎法统治的1215年至1539年的300多年间，《阿洪姆兰基》文本的语言使用特征跟德宏傣语一样，没有外来词混杂其中，但到了

[①] 杨光远《阿洪姆兰基译注》于2025年6月由社会科学文献出版社出版。

1497年召法思混勐时代，才开始有了缅语词汇和印度语词汇借入。这一重要事实，对语言接触研究具有特殊价值。而且该历史文献所记录的语言材料，对侗台语历史语言学的研究是不可多得的语料。此外，《阿洪姆兰基》所记录的社会历史文化横跨600多年，对历史学、民族学、民俗学等学科的研究也是不可多得的历史文献。

《阿洪姆兰基》一书是用德宏老傣文书写而成的；《阿洪姆兰基译注》采用德宏老傣文、德宏新傣文、国际音标、直译、意译5行对照格式，这种做法有重要的文献学、文献语言学、语言学的价值，并能为《阿洪姆兰基》的进一步研究奠定坚实的基础。尤其是对语音学、词汇学、语料库语言学、语篇语言学、历史句法学等的研究都有相当高的价值。

"阿洪"是印度阿萨姆邦的当地印度人对傣族的他称，但他们并不知道阿洪傣族是从中国"勐卯弄（德宏傣族景颇族自治州首府瑞丽市）"迁徙而去的。关于迁徙的过程和历史，《阿洪姆兰基》有明确的记载，而且国内外的历史学家和民族学家也已有考证。《阿洪姆兰基》内容丰富，记载了阿洪傣族数百年的历史。在这一历史长河中，有哪些方面的问题值得关注，对其重要价值应如何科学定位，我提出四点认识供大家参考。

第一，发现阿洪傣族是从中国移居印度，是一个重要的发现。据《阿洪姆兰基》的记载，阿洪傣族首领召思嘎法于1215年从中国的"勐卯弄（大勐卯）"迁徙而去，即从中国云南德宏傣族景颇族自治州瑞丽迁徙到印度阿萨姆邦的。从1215年经过13年的长途跋涉，于1228年抵达印度阿萨姆邦并建立了"勐伦顺罕（金子般的家园）"，即阿洪王国。《阿洪姆兰基》记载的就是傣族首领召思嘎法从始发地"勐卯弄"迁徙，至1838年英国人占领阿萨姆邦，阿洪傣族第42代国王结束数百年间的历史。因此，可以认为阿洪傣族从中国移居印度的说法是可以确定的，是作者创新的研究，但对其价值还可以进一步做科学的定位。

第二，确定印度的阿洪傣文与中国的德宏老傣文具有同一来源是一个重要的发现。阿洪傣文创制年代与德宏老傣文创制年代的关系密切。过去，对德宏老傣文创制的年代一直没有明确的说法。但依据《阿洪姆兰基》的记载，从阿洪傣族于1215年迁徙时就带着德宏老傣文的说法推测，德宏老傣文至少在13世纪初就已经在使用，距今已有800多年的历史。阿洪傣文来源于德宏老傣文，因此，无论是语言，还是文字，都来源于德宏傣语文。对此，光远教授经研究作出过科学的判断，认为："如果阿洪傣文不是从勐卯弄带去的傣文，而是到了印度阿萨姆邦才创制的，那我根本就读不了。德宏老傣文和阿洪傣文的字母虽然在形体上大部分相同，有少数不同，但是对于懂老傣文的人来说，弄懂少数字母的读音就克服了认读的障碍。"我国有4种傣文，其中傣那文和傣绷文使用于云南德宏傣族景颇族自治州，因此，阿洪傣文与德宏老傣文相同或相似是可以确定的。张公瑾教授也认为："德宏傣文与印度北部的阿霍姆文最为接近"。这一观点说明，13世纪的傣文已经很成熟，这对于老傣文的创制与传播的研究很有价值。

第三，李方桂先生将台语分为西南语群、中部语群、北部语群。西南语群以泰语为代表，中部语群以龙州壮语为代表，北部语群以剥隘壮语为代表；但他在《台语比较手册》中没有用到13世纪初阿洪傣文的材料。梁敏、张均如的《侗台语概论》也没有用到阿洪傣文的材料。阿洪傣文是拼音文字，能准确记录13世纪及其后数百年傣语的语音、词汇、语法，《阿洪姆兰基》就是记录13世纪初至19世纪初阿洪傣语的文献，可反映出数百年间阿洪傣语的发展变化。在语音方面，透过阿洪傣文可以观察到阿洪傣语的语音发展演变，尤其是可以通过《阿洪姆兰基》所反映的阿洪傣语的语音发展变化与中国德宏傣语语音发展变化的关系，可以弥补《台语比较手册》《侗台语概论》语音历史比较研究的不足；在词汇方面，可以考察因语言接触和语音影响背景下阿洪傣语的借词情况以及阿洪傣语借词与德宏傣语借词的关系，从材料来看，阿洪傣语的借词主要来自印度阿萨姆邦的当地语言，而德宏傣语的借词主要来自汉语西南官话；在语法方面，尤其是因语言接触和语言影响阿洪傣语的语序发生了不同于德宏傣语的变化。《阿洪姆兰基》所记载的阿洪傣语语言结构的发展变化，不仅对语言接触和语言影响的研究有重要的学术价值，而且透过《阿洪姆兰基》所记载的阿洪傣语语言结构的发展变化可以观察到中国傣语数百年来的发展演变，这是极具理论价值和现实意义的。

第四，该著作对于研究亚洲民族迁移史、交融史、构建人类命运共同体均有重要价值，还有助于认识中国古代的民族分布、民族迁移，以及中华民族共同体元素在境外迁移民族中的遗存。

我认识杨光远已有几十年。他是德宏傣族景颇族自治州陇川县土生土长的傣族，以德宏傣语为母语，从小就受到德宏新、老傣语文的熏陶。他从云南师范大学中文系本科毕业后，被分配到云南人民广播电台从事傣语翻译播音工作，后来考入云南民族学院（大学），师从刀世勋、巫凌云两位教授攻读硕士学位，学习傣语文。1982年毕业留校工作至今，几十年来一直在从事傣语文的教学和研究工作，写出了一些有创见的学术论文，取得了丰硕的学术成果。他是云南民族大学教授、博士生导师、二级教授。

光远教授精通德宏傣语，有深厚的德宏老傣文功底，所以有能力对阿洪傣族的历史文献《阿洪姆兰基》进行新傣文转写、国际音标标音、翻译和注释。由于阿洪傣文和德宏老傣文都是不标声调符号的文字，要准确地把阿洪傣文转写成德宏新傣文是一件很有难度的事情。据我所知，从2008年开始，他就开始对《阿洪姆兰基》进行新傣文转写、国际音标标音、翻译和注释，历时十余年，终于完成《阿洪姆兰基译注》工作，值得祝贺。杨光远既精通国内的傣语、傣文，又精通国外的泰语、泰文，又长期孜孜不倦地埋头做教学、研究，是汉藏语研究不可多得的人才。

我相信光远教授会在《阿洪姆兰基译注》的基础上，对《阿洪姆兰基》包括语音、词汇、语法做更深入的研究，这不仅可以揭示阿洪傣语语言结构的基本特征，而且对侗台语的历史比较研究也是大有裨益的。

是为序！

一部用类型学视角研究藏缅语并列结构的新著

—— 范丽君《藏缅语并列结构类型比较研究》序①

丽君副教授2017年获准国家社会科学基金项目"藏缅语并列结构的类型学研究",于2021年底结项,经过反复修改,形成了《藏缅语并列结构类型比较研究》一书,即将出版。成书过程历经疫情,克服了很多困难,其甘苦我是了解的。

以往研究具体语言的并列结构,国外多从跨语言的角度研究,缺少从语言类型的角度对并列结构进行比较的成果。国内并列结构研究的成果,主要集中在汉语研究上,成果颇丰。但藏缅语并列结构的研究只有一些单一语言的描写研究,研究零散,缺乏系统性。在此背景下,作者运用语言类型学理论,收集了大量的语料,对藏缅语并列结构进行了全方位的审视,取得了一些新的认识,难能可贵。

《藏缅语并列结构类型比较研究》一书,以语言事实分析研究为基础,并借鉴国外现代语言学的研究范式,对并列结构的定义和组成、并列结构的分类、并列结构的关联标记、并列结构的限制、并列结构成分省略、并列结构的不对称、并列结构与语言其他系统的关系、从句连接的视角下的并列结构等问题进行了分析和梳理。在研究中重视以下三点:一是从从句

---

① 范丽君《藏缅语并列结构类型比较研究》于2025年上半年由中国社会科学出版社出版。

连接的角度考察并列结构特点，二是对具体语言并列结构做了尽可能细致的描写，三是运用多种研究方法解释并列结构特点。

作者探讨藏缅语并列结构的特征时，通过并列复合词、并列词组、并列复句三个方面的对比，观察藏缅语并列结构及其联结手段的特点，揭示了不同层次语言单位并列结构之间的关系。该书对藏缅语并列结构归纳出的类型学特征，有助于进一步探讨整个汉藏语系并列结构的特点。从藏缅语并列结构及其联结模式的特点来反观汉语并列结构的特点，能为深化汉语并列结构的研究提供新的思路。

作者在研究过程中，发现藏缅语并列复合词在音节上缺乏形态手段的分析型特点，比形态手段丰富的语言有更多的四音节并列复合词；而且四音节并列复合词未简化为双音节词。关于藏缅语并列复合词词素顺序制约因素，作者发现大多数藏缅语并列复合词受到词素内元音高低的制约，以语音为第一制约因素的语言。

在探讨并列词组时，作者也有一些新的发现。如：藏缅语多项并列中，前置于最后联系项型关联标记模式在藏缅语中占绝对优势地位。从语言的经济原则来看，多项并列使用一个关联标记更为符合语言经济原则，应该是藏缅语多项并列发展的一个趋势。关于数字表达中使用并列标记问题，藏缅语的景颇语支，各级位数之间的连接都不用连词，彝语支各级位数的连接也很少用连词。数字表达是否用连词，跟各民族计数的方法有关。

在探讨并列类复句时，也取得了一些新的认识。如：藏缅语和汉语并列复句关联标记构成丰富，它们不是一个封闭的类，也都是由副词、词组和其他词汇形式构成，构成形式丰富，并且根据表达需要，还有很多词语可以进入并列复句关联标记中。汉语和藏缅语递进复句都有采用"否定+副词"形式的关联标记，后一分句是递进义的承担者。汉语递进复句关联标记数量上要比藏缅语丰富，主要原因是现代汉语的关联标记与古代汉语关联标记一脉相承。由于语序类型和语言接触的原因，藏缅语递进复句关联标记模式类型比汉语多。藏缅语疑问语气和语气词在表达选择关系上占有重要地位,在疑问选择关系的表达中,关联标记居中的模式占绝对优势,多数藏缅语疑问选择复句关联标记来源于副词"还是"。相对于藏缅语,汉语选择复句对疑问语气词的依赖较少,汉语陈述选择复句和疑问选择复句关联标记分野明显。

作者在收集的语言材料方面狠下功夫,几乎覆盖了目前我国公开出版的有关藏缅语族语言的论著。对每类并列结构都给予归纳总结,能一目了然看出并列结构在不同语言中分布的特点。

在研究方法方面,作者将共时描写与历时探究相结合,在描写藏缅语并列结构特点的基础上,探寻并列标记的多功能性及其演变路径与机制。在与汉语的并列结构进行比较时,重视藏缅语并列结构的特点。如:较之汉语,藏缅语数字之间连接要用并列关联标记,常用重叠形式表并列,藏缅语重叠联系项表并列关系可能是由于其缺乏表形容词并列的标记;用重叠性质状态词语的方式再加上副词的方式表示同时具有两种性质状态;动词性并列词组重叠联系项是因为重叠本身表示量的累积和增多;用比较形象、直观的重叠方式表达动作行为的累积。关于并列项顺序,作者认为大部分藏缅语并列复合词词素的顺序与词素语音和语义都有关系。藏缅语和汉语的并列词组的词序和语义有关,根据语义关系,有常规的顺序,但词序灵活,可根据语义调整词序。藏缅语和汉语并列复句分句顺序较为灵活,能够根据语义表达调整顺序,但调整顺序后,相对应的语用意义有所改变,且句法结构也有微调。

此成果是国内并列结构研究中系统而有深度的学术研究成果,对认识藏缅语并列结构的形式、语义、形态句法特点以及并列标记来源、演变具有重要的学术价值和理论价值,并对中国境内其他语言的并列结构研究都具有一定的参考价值和借鉴意义。

丽君多年从事汉藏语的语法比较研究,善于从类型学的视角观察、发现问题。汉藏语的语法系统不同于印欧语、阿尔泰语,汉藏语内部不同的语言在类型上也存在差异，通过语言的类型比较，能够有效地发现语言的特点及其演变。我国有丰富的语言类型比较资源，能为汉藏语类型比较提供珍贵的语料。我希望丽君坚持做下去，取得更多的成果。

  是为序。

孟高棉语研究的一部有珍贵价值的新著
—— 王育弘《孟高棉语的语音和词汇》序①

云南师范大学王育弘副教授经多年努力铸成新著《孟高棉语的语音和词汇》要我写个序,我欣然接受。一是她与我同行,都致力西南边疆语言研究,而且我在云南师范大学汉藏语研究院兼职的十多年都在一起,她是最早进入的,我们共同为建立汉藏语研究院付出了心血;二是她是我的老朋友王敬骝先生的女儿,也想在此为她薪火相传继承父志的专业成果说几句心里的话,以表达对敬骝兄的怀念。

育弘这部新著是积多年的调查研究编著成的。我也曾编过藏缅语、景颇语支系语言的词汇集,深深认识到词汇集在语言研究中的重要价值和作用,是语言深入研究不可缺少的基础工程。词汇集的作用大小,关键是其记音准确,选词得当。书中的语言材料除作者自己调查所得外,还引用或参考了前人的调查研究成果,这些成果的作者也多是多年从事佤语研究的母语人和研究民族语文的学者,记音准确、选词也符合民族实际,这是一部多年积累、精心编撰的成果。当然,这部成果也包含了敬骝兄长期以来对孟高棉语及相关民族语言的认识。我相信,这部新著出版后将在包括佤语在内的其他孟高棉语的研究上不断起重要作用。

我和敬骝兄都是1952年服从国家分配进入中央民族学院语文系学习民族语言专业的,都是来自南方的汉族高中毕业生。那时,他被分配在佤

---

① 王育弘《孟高棉语的语音和词汇》于2025年9月由商务印书馆出版。

语班，我在景颇语班。从进入语文系的第一天到他2021年去世的近70年期间，我们一直都在为民族语文事业奋斗，共同经历了大学的民族语言专业学习、全国少数民族语言大调查、为少数民族创制文字、编写少数民族语言词典、研究少数民族语言、做语言文字扫盲、培训少数民族语文教师等工作。我们都多年深入少数民族村寨与少数民族群众"三同"——同吃、同住、同劳动，与少数民族建立了深厚的感情，还共同经历过中华人民共和国建立初期边疆地区艰苦的生活。我们又都长期在高校做民族语言的教学和科研工作，为振兴我国的语言学事业呕心沥血，勤于工作。由于我们有共同的理想和相同的经历，都有对民族语言研究的兴趣，长期以来都非常谈得来，如同亲人。我们曾在一起讨论如何发展我国的民族语言研究事业，怎样进行民族语言的研究，如何进行非汉语和汉语的结合研究，以及如何培养少数民族语文人才等学术问题。回想过去的经历感慨万千，激动不已！

敬骝兄是在中国南亚语系孟高棉语研究做出卓有成就的专家，长期在边寨与少数民族同胞生活在一起，学习、调查、研究他们的语言，先后对佤、德昂、布朗、芒、俫、克木、克蔑、傣等语言做过调查研究。他积一生的语料与经验主编的《佤汉大词典》和《汉佤大词典》两部巨著，填补了孟高棉语研究的空白，在国内外产生了重大影响，被誉为佤族研究的百科全书。在为民族语言研究终生奋斗的过程中，虽有过挫折和坎坷，但他在任何艰难的处境下都对民族语言不离不弃，是我们这一代人中杰出的民族语文专家。

他有以下几个优点值得我学习：一是学问功底好，有扎实的汉语文功底，特别是有厚实的古汉语的功力，这成为他后来研究民族语言提供了难得的条件。二是他非常热爱民族语言，特别是热爱佤语。一生喜欢看书、写文章、做研究，心无旁骛，潜心治学，硕果累累。为了深入认识佤语的特点，专业的学习促进了他与佤族妻子肖玉芬的结合，并被佤族同胞誉为"佤族好女婿"，如今包括王育弘在内的几位子女都在不同的领域为佤族奉献出力服务社会。三是他善于思考语言学问题，也敢于创新，如提出"汉语形成说"等观点受到学术界的重视。斯人已逝，风骨长存！

育弘继承了他父亲的事业，薪火相传，难能可贵。孟高棉语是世界语言中富有特点的一种语言，蕴含着大量的语言学资源。但与汉藏语的语言比较来说，研究的基础还相对薄弱。我希望育弘继承父业这条脉线，能不断延续下来，与其他学者一起共同为我国的孟高棉语研究做出贡献！

2025年2月28日

创新语言治理理论 服务国家语言治理
—— 王世凯《国家语言治理与治理现代化》序①

世凯教授2021年以"新时代国家语言治理理论体系建构研究"为题申报并获批了国家社科基金重点项目（项目编号：21AYY010）。近日，他携课题的最终成果《国家语言治理与治理现代化》来京，要我为他的新成果写一个序，我欣然答应。因为我与世凯教授结交多年，是忘年交的好朋友，对他严谨的治学精神和高尚的为人品格是了解的，而且认为他主持的国家语言治理项目在理论和实践上都是非常有意义的，也是我多年感兴趣的研究课题，写序还是个很好的学习机会。

读了书稿，我很是兴奋，觉得这个课题的最终成果《国家语言治理与治理现代化》是一部有新意、有价值的力作，值得尽快出版，服务于社会。

国家语言治理是一个大课题，涉及的问题方方面面。我在少数民族语言研究中也认识到必须关注语言国情、语言生活、语言保护等问题，其中很多都涉及语言治理问题。其一，国家语言治理要以语言国情为依据。我在《新时期我国少数民族双语变化的特点及对策》《论新时期我国少数民族的语言国情调查》《中国的语言国情及语言政策》《论开展全国第二次民族语言使用现状大调查的必要性》《语言国情调查的再认识》《新时代语言国情研究的四大热点》等相关论文中有过论述。中国是一个多民族、多语

---

① 王世凯《国家语言治理与治理现代化》于2025年10月由中国社会科学出版社出版。

种、多文种的国家,这是我国的基本语言国情。进行语言国情调查是国家治理语言文字问题的依据,还能够推动语言学科发展,培养、造就语言学家。其二,国家语言治理要以对现实语言生活的科学认识为基础。我在《多元一体与中国少数民族语言》《科学认识现实语言生活》等论文中讨论过相关的问题。科学地认识中国各民族现实的语言生活不仅是必要的,也是有可能的,需要做艰苦的探索工作,处理好微观和宏观、近时和长远、顶层设计和具体实施等方面的关系,以服务国家语言治理。其三,"科学保护各民族语言文字"是我国新时期的语言国策,新时期开展语文工作必须认真领会、贯彻。党的十七届六中全会提出要"科学保护各民族语言文字",《国家中长期语言文字事业改革和发展规划纲要》(2012—2020)的"目标和任务"中也明确写入"科学保护各民族语言文字",这体现了我国党和政府的民族平等、语言平等思想,是我国语文方针在新时期的新发展,也是国家语言治理的重要内容。语言国情、语言生活调查是进行国家语言治理研究的重要基础和依据,语言保护、语言关系、语言安全等问题是国家语言治理的对象,语言政策、语言立法等是国家语言治理的重要手段,这些都是国家语言治理研究的重要内容。

世凯教授长期关注语言资源、语言管理、语言政策等相关问题,他的新成果《国家语言治理与治理现代化》在他前期研究的基础上又有了进一步的提升。全书共五章,主要从"国家语言治理与国家治理""我国的国家语言治理简史""国家语言治理体系""国家语言治理能力""国家语言治理现代化"等方面展开讨论,涉及国家语言治理的界定,语言治理与语言管理的区分,我国国家语言治理史及其评价,国家语言治理体系的界定、性质和建构,国家语言治理能力的界定、属性和构成,国家语言治理现代化的界定、价值和实现路径等问题。

从整体上看,世凯教授的国家语言治理研究具有创新性和系统性,构建了完整的国家语言治理理论体系。其中,有很多见解有创新亮点,值得关注。例如,《国家语言治理与治理现代化》强调我国国家语言治理的"国家在场观",这一方面说明他的研究实现了以古为镜、以今为据,体现了实事求是的研究态度,另一方面,这种观点也将我国的国家语言治理与西方语言治理区分开来,以邻为鉴,又不为邻所囿,体现了文化自信和制度自信。再如,《国家语言治理与治理现代化》提出要建设并完善国家语言治理的"德法合治"互动机制,要在新时代背景下建设并完善国家语言治理的"政策并治"机制,最终形成"德法合治、政策并治、科技赋能"相结合的国家语言治理模式。这种基于历史、现实的多学科综合思考是非常值得肯定的,如果能够建成这样的国家语言治理模式,必然会对提高国家语言治理效能产生积极的影响。又如,《国家语言治理与治理现代化》将国家语言治理的直接目标定位为解决语言问题、和谐语文生活、保障语言权利、提升语言活力、保护语言生态、消除语言贫困、提高资源效益,将其终极目标定位为实现社会公平正义、增进人民福祉。同时提出在此目标驱动下,建设以法治为基础、德治为先导、行政为主导,经济调节、教育引导、科技赋能等多种方法并用的"双向互动""纵横协同"的国家语言治理运行体系。这些思考都值得肯定,也值得相关方重视。当然,全书还有很多新见,如我国国家语言治理的历史观、国家语言的元治理等等,不在此一一罗列。

　　《国家语言治理与治理现代化》的研究价值主要表现在两个方面:一是理论价值,二是应用价值。从理论价值角度看,《国家语言治理与治理现代化》建构了完整的国家语言治理理论,能够丰富完善我国的国家治理理论,也能为全球治理理论的发展贡献中国力量。同时,由于《国家语言治理与治理现代化》的研究基于多学科展开,这也将推动社会语言学、政治学、公共政策学、管理学等学科交叉、融合发展。当然,国家语言治理的研究也将进一步深化对语言的认识,尤其是对语言工具观的认识。从应用价值的角度看,《国家语言治理与治理现代化》提出了一系列具有可行性和可操作性的意见和建议,这对于解决语言问题、保障语言权利、提高资源效益、消除语言贫困、建立和谐语言生活都会起到积极的作用,也能够为提升政党、政府、社会组织等不同治理主体的语言治理意识和治理能力以及完善我国的语言治理制度等提供指导和支持。

国家语言治理是个系统工程，国家语言治理研究也是个系统工程。我国的国家语言治理研究时间并不长，取得的成果还不算多，还需要有更多的人积极投入到这项研究中，提升国家语言治理研究的理论水平，提高理论指导治理实践的能力。

世凯教授在语言治理研究上进行了有益的探索，取得了出色的成绩，难能可贵。我高兴地向他祝贺，并希望他能在这一领域继续深耕，做出更大的贡献。

是为序。

2024年11月13日

创新与扎实：壮语语法研究的新高度
——评吕嵩崧《南部壮语语法研究》[①]

笔者与吕嵩崧教授相识多年，共同的语法研究兴趣使我们能在一些学术会议上自由地交流心得，切磋学问，成为"忘年交"。笔者很欣赏他对汉藏语语法现象敏锐的观察力和洞察力，他常有一些独到的见解。近读他出版的新著《南部壮语语法研究》[1]（中国社会科学出版社，2023年），笔者很受启发。该书对南部壮语语法进行了全面研究，新意多见。笔者主要从事藏缅语语法研究，出于对非汉语语法的兴趣，阅读过程中有一些心得，整理为这篇读书笔记，愿与大家交流。笔者认为该书是近期汉藏语语法研究的一部佳作，其特点可以用两个关键词来概括：创新、扎实。下面笔者就这两方面谈一些认识。

一、创新

吕嵩崧的《南部壮语语法研究》的创新主要体现在内容创新、方法创新和观点创新三个方面。

（一）内容创新

壮语分北部方言和南部方言，语言学界习惯称之为北部壮语和南部壮语。以往的研究成果多集中在北部壮语上，南部壮语的研究相对滞后。比

---

① 原载《北部湾大学学报》2024年第1期。

如，由韦景云、何霜、罗永现合著的壮语第一部参考语法《燕齐壮语参考语法》（该书是中央民族大学"985"工程参考语法系列丛书之一，中国科学出版社，2011年），就是以北部壮语燕齐话为对象写成的。

南北壮语共13个土语，方言、土语间差别大。吕嵩崧教授告诉笔者，南部壮语的5个土语，分布在广西钦州到云南文山的大片区域里，由于内部演变快慢的不同，加上与不同汉语方言接触程度深浅的不同，使得它们的语法具有不同的特点，呈现出迥然不同的状态。所以，壮语语法研究除了单点的描写研究外，还需要相对广泛的全景研究成果，并通过理论分析获得更多的认识。

此书就是一部运用现代语言学理论对南部壮语语法进行比较全面研究的成果。其出版能在一定程度上有效地改进过去在壮语语法研究方面的不足，有助于推动汉藏语语法研究的发展。著名语言学家吴福祥教授在序文中写道：该书"一定程度上可以说是填补了壮语语法研究的一项学术空白"[1]，所言极是。

语法的研究除了需要大量语料做基础外还要有理论的指导。科学的语言学理论有助于分析语法现象，能够帮助研究者解释各种语言现象的形成及演变，有利于我们形成对语法的科学认识。

当前，壮语语法研究已有一些以某个语言点为描写研究的个案成果。这很有必要，能够比较充分地展示壮语的语言现实，能为语言内部对比、跨语比较提供基础。但要深入下去，还需要跨点的参照，以及要有语言学理论的眼光。近年来，在壮语语法研究成果中，不断涌现侧重于理论分析的单篇论文，但以专著形式偏重理论分析的还不多见。

（二）方法创新

在笔者看来，该书有以下一些研究方法值得学习。

1. 作者善于使用语言类型学的理论方法来观察壮语语法现象

世界语言是个系统，不同语言既有共性又有个性，语言研究者有可能运用语言类型的视角，正确判断、认识语言现象的属性、地位、演变，能够发现语言中不易被觉察到的隐性特点。比如，怎样看待壮语的"状语后置"现象，过去一些学者认为它是一种特殊的语法现象。如果拓宽视角来看，就会看到作为VO型语言，状语居中心语后是正常的语序。而汉语中的状语前置，反而与VO型语言的一般规律不符。该书在类型学视角下，认为靖西壮语副词与谓语之间的语序发生了演变，方式副词为V+AM＞AM_1+V+AM_2/V_1+AM+V_2＞AM+V，程度副词为Adj/V+AD＞AD1+Adj/V+AD_2＞AD+Adj/V。作者还指出，这是由于语言接触引发的语法结构复制中的语序重组。此外，作者还对名词短语语序的演变以及量词与数词、名词、指示词的语序作了讨论，这些都显示了作者在类型学视野下认识壮语语法的新思路。

2. 作者重视语言接触对语言特点的影响

壮语受其他语言（主要是汉语）的影响是深刻且复杂的，接触形成的层次较为丰富。该书告诉我们，在靖西壮语中，有来自"古平话"、粤语、官话和普通话的影响，各处壮语也多受不同时期、不同来源的汉语的影响。如果不顾语言接触来讨论壮语语法，那是难以获得科学结论的。

该书分析了语言接触对南部壮语语法的部分影响，如语法复制导致南部壮语构词法的变化、人称代词系统的演变、分类词以及偏正关系结构（定中/状中结构）的语序演变，语法借用造成汉语判断词"是""着"，被动标记"挃""着""受"，经历体标记"过"以及再次体标记"过""添"等语法标记直接进入南部壮语等。

3. 作者把语法化作为壮语语法研究的一种理论框架

语法化理论打破共时和历时的畛域，运用跨学科的视角来描述和解释人类语言的语法系统的形成过程，语法化理论的最终目标是要回答"人类语言的语法系统是如何建立起来的，人类语言的语法为什么是以那种方式构造的"。因此，必须对诸多语法现象追根溯源，对语法现象的演变进行描述或者构拟，壮语语法研究自然也是如此。国内汉语语法化研究已经取得了丰硕的成果。近年来，吴福祥、覃凤余等学者在壮语语法化研究领域也建树颇多，引人注目。但总的看来，壮语语法化成果还不够丰富。该书对"多"义语素、"母亲"义语素以及"完毕"义语素的语法化研究，以及对德靖土语近指指示词各项功能的产生过程及演变路径做了描写、分析，均富有新意。

4. 该书十分重视方言及语言比较

作者将南部壮语与北部壮语、布依语、泰语、傣语、侗语、仫佬语、仡佬语、毛南语、标话、黎语、临高话、侬语等多种亲属语言（方言）进行比较，较好地佐证了南部壮语语法的演变。在探索了壮语"母亲"义语素的语义（功能）演变之后，作者还将南部壮语与白语、布朗语新曼俄话、错那门巴语麻玛话、高山族布嫩语、哈尼语、载瓦语、崩尼-博嘎尔语、苗语、纳西语、怒苏语、佤语、彝语及诸多汉语方言进行了比较，视野宽阔，收效显著。

5. 作者具有较强的运用汉语史材料与壮语进行对照的意识

壮语与汉语关系密切，从比较中能够发现壮语语法的新特点。如作者在对壮语德靖土语近指指示词的演变进行研究时，就参照了汉语史中"个"的研究成果，为论证观点提供了较好的佐证。南部壮语作为与汉语有诸多差异的VO型语言，而且长期处于多语环境中，受到多种语言尤其是汉语深刻影响，若仅用一两种方法，仅能获得对语言事实共时、平面的认识，而且还可能出现片面的认识。要获得历时、立体的科学结论，透彻地解释语法现象，应该运用多种方法，多角度、多层次、多方位地进行分析研究。

总之，该书的一个突出特点是始终重视接触语言学的理念，并综合运用语言类型学、语法化、比较语言学等多种方法进行研究。这种研究方法具有很高的方法论价值。正如吴福祥教授在该书的序言中所评价的，"较之同类著作，这本《南部壮语语法研究》在视角和方法上有很多值得称道的地方。"[1]

（三）观点创新

1. 该书构拟了多条语义演变的语法化路径

作者认为壮语 kai⁵ "鸡"、wa:i² "水牛" 由名词语法化为构词成分，分别具有[+体形小]和[+体形大]义，并指出 kai⁵ 的语法化路径为：

与植物名词性语素搭配→与人体器官名词性语素搭配→与由人体部位、器官抽象化的名词性语素搭配

wa:i² 的语法化路径为：

与植物名词性语素搭配 → 与人体器官名词性语素搭配 → 与由人体部位、器官抽象化的名词性语素搭配
↓   ↓
与非生物名词搭   与同生物有关的抽象名词

又如，该书认为多义语素 la:i¹ 语法化的路径为：

抽象事物数量多   相比而言较多   相对程度副词
          ↖   ↗   ↑
动作行为数量多 ← 具体事物数量多 → 超出原有的或应有的数目；比原来的数目有所增加 → 胜过，超出
↓   ↓   ↓
惯常存在的某种情况 表程度高的绝对程度副词   比较标记

这些是对相应语素语义演变语法化路径的创新构拟。类似的构拟书中还有一些。

2. 作者运用语言区域分析具体语言现象

语言区域研究是近年出现的一个新热点。语言区域是指在某一地理范围内，属于不同语族（或语系）的语言由于长期接触，开始共享一些特征[3]。分布在同一地区的语言，不管是否具有发生学关系，往往都具有某些相似的结构特征[3]。

作者认为，南部壮语所处的地域，至少涉及以下三个语言区域。一是半个世纪以来特别是近三十年来引起广泛关注的，被认为是"如果不是最好的，至少也是最好之一的语言区域"——大陆东南亚地区。二是中国

岭南语言区域。Szeto & Yurayong近期的研究成果显示，岭南的西部一带是一个较为典型的语言区域，这一区域内所使用的上百种汉语方言（土语）以及六十多种侗台语相互影响的程度已经达到Szeto & Yurayong所定义的最高等级[5]。三是广西中南部语言区域。Huang & Wu、Wu & Huang主张"广西中南部"已形成中国南方较为特殊的一个语法化区域，认为这一特定语法化区域具有多功能"完毕"义语素、"去"义语素、"给"义语素、"拿"义语素等区域性语法化特征[6][7]。

据笔者所知，以往的研究虽然已归纳出这些语言区域的一些共性，但对区域共性的挖掘还不充分，还存在较大研究空间。该书在分析壮语语法的同时，注意到了壮语特征对汉语方言的扩散，找出了因这些影响形成的一批具有区域共性的特征。这些结论可为以上语言区域研究提供佐证。如作者认为广西汉语方言"鸡""牛"的多功能模式来自接触引发的语法化，其模式语是壮语。"鸡"义语素和"牛"义语素在壮语和汉语方言中具有平行的多功能模式，有可能是这一区域语言的共性。又如，作者指出在壮语影响下，自南宁往西部分汉语方言的"完毕"义语素产生了与壮语颇为一致的功能。其中，南宁市、百色田东县、百色右江区、崇左市粤语两个"完毕"义语素功能分工与壮语大致平行，多处官话的"完毕"义语素因仅一个，故无分工[7]。再如，作者观察到广西部分汉语方言由于与壮语接触，壮语la:i¹具有程度副词、用于行为动作后和比较标记的功能，又把这些功能复制到"多"上，从而使广西部分汉语方言的"多"产生了和其他汉语方言不同的功能，这一区域的汉语方言与壮语"多"义语素的功能呈现了很强的一致性。

3. 该书还有如下一些富有新意的见解

如，壮语具有偏离VO型语言的一些特征，这种变化主要是受汉语影响所致。作者指出靖西壮语方式副词、程度副词与谓语的语序都由符合VO语言的"谓语+副词"向符合OV语言的"副词+谓语"演变。作者还列举了一批框式结构，如ɬe:n⁵+VP+ko:n⁵，ɬe:n⁵是汉语官话借词"先"，

koːn⁵是固有词"先"。pə² pə²+VP+naːi¹，pə² pə²是汉语官话借词"白白"；naːi¹本指"独自"，在这里义同"白白"。这些框式结构中VP前后分布有意义基本一致的状语。居前状语来自汉语，状语居前正是OV型语言的特征。又如，作者发现南部壮语亲属排行语序由"称谓+序数"向"序数+称谓"演变，是因为受汉语影响而产生了异于VO型语言而与OV型语言一致的特征。再如，南部壮语各个土语，因接触的汉语方言不同，借入的语法词也存在差异。

再如，该书观察到西畴壮语的经历体标记"过"有两个来源。作者指出kwa⁵是中古借词，kɔ³应是来自当地的官话。马关壮语的"过"有两种形式，一是作为比较标记的kwa⁵，一是作为经历体标记的ko¹。kwa⁵为中古借词无疑，ko¹则应借自云南官话。作者还认为，邕宁那楼壮语的系词有从"古平话"借入了tik⁸"着"，还有从粤语借入的hai²"系"。这两个系词还会在一个句子中同现：

pu⁴nai⁴ **hai²** kou² mei⁵tse³, pu⁴ han² mei¹ tik¹⁰ **mei⁵tse³** kou².
个 这 是 我 姐姐 个 那 不 是 姐姐 我
这个是我姐姐，那个不是我姐姐。

此外，作者还认为语言接触使南部壮语增加了部分特征，同时又使部分特征消失。各处壮语保留固有特征的多寡与接触的深浅程度有密切关系。各处壮语语法的差异，有的是自身固有的差异，有的则与接触的语言（方言）不同、接触深度不同有关。

二、扎实

（一）资料扎实，文献丰富

该书资料扎实。作者为了取得扎实的研究成果，做了大量的田野调查，获得了大量第一手语料。不仅调查了南部壮语中属于德靖土语的靖西壮语、德保壮语，还有属于邕南土语的邕宁那楼壮语、隆安壮语、扶绥壮语，属于左江土语的龙州壮语、大新壮语、天等壮语，属于砚广土语的云南广南壮语、麻栗坡壮语、马关壮语、西畴壮语，属于文马土语的马关壮语土话。为进行比较，他还调查了北部壮语中属于桂北土语的凤山壮语、环江壮语，属于柳江土语的柳江壮语、宜州白土壮语，属于红水河土语的都安壮语、马山壮语，属于邕北土语的武鸣壮语、横县（今横州市）壮语、平果壮语，属于右江土语的田阳壮语，属于桂边土语的田林壮语、凌云壮语。此外他还调查了右江区、田东、崇左、苍梧、平南、灵山粤语，百色蔗园话，西林、宜州、柳州、桂林官话和那坡高山汉话。丰富的语料不仅为该书的论证打下了坚实基础，也使该书具有了较高的资料价值。

除了来自田野的材料，该书对文献也进行了爬梳。该书参考文献达20页，其中包括志书、专著、学位论文、期刊论文、学术会议论文、论文集、网络资料等。全书609页，几乎页页有脚注，这些脚注绝大部分是对所引文献的解释，体现了作者严谨的写作态度。

该书还挖掘了一些独特的材料。如作者从百色市志办公室编的内部资料《新民主主义革命时期百色市党史资料》中的20世纪20年代末30年代初右江地区部分地方苏维埃政府妇女委员的名单中，发现了"蒙的红""蒙的遍""黄的嫩""韦的星""罗的别""陆的任""黄的路""黄的强""黄的瑶""黄的送""韦的念""罗的昂""李的规"等名字。作者认为这个"的"记录的是壮语中用于女性同辈或晚辈的词缀te^3，是壮族历史上曾存在女子只有"小名"而无"大名"的证据。在同份资料中，作者发现百色起义期间各乡苏维埃政府的委员中，有"罗卜勤""黄卜追""李卜修""梁卜存""黄卜妹""黄卜追""黄卜楼""黄卜交""黄卜湾""黄卜林""李卜时""黄卜暖""黄卜曾"等人名。这些人名中的"卜"是对壮语po^6"父亲"的记录。这是壮族男子直到20世纪上半叶仍普遍无"大名"而从子称的证据，该书以此作为po^6向词缀演变的旁证。从非语言学文献中检索到可资证明语言现象的材料，说明作者对语料具有敏锐的洞察力。

（二）论证扎实

论证扎实是该书的另一个显著特点。该书对一些语法演变过程进行了严密的论证，环环相扣，具体可信。如对壮语"完毕"义语素的分析，作者列举了固有词ja^{5}的15种功能、汉语借词le:u^4"了"的6种功能，对这些功能的演变进行了详细的梳理和分析，对每个演变细节做了细致的构拟，条分缕析，层层推进，获得了翔实的演变路径，体现了作者的功力。

该书是作者主持的国家社科基金一般项目"语言接触视野下的南部壮语语法研究"的成果，部分章节前期已以单篇论文发表，反响很好。吕嵩崧教授主要从事语言学的教学研究，并长期兼任行政工作，这部609页、近60万字的大书，不知耗费了他多少心血，足见其刻苦治学的精神！我们期待他不断精进，产出更多佳作，为语言学事业做出新的贡献。

参考文献：

[1] 吕嵩崧：《南部壮语语法研究》，北京：中国社会科学出版社，2023年。

[2] 吴福祥：《汉语语法化研究的当前课题》，《语言科学》2005年第2期。

[3] 徐丹、贝罗贝：《中国境内甘肃青海一带的语言区域》汉语学报，2018年第3期。

[4] 黄行：《语言接触与语言区域性特征》，《民族语文》2005年第3期。

[5] SZETO, P Y, YURAYONG C. 2022. Establishing a Sprachbund in the Western Lingnan region: conceptual and methodological issues. *Folia Linguistica* 56.1: 25–55.

[6] HUANG Y, Wu F X. 2018. Central Southern Guangxi as a grammaticalization area. In Sylvie Hancil, Tine Breban & Jose V. L (eds.), *New Trends on Grammaticalization and Language Change*, 105–134. Amsterdam/

Philadelphia: John Benjamins.

[7] WU F X, HUANG Y. 2022. Contact-induced change in the languages of Southern China. In Z. Ye (ed.), *The Palgrave Handbook of Chinese Language Studies*, 303–331. Singapore: Palgrave Macmillan.

新时代语言国情调查研究的新探索

—— 经典《广东世居民族①的语言生态与语言和谐》一书读后②

近期，为了思考如何开展新时代语言国情调查问题，读了一些相关的论著，经典的《广东世居民族的语言生态和语言和谐》（中国社会科学出版社，2022年版，下文简称《广东》）是其中的一种。著者以广东的语言生态为分析对象，围绕新时期民族工作的主线，对语言国情研究开展了多角度、多学科的分析，给笔者一种清新之感，甚有所得，深有感触。现把读书心得叙述如下，与大家共享，并求教于同行。

一、以广东语言事实为依据研究铸牢中华民族共同体意识大有可为

2021年8月，习近平总书记在中央民族工作会议上强调："铸牢中华民族共同体意识是新时代党的民族工作的'纲'，所有工作要向此聚焦。"这一具有原创性的重要论断，为新时代语言国情研究奠定了纲领与方向。

广东的民族语文研究，过去不太被重视。但读了《广东》一书，具体了解到广东民族语言历时发展和共时生态的丰富性、复杂性，是铸牢中华

---

① 此处"世居民族"是指长期居住在广东省内的各民族。
② 原载《广东技术师范大学学报》2024年第5期。

民族共同体历史经验的一个鲜明案例。广东历史上经历了中原和岭南、海内和海外、东方和西方的文化交融，多民族、多语言、多文字的和谐交融贯穿了我国上千年的历史。岭南文化接纳、吸收中原文化，汉越文化的融合，对中华文化的传承、丰富、发展都具有重要意义，并为维护国家统一、民族团结都创造了丰富的经验[1]。改革开放以后，世界的语言在国内全球化程度最深的大湾区进一步深入接触，粤港澳大湾区城市群内部至少流通着三种"官方语言"：汉语、英语、葡语。其中，与"百越"关系密切的粤方言、闽方言、客家方言是汉语的重要组成部分。

再则，广东还是多民族居住的省份，有着441.71万少数民族人口（2022）。各民族中的瑶、壮、畲族保存着世代使用的母语，成为丰富广东语言文字多样性、凸显岭南文化特点重要的组成部分。因而，如何总结广东不同语言和谐共处的历史经验，挖掘新时代背景下各民族语言生态文化，发挥语言资源在增进民族团结、推进中华民族共同体建设中的独到作用，是历史赋予语言国情研究学者的新使命。在传统的语言调查方法之外，语言研究者还必须关注语言本体背后承载的文化特征和时代因素，建立系统的、多维度的研究框架，综合使用民族学、社会学、统计学等多学科的研究方法认识语言。但在过去，还未有这样的研究著作，《广东》这一新著的出现，无疑具有创新价值，值得语言研究者重视。

二、《广东》一书重视揭示铸牢中华民族共同体意识的因素

（一）重视展示国家通用语言文字普及的程度和质量

在民族地区，全面加强国家通用语言文字教育，是铸牢中华民族共同体意识的重要途径。语言相通增进心灵沟通。全面加强国家通用语言文字教育，大力推广普及国家通用语言文字，有助于消除民族间、地区间的语言交际障碍，有利于不同地区、不同民族的交往交流交融。党的十八大以来，党中央高度重视推广普及国家通用语言文字，习近平总书记多次做出

重要指示批示，强调要"推广国家通用语言文字，努力培养爱党爱国的社会主义事业建设者和接班人"，"要搞好民族地区各级各类教育，全面加强国家通用语言文字教育"，强调"要认真做好推广普及国家通用语言文字工作"。这些重要指示为新时代推广普及国家通用语言文字提供了明确方向。

目前，虽然国家通用语言文字已经在全国范围内基本普及，但国家通用语言文字的使用水平、质量有待进一步提高。该书重视各族群众日益强烈的学习好、使用好国家通用语言文字的愿望，对国家通用语言文字优质教育和服务的需求日益增长做了调查研究，有助于增进读者了解国家通用语言文字在不同地区、不同类型的使用水平，对提高民族地区的普通话教育的质量和水平，加大国家通用语言文字推广力度都是有帮助的。

《广东》一书不仅关注了民族地区的母语使用现状和语言保护，还对国家通用语言文字普及的程度和质量做了细致的调查和思考，尤其是关注青少年的国家通用语能力的发展，其中有很多个案是值得一读的。如：调查组在怀集县下帅乡民族小学了解到，过去一些壮族儿童因为长期与壮语单语人长辈一起生活，入小学后面临的最大问题就是普通话水平无法跟上学校教学要求，学习成绩难免受到影响，学校只能尽量找壮汉双语教师给低年级授课。近些年，在国家财政大力支持下，以普通话为主的学前教育已普及到每一户壮族家庭。幼儿在语言发展关键期分别在家庭和学校自然习得了壮语和普通话，彻底解决了入学语言障碍问题。

（二）重视从铸牢中华民族共同体意识的高度来认识语言关系

语言关系与共同体意识密切相关。在我国这一多民族国家中，存在多样的语言关系。广东的语言关系主要有以下几类：国家通用语和少数民族语言的关系；少数民族语言之间的关系；汉语方言和国家通用语的关系等。语言和谐是社会和谐、民族和谐的组成部分之一，是关系到社会、民族是否和谐的一个重要因素。在一个多民族地区，如何因地制宜地处理好双语或多语兼顾问题，如何在尊重人民实际需要和民族感情的前提下做好民族语言文化的保护与传承，是事关民族团结进步、社会和谐发展的重要的、敏感的问题。管理好语言生活，避免语言矛盾和冲突，必须全面、深入、客观地了解语言生活的状况，精准阐释语言生活的时代特征[2]。而随着社会经济的发展、人口的流动以及国家通用语言文字的迅速普及，民族地区的语言生活也在不断发生变化。要使语言生活顺应时代特征，关键就是要从铸牢中华民族共同体意识的高度来认识、解决语言关系。

《广东》一书具体调查到，在如何看待广东多民族语言关系问题上，群众中还存在一些不同的认识。部分受访者只从本民族出发，关注保护母语的"纯洁性"，将目光局限在如何"抢救濒危语言""防止语言倒退"的思路上。持这种观点的人并未认识到，不同民族的语言看似各自独立，实则是在中华大地上彼此接触、互相影响，客观上早已经形成一个"你中有我，我中有你"的密不可分的整体。另有不少受访者则持"语言自生自灭论"，认为"说什么话都一样，话能说通就行了"。这种"适者生存"的自然主义认识，有悖于多元文化的发展。要统一认识需要语言工作者把握好习近平新时代中国特色社会主义思想体系中对于中华民族多元一体格局整体表述的继承和发展，明晰多样性和整体性的认识，必须通过多种宣传手段，使"推广国家通用语言文字"和"科学保护各民族语言文字"的理念深入人心，既要认识到国家通用语言对各族人民的交往交流交融的必要性，深刻认识到国家通用语言文字的使用是符合中华民族整体利益发展的必然选择，还要认识到国家重视对少数民族语言权利的保障、激励促进中华文化多样性延续。

（三）重视语言认同与民族认同、国家认同的关系

语言作为文化的载体，不仅有符号性、交际性、情感性、文化性等特征外，还有着强大的身份认同、国家认同的功能[3]。

中华人民共和国成立以来，少数民族掌握国家通用语的速度是中国历史上前所未有的，其中原因既有科学的语言政策和语言教育的外部因素，还有少数民族对于国家通用语的认同的内因驱动，而且还与少数民族对自己的母语怀有深厚的感情有关。正确处理好语言认同与民族认同、国家认同的关系，在民族语言认同的基础上形成并保持语言国家认同，是铸牢中华民族共同体意识的必由之路。

《广东》一书敏锐捕捉了这一关系。书中以鲜活的例子展现了广东地区少数民族如何通过学习国家通用语言来获取新知识、新技能促进个人发展。更通过数据说话，从方言向普通话的转变显示了广东少数民族对国家通用语的高度认同。以连南瑶族自治县南岗瑶族村为例，在受访的368人中，能使用普通话交流的已占91.3%，如果将年龄段控制在6—19岁来看，普通话的兼用率为100%。书中还毫不回避语言生活中语言和方言认同上存在的矛盾性。仍以南岗瑶族村为例，6—30岁年龄段的调查显示，瑶族年轻人一方面对母语有发自内心的亲切感，都觉得母语"很好听"，但被问及"最喜欢讲的语言"时，多数人则认为掌握母语的用处"主要是为了和本族人说话"，学习国家通用语是为了更好地外出上学务工。在"瑶族是否应当坚持使用母语"的问题回答上，大多数年轻人都选择了"顺应发展"的开放态度。

（四）重视多民族语言文化中华民族共同体元素的挖掘

《广东》一书认为，中国民族语言文字一直以来有三个重要价值：一是应用价值，二是资源价值，三是文化价值。进入现代化新时期，民族语文这三个价值不变：少数民族语言仍然是少数民族不可或缺的交流工具，是一项重要的资源；少数民族对自己的母语仍然有深厚的感情。党和国家历来重视发展和保护各民族的语言文字，一贯坚持中华各民族的语言文字都是中华民族传统文化的一部分；汉语和中国境内的很多民族语言都有着同根同源的历史，没有同根同源的语言也有长期相互依存、互相影响的关系。过去的语言调查，往往只关注不同语言的个性特点，而对中华民族共同体内的语言关系则重视不够。通过对民族语言资源深入调查人们逐步认识到，各民族语言里都含有大量取之不尽的中华民族共同体的意识，这是各民族长期交往交流交融的历史发展所决定的，也是中国语言的发展总趋势[4]。新时代的语言国情调查,应当重视从语言文化的角度,研究和挖掘各民族传统文化的优秀基因和时代价值,推动各民族优秀传统文化创造性转化、创新性发展,坚持从多民族语言和文献中提炼中华民族共同体意识的元素,凸显中国民族语言文字新时代价值。

《广东》一书中的对民族姓氏的记录和对共享节日中语言使用的描写都是共同体元素在语言上的体现。如姓氏起源都带有共同体意识的深刻烙印。无论是族群之间反映血缘意识和宗族意识的姓氏,还是反映国家意识的姓氏,无不彰显着对族群、国家关系的认同[5]。

三、强调语言国情研究应体现系统性、辩证统一和跨学科融合

（一）必须建立系统的、多维度的语言国情调查框架

《广东》一书认为,语言国情是国情的一个组成部分。一个国家的国情,包括民族、人口、经济、文化、地理、资源、交通等以及民族关系、语言关系、跨国关系、地区关系等方面的内容,所以,语言国情调查不能只关注语言的部分,而是还要在内容上覆盖与语言相关的各种社会内容,坚持在做语言国情调查时建立系统的、多维度的调查框架。

书中在对三个具有代表性的民族村寨进行调查时,作者不仅关注了当地语言数量、种类及系属特点、语言生活情况等,还深入到该地区政府机构、民族学校、医院、集市等收集文献材料并开展访谈,对调查点民族人口分布、迁徙历史、经济文化、学校教育、族际婚姻、风俗活动等进行了较为全面的调查,展现了语言国情背后系统的社会因素。以"外来媳妇"的语言转用问题为例,壮族村寨的"外来媳妇",不少人结婚后都"入乡随俗"学会了使用壮语。同样是民族聚居的嶂背村,畲–汉婚姻家庭内部几乎都转用了汉语。为什么会有这样的差异？通过回溯历史发现,嶂背村自从20世纪在政府的帮助下从山上搬迁下来,周边都是汉族客家人的村

寨，畲族人对汉语的天然好感和向往，使其对汉语的接受度非常高，为"外来媳妇"改说汉语提供了优良生态。

书中还认为，对语言多维度调查要体现在对调查点的共时描写和历时比较的纵横结合上。调查者既要关注各民族语言使用的现状，也需要对其成因和趋势进行分析和预测。在对广东各民族村寨的调查中，作者将调查对象分为6—19岁、20—39岁、40—59岁、60岁四个年龄组，采取随机抽样的方式，对不同年龄段进行200核心词测试来考察他们的语言能力差异。调查显示，有的调查点没有出现明显的代际差异，有的调查点则出现了语言能力代际差异大、语言断层问题突出的现象，语言代际的能力的差异直接影响不同地区语言发展的走向。

（二）必须坚持实践多元化、跨学科的语言国情研究方法

完成一个系统的、多维度的复杂调查任务，必须实践以语言学为主的多学科综合研究的方法。在传统的语言调查方法的基础上，考虑结合人类学、民族志、生态学、统计学等方法，可以做到兼容并蓄、彼此互补，实现调查目标。《广东》一书正是对这一综合研究方法的具体实践。

书中对传统民族志方法的使用令人印象深刻。调查组以支教者的身份进入当地学校，在与学生建立良好互动后，书中具体描述了如何引导学生总结自己学习普通话和粤语的过程。学生们纷纷谈起自己喜欢的一些粤语的歌曲、电影和明星，流露出流行文化对学习汉语方言的推动力。《七十二家房客》也是孩子们多次提到的电视剧，孩子们对其内容津津乐道。由于这部电视剧在珠江台的反复播放，无形中成了孩子们学习语言的"教科书"。谈到普通话的学习，孩子们从耳熟能详的动画片，到电视节目、视频短片，以及QQ等聊天工具的使用进行了生动的描述。从田野调查中真切感受到，国家通用语言文字早已成为孩子们学习、交友的一部分，帮助他们打开了更大的世界。

语言是整个社会生态的一部分。书中使用的生态语言学研究方法也颇有新意。调查组根据生态语言学的监测指标，对于语言与其自身所处的人口、地理、文化、经济、教育等环境因素进行赋值，最终获得语言生态评估等级，这一等级是预测语言可持续性发展的可靠指标。在统一的评测下，壮、瑶、畲地区的语言生态系统分值分别为6.61、6.66、4.76，处于"一般"或"较差"等级，从中看到民族语言的可持续发展面临挑战。

（三）必须处理好共同性和差异性、民族因素和区域因素的辩证关系

2021年8月中央民族工作会议中习近平指出，"要提升民族事务治理能力的现代化水平，要根据不同地区、不同民族实际，以公平公正为原则，突出区域化和精准性。"语言的功能及其变迁是多因素综合作用的结果，这些因素包括人口规模、地理分布、文化背景、教育水平、民族关系以及语言间的相互作用等。不同语言群体表现出独特的演化规律：人口众多的语言群体与人口稀少的语言群体存在差异；聚居型语言使用群体与散居型语言使用群体有所区别；拥有书面传统的语言与无书面传统的语言表现出不同的特征；跨国界使用的语言与国内使用的语言在演化路径上存在差异；濒临灭绝的语言与逐渐衰退的语言亦展现出不同的动态。因此，在处理这些语言现象时，必须采取差异化策略，即针对每种特定情况采取相应的解决方法。

《广东》一书向我们展示，在广东的各民族中，既有保持长期聚居、母语社区稳定的民族，也有使用人口极少、母语社区濒危的民族；既有国家通用语、汉语方言和民族语言互嵌互补、生态和谐的语言社区，也有汉语方言较为强势、民族语言被逐步替代的语言社区。如何根据不同社区的需求，对号入座，分类解决，是实现语言和谐、民族和睦的重要原则。根据这一原则，作者针对广东民族地区实际情况初步提出了涉及双语教育、民族文字、语言产品、语言资源多样化、差异化的语文对策，在保护民族语言、维护语言和谐的实践中做出了有积极意义的探索。如对"母语生态系统一般"的壮、瑶地区，认为应尊重本民族人对于使用和保存民族语言文化的需求，帮助其开展词典的编写、口传文化的记录等；对语言使用人口不足千人的畲族村寨来说，建议在未来的搬迁或改造的过程中，在不损害村民利益的前提下，尽可能地提供集中迁移、就近安居等方案，维持语言群体的聚居性和语言的社会功能，尽可能延缓语言的衰变。

四、新时代语言国情调查的新征程

语言国情研究作为国情研究的重要组成部分，具有重要的理论价值和现实意义。我国多民族、多语言、多文种的特点，决定了语言国情研究在我国民族研究工作中的重要地位。

回顾过去，语言国情研究主要服务于我国民族识别、民族文字的创制以及民族语言政策的制定，为维护民族团结、促进民族发展发挥了积极作用。随着时代的变迁，特别是进入振兴伟大中华的新时代，语言国情研究必须紧跟时代步伐实现研究方向的转变。新时代的语言国情调查必须为国家战略需求服务，紧紧围绕"两个一百年"奋斗目标做好工作。在研究内容上，必须关注中华民族共同体建设，深入研究各民族语言文化的共性与差异，为铸牢共同体意识提供理论支撑。在研究方法上，必须突出重点，提高可操作性。

《广东》一书正是在这样的背景下应运而生。该书以广东各民族聚居区为切入点，立足于实地调查和科学的数据统计，从认识中华民族共同体背景下的语言关系入手，踏出了探索了新时代语言国情调查新征程的可贵一步。书中密切关注广东地区语言之间的接触和发展，监测多语环境中的语言生态，挖掘多语环境中的语言心理，探索语言认同在民族认同、国家认同中的作用，成为新时代语言国情研究的一个有价值的个案。它不仅能为我国语言国情调查研究提供有益的借鉴，还能为语言国情研究如何助力中华民族共同体建设提供实践范例。该书进一步证明了做好民族语言工作对铸牢中华民族共同体意识、弘扬民族文化、增强国家认同感方面的重要作用。

展望未来，民族语言研究者必将在新时代的征程中，肩负着时代赋予的新使命，遵照党和国家要求，确保语言国情研究能够更好地服务于国家的发展大局，为促进民族团结和各民族的共同繁荣做出更大的贡献。

参考文献

[1] 叶金宝、左鹏军、崔承君：《关于岭南文化的整体性认知——〈岭南文化辞典〉编纂的若干思考》，《学术研究》2023年第3期，第1-10，第177页。

[2] 李宇明：《中国语言生活的时代特征》，载《中国语言规划三论》，北京：商务印书馆，2015年，第225-243页。

[3] 苏新春.深入边疆了解国情——国家通用语言文字推广普及须突出"国家"意识[J].语言文字应用，2023年第3期，第2-15页。

[4] 戴庆厦：《从语言上论中华民族共同体的认同》，《民族语文》，2022年第2期，第3-10页。

[5] 王忠田：《姓氏文化铸牢中华民族共同体意识》，《中国文化报》，2023年第7期。

汉语否定研究的新进展

—— 评王世凯《汉语否定的发生与语义功能研究》[①]

否定问题是语言学、哲学、逻辑学、心理学等学科共同关注的课题，更是语言学研究的重点和热点问题。语法学领域的前辈和时贤一直关注汉语的否定问题，从结构主义、功能主义等不同视角对其展开过系统的研究。中国社会科学出版社2024年出版的王世凯教授所著《汉语否定的发生与语义功能研究》是这一研究领域的新作。全书在系统分析哲学、逻辑学、心理学、语言学否定研究的基础上，以皮亚杰发生认识论为基础，从认知角度对汉语中的否定进行发生学解释，总结否定的本质，建立新的分类系统，区分标志否定和非标志否定，对汉语否定的结构、语义、表达、演化等方面进行综合研究，在汉语否定研究领域开展突破性尝试，得出了很多创新性发现，其主要成果和贡献体现在这样几个方面：

一是对否定进行了更加科学的界定并依此建立了新的分类系统。作者认为，否定本质上是人的认知，是人的一种哲学思辨能力，是主客体相互作用的结果，是人的认知心理发展到一定阶段的产物，具有体验性、主客体互动性、生成性特征。以此为据并以皮亚杰的发生认识论原理为基础，作者将汉语中的否定首先区分为主观否定和客观否定。主观否定下分为故反否定、故意否定（含否定评价、否定祈使和融情否定），客观否定下分为基于空间的否定、基于时间的否定和基于价值判断的否定，进而建立了

[①] 该文载于《国际职业中文教育》2025年6月。

一个新的汉语否定分类系统。这个界定和分类建立在作者对哲学、逻辑学、心理学、语言学关于否定的系统研究的基础上，更加科学、可信。

二是区分了三类否定标志词并对其形成、发展和演变进行了科学的解释。作者首先明确了否定和否定表达本质上的差异，并提出了否定不属于语法范畴、语义语法范畴，而属于认知范畴、语义语用范畴。在此基础上，作者对"没""不""别"类否定标志词进行了系统研究，认为：否定动词"没"源于动词"没"的"陷没"义，可以从空间角度否定存在，也可以否定存在的量。否定动词"没（有）"的副词化是空间域向时间域投射的结果，可以否定事件、状态的存在，也可以否定事件或状态的可量度性。"没"的进一步虚化即发生情态化，语法化为语气助词，表达特定的情态意义。"不"是在"没VP"认知格局的基础上，将过去时间域的否定认知格局转换到未来时间域，从而生成的新的认知格局，可以否定关系、事件、属性、数量，也有否定存在和否定数量两种情形。否定副词"不"发生情态化，表达说话人特定的情感、态度和认识，具有减量和修正功能。"别"类否定属于主观否定、无所否定，凸显言语行为性。作者对三类否定标志的形成、发展和演化做出了充分的描写和科学的解释，尤其值得一提的是，作者总结的否定基本原则——当否定对象中含表量成分时，遵循数量优先的否定原则——具有很强的概括性和解释力。

三是集中关注了非标志否定问题，并对个案进行了深入的研究。首先，作者对"非标志否定"进行界定，指出：非标志否定也称无标志否定，是指结构中没有否定性成分，但整体上却能表达否定的现象。其次，对现代汉语非标志否定研究进行了系统梳理和科学评价，认为：现代汉语关于非标志否定的研究观察仔细、描写细致，呈现从形式到功能的过渡，实现了描写与解释、微观与宏观的结合。最后，作者对否定警告构式"有X好VP（的）"和否定评价构式"还NP呢"进行了个案研究，认为"有X好VP（的）"表达否定性主观推断，主要表示警告，源于"焉有……""岂有……""哪有……"类反问构式。否定评价构式"还NP呢"是一个量级图式构式，源于"还VP呢"，并发生了不同类型的构式性演化。

纵观世凯的语法研究可见，《汉语否定的发生与语义功能研究》既是他前期研究的系统总结、提升，也是他开始全面创新研究的一个起点。自2006年以来，他已经陆续发表了《语义功能语法的结构主义阐释》（《汉语学习》2006年第5期）、《"去"和"多"作形容词程度补语的原因——兼谈述程式结构语法意义的分野》（《语文研究》2010年第1期）、《"没完没了地VP"与相关结构——兼谈非终结图式与渐次扫描》（《汉语学习》2011年第3期）、《汉语否定研究中的几个问题》（《渤海大学学报》2012年第2期）、《现代汉语"没个"的分化与词汇化——兼论否定性动词"没个2"的量标记功能》（《汉语学习》2016年第5期）、《句尾"不是"的来源、功能及其词汇化》（《语言教学与研究》2017年第6期）、《疑问与否定——汉语否定研究有待深入的一个课题》（《渤海大学学报》2018年第1期）、《否定性警告构式"有X好VP(的)"的判定、来源及其构式化》（《汉语学习》2018年第1期）、《多义构式"还NP呢"的分化、构式化及构式性演化》（《语文研究》2020年第2期）、《"这样/那样"的信疑用法和语法化——兼与"的样子"比较》（《语言教学与研究》2022年第1期）、《尝试助词"试试"的再语法化》（《语文研究》2023年第4期）、《为形赋义与为义塑形：非现实"再VP"的两种构式化路径——构式化与结构、语义和表达的互动视角》（《湖南大学学报》2024年第6期）等论文，并于2011年在中国社会科学出版社出版了《现代汉语时量范畴研究》一书。以《汉语否定的发生与语义功能研究》为参照，此前的成果既有对否定问题的微观研究，也有对语义功能语法的宏观讨论；此后，世凯的研究视野明显更加开阔，他不仅继续关注具体的个案研究，而且开始从结构、语义和表达相结合的视角讨论如何基于汉语事实对构式化、语法化做出更加科学的解释，如何将构式化和语法化联系起来进行更加全面、系统的研究。世凯的这个研究思路和尝试是非常值得肯定的，确实值得学界关注和重视，以共同推动汉语语法研究实现再一次的创新和发展。

《汉语否定的发生与语义功能研究》是近年来汉语否定研究领域的一部力作，也是一本汉语否定教学领域的参考书，值得向相关研究者和教学工作者推荐，有助于进一步深化汉语否定问题的相关研究。同时，该书提出的有待深入研究的课题也值得相关研究者持续关注。

　　世凯教授是位难得的、年轻有为的语言学家，在汉语语法研究上创作了不少有创意的成果。他热爱语言学，沉迷于语言教学研究；他重视语言事实，从事实中获得灵感；他孜孜不倦，一步一步登高。我希望不久能再见到他的新成果！

建立适合中国国情的濒危语言理论研究[①]
——《云南师范大学学报》主持人语

"濒危语言热"已走过了20年,濒危语言成了各国语言生活中所关心的热门话题。如今,对濒危语言问题究竟应当如何认识,20年来在理论、方法上有哪些创新和经验,应当如何看待中国语言的濒危问题,如何根据中国的国情建立濒危语言的理论方法,这些是大家所关心的问题。

《"濒危语言热"二十年》一文回顾了濒危语言热的20年,认为国际上提出抢救濒危语言是必要的,也是适时的,因为其理念是主张语言多样性,提倡保护语言生态。但同时又认为中国的濒危语言研究必须从实际出发。文中根据近8年来的语言国情调查个案的事实,认为中国语言的濒危没有像国外所说的那么严重,小语种并不是如想象的那么脆弱,中国语言濒危问题有其自己的特点和规律。呼吁必须加强濒危语言理论研究,建立适合中国国情的濒危语言理论、方法。《论濒危语言的调查记录方法》认为,濒危语言的抢救重在对濒危语言语料的记录。文中重点介绍了各类语料的记录方法,包括音系的整理和描写、词汇的记录、句型句式的记录;各类语体包括口头语体作品的记录;语言文化背景的记录;语料的注释翻译;录音的技术手段等。《国外濒危语言问题研究新进展》一文,介绍近十多年来濒危语言研究的新进展,包括濒危语言专门机构或专项基金的设立;濒危语言理论问题的探讨,包括抢救濒危语言的作用、语言复兴等;

---

① 载《云南师范大学学报》(哲学社会科学版)2012年第4期。

反映濒危语言期刊的设立等。

　　这3篇论文集中反映了20年来濒危语言研究的经验和问题，特别是中国语言学家在濒危语言研究上的新认识，可供语言学家、民族学家、社会学家以及各级政府语文机构思考濒危语言问题时参考。

"跨境语言"①的新进展

——《贵州民族研究》主持人语②

习近平总书记2017年5月14日在"一带一路"国际合作高峰论坛开幕式讲话中指出,"国之交在于民相亲,民相亲在于心相通。"语言是人心相通的工具,语言通是心相通的基础,"一带一路"的建设必须解决语言相通的问题。

在"一带一路"方针的指引下,在语言研究日益深入、范围不断扩大的趋势推动下,十多年来我国跨境语言研究有了新的进步,取得了前所未有的新成果。实践证明,跨境语言研究对于加深认识世界的文化、社会、历史、语言,以及制定好国家的语文方针,都是非常重要的、必要的。跨境语言研究在我国现代化建设中具有重要的理论意义和应用价值,也是深化语言学和民族学研究的重要内容。

本栏所选的四篇跨境语言研究论文,反映了这期间跨境语言研究的新进展。《深化跨境语言研究的五个理论问题》一文,认为跨境语言研究的目的必须有助于增强边境人群的认同,在研究方法论上必须辩证地看待跨境语言"同"与"异"的关系,必须重视跨境语言调查研究的方法论建设。此外,还对我国跨境语言研究的前景做了预测。另两篇是我国一南一北跨境语言的对比研究,揭示了二者的异同和成因。《中越苗语的和谐与竞争》

---

① "跨境语言"是指分布在不同国境(主要是相接壤的国家)中的同一语言。下同。
② 载《贵州民族研究》2020年第1期。

一文，论述了中越苗语具有和谐与竞争的双重特性。论文认为和谐性表现为同一支系语言的和谐、不同支系语言的和谐、母语与国家通用语的和谐等情况，母语与当地强势语的和谐。和谐的原因与自然地理条件和社会人文因素有关。论文还认为加强中越苗语的研究能够助力于"一带一路"的语言服务，有利于国家的语言安全。《中俄赫哲语濒危状况对比研究——兼论跨境濒危语言保护启示》一文，通过中俄赫哲语濒危状况的对比研究，认为跨境两地的赫哲语的使用及保存存在共性和个性，其成因除了民族人口基数小、族际通婚普遍、居住环境变化外，还受国家语言文字政策方针的制约。论文还认为，两地赫哲语出现不同程度的濒危，语言保护势在必行。作者认为加强跨境赫哲人的交往、处理好两地语言的互补和谐的关系，有助于濒危语言的保护和"一带一路"语言服务质量的提升。两文的语料都是作者在实地调研获得的第一手材料，具有新意。还有《我国跨境语言认同研究的现状与展望》一文是对我国跨境语言认同研究的综述。该文分析讨论了语言认同的基本概念和跨境民族语言认同研究现状，认为语言认同是一种复杂的文化心理趋同现象，是其他认同问题的基础，并深刻地影响着人们的语言行为。跨境人群的国家通用语认同、民族语认同和外语认同直接关系到国家发展战略、边疆民族地区社会安全稳定和民族语言文化的传承与保护。此外，作者还提出了今后研究我国跨境民族语言认同的路径和建议。

新时代必须加强语言影响与语言适应研究
——《云南师范大学学报》主持人语[①]

本期"语言国情研究"栏目专题为"非汉语中汉语借词的适应性研究"。

语言演变的动力主要来自两个方面：一是来自语言的内部因素，即语言内部结构的矛盾促使语言演变；二是语言的外部因素，即受别的语言影响引起的语言演变。二者性质不同，影响力也存在差异。不同的语言由于语言特点和社会文化背景不同，演变动力来源无论取哪一种都会有不同的侧重点，而且不同时期还会有不同的特点。但是所有语言几乎都离不开这两个动力。而语言影响必然会引出语言适应，二者存在相互依存、互相促进的关系，构成了一对统一体。语言影响要靠语言适应来扎根，适应度越高，影响度也会越大，反之亦然。

我国是一个多民族、多语种的统一国家，在不同语言关系中都普遍存在语言影响与语言适应。语言影响涉及词汇、语音、语法、修辞、语用等各个方面，其中汉语借词对非汉语的少数民族语言影响和适应最为明显、突出，对非汉语词汇系统的丰富发展、功能扩大起着不可替代的重要作用。这是因为词汇反映事物的概念、时代的变化、语言接触关系最明显、最迅速。所以借词的研究必然成为语言影响与语言适应的重头，出现的成果最多，成为我国语言接触研究中最具有理论意义和应用价值的一个课

[①] 载《云南师范大学学报》（哲学社会科学版）2024年第3期。

题。在新时代，汉语借词在非汉语中的适应研究，对铸牢中华民族共同体意识的研究，对语言学、民族学、社会学等学科的研究，都有着不可替代的价值。

纵观中华人民共和国成立后非汉语中的汉语借词研究，虽然得到许多语言学家的重视，发表了不少研究成果，积累了大量的语料，但是强调以语言适应为视角的研究还很少，对其适应性、动因和涉及语言之外的社会、文化意义特别是铸牢中华民族共同体意识的意义研究得不够。鉴于这种现状，我们建议在我国各民族语言的接触研究中，必须加强汉语对非汉语的语言影响和语言适应的研究，在深化具体语言接触的描写上，加强语言规律性的研究，并逐渐建立起适合我国语言本土特点的语言影响与语言接触的理论体系。在这一主题的研究上，我们能够凭借我国深厚的人文科学底蕴，以及丰富的语言资源和文化资源，走到语言学的前沿，为语言学的发展作出贡献。

本期专题以"非汉语中汉语借词的适应性"为主题发表3篇论文。其中一篇是综述性研究《21世纪以来非汉语中的汉语借词研究述评》，文章对21世纪以来非汉语借词研究成果进行述评，论述了非汉语中汉语借词研究的重要性和必要性。其余两篇是单一语言的个案研究《贵琼语中汉语借词的适应性研究》《汉字词进入朝鲜语的适应性》，都紧紧围绕这一主题，充分使用我国本土鲜活的语料，对非汉语中汉语借词适应性的特点、规律、方式、成因等问题进行具体分析和理论概括，进而论述汉语借词的影响和适应性对铸牢中华民族共同体意识的重要作用。

必须加强中华民族共同体语言关系研究[①]

——《玉溪师范学院学报》主持人语

语言关系研究，是语言研究的一项重要内容，对于如何处理好语言关系、制定正确的语言方针政策都十分必要。但不同的国家由于语言国情不同，语言关系存在不同的类型、不同的特点、不同的演变趋势，因而必须根据各自国家的国情进行研究。在我们这样一个多民族、多语言的国家，历史上早已形成中华民族共同体，不同语言之间在共同体中存在相互影响、相互交融、互相兼用的大势，从而保证了各民族的实际需要和发展繁荣。而且，在我国的语言关系中，汉语普通话由于使用人口最多，加上经济、文化等各种因素，自古以来就成为国家通用语，即成为各民族共同交际的工具，对少数民族语言的丰富发展起着重要的影响作用。汉语与各少数民族语言在语言影响和语言适应中演变，成为语言发展的一条客观规律。因而，我国民族语言的研究，必须加强汉语对少数民族语言丰富发展的研究。本期以"中华民族共同体语言关系研究"为主题的专栏刊登的几篇论文，有从苗瑶语、壮侗语的汉语借词看语言接触与语言交融，有从彝语的三个特点看中华民族共同体的认同，有从侗台语谚语中看中华民族共同体的认同。论文都以鲜活的少数民族语言事实，证明少数民族语言中蕴含着无限的中华民族共同体意识，论述汉语普通话对少数民族语言丰富发展的重要作用，还证明从语言关系研究中华民族共同体意识是语言研究的一项重要任务，也是切实可行的。

---

① 载《玉溪师范学院学报》2024年第5期。

新时代语言国情调查研究大有可为
——《语言国情调查研究》专栏主持人语①

语言是人类生存、发展的工具和资源，对社会发展的价值是无限的。对于一个国家来说，语言国情调查研究的任务是认识一个国家的语言特点（包括语言结构特点和使用状况），这对制定国家的语文政策以及语言学建设都有着重要的作用。

在党和国家的重视和支持下，从20世纪50年代开始，我国语言国情调查取得了巨大的成绩，积累了许多经验。但语言国情是动态的，是在不断变化的，特别是进入新时代以来，我国迎来了全面建成社会主义现代化强国、推进中华民族伟大复兴的新任务，语言国情调查研究应当紧紧地为新时代的总任务服务，其中较为重要的一项即为铸牢中华民族共同体意识服务。在新时代，各民族为了更快地发展，都要与别的民族发生更密切的关系，语言国情研究要研究各民族语言与汉语在相互接触、交融、适应的规律。在语言的使用上，少数民族都将从单语制向双语制发展，各少数民族兼用通用语不断在增多，有许多民族已发展为母语与通用语并用。这种演变趋势，必然会对语言国情调查研究提出更多的任务，我们还将深入研究新时代语言共时状态的国情，继续做好深化、补缺、开创新领域的调查研究，开展语言国情理论的建设工作。

本期专题共发表三篇论文。有一篇是以普米语为个案论述中华民族共

---
① 载《红河学院学报》2025年第1期。

同体背景下的语言适应论，有两篇是研究彝语、哈尼语语言结构特点的（二者细致地分析了民族语言的现状和特点，并与汉语做了比较，还反观了汉语的特点），三篇论文都说明新时代语言国情调查研究的复杂性、重要性、艰巨性，证明语言国情调查研究大有可为，对读者认识中华民族共同体的语言国情会有一定的帮助。

第二部分 后记

《语言国情调查概论》后记[①]

本书的作者都是当年与我一起参加"985"工程"语言国情调查"项目调查的青年教师和博士生们。他们曾经在国内外民族地区语言生活的第一线多次"滚打摸爬",与群众生活在一起,对什么是语言、什么是语言生活,都有一些实实在在的感受,他们满怀激情投入了这本书的撰写。如今,他们都已是高校的教师,多是副教授、教授。昔日的战友能聚在一起回忆总结当年的经验,十分难得,既是总结、交流,又是对我国的语言学事业做贡献。这是我写后记时最想先说的几句话。

编写这本书的缘由和过程是这样的。

进入新时期以来,随着现代化进程的深入发展,语言使用情况和语言结构处在不断变化之中。语言的新变化,对语言调查研究提出了新的挑战和新的任务,一个新课题或一个新学科——语言国情学应运而生。我国的语言工作者敏锐地感到新任务、新挑战的来临,应该及时地应对国家的需要,自觉地开展了不同地区、不同性质的语言国情调查。

2006年,中央民族大学获得国家"985"工程,为较大规模开展语言国情调查提供了契机,该工程的"中国少数民族语言研究中心"适时地将"语言国情调查"列入计划,从2006年7月的基诺族语言国情调查开始,在10年时间里共完成了20多个语言国情个案研究,已多由商务印书馆出版了系列名为《×××语言使用现状及其演变》的专著,受到学术界的

[①] 戴庆厦主编:《语言国情调查概论》,北京:中国社会科学出版社,2017年。

广泛关注。随着个案调查的增多,我们对中国少数民族地区的语言生活状况比过去有了更多的了解,这促使我产生出版一部论述语言国情调查的专书。

记得大约是2012年,我曾想到将来在语言国情调查的基础上,再写一本《语言国情调查概论》,以应社会的需要。时过四年了,由于几个项目缠身,逐渐使这个念头冷淡了。今年七月,我在北京华文学院为国家语委组织的"中青年语言文字培训班"做"语言保护"的报告,遇到几位多年前随我一起去做语言国情调查的老学生黄平、戴宗杰、李春风诸君,他们对我说,最好能把这几年语言国情调查的经验写成一本书,这会满足大批想做语言国情调查的研究人员的需要,也能作为大学的语言学教材。后来我又征求余成林、金海月、王跟国、朱艳华、范丽君诸君的意见,没想到他们都表示赞同,而且还表示愿意参与这本书的撰写。

经反复考虑,我又想组织力量写这本书,认为现在来编写这本书是最适宜的时机,若现在不做,以后就不容易做成了。况且,这些多次参加语言国情调查的"老战士"愿意参加,而且士气高,就好办了。趁热打铁吧!这样,一度几乎熄灭的火种又燃起了。

不久,我们就开始筹划。经过酝酿形成以下几个认识。该书的宗旨是:梳理、反映近十年我国民族地区语言国情调查成果,总结调查经验和方法,为深入开展语言国情提供参考。目标是向"三新"努力:事实新,框架新,认识新。有多少,写多少,不随意拔高。写法是:深入浅出,有理有据,条理清楚,通俗易懂。对象主要是:广大语文工作者,大学语文专业的师生;也可供从事社会学、民族学、历史学研究和教学的工作者参考。编写方法是:分工负责,拿出初稿;主编把关,修改定稿。

本书的分工是:导言,戴庆厦;第一章,戴宗杰;第二章,余成林;第三章,王跟国;第四章,李春风;第五章,朱艳华;第六章,蒋颖;第七章,金海月;第八章,黄平;第九章,闻静;第十章,王玲;第十一章,范丽君;后记,戴庆厦。目录的英文翻译由黄平负责。我负责全书的框架设计，由我和余成林统稿。范丽君帮助我们做全书的编辑工作。各章写成后，作者们还分头交换修改。

感谢中国社会科学出版社为出版此书所做的努力；感谢任明主任的策划和细心编辑。①

2017 年 3 月 8 日

---

① 该书出版后，2018 年曾获"中国社会科学出版社好书奖"。

《戴庆厦文集》(第七卷)后记[①]

2015年12月,我出版了《戴庆厦文集》第六卷,时过三年,我又把这几年发表的论文汇集成第七卷。三年的时间,对于年轻的人来说,是很短的,但对于我们这些80多岁的人来说,能有几个三年!时间的价值,与年龄大小的感悟往往成正比,年龄越大,对时间价值的感觉就越大。

最近参加了云南师范大学汉藏语研究院首届硕士研究生的毕业典礼我非常兴奋。在典礼的讲话中,我对毕业生提出了六个字的要求:感恩、勤奋、奉献。感恩,是要终身感激培育自己16年的父母、学校、老师;不会感恩的人是冷漠的,缺乏人情的。勤奋,是要在毕业后长期坚持勤奋工作,不能怠慢。毕业后正是人生的起点,不管做什么工作都要不断奋进、尽力而为。奉献,是对自己从事的事业要有奉献精神,必须要求自己对人类做出力所能及的贡献,人生的价值在于贡献。这六个字虽然是开会时临时想的,但却是我多年的感悟。

这几年,每年都有一些时间到语言实地做田野调查,这似乎成了一种习惯。一些朋友和弟子来询问我,你为什么会那么热衷于田野调查,我说语言太奇妙,认识语言的奇妙要上田野第一线。做了田野调查才有真知。趁我现在还能跑得动,多做点田野调查。以后跑不动了,就只好在家做研究。这一辑的论文,大多是我在田野调查中调查、构思形成的。

感谢我的2017级博士生王洪秀和李浩为我编辑这本论集。他们是博

[①] 戴庆厦:《戴庆厦文集》(第七卷),北京:中国社会科学出版社,2018年。

士第一年，有很繁重的学习任务，但还是细致地为我编辑这本满是国际音标的论集。王洪秀为完善这本书付出了艰苦的努力。她是科学出版社有八年编辑工龄的编辑。

第七卷就这么定稿了，我希望过几年还有第八卷，也许是三年后、四年后、五年后。

2018年7月22日

《中缅跨境景颇族语言研究》后记[①]

这次下来做《中缅跨境景颇族语言研究》项目,我们课题组又有一些新的体会。在后记里我想主要谈以下两点体会。

一是做一种语言的研究,要系统地做,一个题目做完再做另一个题目,使其有系统性。这样,对语言的认识才会层层深入。

我长期做景颇族语言研究,不知不觉地有了这样一种习惯:做完一个题目就想接着做另一题目,似乎景颇语有做不完的研究题目。从20世纪80年代以来,国家加强了科学研究,我们才有条件投入较大的精力做语言研究。从那时起,做了语法又做词汇学;除了做语言本体又做语言功能;做了中国的景颇语,又做国外的景颇语;做了景颇支系语言,又做其他支系语言。感到既充实,又满足,觉得景颇语研究大有可为,有做不完的题目。不要这个山头放两枪,那个山头又放两枪。

2005年,我们中央民族大学申报的《中国少数民族语言国情研究》项目获得了教育部"985"工程立项,后来《中国跨境语言研究》项目又得到教育部社科重大项目立项。于是,我们抓紧时机、一鼓作气地开展了景颇族语言国情和跨境景颇语的研究。从2009年至2013年,我们课题组奔赴景颇族分布的第一线,开展以语言使用特点为主的语言功能田野调查,连续完成了三部景颇族使用现状的专著,并很快就由商务出版社出版。其中有:《耿马(耿马傣族佤族自治)县景颇族语言使用现状及其演

[①] 戴庆厦:《中缅跨境景颇族语言研究》,北京:中国社会科学出版社,2019年。

变》(2010年);《片马茶山人及其语言》(2010年);《云南德宏州景颇族语言使用现状及其演变》(2011年)。这三个地区是中国景颇族的主要分布地区。就此,我们对中国景颇族的语言使用情况已有大致了解。

但我们还急切要了解、认识跨境景颇语的语言使用情况和语言结构特点。于是,在2014年我们又组织课题组到了缅甸的曼德勒、东枝、仰光等地,调查缅甸景颇族的语言使用情况,获得了许多新的材料。但那时因时间关系和别的原因,未能去景颇族人口聚居的克钦邦调查。为了弥补这一空缺,2017年6月,我们课题组专程到了缅甸八莫一带调查景颇语的使用情况和景颇族教育情况。这次调查,使我们对克钦邦景颇族的语言生活又有了一些新的感性认识,但我们还嫌不够。

出国调查跨境语言虽是件大开眼界的事,但又是一件艰难的、复杂的事。有的地方能去,有的地方不能去;有的地方容易调查,有的地方则会因为语言隔阂等原因不易调查,而且在国外又不能待太久,必须是分秒必争。所以,为了获取更多的信息,我们课题组除了出国调查外,还设法到跨国边境从边民那里获取一些跨境语言材料,以弥补调查材料的不足。于是,2017年5月至8月,我们课题组到了云南省德宏州,辗转芒市、瑞丽等中缅边界区,从缅甸边民那里调查了大量缅甸景颇族的语言使用情况。实践证明,这种语言调查方法是有效的,可行的,能够在一定程度上弥补跨国境内调查之不足。因为来中国的缅甸边民,都曾经在缅甸长期生活过,对那里的情况、本族语言是很熟悉的,所提供的语料是可靠的,有用的。

我一直感到遗憾的是,未能有机会去印度调查那里的景颇语(称Singhpaw"兴颇语")。印度的景颇语,由于与景颇语主体分离的时间较长,加上印度境内特殊的语言环境、语言关系,兴颇语在历史演变上出现了不少新的特点。这部书里,应该有这方面的材料。但我们正好缺少这一地区的第一手材料,只好先使用国外20世纪发表的几篇兴颇语研究的论文的资料,等以后有条件时再补充第一手调查的材料。不过,2014年在瑞丽召开的"世界景颇族学术研讨会"上，我见到两位来自印度的景颇族学者，他们用景颇语向我介绍了一些印度景颇语的情况。从他们说的话中，我了解了一些印度景颇语的特点。但还是不满足。这个未能如愿完成的任务只好留给课题组其他年轻的成员去完成。

在长期的语言田野调查实践中，我深深地体会到做一种语言的研究必须系统地做，一个一个地不断挺进。语言系统包括功能方面的，语言结构方面的。这样做，对语言的认识才能层层深入。景颇族分布在中、缅、印三国，构成一个相互差异又互相制约的系统。跨境语言研究，是深化景颇语研究的一个新视角，从跨境景颇语的比较中能够认识到景颇语的深层特点。这次我们完成了"中缅跨境景颇语调查研究"，心里有点底了，以后再做别的语言个案，预计会顺利些。

二是做我国少数民族语言研究必须有一股"摸着石头过河"的干劲和方法。

我国的少数民族语言研究起步较晚，对其"真面目"的认识还相差很远。前人没有给我们留下做单一语言的跨境语言对比研究，这还是第一次。前人的经验和方法虽然可贵，但主要还是要靠我们"摸着石头过河"去探索。

回想2005年开始做语言国情调查也是这样。记得第一站就是基诺山的基诺族语言国情调查，那时也是"心中无数"，队伍到了基诺山，连个调查大纲都还没有拟好。硬是凭着一股"摸着石头过河"的干劲和方法，我们在实践中一点一滴地积累经验，不断改进调查方案，走一步看一步，最后才形成一个大体可操作的语言国情调查方法，完成了《基诺族的语言现状及演变》的语言国情调查报告。队员们都清楚记得，那时每天晚上都要开会，研究、讨论白天的调查经验及出现的问题。"夜会"，成为"语言国情调查"的一幅"亮景"。跨境语言调查，内容太丰富了，需要我们探讨的问题很多，我们每个队员都在认真思索，思索。由此我还想到，做少数民族语言调查研究，许多都需要我们自己去摸索、去总结，不可能有现成的套路可直接使用。

"摸着石头过河"怎么"摸"?"语言田野"是个大海洋、大矿产、大森林,进到这个新天地,有的兴奋,一下子就看到金子;而有的无动于衷,觉得不新鲜,"小毛驴跟妈妈去赶集"——白走一趟(景颇族谚语)。我的体会是:到了田野现场,既要"勤听,勤记,勤思索",还要"善于听,善于记,善于思索",一个"勤"字再加上"善于"两个字。比如,进入景颇族家庭坐在火塘旁与主人聊天时,你一定会敏感地察觉到不同支系成员在有规律地使用不同语言,并为之惊奇。景颇族的不同支系语言在家庭里、在村寨里有其使用的规律,怎么使用有其社会、文化、语言的理据,要弄明白很有价值。又如,两国景颇族怎样使用各有自己特点的语言,如何理出其共性和个性,要一点一滴观察、积累才能摸到实处。

本书由课题组成员集体努力完成。2017年12月年末我们又分工,把整个书稿检查了一遍。全书的责任编辑由金海月副教授担任。

这次调查,得到许多朋友的帮助。有:瑞丽县人大常委会主任排云祥、原人大主任排生、宣传部部长棍么,云南民族大学文化学院原党委书记罗汉麟,德宏州团结报社勒排早扎等,他们都给了我们许多实际的帮助,使我们的工作减少了许多困难。有了他们,我们来调查觉得有依靠,胆子壮些,心里踏实些。在此,我们向他们表示衷心的感谢。

2017年8月25日

《景颇语参考语法》（修订版）后记[①]

我的《景颇语参考语法》2012年在中国社会科学出版社出版后，至今已过了10年。这本书是我60多年来从事专业的主要成果之一，是我经常感到欣慰的一本著作。如今，商务印书馆要把它列入"中华当代学术辑要"丛书，是对我的研究工作的肯定和鼓励。接到任务后，我认真地对原稿进行了补充和修订。

我国的少数民族语言研究，70年来有了大发展。许多过去没有研究或研究很少的语言，如今都有了系统的研究。拿景颇语来说，我们1952年开始学习景颇语时，没有景颇语研究的论著可以参考，连景颇语有多少声母、韵母、声调都不清楚，就只能一句一句地学，并自己动手研究其语音、语法、词汇等的特点。如今，我们已出版了辞典（《汉景辞典》和《景汉辞典》）、语法（《景颇语语法》和《景颇语参考语法》）、词汇（《景颇语词汇学》）以及《景颇语基础教程》等景颇语基础研究著作；还有研究景颇族语言使用的著作，如《云南德宏州景颇族语言使用现状及其演变》《耿马景颇族语言使用现状及其演变》《片马茶山人及其语言》等；另有研究景颇语的专题论文80余篇。为此，著名的国际藏缅语研究专家马提索夫教授（Jams A. Matisoff）在《景颇语谱系地位再探：详论景颇语与鲁语支的亲缘关系》（载《汉藏语学报》2018年总第9期，孙天心、田阡子译）一文中指出："景颇语是研究水平最高的藏缅语族语种之

[①] 戴庆厦：《景颇语参考语法》（修订版），北京：商务印书馆，2022年。

一……长期以来,学界公认景颇语具有厘清藏缅语族内部支属关系的关键地位。"

60多年来,我与景颇语建立了深厚的、不离不舍的感情,深知景颇语的奥妙、复杂,越来越觉得要深入地、科学地认识景颇语是很不容易的。比如,对某种语言现象,我们会从某种角度发现它的特点,以为可以就此止步了,但随着观察角度的增多,或语料的扩大,会发现原来的认识是不全面的。因而,语言研究会随着语料的扩大和更深入的思索在认识上有所深化。所以,尽管我已出版了若干景颇语研究的成果,但感到更广阔的天地还在后头等待我们去奋斗。《景颇语参考语法》(修订版)的出版,将勉励我进行更深入的景颇语研究。

感谢商务印书馆的周洪波、余桂林、朱俊玄诸位领导对出版这套丛书的认真策划和精心运作,感谢刘建梅女士担任本书的责任编辑,感谢王洪秀博士为本书的加工所做的努力。还要感谢我的老伴徐悉艰研究员戴着老花镜多日认真地帮我检查全书。

谨以此书献给诚实、热情、勇敢的景颇族同胞!

2021年7月2日

《戴庆厦先生口述史》后记[①]

2018年5月,我参加云南师范大学文学院硕士研究生答辩,正好时碰到老朋友云南大学著名教授段炳昌教授(他原是云南大学文学院院长)。好久不见,见面时格外高兴。一起参加完答辩后,他亲切地对我说,要为我做一部口述史。他说,回去后跟我的学生赵燕珍说,让她具体操办这件事。赵燕珍是我的2006级的博士生,毕业后到云南大学文学院任教,教语言学课,现已是副教授。赵燕珍接到这一任务后,立即给我打了电话,约我7月19日在云南大学做报告的时间抽空商量编写口述史的事。我非常感谢段老师,他这种说话算数、做事果断的风格令我起敬。

之后,我就开始回忆过去,梳理自己八十多年的经历。漫长的人生历程的一幕幕情景浮现在眼前,既有欢乐、充实,又有挫折、忧愁。我们这一代人目睹了新旧社会的对比,有幸从懂事起就把自己的人生与国家、民族的命运紧紧地联系在一起,新中国为我们提供了发挥才能的机会。我们能够做些事,能够辨别丑与美,勇于进取,是因为有了好的时代。岁月如歌!虽然我已过八十,但在黄昏之年,还想为祖国的发展、繁荣尽些力所能及之力。人生的价值在于贡献,这是过好人生必须坚守的真理。

这本书从运作到出版,前后经过近四年时间。真诚感谢云南大学段炳

[①] 戴庆厦、赵燕珍:《戴庆厦先生口述史》,北京:中国社会科学出版社,2022年。

昌教授、王卫东教授（云南大学文学院院长）的长期关照、费心；还要感谢赵燕珍副教授在繁忙的教学科研工作之余不厌其烦地为出好这本书尽心。

2022年2月17日

《分析性眼光与语言研究论集》后记[①]

这部论文集经多年的筹划、选文、编辑，终于与读者见面了。这是我多年来想做的一件事。我要感谢闻静教授承担了编辑工作中各种大大小小的事。我明白，她是凭兴趣、责任心在帮助我做的。这期间，她家里遇到了几件大事，但她都不声不响地坚持了下来。我还要特别感谢老朋友欧光明先生的大力帮助。在我负责"985"工程的过程中，他为我们编辑了十多部好书，每项工作都像自己人，替我们细心安排。还要感谢本书的责任编辑张海燕老师，因为她细致、严谨、高效的工作，我们这部书才得以很快面世。

希望这部书出版后能得到读者喜欢，能对我国的语言研究有一定的帮助！

2024 年 5 月 20 日

[①] 戴庆厦、闻静：《分析性眼光与语言研究论集》，北京：民族出版社，2024 年。

《戴庆厦文集》（第八卷）后记[①]

2018年出版了我的《戴庆厦文集》第七卷（由中国社会科学出版社出版）。之后又有一些论文发表。时任中央民族大学少数民族语言应用研究院院长的曲木铁西教授（原为中央民族大学副校长，主攻少数民族语言专业），看了我的论文，很兴奋，认为这些论文对发展我国少数民族语言学科以及解决少数民族语言的应用问题都很有价值，并说应用研究院要为我再出版第八卷，使我的研究得到延续。我听到后非常高兴，觉得自己的一番研究有了知音人。这几年，我又马不停蹄地产出了一些新论文，汇成了第八卷。

对民族语言研究，越研究越能发现它的价值所在。我国的130多种民族语言，汇集了少数民族长期以来在漫长的社会生活中积累的经验和智慧，是中华民族精神财富的一个重要组成部分，必须永久保留它、研究它、认识它，使它为各民族服务。中华人民共和国成立后的70年，我国民族语言的研究取得了巨大的成就，在国际上产生了重大影响。但语言的博大精深，决定了我们还需要挖山不止，不断深化。在新时代，我们广大民族语文工作者，都在民族语文工作中拼搏，要为伟大的民族振兴做出贡献。

本卷共汇集2018年至2024年发表的民族语言研究论文50篇，包括景颇语研究、藏缅语研究、汉藏语研究等几类。

[①] 戴庆厦《戴庆厦文集》（第八卷）于2025年由中国社会科学出版社出版。

如今，我已迈进90岁高龄了。2024年12月28日，学校为我举办了《戴庆厦教授汉藏语系语言研究学术思想研讨会》，来自全国各地的民族语文研究专家欢聚一堂，交流语言研究心得。在闭幕会上我发表了"一个热爱、三个不忘"的感言："一个热爱"是终身热爱民族语言、在本职工作上为国多做贡献；三个不忘是不忘坚定为祖国服务，不忘师长对我的培育，不忘亲友对我的帮助。

我在第七卷后记中提到："第七卷就这么定稿了。我希望还有第八卷，也许是在三年后、四年后、五年后！"现在第八卷也已实现了。我希望若干年后还能出版第九卷、第十卷。

最后，感谢曲木铁西教授对这卷书的全力支持。还要感谢我的在读博士生徐嘉荣在繁忙的学习中帮我编辑此书，我深知汇集、规范这些成果的艰辛。

2024年2月20日

第三部分 讲话、报告

怎样培养有扎实功底的民族语言研究博士

——"语言学博士生导师高级研修班"讲话

(2009年7月27日 北京大学)

各位老师、各位同仁:

我国博士生的培养,有成绩,但也存在许多问题,需要总结。这次举办这样一个语言学博士生高级研修班,实际上是一次总结。我有机会能够参加研修班的活动,促使我系统思考一下博士生培养的问题,这是一次很好的学习机会。我的发言主要是就我个人14年来培养博士生的体会,谈谈怎样培养有扎实功底的民族语言研究博士。分以下五个问题来讲。

一、中央民族大学语言学博士点的现状及问题

博士生培养,因学科而异,因对象而异,因老师的特点而异。参考别人的经验是必要的,但要有自己摸索的经验做底子,不能不看学生的条件、学校的条件和自己的条件,盲目照搬。培养博士生可以有多种模式。

我校的语言学有两个博士点:一是语言学及应用语言学;二是少数民族语言文学。1986年建立全国第一个"少数民族语言文学"博士点,2002年又建立了"语言学及应用语言学"博士点,2002年建立一级学科博士后流动站。

1. 主要研究方向

（1）中国少数民族语言文字的共时研究和历时研究；语言比较（包括汉藏语比较、阿尔泰语比较、亲属语言比较、汉语和少数民族语言比较、类型学比较等）（2）社会语言学、人类语言学、文化语言学、语言民族学、计算语言学、双语研究等分支学科的研究（以中国语言事实为重要依据）。

2. 我培养博士生的经历

（1）毕业的学生：到今年共招了14届博士生，已毕业41名。其中17人已晋升教授，7人已担任博士生导师。学生的论文有一篇得王力奖，两篇得第一届汉藏语言学奖。另外，还指导5名博士后。

（2）我的培养方向：主要是语言比较，侧重于汉语和少数民族语言比较。为什么？一是学科发展的需要。少数民族语言研究也好，汉语研究也好，经过半个多世纪的单一语言研究后，需要通过语言对比来深化语言研究。这是一条广阔的、可获得新成果的、值得提倡的、可行的新路子。它的研究，能够对语言学理论（包括历史语言学、类型学）的建设和发展提供新的养料。二是我校的语种多，开展语言比较的条件好。三是我有这方面的兴趣，多年来一直做这方面的研究，有一些体会。

（3）博士生的业务素质存在的弱点。主要有二：一是语言知识结构偏缺。从事语言比较，既要有少数民族语言的底子，又要有汉语的底子，即要能"两条腿走路"。但招进来的学生中，大多来自中文专业，只有一条腿，进来后还得补一条腿。三年时间不够。二是动手能力差，不会做语言的田野调查，对语言进行分析解释、理论概括的能力差。甚至文字表达也不符合要求。

我多年带博士生下去做田野调查，感到最苦恼的是，他们不知怎样调查语言；记音的准确率不超过40%；不会整理音系；不会收集语料，不会发现语料中的精华。他们记的语料，若不经过校对，简直是一堆垃圾。

他们虽然也会说一些理论，会用一些新术语，但许多人不会用到具体的语言分析研究中，两张皮没有贴到一起。造成这种状况的原因：一与招生体制有关，导师想要的要不着。二是语言学界存在错误倾向的误导。此外，还有一些别的因素干扰。

二、一定要把教学重点放在培养博士生实际的语言研究能力上

博士生三年的培养要有重点。应当看到，三年的学习时间是很短的。第一二年要学政治课、一外、二外，还有必修课、专业课等，还要听许多讲座课。到了第三年，找工作的事就开始分心了。三年中，真正能坐下来做研究的时间不是很充裕的。所以，作为导师，要帮学生合理安排，要突出重点。

我开始培养博士生的几年，走了一段弯路。那时片面地认为，博士不同于硕士，必须在语言理论上下功夫，在指导思想上总想给学生更多的知识，特别强调要提高他们的理论水准。博士生三年的学习中，究竟要给学生多少知识，什么样的知识，重点抓什么，认识是模糊的。

博士生入学后，普遍有一个想法，就是进了博士生学习阶段，要多学点理论，多学点知识。他们都准备一个大口袋带到学校来装，不管什么先装了再说。所以，碰到新名词的课、理论的课，不管是校内的还是校外的，都去听，疲于奔命，而忽视了在博士阶段如何重点提高自己语言研究的实际能力。有的学生一个学期听了六七门课，拦都拦不住。他们无暇与导师接触，也没时间思考问题，更谈不上做些研究。这样下来，语言学知识倒是增加了一些，但实际研究能力提高不大。到了第四学期开题做论文时，一连串问题出现了。如不知选什么题，选了题不知如何下手等。这之前学到的理论也用不到研究中。根据前期的教训，我就一直强调博士三年的培养要突出重点，不能盲目，认为这是能否保证博士生质量的一个关键。

三年学习时间中，要引导学生把主要精力放在提高语言研究的能力上，要学到一些在校外学不到的东西。包括：能准确地记录一种语言或方言；能把记录的语料整理成可用的素材；对语言现象能有敏锐性；能从纷繁的语言现象中筛出有水平的研究题目；能有理论分析的眼光；能用规范的文字写出好论文等。要提高这些能力，在校读博期间有导师面对面指导，容易进步，问题容易解决。若等到毕业后就由于各种原因没有这个条件了，已有的毛病会长期延续下去。

语言学知识和技能的获得存在两类不同的情况：一是靠自己看书、思考就能解决；另一是靠老师的帮助才能解决得好，如记音、文字能力、理论思维等。博士生的教学，重点要放在后者上。

博士生的培养，还有一个重要任务就是培养科学的、正确的学风。比如：是严谨还是马虎；是当专家，还是当杂家；会不会做到理论与实际完好地结合；会不会发现创新点；会不会准确表述；等等。

为此，我在教学内容、教学方法上做了一些改进：1.导师授课主要讲重点、难点、疑点。系统的理论、知识主要靠学生自学。有的课要自己系统讲，如《语言田野调查》课。2.尽早组织学生做专题研究。去年已提前到第二学期开始做。学生的研究，我要帮他们定题、修改、推荐发表。有的是与他们共同合作研究的，这是培养博士生的一个好办法。3.根据学生的情况，培养他们树立好的学风。4.博士生培养不能只靠上大班课，要一个个手把手地教。就像培养京戏的演员一样，一招一式，都要靠老师手把手地教。不能一锅煮。

三、处理好语言学理论学习与提高语言研究能力的关系

必须肯定，语言学理论学习是重要的，也是必要的（我年轻时对语言学理论非常感兴趣，一心想做语言学理论研究）。要创新，就要有理论根底。少数民族语言中蕴含的大量丰富的语言现象要靠语言学理论来分析、

来解释、来提升。这是一座富矿，必须重视。但少数民族语言研究领域，理论研究还比较薄弱，必须加强。

但是我认为，学习语言学理论，必须把握好两点：一是要回归到自己研究的语言。重要的是要把语言事实搞清楚，语言事实总是第一性的。二是在运用理论时，要创新，不能固守于已有的理论而无所作为，满足于贴标签，更不能歪曲语言事实去附和已有的理论规则。应当鼓励博士生培养理论创新的勇气。中国的语种多，语言现象丰富复杂，能为语言学理论的丰富、发展、变革提供取之不尽的资源。下面举些例子来说明中国的语言与语言学理论的关系：

比如，我根据Greenberg的语言类型学理论研究了藏缅语的"形修名"结构，发现了以下几条规律：（1）在形修名结构上，复合词与短语的一致性和差异性。（2）形容词定语的前置与后置在形式和功能上的差别。（3）形容词、指示词、数量词共同修饰名词时可能出现的语序及等级序列。并指出由于量词的介入引起多定语语序的变化，这是Greenberg所没有注意到的（《藏缅语的形修名语序》，载《中国语文》，2002年第4期）。

又如，话题理论对分析藏缅语的话题现象有解释力，能促使研究者去思考一些新的问题。藏缅语的话题现象是显性的，容易捕捉住，不像隐性话题那样。比如景颇语：

ŋai³³ ko³¹　　kă³¹phu³¹　ʒai⁵⁵　ŋa³¹　　n³¹ŋai³³.
我　（话助）　哥哥　　是　（助动）（句助）
我是哥哥。

n³³tai³³ lam³³ phe⁷⁵⁵　ko³¹　kă³¹tai³³ muŋ³¹　tʃe³³　　sai³³.
这　　事（宾助）（话助）　谁　　也　知道（句助）
这事谁都知道了。

tai³¹ni⁵⁵　ko³¹　ŋai³³　n³³　sa³³　niʔ⁵⁵ai³³.
今天　（话助）我　不　去　（句助）
今天我不去。

由于话题是一句话的主题，陈述的对象，与主语有些相同的特点，因而话题助词很容易被认为是主语助词。但在实际上，话题和主语无论是在语义上还是在语法上都各有自己的特点，应视为不同的语法范畴。二者的区别主要有：话题和主语各有自己的语法标记。话题的语法标记是后加 ko^{31}，指示前面的部分是句子的主题；而主语的语法标记是居于句末的句尾助词。景颇语的句尾助词是一类独立的虚词，它用在谓语之后能表示主语、宾语的人称、数，从而指明句中哪个是主语，哪个是宾语。如果要强调话题，还能在句首的句子成分之后再加话题助词 ko^{31}。在强调话题的句子里，话题助词与表示主语的句尾助词共存于一个句子中。

可以认为，景颇语是一种具有话题结构的语言。其特点是：话题不同于主语，话题结构不同于句子成分。二者自成系统，各有标志，各有作用，在句中结为一体使用。景颇语话题的特点，是由其语法类型特点——以分析型为主但又有屈折型特点决定的。许多语言有话题，但不同语言之间既有共性又有个性。

现代语言学中的类型学理论，对我国少数民族语言研究是有很大帮助的。我先后指导过博士生用类型学理论研究被动句、判断句、连动结构、支配结构、述补结构、使动结构、量词、四音格词等课题，其中张军的《汉藏语系语言判断句研究》、孙艳的《汉藏语四音格词研究》，获得了第一届汉藏语言学奖。

《汉藏语系语言判断句研究》一书广泛收集了汉语和少数民族语言中与判断句有关的材料，进行了科学的筛选。既集中考察了汉藏语判断句的状况，又联系了一些别的语言，如英语、日语等；既有语言的共时态中判断句的描写和分析，又有判断句的历史考证。作者力求在理论上有所突破。比如，书中认为，判断句在本质上是话题-述题结构，不同于主谓结构的语法构造，具有语言类型学上的重要价值；判断句的情况表明，判断句的发展演变是话题结构与主谓结构相互影响、协调一致的过程等等。这些观点是很有启发性的。语言类型学的研究成果已经证明汉藏语系的许多语言（如汉语、傈僳语、景颇语、彝语等）注重突出话题，那么有没有一个语法项目可以用来衡量某种语言是否突出话题的特点以及突出的程度，我看判断句可以作为参考。人们一直在讨论汉语中系词"是"的来源，认为它是由指示代词"是"虚化来的。如果把系词"是"归入动词一类，那么从代词"是"到系词"是"的演变过程是不是虚化？这种虚化有没有语义上的根据？汉藏语中其他一些语言中也存在类似的问题。这都需要我们进行深入的理论思考和创新。

《汉藏语四音格词研究》通过汉藏语四音格词的比较和共时分析，指出四音格词是汉藏语系共同的语言特征，但不同语言的四音格词又具有各自不同的特点。比如景颇语，其四音格词的主要特征是：语音和谐，语法结构单一。景颇语四音格词受语音和谐规律的制约，语法结构只能是并列的，因为并列结构是有限的，它可以保证语音规律的严整性。偏正结构则是不受限制的，它往往会违反语音规则，因而未能构成景颇语四音格词的句法格式。语法结构对语义结构也具有一定的制约作用。由于并列关系的影响，导致语义选择只能限于同一层次、同级、同类、平列的语义关系。这种关系在景颇语中体现为存在大量由亲属关系词、表物名总称词的四音格词。语料还显示，景颇语的四音格词是原生的，即是在自己的语言体系中产生的，与其语言机制相适应。景颇语是以分析性为主要特征的，四音格词对分析性语言有较大的适应性。景颇语丰富的声韵系统以及韵律变化为四音格词的滋生准备了肥沃的土壤。

通过藏缅语与汉语的比较，可以看到藏语和汉语虽为亲属语言，但四音格词存在较大差异，似无共同来源，其共同特征是类型学上的一致。

四、要积极组织博士生做语言田野调查

历史经验证明，语言田野调查是培养好的语言学家的一个必经的途径。李方桂的壮侗语研究的巨大成就，是靠20世纪40年代的田野调查获

得的语料；马提索夫以拉祜语研究而登上藏缅语研究的高峰，主要靠他20世纪60年代在拉祜族地区长期所做的田野调查。20世纪中国少数民族语言大调查，培养了一大批在少数民族语言研究领域的骨干和领头人。

这几年，我组织博士生参加学校的"211""985"课题，让他们在真刀真枪的语言田野调查中增强才干。他们在三年中有的参加过两次，有的参加了三次。博士生反映："参加一个月的田野调查，比在学校学半年收获还大。"所以，他们都争着去。

比如，这次我带四个博士生去云南中缅边界的耿马地区调查景颇语。这个地区的景颇语脱离了主体景颇语已有100多年，成了一块"语言孤岛"，被当地使用人口多的语言——汉语、佤语、傣语所包围。其语言活力能否继续保存，是否出现濒危或衰退，其语言结构有什么变化？是国内外语言学界还不了解的，至今我们尚未见到公开发表的这一地区的语言材料。我们的课题叫"耿马景颇语的使用现状及其演变"，计划写一本书交商务印书馆出版。20天的调查，博士生们非常辛苦。他们入户做语言生活的微观调查，准确地掌握景颇族母语及兼用语的使用情况，还对母语的结构特点进行了记录，并分析其变化。在田野调查中，博士生的业务能力（包括调查、分析能力，写作能力等）受到全面的检验。优点显现了，弱点也暴露了。一下子，他们变得实在了。凡参加课题组的，出书时都署名，都算他们的成果。

组织博士生做田野调查要注意以下几点：1.必须严格要求，所分配的任务必须按时、按质完成。2.每个人的任务要明确。3.导师要一起下去，不能"放羊"。导师不但要与他们一起调查，还要手把手地为他们改文章。4.把田野调查当成博士生的必修课。5.调查点要选好。

五、博士生导师在博士培养中的表率作用

博士研究生能否成才，既决定于研究生本人的素质，又决定于导师的

素质。导师因素虽是外因,但能催化研究生的成长,甚至能够改变学生的素质。博导的学风对学生有很大的影响作用。

我个人的学术道路是坚持以下几条:

1. 从近到远(母语——景颇语、哈尼语——藏缅语——汉藏语),从小到大,由微观到宏观(一个个词——一个个词类——句法结构——语言类型),从语言本体到语言外部。

2. 尽心尽力,顺其自然。不浮躁,不随大流。

3. "眼高手低"。"手低",勤于点点滴滴做语料的收集和分析;勤于做小题目,归纳小规律。"眼高",要有宏观把握,要了解国内外行情;要使自己的研究不离开语言学轨道。

4. 要有自己的依托点(一个语言,一个方面)。紧盯一根钓鱼竿,不遍湖撒网。区分主业(语言本体)和副业(社会语言学)。我也要求每个博士生也坚守一种语言。

5. 坚持每年都做一两次田野调查。我的博士生说:"我们都是田野调查派"。

6. 重视民族语言研究与汉语研究相结合。从汉语语言学中汲取营养。汉语的研究成果必须读,汉语研究动态必须了解(三种杂志必读)。

最后,以李方桂的这段话作为我这次讲座的结束语:"但是我也不希望,比方说,专研究汉语的可以一点不知道别的汉藏语系语言。印欧的语言学者曾专门一系,但也没有不同别系的。就拿汉语说,其中有多少问题是需要别的语言帮助的。""所以依我的意见,将来的研究途径不外是'博而能精',博于各种汉藏语的知识,而精于自己所专门的系统研究。"李先生的这段话一直是我的座右铭。

如何培养好博士生是一个值得不断探讨的重要问题。以上谈的仅是我个人的一些体会,不一定都对,请大家指正。谢谢大家!

在"首届中国语言学方法与方法论问题学术讨论会"上的讲话

（2011年9月28日 湖南长沙）

各位同仁、各位专家：

很高兴能来参加"首届中国语言学方法与方法论学术讨论会"。语言学的方法论问题，近些年已成为语言学界所关注的一个热门话题。因为，随着语言研究的不断深入，人们感到必须探讨方法论问题，以利于提高语言研究的质量。"中国社会科学报"很敏锐地察觉到这一变化，向我约稿，希望我发表些意见。近期有的刊物组织发表了一些探讨语言研究方法的文章，很有新意，我很爱读，也介绍给我的博士生读。湖南师范大学在语言研究方面很有实力，特别是主办的刊物《古汉语研究》有特色，办得很好。两个单位举办这样的会议，必将有力地推动我国语言学的发展。

我今天发言的题目是"再论语言调查的理论与法"。因为我近几年一直在做语言国情调查研究，共做了11个个案，对理论方法有些体会。下面谈几个问题。

一、语言国情调查在语言学中的定位问题

"语言国情调查"是指对一个国家语言使用情况和使用特点进行科学

的、全面的、深入的调查，它所追求的知识主要有：语言使用情况如何；语言功能如何定位；制约语言功能的条件是什么；语言本体特点有哪些；不同语言的语言关系如何；语言功能的演变趋势；等等。

语言国情是一个国情的重要组成部分，有其重要的理论价值和应用价值。但对我国的国情，特别是民族语言的国情的认识，过去长期停留在不清晰的、朦胧的、或明或暗、说不清道不明的状态。这不利于国家决策，也不利于我们对语言的研究。

近年来，我们通过田野调查取得了以下一些认识：1.语言国情调查是语言研究的一部分（功能、本体），有其重要的理论价值和实用意义。2.在现代化进程中，由于语言变化大，语言国情调查研究有其必要性和紧迫性。3.语言国情调查报告若不抓紧进行，对国情认识不清就会出现不利的影响。4.语言国情调查有其自己的理论方法、需要深入探索（有可能在社会语言学内建立"语言国情学"分支）。

为此，中央民族大学"985"工程设立了"语言国情"项目进行调查研究。近5年，已完成了13个个案调查（已在商务印书馆出版），涉及基诺族、阿昌族、彝族、苗族、蒙古族、哈尼族、景颇族、傣族等民族语言，获得大量语言国情的新语料，并在理论方法上取得了一些新认识。其成果已供各级政府参考。

国家语委副主任李宇明教授说过：语言国情是国家决策及其他相关决策的基础。要及时了解新世纪的语言国情，努力创造条件，力争启动新世纪语言普查工作，包括方言普查、民族语言普查和使用情况的调查。这话很有道理。

二、语言国情调查内容

必须以区分、确定母语和兼语的类型为主要内容。我国语言多，不同地区语言的功能差别大，所以区分母语和兼用的类型，就抓住了语言使用的核心特点。

除了调查母语外,还要调查兼用语状况。有哪些类型呢？1.母语稳定使用型；2.母语衰变型；3.母语濒危型；4.全民兼用型；5.部分兼用型。

确定类型后,还要对其成因进行分析。成因有：分布状况、经济文化水平、民族关系、婚姻状况、历史来源等。

三、坚持入户做微观的面对面的调查。要防止道听途说,只开座谈会。通过基本问题测试、访谈、量化、问卷等手段获取资料。

四、重视系统性。必须将语言调查内容放在整个国情系统中、整个民族整体利益中考察,提取本质的、符合民族长远利益的认识。

语言国情是国情的一个组成部分。语言国情与其他国情紧密地联系在一起,相互制约、相互依存。所以研究国情要有全局观念,要把语言问题放到整个国情中考察,在各种关系的相互制约中看待语言问题。

湖南是个多民族、多方言的省份,语言、方言的种类复杂、有价值,是语言研究的富矿。衷心希望湖南语言国情调查取得巨大成绩！

谢谢！

学好普通话是少数民族的强烈愿望[①]

（2016年9月18日）

作为一名做少数民族语言教学研究的汉族教师，我觉得如何科学地认识好、处理好少数民族的语言问题十分重要。60年来，我到过许多民族地区调查少数民族语言，特别是近十多年，我了解到少数民族除了使用自己的母语外，还在不断努力学习国家通用语普通话。他们深深地认识到，只有学好普通话才能更快地提高自己的文化教育水平，才能更好地与其他兄弟民族合作交流。

国家推行普通话以来，少数民族掌握普通话的人数不断增多，这对少数民族发展起到了重要作用。举例来说，我多次到基诺山调查基诺族的语言生活，目睹了他们如何一步步地实现既使用母语基诺语又不同程度地掌握国家通用语的双语生活，双语生活促进了基诺人的经济建设和文化建设。大量事实说明，在我们这样一个以汉族为主体的多民族国家，少数民族学会通用语才能保证文化教育水平的持续提高，才能加强不同民族的交流合作，也才有利于各民族的互助团结、共奔小康。

在民族地区推广好普通话，必须认真思考少数民族语言生活的一些理论问题。

由于我国民族成分多，不同民族的特点和发展情况不同，存在人口多少、聚居杂居、内地边疆等差异，所以，少数民族掌握普通话的水平、范

---

① 原载《光明日报》2016年9月18日。

围、进度、方法等也必然存在一定的差异。因此，我国政府对民族地区学习普通话，历来坚持从实际出发、因地制宜、不搞一刀切的原则，根据不同情况提出不同的要求。当然，要做到有针对性不是一件容易的事。这就要求我们摸准民族地区的实际，研究客观实际存在的理论问题，并分门别类地制定不同的对策。

少数民族学习普通话，必须处理好学习普通话与保护母语的关系。少数民族语言是少数民族的特征之一，蕴含着少数民族长期创造的传统文化，是少数民族智慧的结晶，少数民族对自己的母语有着深厚的感情。党和政府对待少数民族语言，坚定执行"使用和发展自由"及"语言保护"的语言平等方针。学习汉语是少数民族自身发展的需要，也是国家发展的需要。走双语之路，是少数民族语言生活的最佳模式。所以，在民族地区推广普通话，必须注意处理好普通话与少数民族母语的辩证关系，使二者相互补充、互相促进，科学地解决好二者间出现的矛盾和问题。

少数民族地区推广普通话有其自身的规律，它不同于在汉族地区推广普通话，更不同于教外国人学习普通话。由于少数民族有自己的母语，学习普通话属于第二语言学习范畴，与汉族学习普通话相比，存在语言负担大、难度大的问题。况且，我国少数民族接触、学习到的汉语是各地的不同汉语方言，从汉语方言到普通话又有一个新的过渡。我国少数民族语言分属汉藏、阿尔泰、南亚、南岛、印欧五大语系，不同语系的特点差异很大，学习普通话会存在不同性质、不同程度的困难，母语负迁移的情况也不相同。因此，民族地区推广普通话，要制定适合该地区特点的标准，防止一般化。民族地区的语言教育与汉族地区相比，条件较差，困难多些，所以在推广普通话时，各地政府应在条件、经费上予以足够的支持。

中国的语言保护

—— 在老挝"湄公河流域语言文化国家会议"上的讲话

（2018年12月12日 老挝万象）

各位专家、各位朋友：

中国七年来实施"语言保护"政策，对各民族语言的生存和发展起了积极作用。事实证明，多民族、多语言国家在现代化进程中，实行"语言保护"政策十分必要。它是促进现代化建设的有力保障，符合多民族的共同利益。七年的经验主要有：必须调查、了解语言国情；必须采用现代化技术手段记录、保存语言资料；必须处理好通用语和少数民族语言的关系，解决好语言互补和语言竞争、语言的共性和个性的关系。我在这里谈些与大家交流。

一、"语言保护"是中国民族语文工作的一项新政策、新举措

中国和老挝一样，是一个多民族、多语种的国家，56个民族共使用80多种语言，30多种文字。语言和文字的类型多样，情况复杂。如何解决好中国各民族语言文字的使用问题，是中国政府的一项重要任务。

在当今世界不断进步的潮流下，人类的语言文字使用出现了许多新特点和新问题。许多弱势语言由于竞争不过强势语言，会存在不同程度的衰退和濒危，出现了许多原先没有预想到的新问题。

2011年，中国政府根据形势发展的需要，在中国共产党十七届六中全会上，提出了"科学保护各民族语言文字"（以下简称"语言保护"）的新决策。经过七年的实践，这一新决策取得了巨大的成绩，证明是正确的、有效的。

"科学保护各民族语言文字"这十一个字，体现了中国党和政府的民族平等、语言平等思想，凝聚了在新的历史时期科学对待中国语言文字的指导思想和决策，是中国民族语文工作新的战略方针。这是继宪法提出的"各民族都有使用和发展自己语言文字的自由"后的新发展、新思想。

"语言保护"的提出有其国情理据，有着重要的理论意义和应用价值。它的提出有三个"有利"：有利于各民族语言文化的保存和发展，有利于各民族文化教育的建设，有利于各民族的和谐和团结。

七年来，我国的语言保护做了大量的开创性的工作。主要有：

1. 截至目前，语言记录工程已完成总体规划1500个点的72%，及130种语言中的80%左右，实现全国范围的全覆盖，国家已投入资金1.27亿元。超过250所高校和科研机构，专家团队近500个，专业科技人员1500多人参与工程建设。

2. 语言保护已被列入国家和一些高校的科研规划。

3. 做了大量的语言国情的调查，进一步认识了我国的语言国情。

4. 以语言保护为内容的培训班持续开办；以语言保护为主题的学术会议陆续召开。

5. 研究语言保护的成果不断出现。

七年来我国开展语言保护的主要经验有：

1. 必须调查、了解语言国情，这是语言保护工作的基础。

语言国情的认识是做好语言保护的基础，只有科学地、明晰地认识语言国情，才能制定出有针对性的、合理的语言保护方案。由于中国的语言情况特别复杂，面对的问题很多，有共时的、历时的；汉族的、少数民族的；大民族的、小民族的；聚居的、杂居的；跨境的、非跨境的等等，所以，要厘清中国的语言国情，不是一件简而易举的事，需要有大量的人力、物力，以及各方面力量的配合才能做好。

2. 必须深入语言生活第一线做微观的语言保护调查。

由于语言保护是过去没有做过的一项新工程，加上现代化进程中语言特点的变化比以往任何时候都快、都复杂，因而要做好语言保护就必须深入语言生活第一线做微观的语言保护的田野调查。只有亲自到语言生活第一线，与群众有较长时间的接触，才能看准语言的活力，也才能发现语言生活中存在的各种问题。

3. 采用现代化技术手段记录、保存语言资料。

在高科技不断发展的今天，必须运用现代化手段、仪器记录语言，使之得以长期保存。为此，在语保工程中明确规定要用指定的仪器记录词汇、句子和话语材料，所记录的语料要能长期保存。

4. 必须处理好以下几个关系。（1）通用语与少数民族语言的关系；（2）区分不同语言的功能层次，开出不同的药方；（3）处理好不同语言的共性和个性的关系。

二、中国的"语言保护"与联合国教科文组织的倡议是一致的

语言保护虽然有自己国家的特色，但与联合国教科文组织的倡议在主要精神上是一致的。

2018年9月19—20日，中国与联合国教科文组织在中国长沙举办了"语言多样性对于构建人类命运共同体的作用：语言资源保护、应用和推

广"的国际会议,并形成了《岳麓宣言》。

《岳麓宣言》申明我们生活在不同语言、文化、种族、宗教和不同社会制度所组成的世界里,各国人民形成了你中有我、我中有你的命运共同体。语言是促进人类发展、对话、和解、包容与和平的重要前提之一。语言多样性政策必须首先尊重人民和社区作为语言守护者的尊严,应尊重他们的权利,并与他们建立真诚合作,共同保护和促进语言多样性。

《岳麓宣言》还认为保护和促进语言多样性有助于促进人类发展。国家和政府在保护和促进本国语言多样性方面应发挥主导作用,鼓励各成员国制定健全的语言政策和语言资源管理运营机制。还应根据本国语言国情制定科学规划,及时有效地开展本国的语言资源调查保护。

会议形成了保护和促进语言多样性的重要倡议。并宣布2019年为"国际本土语言年"。

三、中国"语言保护"调查研究尚待解决的问题

中国虽然在语言保护上做了一些工作,但目前有以下问题需要解决:1.如何把语言保护落到实处;2.究竟采取什么措施才能遏制语言功能的衰退;3.如何做好符合不同民族、不同地区特点的"科学保护";4.必须加强语言保护的理论建设和队伍建设。

中国是一个多民族、多语种国家,有着丰富的语言保护资源。我相信,中国的语言保护在今后必定会取得更大的成绩,会对世界的语言保护提供新的理论和经验。

参考文献

[1]戴庆厦:《论"科学保护各民族语言文字"》,《语言文字应用》2013年第1期。

[2]李宇明:《科学保护各民族语言文字》,《语言文字应用》2012年第2期。

[3]罗骥、余金枝主编:《语言和谐论集》,成都:四川大学出版社,2014年。

在"中央民族大学文学院多语智能研究中心挂牌仪式暨发展研讨会"上的讲话

（2020年9月 中央民族大学）

各位专家、各位朋友：

非常感谢文学院邀请我参加这个盛会。文学院建立的这一中心，着力于大数据背景下的多语平行语料库建设，通过大规模语料库、数据库的建立和相关研究，推动语言学建设。这一举措，我从心里同意和支持。

我们都知道，中国是一个多语种、多文种的国家，不仅语言丰富而且语言的方言复杂，有着发展我国语言学丰富的、不可替代的资源，我们应该充分利用本土固有的资源来发展语言学理论方法，包括丰富、发展、变革已有的语言学理论、方法，创造出适合人类语言实际，特别是我国语言实际的理论、方法。为此，我们必须重视语料库、数据库建设，从丰富的语料、数据中提取"真金"。

中央民族大学既有汉语文专业，又有少数民族专业，语种丰富，又有说各种语言的少数民族教师和学生，是建设语料库、数据库取之不尽的天然宝地，是其他高校所没有的条件。但我们过去对如何利用本土丰富资源重视不够，一些人、一些地方还是"抱着金碗要饭"，实在太可惜了。

2012年我在《中国语文》杂志上发表了《汉语和非汉语的结合研究是深化我国语言研究的必由之路》一文，从四个"有助于"论述了汉语和非汉语结合研究的重要性和必要性。四个"有助于"就是：有助于共时特征的发现和解释；有助于语言演变的研究；有助于语言学理论的建设；有助于单一语言研究的深化。我们看到八年的时间里，我国的语言研究包括我们学校研究生所做的论文，由于重视汉语与非汉语的结合，揭示了许多新规律。如在语法方面，通过语言比较推进了述宾结构、述补结构、被动句、把字句、差比句、量词、指代词、结构助词、语气助词、使动范畴、互动范畴、类化范畴的研究；在语音方面，推进了清浊、长短、松紧、复辅音的研究。我最近在做分析性语言特征的研究，通过多语种的语言比较，探索汉藏语如何从形态丰富到分析性特点的转型，觉得如果用分析性眼光研究汉藏语，必定能够揭示、解释许多语言现象的来源和演变。比如：汉藏语为什么有如此丰富的四音格词，而印欧语、阿尔泰语没有？为什么亚洲地区声调发达？汉藏语为什么韵律结构发达，有哪些特点？为什么分析性特点越强的语言歧义现象越多？等等。这些要靠多语种的语料比较才能看清。

我认为，发展我国的语言学有两个重点必须重视：一是单一语言的深入研究；要有深入的单一语言研究做基础；二是要做多语言的比较，从不同语言的比较、反观中深化认识。

文学院的多语平行语料库的建设是有意义的，大有可为的，希望能尽快成为我校的一张有影响力的"名片"，希望学校给予重视和支持。

谢谢！

"四结合"是发展我国语言研究的必由之路
——"第五届南方语言研究高端论坛"开幕式讲话
（2020年11月28日 湖南师范大学）

尊敬的唐贤清校长、各位领导、各位同仁：

第五届南方语言研究高端论坛（副词及相关虚词问题）在湖南师范大学隆重召开，我深表祝贺！

这次会议倡导把现代汉语、古代汉语、汉语方言、少数民族语言结合在一起研究，重视虚词的研究，我感到这是很有见地的，有较高的学术含量。

我认为，要深入地认识我国语言的特点，必须多角度、多方法地进行研究才有可能。因为语言是一个极为复杂的客体，其特征和演变是由多个因素或条件决定的。语言现象的形成，是多种因素映射的结果，既有不同时间层面的，也有不同空间层面的。所以，语言研究不能只停留在单一视角上，不能只就单一语言的客体论事，而应当密切联系与研究客体有关的不同语言、不同方言，以及联系制约语言特点、演变的诸如社会、文化等各种因素进行研究，才能加深对语言的认识。研究现代汉语的，不了解汉语的过去，就缺少源头的理念；研究汉藏语系语言，没有汉语（现代汉语、古代汉语）的知识背景，就不能科学地把握语言的真面貌，也不能挖掘出语言的深层特点；研究汉语的，如果不了解周围亲属语言的状况，有疑惑的问题就得不到回答。犹如医生看病，要问你的家族史一样。因为一个具体的语言不是孤立存在的，其特点和演变是与周围的语言、别的语言有关系的。特别是有亲属关系的语言，因为存在共同的"基因"，这个语言已消失的特点会在亲属语言里以不同的变体或不同的形式存在着，亲属语言能够提示共有的演变趋势，或不同的创新特点。所以说，亲属语言比较是认识语言规律的一个有效的、简便的方法。我国的汉藏语系语言多，就地取材方便，何乐而不为！

会议选择副词及相关虚词问题作为研讨主题，是有眼力的，有价值的。虚词是汉藏语系语言的一个重要特点，但过去的研究多偏重于句法和语法范畴的研究，对虚词的研究重视不够。对于分析性语言来说，由于缺少形态，虚词是组织语言结构、表示语义的一个重要的成分，对其作用怎么估计也不过分。近年来，学者们对虚词的研究不断升温，在汉语的助词、语气词、连词、副词的研究取得了许多耀眼的新成果，反映了语言学界对虚词重要性的认识不断提高。

我在汉藏语系语言的研究中逐渐认识到：虚词是分析性语言的重要特征，有大量的课题值得研究。比如，怎样使用分析性眼光来研究虚词；如何揭示虚词的功能；如何发现虚词的产生和演变的规律；怎样从亲属语言的词源关系发现语言亲缘关系的远近；虚词和形态的消长关系；对虚词的多功能性应如何认识；虚词在整个语言结构系统中的作用；虚词的演变规律有何特点；怎样构建虚词研究的方法论；等等。我国语言虚词的深入研究必将促进汉藏语系语言的研究。

湖南师范大学是语言学研究的重地，在现代汉语、汉语方言和古代汉语领域都有雄厚的力量。"四结合"，在湖南师大建设是有基础的。预祝湖南师大在语言学学科建设上更上一层楼！

在"中国民族语文应用研究中心"专家咨询会上的讲话

（2020年12月5日 北京语言大学）

各位领导、各位朋友：

进入新时代，我们面临着中华民族伟大复兴的新任务。社会发展了，任务重了，我国民族语文工作者面临着怎么做的新问题。怎样适应时代的新变化、新要求，做好民族语文工作，怎样使自己的本职工作为铸牢中华民族共同体意识服务，是我们必须考虑的问题。

中国民族语言应用研究中心顺应形势发展的需要，及时召开了专家咨询会，探讨新时代如何做好民族语文工作，值得称赞。我们作为中心的专家，将通过会议回顾、总结过去的历程，思考如何做好新时代的民族语文工作。

全国语言文字会议的精神，为我们民族语文工作者指明了新时代做好民族语文工作的方向，成为我们这次会议的指南。我们将认真学习、思考如何全面贯彻、落实全国语言文字会议的精神，如何使自己的本职工作有助于铸牢中华民族共同体意识。

新时代的民族语文工作有许多理论问题需要我们去思考。诸如：新时代民族语文的特点是什么，新时代民族语言演变的规律是什么，在铸牢中华民族共同体意识上民族语文领域能做哪些工作，二者的关系怎样认识，在全国通用语的推广普及上我们能做哪些工作，怎样从我国的历史中认识铸牢中华民族共同体意识的必要性和可能性，怎样确定新时代民族语文工作的任务，怎样认识民族语文在新时期的作用，处理好通用语与民族语言的关系，等等。

新理论，新问题，等待我们大家去探讨、去研究。我相信，在党中央的领导下，我们民族语文的应用工作一定会取得新的成绩，为中华民族伟大复兴做出我们应有的贡献。

谢谢大家！

在中央民族大学中国语言文学学部"《红楼梦》跨文化研讨会"上的讲话

（2020年12月6日 中央民族大学）

各位专家、各位朋友：

谢谢曹立波教授邀请我参加中央民族大学文学院召开的《红楼梦》跨文化研究研讨会，十分高兴，希望能通过会议学到一些跨文化、跨语言的知识。

我是做语言研究的，主要做少数民族语言研究，所以参加这个会只能在语言方面说几句感想，还不一定能说得到位。我今天讲的题目是"多元一体视角的《红楼梦》语言研究"，说说怎样从中华民族多元一体的视角来观察《红楼梦》的语言特点。

语言研究可以有不同的视角。但在我们这样一个造就形成的多民族统一国家，多元一体的视角应该是研究语言的一个重要视角。为什么？

我国从秦汉以来就是一个多民族统一的国家，不同的民族，不同的文化，不同的语言，都是在中华民族统一的基因制约下演变、发展的。所以，作为民族重要特征之一的语言，作为各民族重要交际工具的语言，也必然会在这一多元格局中受到多民族统一基因的制约。

《红楼梦》是我们中华民族共有的文学巨作，作者曹雪芹天才地把多民族长期创造的精神文化、语言资源凝聚在一起，创造出伟大的文学巨著，成为中华民族文化语言智慧的结晶。《红楼梦》的语言，折射了多元一体的特色，其内容是多方面的，需要我们深入去挖掘。我主要谈两点：

一、"你中有我，我中有你"的语言关系

在长期的历史发展过程中，我国各民族语言和谐相处，互相取长补短，形成"你中有我，我中有你"的多元结构。这种和谐的语言关系，保证了各种语言能够随着社会发展的需要不断丰富发展，适应人们正常交际的需要。不同语言互补的手段主要是词汇借用，还有增加音素、增加语法手段、丰富语体表达等。

《红楼梦》是用近代汉语创作的，是官话京腔的典范之作。但故事的舞台是在汉满多民族交融的地区，故事的角色也是多民族的，所以文学语言中除了汉语之外还有满语的成分。如"小厮、嬷嬷、妞妞"等。宁荣二府在北京，但有些人物来自江南，所以《红楼梦》在塑造人物时还使用了许多南方方言的词汇，如"事体、人客"等。

曹雪芹能把汉语不同方言融合在一起，巧妙地吸收了汉语以外的语言成分为作品所用，是了不起的语言巨匠。这反映了他在语言使用上具有顺应时代潮流的包容性。

二、语言演变的途径、方式的多元关联性

多民族国家的不同语言，特别是有亲缘关系的语言，在演变的规律上都存在一定的共性。这是不同语言相互关联统一性的反映。比如，汉藏语不同语言都存在双音节化的趋势，而且双音节化的特点还影响周围别的语系语言。

通过不同语言的比较，能够发现《红楼梦》语言与汉语方言、其他语言的密切关系，还能看到汉语近代的历史演变。《红楼梦》距今二百多年

了，属于近代汉语到现代汉语的过渡期。从语言类型上看，汉语及其亲属语言都属于分析性语言，处于由弱分析性向强分析性的方向发展，这一"演变链"，通过《红楼梦》的语言特点与现代汉语的比较就能看到。比如在音节的变化上，通过《红楼梦》语言与现代汉语比较，能够发现《红楼梦》里有一些单音节词和双音节词并用，如嘲（嘲笑），有的单音节词到了现代汉语已多用双音节。如：提（提起、提醒）、解（理解）。还有，《红楼梦》一些双音节词素结合，是单音节性的特性在起作用，如：孤独（不孤不独）、伶俐（千伶百俐）。有些双音节词的组合带有当时的社会文化特点，与现代汉语不同。如：赃银（赃款）、名帖（名片）、阅者（读者）、字法（书法）、话言（话语）。这是双音节词后起不稳定的表现。

从汉语与亲属语言的比较中，能够发现双音节化在其他亲属语言里也存在，而且带有普遍性。诸如藏语、缅语、彝语、傈僳语、苗语、傣语等都存在双音节化倾向，而且双音节化的比例还很高。这是分析型的汉藏语系语言的共性。以单音节词为主的分析性语言之所以出现双音节化，是词汇量扩大的需要，是双音节韵律的要求。

我国从秦汉以来就是一个多民族统一的国家，不同的民族，不同的文化，不同的语言，都在统一的基因制约下演变、发展。作为民族重要特征之一的语言，作为各民族重要交际工具的语言，都必然要受到多民族统一基因的制约。在长期的历史发展过程中，各民族语言和谐相处，互相取长补短，形成"你中有我，我中有你"的和谐状态。这种和谐的语言关系，保证了不同语言的正常运转。

如何从多元一体的视角研究《红楼梦》语言，乃至研究我国语言的关系，是我国的语言研究必须深入做的。《红楼梦》的语言研究，今后必将随着《红楼梦》整体研究的深入而有新的发展。

参考文献

[1] 胡文彬：《〈红楼梦〉的方言构成及其演变——兼谈〈红楼梦〉方

言研究与校勘中两种值得思考的倾向》,《辽东学院学报(社会科学版)》2009年第2期。

[2]李蓓:《〈红楼梦〉语言学研究综述》,《红楼梦学刊》2011年第4期。

[3]王绍新:《〈红楼梦〉词汇与现代汉语词汇的词形异同研究》,《中国语文》2001年第2期。

境外跨境语言[①]描写研究的几个问题
——对中央民族大学语言学研究生的讲话
（2021年3月21日 中央民族大学）

我国的描写语言学，近期在本土语言描写研究不断深入和逐渐扩大的同时，开始注目境外跨境语言的描写研究，取得了一些新成果。这是我国语言学发展的必然趋势。近10年来，我赴泰国、老挝、缅甸、哈萨克斯坦四国调查了阿卡语、拉祜语、优勉语、普内语、维吾尔语等语言，下面是我工作中的一些体会。

一、在实践中认识境外跨境语言描写研究的重要价值

通过研究实践，我对境外跨境语言描写研究的重要价值有了一定的认识，认识到它的语言学和社会学的价值。我国30多种跨境语言。跨境语言是我国语言的一大特色，是我国语言研究的一部分内容，还是我国当今现代化进程中不能不做的工作。其重要价值体现在以下几方面。

（一）境外跨境语言的研究能够丰富我国的语言学理论建设

跨境语言研究是语言研究的一个新角度，它是研究因语言国界阻隔而引起的语言变异。这不同于因地区不同而出现的方言差异，也不同于因年

[①] "**跨境语言**"是指分布在不同国境（主要是相接壤的国家）中的同一语言。下同。

龄、性别不同而引起的语言差异。过去由于对跨境语言缺乏研究，所以对其价值和重要性也认识不足。它的理论价值主要是：

1. 有助于认识跨境因素对语言的影响。

语言接触因跨界而不同。如：中国的傣仂语受汉语影响较大，而老挝的傣仂语受老挝语影响较大。影响语言的不同，导致词汇系统、语法构造出现了差异。

又如，老挝普内语数量词修饰名词有两种语序，一是数量词在名词后，一是在前。在后的是藏缅语原来的语序，在前的是受老挝语影响的语序。如：

xja^{33}sum^{31}m$\tilde{o}^{35}$=sum^{31}m$\tilde{o}^{35}$xja^{33}　　三只鸡

鸡　三　只　　三　只　鸡

2. 有助于认识语言的历史演变。

由于国界的阻隔，两地语言的演变会出现不平衡，出现不同的特点。这对语言历史演变的研究能够得到新的认识。

例一：克木语声调的产生及演变因跨界而不同。克木语原是没有声调的语言，但后来由于形态大量脱落，向单音节性演化，开始产生声调，但不同语言的演化情况不同，还因跨界而不同。如：我国曼蚌索村克木语尚未产生声调，但已出现声调萌芽，每个音节都已有固定的音高。但老挝琅南塔普丁村的克木语，固定音高已进一步发展为55、53、33三个固定的调。通过比较，能够认识克木语声调产生和演变的规律。

例二：中缅景颇语句尾词的特点存在不同的特点。景颇语有丰富的句尾词，约有360多个。它表示主语的人称、数、体、貌、方向等语法意义，具有重大的语法功能，但已出现衰退趋势。相比之下，缅甸的景颇语变得更快，已不太区分人称、数、方向。变化快慢，有其语言内部和外部的原因。两相对比，有助于认识景颇语句尾词衰退的趋势及其规律。

（二）境外跨境语言的研究有助于认识国家制度对语言功能的制约

语言功能因跨境而不同。认识跨境语言功能的异同，并挖掘其成因，是跨境语言研究的不可缺少的内容。

中国是社会主义国家,对待民族问题的基本原则是坚持民族平等、语言平等,任何对民族及其语言的歧视都是非法的、不允许的。各民族都享有使用自己语言文字的自由,有着使用自己语言文字的自豪感。但在相邻的缅甸少数民族语言则得不到应有的使用和发展。两相比较,能够看到中缅景颇语在所在国的社会地位存在差异,而这种差异必然也会对各自的语言产生不同的影响。

二、研究状况的历史回顾

境外跨境语言的研究,总的看来发展不平衡。一般地说,北部跨境语言的描写研究比南方强一些。南部跨境民族本国语言学家都比较少,出版的描写性著作很少,特别是对本国内国语以外的小语种描写研究的成果更少。

长期以来,我国由于各种原因对境外跨境语言的研究相对较弱。直至改革开放之前,我国对境外跨境语言的情况所知甚少。这种状况,影响了我们与周边国家的交流、合作,也不利于我国语言学、民族学的发展。国外从跨境角度对我国跨境语言进行研究的也不多,准确性高、可资参考的成果极少。至于跨境国家,多数国家缺少本国语言学家对本土语言进行研究,所以也缺少研究成果。

以老挝为例。老挝也是一个多民族、多语言的国家。语言种类有49种,与民族数目一致。这些语言系属于汉藏语系、南亚语系两大类。南亚语系有32种,汉藏语系有17种,但就使用人口的数量来看,使用汉藏语系的人口多于南亚语系。有一些民族如傣、傣泐(傣)、阿卡(哈尼)、克木、苗等中老两国都有,但两国划分民族的标准不完全相同,有的民族在中国是一个民族,而在老挝则分成几个不同的民族,如中国的傣族内部包括黑傣、红傣、傣泐等,老挝则分成不同的民族。我国对老挝的民族及语言的情况一直很不清楚,这次去老挝调查之前,连有多少民族、多少语言都不清楚。我们在做《老挝的民族及语言》一书时,找到可参考的资料不多。49种语言中,多数语言未有系统的成果可供使用。我们今年完稿的《老挝普内语》一书,是第一部系统描写普内语的专著。

又如缅甸。缅甸也是一个多民族、多语言的国家,民族、语言情况十分复杂。对缅甸的民族和语言,曾有多种不同的说法。1931年英国殖民者曾以语言为标准,认为缅甸有13个族群,135个民族(或支系)。1960年缅甸学者鸣乃提出缅甸有42个民族。但20世纪80年代以来,缅甸官方文件则用135个民族。至于缅甸有多少种语言,更没有一个能被多数人接受的说法。缅甸众多、复杂的语言状况,受到国际语言学家的注目,但至今尚未弄清缅甸语言的基本情况。

三、描写研究的主要内容有哪些

境外跨境语言的描写研究,其目的主要是丰富发展我国的语言学和有利于与邻国的对外交流合作,特别是有助于"一带一路"方针的实施。围绕此目的,根据我们做过的五个个案点的经验,认为主要的内容应有以下一些:

(一)描写记录单一语言本体的特点

1. 记录能够满足整理音系和进行词汇研究的5000个至8000个的词汇。

这些词汇应是表示各种意义的词,如天文地理、人物称谓、动物植物、文化宗教、宗教习惯、动作行为、性质状态、数量词以及各类虚词。要注意,所收录的词必须包括该民族常用的基本词汇,还要有一定数量的新词术语,能依靠这些词整理出音系和构词法。记音和注义要求准确。

2. 记录能够满足整理出基本语法规则的200个句子。

句型应能覆盖各种句型,如叙述句、命令句、祈使句、疑问句,单句和复句,被动句、差比句、连动句,还有表示各种语法范畴如使动范畴、体貌范畴、方向范畴等语法范畴的句子。每个句子要逐词注义，包括词汇意义和语法意义。词缀的注义要另加符号表示。还要有句译。

3.记录五篇长短不等、体裁不同的话语材料。

如传说、故事、诗歌、谚语等。同样要有逐词注义和句译。句子和话语材料的注释，要求不懂这个语言的人都能看懂。

4.记录文字使用状况。

文字的类型、性质、历史，以及群众掌握文字的情况。如果是老文字，要进一步研究文字承载文献的情况。

（二）描写分析语言的使用特点

包括：1.母语活力、不同年龄段、不同场合的水平；成因是什么。2.兼语状况，不同年龄段的水平；成因是什么。3.语言关系怎样。国语和少数民族语言的关系；少数民族语言间的关系。4.还要对文字的功能进行总的评估。

（三）分析跨境两侧语言的关系

语言关系受社会制度、民族关系的制约，存在不同的类型。包括：1.共性有哪些。2.差异是什么。3.两侧语言的接触关系有哪些。4,两侧语言的互补和竞争有什么表现。5.两国语言政策比较。6.语言关系属于什么类型。

（四）描写分析社会人文特点

要认识好语言，必须联系其社会。在调查中必须调查相邻国家的社会、人文特点。包括：1.国家总人口及民族的人口分布。2.族称（族称和他称）及支系划分。3.经济形态（主要经营、经济收入）。4.文化教育特点。5.宗教及习俗。6.婚姻关系。7.国家政体。8.交通。9.边境特点。10.地图。

四、要重视做好的几件事

境外语言描写研究的特点与境内不同,难度大。通过这几年的实践,我认为有以下几件事要重视做好。

（一）做好选点工作

不同国家的跨境语言有不同的类型；类型不同做法不完全相同。就两侧语言的差异来分,有差异小和差异大两种不同的类型。差异小的能通话,如中缅景颇语、中缅拉祜语等；差异大的不能通话,如中国的哈尼语和泰国的阿卡语。若以人口区分,一种是境外比境内的多,如老挝的克木族比中国的克木人的人口多得多。若以语言接触来分,有接触多和接触少的不同类型。分离的时间有长短不同。要根据需要确定调查点。

（二）描写研究内容应顾及本体和功能两方面

对境外语言的研究,应是全方位的,即既要认识其语言本体特点,又要认识其语言使用功能,还要认识二者的关系,即语言本体与语言使用的互动关系。许多语言学家研究语言,不太重视对语言使用功能的研究,这是片面的。

（三）境外跨境语言的描写研究必须落脚到与境内语言的比较上

跨境语言研究要为我国的语言研究、做好语文工作服务,所以调查中必须密切注意与境内语言的比较,从中发现异同和借鉴。

（四）摸索建立具有中国特色的境外跨境语言描写研究的描写语言学

境外跨境语言描写研究是中国描写语言学的一部分,也是中国语文工作的一部分。做好这项工作有其重要的理论意义和应用价值。必须立足我国语言实际,摸索建立具有中国特色的跨境语言调查研究理论与方法。

通过多次到境外调查跨境语言,我们遇到了许多在国内没有遇到的困难,如语言不通、缺少翻译、缺少有力向导、查找资料难度大等。由此,我深深感到要尽快培养一批擅长做境外跨境语言研究的专家,以支持这一学科的发展。

境外跨境语言描写研究作为新时代我国语言研究的一项任务大有可为，我相信这一事业将不断会有新的发展。

参考文献

[1]戴庆厦：《跨境语言研究的历史和现状》，载苏金智、卞成林《跨境语言与社会生活》，北京：商务印书馆，2015年。

[2]戴庆厦主编：《跨境语言研究》，北京：中央民族大学出版社，1993年。

少数民族语文现代化当前的形势和发展

——"中国语文现代化学会民族语文现代化专委会成立仪式"讲话

（2021年6月4日 北京）

各位老师、各位专家：

大家上午好！

很高兴受邀参加中国语文现代化学会民族语文现代化专委会成立仪式。我今天想讲的题目是少数民族语文现代化当前的形势和发展。

我国是以汉民族为主体、多民族和谐统一的国家。占全国总人口8.41%的55个少数民族在发展过程中创造了丰富多彩的民族语言和文化。随着社会生活的不断进步，民族语文现代化进程也在同步进行，因而如何在国家通用语言文字发挥主导作用的前提下，科学保护民族语言文字、妥善处理好国家通用语言文字与民族语言文字的关系，以及促进民族语言文字在新时代大潮中不断丰富和发展，均是摆在我们面前需要研究的重大课题。

从20世纪50年代至今，我国语文现代化工作已走过60年，在语言共同化、文体口语化、文字简便化、表音字母化、信息处理电脑化以及术语国际化等方面取得了长足的进步。在民族语文方面，党和国家给予了同步重视。2007年颁布的《国家语言文字工作"十一五"规划》提出"将语言作为一种国家资源加以保护和利用",标志着语言资源观的全面确立和语言保护任务的正式提出。2008年,国家语委成立了"国家语言资源监测与研究少数民族语言中心",中心由教育部语信司、国家民委教科司、中央民族大学共建,其主要任务包括民族语言资源收集处理、民族语言资源动态监测、民族语言网络舆情分析、双语教育研究、民族语言文字信息处理与规范标准建设等,全面服务于国家语言文字事业的改革与发展。2011年,党的十七届六中全会首次在中央全会文件中对语言文字工作提出"大力推广和规范使用国家通用语言文字,科学保护各民族语言文字"的要求,为语言保护进一步确立了政策依据。2015年,国家语委实施"中国语言资源保护工程",在全国范围内开展以语言资源调查、保存、展示和开发利用等为核心的各项工作,同时覆盖全国130多种少数民族语言。此外,国家还大力推动民族语文在翻译、广播、影视、新闻、出版等领域的广泛应用,鼓励民族间互相学习语言文字,全国已有少数民族文字出版的报纸近百种,各类期刊两百余种,民族语文的社会功能得到了一定程度的发展和扩大。在人才培养方面,通过各高校民族语言文字学科的设立和民族语言研究所的工作,培育了由汉族和少数民族共同组成的各民族语言文字专家队伍。

纵观我国民族语文现代化发展历程,有几个特点值得总结。

一是重视民族语文保护与传承,通过大规模民族语言资源调查、语言资源库构建、民族文字创制及改进等工作,有效挖掘、整理、保护了一批濒危民族语言文字,传承并发扬了各民族优秀语言文化传统,为保持文化多样性,坚定民族文化自信夯实了基础。

二是注重语言和谐构建,一方面坚持国家通用语言的主体地位,推广国家通用语言在民族地区的使用,促进能够掌握民汉双语的少数民族人群不断增加;另一方面积极推进民族教育发展,增加民族语言公共服务,各民族语言百花齐放。

三是民族语言文字信息化进程不断加快,陆续推出蒙古文、藏文、维吾尔文、哈萨克文、朝鲜文、彝文、壮文、柯尔克孜文和锡伯文等文字处理系统，开发了一批民族文字排版系统和自动化办公系统，推进民族古籍文献信息化工程，建设并完善众多民族语言文字语料库，有效推动了新时代背景下民族语文的发展与现代化。

但在民族语文现代化进程中，我们仍旧能看到发展存在的不平衡、不充分问题。受限于认识水平、经济基础、人才质量等条件，各民族间语文现代化程度不一；伴随技术和社会生活的不断发展，对民族语文现代化的需求也在不断变化；民族语言、汉语研究者间的沟通交流，以及语言学与其他相关学科间的沟通交流不够理想；人才培养，特别是跨学科人才培养还不能完全适应学科发展需要；科研成果尚未进行有效转化，国家智库服务能力未能完全体现。

在民族语文现代化的未来发展中，我认为以下几方面是应着重予以考虑的。

首先，必须从各民族实际情况出发，提高社会对民族语文现代化的认识和理解，促进各民族共同繁荣进步。

其次，要不断加强相关领域基础理论和应用研究，围绕国家"一带一路"倡议，提出长期研究方向及研究规划，组织社会各界力量有计划、有目的地进行重点理论及技术攻关。重视研究成果向咨政建议的转化，为国家建设新型智库提供服务与支持。

此外，应特别重视跨部门、跨学科、跨语言、跨领域的科研协作交流，支持自然语言处理和人工智能领域基础技术及应用的研发，加强在信息技术革命时代背景下的民族语言监测及舆情分析，努力走在世界语言智能发展前列，维护国家语言安全。

最后，大力开展学科建设，积极培育适应时代发展和学科需要的人才。打破学科设置壁垒，培养多语言、多学科背景人才；积极开展各民族学者及国内外学者间的学术交流活动；重视中、青年人才的选拔、培养。

各位老师、各位专家，民族语文现代化是深入学习贯彻习近平总书记重要论述和全国语言文字会议精神的要求；是保护开发各民族语言文化资源，提升国家文化软实力的重要保障；是增进文化认同，铸牢中华民族共同体意识的有效途径。民族语文现代化专委会的成立是我国民族语文现代化工作成就的标志，也是开启新时代民族语文现代化工作的契机。希望民族语文现代化工作今后能够扬帆破浪，再创辉煌！

谢谢大家！

在《语言文字应用》2021年编务工作会议上的讲话

（2021年10月21日 北京）

各位领导、各位同行：

我是《语言文字应用》的忠实读者和老作者。长期以来，我从《语言文字应用》刊物中汲取了无数的营养，帮助我做好语言的教学和研究。深深感到《语言文字应用》办得好，是一个好刊物。

语言文字的功能主要是应用。但如何使语言文字更好地实现应用的目的，则需要根据国家的需求，科学地认识语言文字应用中存在的理论和实践问题。

我国是一个多语种、多文种的国家，语言文字状况十分复杂。进入新时代，如何遵照以习近平同志为核心的党中央的方针、政策做好语言文字工作，是我们语言文字工作者首先必须思考的大问题。我认为，当前我们语文工作者有三大工作需要做：

一、认真学习、领会、贯彻、宣传党中央关于语言文字的指示精神，切实做好推普和少数民族学习国家通用语的工作，使语言文字的应用有助于中华民族伟大复兴、有利于铸牢中华民族共同体意识。

二、进一步摸清我国语言文字使用的国情，科学地掌握语言文字应用中出现的问题，切实根据不同地区的实际，有针对性地制订解决问题的方案。还必须调查、研究历史上的语言文字应用特点和演变规律，研究历史上各民族互相学习语言文字以及少数民族学习、使用汉语文的事实和经验；以史为鉴，精准认识如何顺应历史的演变规律做好新时期的语言文字工作。

三、研究如何更好地帮助少数民族学习、掌握通用语。研究如何做好不同民族学习通用语，如何针对难点进行教学，如何处理好学习通用语和母语的关系，扎扎实实地提高教学质量。

语言文字工作大有可为。我们相信，进入新时代语言文字应用研究必将有更大的发展！

从语言上论述中华民族共同体的认同
——"国家语言文字推广与中华民族共同体建设国际高端论坛暨闽南师范大学国家语言文字推广基地揭牌仪式"讲话

（2021年12月19日 闽南师范大学）

我国是一个多民族统一的国家，历史上早已形成一个统一的民族共同体。这个共同体在长期的历史发展中，在政治、经济、文化、语言等各方面都会有共同体特征的反映。历史是现实的镜子，以史为鉴，我们可以从历史和现实的史实对照中，来加深认识中华民族共同体认同的必然性和重要性。这里，我主要从我国少数民族语言中存在的中华民族共同体认同的元素，论述中华民族共同体的形成的必然性和重要性，并进而论述它是中国历史演变不可违背的必然趋势。

史料证明，我国自商周以来就是一个多民族国家。不同的民族由于生存和发展的需要，都要紧密地相互依靠、共同发展。汉族人口最多，分布最广，成为中国的主体民族，而其他55个民族习惯称"少数民族"。不同民族分别使用130多种语言，分属汉藏语系、阿尔泰语系、南亚语系、南岛语系、印欧语系等五大语系。其中，属于汉藏语系的语言最多，使用的人口也最多，分布最广。长期以来，各民族相互交往，互通有无，"你中有我，我中有你"，共同经历了历史的风风雨雨，结成了一个中华民族共同体屹立在世界的东方。中华民族共同体的基因，早已出现在各民族的经济基础和上层建筑的方方面面。

我们认识中华民族共同体的实质和特点，必须从共时、历时的不同层面去认识，除了分析其显性特点外，还要发掘其隐性特点。语言是民族的重要特征之一，又是民族文化的载体，中华民族共同体的"基因"必然会在语言里闪闪保留。我们有必要从博大精深的语言里窥见各种基因，为中华民族共同体的认同助力。

在长期的历史发展进程中，我国不同民族总是相互从对方的语言里吸取成分来丰富自己，特别是每个少数民族语言都不同程度地从汉语里吸收自己所需要的成分。如：《后汉书·西南夷列传》中的《白狼歌》，记载了一段属于藏缅语族白狼语的一首朝廷颂歌，其中就含有许多汉语借词，如"译、圣、德、危、险、万、荒、服、之、传、怀、匹、臣、仆"等。我国各少数民族语言，不论人口是多是少都以汉语作为自己丰富发展吸取养料的对象，有些语言的汉语借词已超过常用词的二分之一，如白语、土家语等。朝鲜语里汉字词至少在50%以上。汉语借词在一些语言里已进入深层，以致分不清是借词还是同源词，如壮语、傣语等。还有的语言如哈尼语，连亲属称谓"爸爸、哥哥、姐姐、孃孃、舅舅"等核心词都借入到自己语言的核心系统。

除了语言成分的借用外，语言兼用也是中华民族共同体认同的一个重要表现。它对中华民族共同体的形成有着重要的作用。我国少数民族兼用汉语的现象早已有之。魏晋以来，进入中原地区的匈奴、氐、羌等民族，由于实际生活的需要，有不少人学会了汉语。《三国志·魏志·东夷考》记载："氐族俗成织布，善田种，蓄养豕、牛、马……多识中国语，由中国杂居也。"一些与汉族接触密切的民族如壮、白、土家等民族，历史上早就有一些熟练掌握汉语文的双语人。但多数民族地区特别是边疆少数民族地区，其双语的兴起和发展主要在中华人民共和国建立后的70年。我目睹了民族地区双语的巨大变化。

20世纪50年代的1953年，我到云南德宏边疆的景颇山实习，那时景颇村寨很少能见到懂汉语的景颇人，连问路都困难，不靠翻译根本办不了事。2001年，我陪同香港中文大学的教师和研究生重返48年前我生活过的景颇寨——陇川弄焕寨，真没想到这里许多景颇人都能使用汉语与我们交谈，调查访问很顺利。又如，1956年我参加中国科学院少数民族语言调查工作队时，为创制哈尼文曾到过红河州的一些哈尼山寨，还在绿春县坡头寨生活了三个月，同哈尼同胞"同吃、同住、同劳动"。但那时会说汉语的极少。我因为做哈尼文创制工作，会说一些哈尼语，否则在村寨连饭都找不到吃，无法生活下去。但进入21世纪，这些地区兼用国家通用语的状况发生了空前未有的大变化。2011年7月，我带了"云南绿春县哈尼族语言使用现状及其演变"调查组重返绿春县调查，没想到时过50年，这一地区的语言使用发生了意想不到的变化。坡头寨的哈尼人，不但全民保持使用哈尼语，大多数人都能兼用汉语。我们调查了1115位村民，其中熟练掌握汉语的有929人，占83.32%，能听懂汉语的有121人，占10.85%，不懂汉语的只有65人，占5.83%。这些巨大变化，是中华民族共同体的认同感在起作用。

我国从先秦起就有了建立全民族共同使用的标准语的需求，出现了"雅语"这一新概念，我们的祖先从各方面为普及"雅言"做了不懈努力。《论语》记载有"子所雅言，《诗》《书》、执礼，皆雅言也。"汉代杨雄所著《輶轩使者绝代语释别国方言》用了"通语"。"雅言""通语"反映了汉语不同方言区的人们对汉民族共同标准语的认同，还受到各民族的认同。

汉字在中华民族共同体形成的过程中起了重要的、不可替代的作用。汉字是世界上历史最悠久、使用最广的文字之一。汉字是在汉语的基础上创造的，是汉族文化的载体，但后来逐渐扩大到其他民族和邻国中去，成为他们仿照创制本族文字的汉字式文字，如契丹大字、契丹小字、西夏文、方块壮字、瑶字、水书、白文、布依字、哈尼字、傈僳字、朝鲜谚文、喃字等。汉字的力量来自文化、人口的力量，还有汉字本身的适应力。在长期的历史发展过程中，汉字不仅记载了汉族悠久的历史文化，而且还不同程度地聚集了各民族的文化。成为中华民族文化的载体，很自然成为没有文字的少数民族创制本族文字的仿体。这不仅是汉字、汉文化的力量所致，还有中华民族共同体的吸引力。

在我国少数民族语言的口头文献和口传史诗中，也都留有反映中华民族共同体的元素。如在开天辟地史诗中记载着关于各民族同舟共济、共渡难关的事迹；在谚语、故事中都有"各民族谁也离不开谁"的内容。

中华民族共同体的形成有其客观必然性，有其社会、经济、文化、语言演变和需要的必然性。在中华民族共同体的建设中，必须从我国历史发展进程的客观事实中，科学认识其必然性。

我是福建闽南人，生在厦门，祖籍是仙游，会说莆仙话。我小的时候就自然而然地学习、使用普通话，老师上课也用带着浓重闽南口音的普通话给我们上课。但那时觉得是理所当然的。我的母语里，文白对立的系统强烈，如"人"一词，白读是 $naŋ^{35}$，文读是 $tɕin^{35}$，"你"一词，白读是 ty^{33}，文读是 ni^{33}。文读靠拢北方官话。文白异读的系统是多元一体的关系，反映了地方方言向标准语的靠拢。我们还能从莆仙戏的唱词里看到同样的反映。总之，闽南话虽然与北方官话差异大，但人们都存有向北方官话靠拢的愿望。

祝会议成功！

在"铸牢中华民族共同体意识的创新性实践——中国少数民族语言文学学院'混合式'改革的成就与经验座谈会"上的讲话

（2021年12月31日 中央民族大学）

各位领导、各位老师：

非常感谢张书记等校领导关心我们学院的建设。我长期在民族语文学院工作，对学院有很深的感情。虽然已经退休了，但还想为学院的发展尽力。我衷心希望学院越办越好。我谈以下几点：

一、学院这些年的工作取得了很大的成绩

我们学院的前身是"语文系"，是经当时的政务院会议讨论通过后建立的。说明中央对我们这个专业的重视。经过大家长期的艰苦努力，我们有了本科、硕士点、博士点、博士后流动站，还成为北京市、国家的重点学科，不仅是学校的前沿学科，还在全国的同类学科中处于前沿地位。该有的都有了。这个地位值得我们大家共同珍惜。

这些年来，学院在教学、科研、育人等各方面都做出了突出的成绩。学院开展的"混合式"改革，是成功的，有意义的。

二、对今后工作的几点建议

1. 力争成为中央在民族语文方针、政策方面的好参谋

我们学院自1951年建立后，就一直按中央的大局部署做好民族语文方面的工作。如：参加全国少数民族语言的大调查，为国家掌握我国民族语言状况提供依据；投入大批人力开展新时期语言国情调查，为国家开展新时期民族语文工作提供新信息；近年来还为国家的语保工程尽力献策；中华人民共和国成立初期起就为国家培养了大批各语种的专门人才，成为从中央到地方各级语文机构、文学机构的骨干。

进入新时期，我们民族语言的特点、演变有了新的变化，我们应当进行新的探索，做好中央的参谋。

2. 加强学科的基础研究

学科的建设，必须重视基础研究。有了好的、扎实的基础研究，就能持续发展，就能以不变应万变，就有了力挺前沿的基础。

目前，我们学院的基础研究还需要充实。比如，对新时期民族语言状况的掌握，我们虽然通过"985"工程出版了20多部著作，但还有不少语言还不了解。又如，如何从语言上认识中华民族共同体的认同，我们还说得不充分，应该立个大项目广泛深入开展"从语言上论中华民族共同体的认同"的研究。

3. 建议学院与研究院合并统一管理

长期以来，学院与研究所或研究院是分还是合反复了多少次。我在任的体会是合在一起较好，有利于学科建设，有利于教学，还有利于精兵简政。这几年分开了，也出现了一些问题，比如排课、学科建设等。至于学院下面怎么分，怎么挂牌，还可进一步研究。

4. 提高我们学科在社会上的地位

过去我们学科在社会上处于领先地位，也就是"老大"的地位，但现在已下滑了。许多单位都在开辟或加强这一学科的建设，力争在社会上露面，组织了大型会议，拿到大项目。而我们则默默无闻。一些朋友对我说："你们落后了"。我听了很不是滋味！

5. 必须拿几个大项目

我们过去多次有过开辟民族语言研究的例子，如语言关系研究、濒危语言调查研究、跨境语言调查研究、语言国情调查研究、参考语法研究等，我们都走在前面，在社会上，反响很大。目前，应根据新时代的需要，以及我们的条件，认真组织几个大项目。

6.汉藏语研究是我们学院的优势，过去凭借这个优势，建立了各类学科点。但目前，随着老教师的退休，许多专业已成空缺，应采取特殊政策，补充新的人才。

我主要就谈这些。因为我是做语言方面的，谈语言多些。不对的地方请大家指正。

谢谢！

在"语言学专业培养方案专家论证"上的讲话

（2022年3月16日 北京语言大学）

我们中央民族大学在1994年就建立了语言学系，办了五年，培养了一些人才。后来由于种种难言的原因，与其他专业合并了。但这段历史，我还记忆犹新，对在我国如何培养语言学专业的人才是值得回忆的。

当时为什么要建立语言学系呢？主要有以下几个因素：一是语言学专业的重要性。这一点大家比我还清楚，我不多说。二是我们学校语言多，对发展语言学有较好的条件。三是老一辈语言学家如傅懋勣、马学良、朱德熙等都希望我们学校能建立语言学专业。朱先生还说过："你们语言那么多，建立语言学系条件好。"

语言学系建立后，我们主要强调三点：一是要加强语言学理论的教学（包括传统语言学、现代语言学、语言学各流派的教学）；二是要立足于我国本土语言，探索建立在我国本土语言基础上的语言学理论、方法；三是强调培养有实际研究能力的语言学家，毕业的学生对语言要有调查、分析的能力。这五年里培养了一批人才。

进入新时代，由于新科技、信息化、人工智能的大发展，对语言学的建设和发展有了更多、更新、更高的要求，需要我们去探索。但以史为鉴，以前的经验还值得参考。

加强研究各民族语言中长期形成的中华民族共同体意识

——"中国民族语言应用第二届高峰论坛"讲话

（2022年4月9日 中国社科院民族所）

我今天发言的题目是"加强研究各族语言中长期形成的中华民族共同体意识"。

新时代的民族语文工作，必须有助于铸牢中华民族共同体意识，这是毫无疑问的。我们民族语文工作者应当做出自己的贡献。要做的事很多，其中有个工作需要重点做，就是要研究我国历史上各民族语言中形成的有关中华民族共同体意识。这是一份宝贵的遗产，对于我国的语言研究，对于加强中华民族共同体意识，以及深入认识我国各民族的语言关系，都是有重要价值的。

我国自秦汉起就已形成统一的多民族国家。在长期的历史发展过程中，各民族为了生存、发展，需要不同民族的同舟共济，互相帮助互相补足。这种多元一体的历史发展，必然影响各民族的文化、心理语言，经过长期的历史演变，铸成各民族特点的"基因"。下面举四个例子：

1. 从历史文献中能够查到，早在《后汉书》中就有互通语言、少数民族语言中吸收汉语的记载。《后汉书·西南夷列传》记载：白狼王、唐菆等慕化归义，作诗三章，成为流传至今的《白狼歌》。诗中反映了白狼语

（一种藏缅语族语言）已吸收了许多汉语借词，如"圣、德、臣、仆"等。

2. 历史文献中有许多关于通用语的记载。魏晋以来进入中原的匈奴、氐、巴、羌等古代民族，为了要与别的民族交流，不少人学会了汉语。《三国志·魏志》中就有"多知中国语，由中国杂居也"。金代史籍记载，辽代契丹境内不同民族由于语言多，交际困难，"则各以汉语为证，方能辨之。"

3. 景颇族有个家喻户晓的传说，说他们的祖先来自中国北部的Majoi Shingra Bum "木椎星拉山"，有的认为这座山在喜马拉雅山附近。老人死后送魂的路线是北上，一直送到Majoi Shingra Bum "木椎星拉山"。景颇族知识分子朵示拥汤先生写了一篇《景颇族的根在中国》的论文，2014年2月20日至23日在"景颇族国际学术研讨会"上宣读，得到国内外景颇族知识分子的赞同。景颇族当唱起家喻户晓的《团结之歌》歌曲时，都会热泪盈眶。

4.《红楼梦》是我们中华民族共有的文学巨作，作者曹雪芹天才地把多民族长期创造的精神文化、语言资源凝聚在一起，创造出伟大的文学巨著，成为中华民族文化语言智慧的结晶。《红楼梦》的语言，折射了多元一体"你中有我，我中有你"的语言关系。

《红楼梦》是用近代汉语创作的，是官话京腔的的典范之作。但故事的舞台是在汉满多民族交融的地区，故事的角色也是多民族的，所以文学语言中除了汉语之外还有满语的成分。如"小厮、嬷嬷、妞妞"等。宁荣二府在北京，但有些人物来自江南，所以《红楼梦》在塑造人物时还使用了许多南方方言的词汇，如"事体、人客"等。曹雪芹能把汉语不同方言融合在一起，巧妙地吸收了汉语以外的语言成分为作品所用，是了不起的语言巨匠。这反映了他在语言使用上具有顺应时代潮流的多元的包容性。

通过不同语言的比较，我们还能够发现《红楼梦》语言与汉语方言、其他语言的密切关系，还能看到汉语近代的历史演变。《红楼梦》距今二百多年了，属于近代汉语到现代汉语的过渡期。从语言类型上看，汉语及其亲属语言都属于分析型语言,处于由弱分析型向强分析型的方向发展,这一"演变链",通过《红楼梦》的语言特点与现代汉语的比较就能看到。比如在音节的变化上,通过《红楼梦》语言与现代汉语比较,能够发现《红楼梦》里的一些单音节词和双音节词并用,如嘲(嘲笑),有的单音节词到了现代汉语已多用双音节。如:提(提起、提醒)、解(理解)。还有,《红楼梦》一些双音节词素结合,是单音节性的特性在起作用,如:孤独(不孤不独)、伶俐(千伶百俐)。有些双音节词的组合带有当时的社会文化特点,与现代汉语不同。如:赃银(赃款)、名帖(名片)、阅者(读者)、字法(书法)、话言(话语)。这是双音节词后起不稳定的表现。

从汉语与亲属语言的比较中,能够发现双音节化在其他亲属语言里也存在,而且带有普遍性。诸如藏语、缅语、彝语、傈僳语、苗语、傣语等都存在双音节化倾向,而且双音节化的比例还很高。这是分析型的汉藏语系语言的共性。以单音节词为主的分析型语言之所以出现双音节化,是词汇量扩大的需要,是双音节韵律的要求。

我国从秦汉以来就是一个多民族统一的国家,不同的民族,不同的文化,不同的语言,都在统一的基因制约下演变、发展。作为民族重要特征之一的语言,作为各民族重要交际工具的语言,都必然要受到多民族统一基因的制约。这种和谐的语言关系,保证了不同语言的正常运转。

总之,语言研究必须为铸牢中华民族共同体意识服务。

在"湖南及周边省区虚词时空立体研究及数据库建设"开题会议上的讲话

（2022年8月13日 湖南师范大学）

各位领导、各位专家：

有幸参加由唐贤清教授主持的国家社科重大项目"湖南及周边省区汉语虚词时空立体研究及数据库建设"开题会议，十分高兴。这是一次学术盛会，也是我绝好的一次学习机会。谈三个问题。

一、这一重大项目有价值、有新意

为什么这么说呢？谈三点认识。

1.虚词是汉语乃至汉藏语的一个牵制语言整体结构的关键词类，也是语言类型演变的一个重要标志，对其重要性的认识怎么估计也不会过分。近期，随着汉藏语共时描写研究和亲属语言比较研究的不断深入，学者们对其重要性不断有了新的认识。这是顺潮流的认识提升。

汉语属于汉藏语。这一语系在语言类型上属于形态不发达的分析型语言。其类型特点主要有：单音节性、缺少形态、虚词丰富、语序固定、富于韵律等。虚词的丰富性、多变性、多功能性，以及对整个语言结构相互制约、相互影响的关系，在语言研究中是不易被认识清楚的。我主要做非汉语研究，也做过一些语言的虚词研究，深深感到必须认识虚词研究的重要性和研究中的艰难性。所以，我对这一课题是有近距离感觉的，也有兴趣思考、学习虚词的研究。

2. 虚词是个难啃的课题。由于虚词具有抽象性、多功能性、界限模糊性、来源复杂性等特点，研究难度大，不同于实词研究。要真正掌握虚词的特点，需要有强烈的语感，研究中要从各个角度进行包抄，才有可能揭示其真实面貌。拿藏缅语来说，虚词的来源是多方面的。有来自古代形态的，包括前缀和后缀，有来自实词虚化的，有来自合音的，有来自语言接触的，有来源不明的，由于藏缅语大多数语言缺乏古代历史文献，语言历史比较的条件先天不足，不易认识其来源和历史演变。虚词在藏缅语语法结构中究竟有多大作用，至今尚未认识清楚。这就要求我们在研究中必须另辟途径，探索新法。如怎样从共时特征看历史演变、怎样通过亲属语言验证现代语言的"蛛丝马迹"怎样从语音语义研究虚词、怎样通过同源词研究认识虚词等。

3. 汉藏语研究的成果已经显示，在汉藏语诸语言中，汉语的分析性最强，与其他语言相比，汉语的虚词最为丰富、发达。深入认识汉语的虚词结构、演变，无疑对其他语言的虚词研究乃至语言学理论的建设都有重要价值。比如，汉语有丰富的介词，藏缅语有的语言有，有的没有，通过比较能够证实藏缅语的介词是后起的，是从无到有地发展下来的，现有语言的介词处在介词的不同发展阶段上。又如，藏缅语的量词，也是从少到多地发展的，存在不同的层次，，每一步的发展、演变都有其内在的条件。

我们做非汉语虚词的研究，过去一直关注、模仿、借鉴汉语的虚词研究，这个路子今后还会不断延续下去。所以，这一课题的研究，对非汉语研究会有推动作用的，会受到非汉语研究者积极关注的。

二、处理好课题中几个关系的一点想法

我根据自己做汉藏语研究的一些体会，谈几点处理好几个关系的想法，供课题运作时参考。不一定对。

1. 语料和观点的关系

这是一个老问题，但又是做具体课题时都要再做思考的问题。因为，做课题无非是要在语料和观点两方面下功夫，而语言特点、研究条件的不同，二者关系如何安排也不会相同。

根据汉藏语的特点和研究水准，我认为应该在收集、发现语料上多下功夫，就是说，要根据课题的目标，尽可能多地收集相关语料，做到充分描写。充分描写是一道亮丽的风景线。至于解释、规律的发现或理论的创意，不要离开语料的可能性去做"大胆的推测"。因为语料是第一性的，对语言研究具有永恒的价值。一时解释不了的，不要勉强，可以放在以后再研究，但有了充分的相关语料就好办了。比如，我在做藏缅语语气助词的来源研究中，虽然能够解释其中的一部分词可能来源于动词的后缀，但还有一部分词的来源一直认识不清，只能留着以后慢慢地啃，不去凑合，任意拔高。

由此我想到以往读语言学大师李方桂先生的论文、报告，以及听他的讲话，发现他爱用"可能是这样""可能不会是那样"这些词，这与大师充分认识了汉藏语语言特点的复杂性有关，不武断地去判断。

语料的记录和分析必须强调准确性。这是课题的一个关键原则。方言语料如何记录，是用汉字记还是用国际音标记？汉字记录方言能够表示意义但无法体现语音，所以还得提倡使用国际音标标音。国际音标标音具有更多的价值，便于从中观察到与其他方言、亲属语言的关系，可以更广泛地为语言研究者所使用。但国际音标标音有一定难度，若纪录者不经过严格培训，记录的语料怕不准确成了废料。我认为，准确的语料是无价之宝，是课题质量的基础。

2. 语言自身演变与语言接触演变的关系

语言演变有由语言自身演变引起的，也有由语言接触引起的。二者性质不同，要严格区分，否则就会出错。看不到语言接触引起的语言变化是不对的；但扩大化了，把是语言结构自行演变也当作语言影响的结果也是败笔。这种错认现象，在汉藏语比较研究中不时可以看到。比如，克伦语的VO型语序，国内外有些学者就误认为是受壮侗语的影响而形成的。我们都知道，藏缅语除了克伦语和白语外都是OV型语序，只有克伦语和白语是VO型语序。那为什么唯独这两种语言特殊呢？就认为是否就是受周围VO型语序语言的影响。其实，克伦语的VO型语序是由OV型语序演变而来的，这是有证据的。何况，世界上有些语言就有这种演变，如英语等。属于藏缅语的土家语借入了汉语那么多词汇，但还是OV型语序不变。

虚词的语言影响不及实词，相对来说不容易受到影响而发生变化。当然，不同的语言情况会有不同，如苗瑶语、壮侗语接受语言影响的程度和方式与藏缅语不同，必须分别对待。

还必须看到，语言影响能够成立的，往往是与这个语言也有这种"基因"、演变趋势有关，否则长期形成的语言系统会对外来影响出现排斥力。比如，我国一些少数民族语言量词的发展大多受到汉语的强烈影响，借入了许多量词，这是事实，但这与这些语言量词存在丰富发展的"基因"有关。藏缅语的比较已经证明，量词存在由少到多、由不发达到发达的历程，不同语言分别处于不同的演变阶段，所以汉语的量词能够大幅度地影响这些语言。

还要区分语言借贷与语言影响。亲属语言之间，都会存在不同程度的同源成分，比如人称代词藏缅语与汉语有的有同源关系，如"我、你"，"他、伊"是后起的，没有同源关系。数词，我认为藏缅语与汉语是有同源关系的，而苗瑶语、壮侗语与汉语，意见不统一。区分同源词与借词是有难度的，多年解决不了，所以后来就用"关系词"去缓解，我建议课题没办法时也用这个概念。

我经过几次碰壁，逐渐形成这样一个思路：确定是语言自身演变还是语言影响引起的，最好是先从内部找原因和条件，找不到的话再思考是不是受到周围语言的影响。不要简单地凭成分相似就认为是语言影响。语音相近的，不见得就是借用的。语音数量有限，容易出现相似。对待判定不了是语言自身的演变还是语言接触引起时，不要急于下结论。

3. 计划中重视与非汉语结合，我非常同意。但建议对使用的语言要了解其基本特点，包括语言基本结构的特点是什么、语言类型的地位是什么。因为，语言中的每个现象都是受语言类型属性制约的。如：景颇语的语气助词出现大量的形态变化，与其他亲属语言大不相同，反映了景颇语从形态型向分析型演变的过渡。又如，藏缅语补语助词、定语助词的不平衡特点，也是受其语言转型的制约。

三、开题报告论证合理、符合要求

我认真听了开题论证报告，认为论证基本合理，符合要求，是尽了力的。具体说，开题报告中规定的指标、内容、子课题的构成都有其客观、主观条件的依据。总体思路概括的"一个中心；两个基本点；三个研究视角；五个辐射点"符合语言实际，有创新性。特别是"普方古民外"的结合法很重要，是一个好方法。在操作中，强调田野调查与文献资料相结合、不同语言方言的比较、描写与文献相结合等，抓到了要点。语料库建设有重要价值，肯定能受到国内外语言研究者的欢迎。

特别要提及的，湖南师大有一批卓有成就的现代汉语、古代汉语、汉语方言的学者，有受到语言学界公认的严谨学风，还有一大批汉语专业的学生，我相信有条件完成这一重大课题。

汉语和汉藏语虚词研究是一座富矿，我急迫地盼望见到成果面世。祝项目进展顺利！谢谢！

在《语言文字应用》杂志创刊30周年会议上的讲话

（2022年11月19日 中国语言文字应用研究所）

各位同行、各位朋友：

谢谢会议邀请我来参加这个盛会。衷心祝贺《语言文字应用》创刊30周年。

30年来，《语言文字应用》杂志坚持为语言应用服务的方针，方向明，路子正，发表了许多坚定贯彻国家语言文字方针政策、与时俱进的好论文，促进了我国语言文字的应用和应用语言学的学科建设，为我国语言文字应用做出了重要贡献。我一直是《语言文字应用》的忠实读者和热情作者。

我认为，一个语言文字工作者必须时时想到广大群众语言文字的应用，把应用问题挂在心上，并力图做出自己的贡献！我们的师辈王力、吕叔湘、傅懋勣等也都是这么做的。

我通过自己多年的语言教学和研究工作，深深认识到语言文字工作者必须关心语言文字的应用。我主要是做汉藏语系语言本体研究的，但从年轻时就开始参加了语言文字应用的调查、研究，大学一毕业有幸参加中国科学院语言调查工作队，多年在西南边疆民族地区做民族文字的调查、创制工作，除了做民族文字的推广试验外，还做了汉语文扫盲，调查研究如何帮助少数民族学好汉语文。后来又做了语言关系、语言接触、语言保护、濒危语言、跨境语言等相关的调查研究。通过第一线的社会实践，我逐渐认识到要解决好语言文字的应用，必须对语言文字有深入的研究，而语言应用的研究则有助于语言的本体研究。一个语言学家，要善于把二者结合起来。

进入新时代，由于社会进步快，语言文字会出现许多前所未有的新问题。在我们这样一个历史悠久的大国，如何科学地解决好十四亿多人口的语言使用，具有重大的理论意义和应用价值。但前人和国外没有这方面的经验，要靠我们自己摸着石头过河，创造出中国式的应用语言学。解决好我国的语言文字应用，能为国际提供一个有价值的范例或模式。

民族语文工作是我国语文工作的一个组成部分。我认为，当前民族地区的语言文字应用研究有以下六个问题必须加强，我提出供大家参考。

一、语言文字应用如何为铸牢中华民族共同体意识助力。如何从各民族的历史、文化、语言中发掘出形成共同体的元素，如何从语言、文化中证明中华民族共同体的形成由来已久，是历史的必然。

二、新时代民族地区语言文字应用的特点、规律是什么，趋势是什么，为什么要强调国家通用语的普及和推广。

三、如何切实提高少数民族学习汉语文的效率，如何分门别类地解决少数民族学习汉语、汉文的难点。

四、研究中国语言保护工程的理论建设。梳理这一工程提出的历史背景，这些年取得的经验，明确有哪些理论问题和实际问题需要进一步解决。

五、研究新时代我国不同语言、不同方言的关系有哪些变化，还将有哪些新的规律出现。

六、研究在现代化进程中，民族地区语言使用的特点是什么，出现哪些新的变化？如何认识新时代的语言适应和语言发展，其关系应如何从理论与实践结合上去认识。

珍惜博士研究生学习的四年

——对在读博士研究生的一次讲话

（2023年3月10日 中央民族大学）

今天与大家谈谈博士生阶段要如何充分抓紧时间学到更多的知识。

这两天，参加了别的老师的八个博士生预答辩，对我有了强烈的刺激。看到有的通过了，有的通不过，有的虽然通过了，但提出的问题很多，满脸乌云。学生难过，老师也难过。现在，我手上还有12个在读博士生没毕业，北京10位，云南2位，忧心忡忡，促使我要提前开这个会。

这个会的主题是"珍惜博士研究生学习的四年"，我先讲，然后听听大家的想法。

一、懂得珍惜四年攻读博士时间

人往往有惰性，不会珍惜珍贵时刻，后来后悔了，惋惜不已。毕业出去的研究生中，有位博士生毕业后进步很大，七八年就评为教授，不久前来信说："三年博士是我收获最大的，打下了后来做好工作的基础。"但有位博士生在校不专心学习，后来在大学教课，连一些基本概念都没弄清楚。工作中遇到简单的问题还要千里迢迢打电话补课。如：鼻冠声母是单辅音声母，还是复辅音声母；什么是零声母；鼻化韵母和带鼻音尾的韵母有何区别。有的连音位系统都不会写，不会统计声母数量，不会统计韵母

数量。能来问算是好的。有的不求上进，落后了

　　毕业出去的学生，成长得好坏，都由在读博士期间的收获情况决定。在校收获满满，出外工作壮壮。到了地方，就没有在校的优越条件，工作、赚钱、生孩子、应酬等一大堆，摧毁你的意志。我有好几个学生到了地方，看不到他们有新的成果。

二、抓好一紧、二早、三严

　　一紧：抓紧时间学习。抓紧不抓紧大不一样。时间如流水，要有紧迫感。二早，早开始准备博士论文，早发表论文。赶前不赶后。三严：严于做学问，严以做人，严于塑造自己。

三、写好博士论文不易，但受用一辈子

　　1.博士论文是个人一生的里程碑标志。许多名人都以博士论文得到社会的公认。如：李方桂的《印第安语研究》、张琨的《苗语的声调》、丁邦新的《南北朝音韵研究》等。

　　2.写博士论文是对一个人的全面锻炼。从书本知识到实际能力；从学风到文风；从兴趣到毅力、从收集语料到提炼观点、从杂乱到有序、从车到山前疑无路，柳暗花明又一村，等等。

　　3.写好博士论文是艰苦的，从无到定题，到收集语料，再到撰写初稿，再到几次修改定稿，到预答辩，再到正式答辩，过五关斩六将。有时还会遇到委屈甚至打击。一部参考语法，工作量很大，不早动手根本做不出来。

　　4.写论文要主动消除"走捷径、抱侥幸"的消极心理。

　　5.文章越改越好。要有足够的时间做多次修改。反复出真知，细致出新意。博士论文不经过多次修改会有漏洞、硬伤、美中不足。

四、写好论文要注意的几点

一是必须掌握充足的语料。语料不足难以做成一桌美餐。材料第一,要花大力去收集整理。学会收集语料、发现语料、整理语料的本领。一点一滴地收集、增厚,不断核对。

二是明确论文的主题是什么,要突破哪些创新点,其价值如何。明确前人的研究情况。衡量自己的语料、能力能否突破。

三是拉好框架。根据内容的需要定级属,三级还是四级?框架在整个过程中不断修改。

四是处理好观点和材料的关系。注意:观点不能超过语料,有几分材料说几分话,防止说大话、空话。

五是文字简明扼要,要写成语言学论文体。

六是要有写作时间安排。要留有时间反复修改,有可能出现大的反复,要有思想准备。我们多碰头,我要随时看你们写出的章节。

方方面面想到就从容了。

下面一起交流。

语言博物馆是传播传承优秀文化遗产的阵地
——"首届语言博物馆学术研讨会"讲话
（2024年6月8日 广西民族大学）

今天有幸参加在广西民族大学召开的2024年"首届语言博物馆学术研讨会"感到十分兴奋，这是一次含金量非常高的学术会议。首先，向广西民族大学党委、语文工作者紧紧围绕铸牢中华民族共同体意识的主线，服务中华民族共同体建设，用辛勤心血铸成这一有创新性的成果表示热烈的祝贺。

我特别喜欢博物馆，对参观博物馆十分有兴趣，特别是语言文字博物馆。我一到外地参加会议，就想参观当地的博物馆。因为，每个博物馆，都以不同的形式、不同的内容凝聚了人类的智慧和经验，传播传承优秀文化和人类智慧的阵地，是增强人类和谐、团结、进步、开明素质的教科书。人们可以通过参观博物馆，从中获取先辈长期创造的智慧和能力、学会如何判别善和恶、美与丑，了解先辈是如何走到今天的，还能够从中获取经验和教训，培养顺应历史要求的人生观和世界观。语言文字是人类文明的成果，每种语言、每种文字都凝聚着人类对客观世界的认识，反映了斑斓绚丽的多元文化。每种语言都是一部历史，都是人类认知的大百科全书。近代，语言文字博物馆已经成为博物馆的一个组成部分。

我们党和政府十分重视语言文字博物馆的建设。2007年9月，我参加了中国博物馆专家委员会第一次会议，荣幸地被聘为专家委员会委员，学到许多知识。我高兴地看到，中国文字博物馆经过辛勤努力，第一期工程于2009年11月16日建成开放。它是由国务院批准建立的，集文物保护、陈列展示和科学研究于一体的国家一级博物馆，全面展示了中国文字的发展演变历程，及其博大精深的思想内涵，气势磅礴，寓意浩瀚。该馆坐落于甲骨文的故乡河南安阳。中国是语言文字丰富多彩的大国，应该有重磅的语言文字博物馆与之相配。

再看看国外的语言文字博物馆。我到国外一些国家参加会议和访问时也参观过一些语言文字博物馆。感到他们虽然对中国的语言文字十分好奇、有热情，也极力想反映中国的语言文字状况，但由于认识、条件的限制，所展示的内容很不理想，看后觉得没能够反映出我国语言文字的精髓。如2007年9月，我应邀参观日本大阪博物馆的语言文字分馆，看到馆中设置了几个中国少数民族语言的录音，很有吸引力，参观者都觉得很新鲜，但还远远不能反映我国130多种语言、30多种文字的特点，特别是反映文字发展史不同阶段特别是古老文字的特点。1997年，我应邀到美国南卡州参加"世界语言文字博物馆"开幕式，会议很隆重，有些国家的领导人如前巴西总统也参加了。我兴致勃勃地看了世界不同地区的文字，学到许多新知识。但看到介绍汉字一栏，大失所望。他们对汉字的古老历史及其奥妙很不了解，只是当成一个新奇的文字做了简单的介绍。看了后，我当时就强烈感到我国需要尽快办一个能反映我国语言文字实际的博物馆。

当前，国际上语言文字博物馆还建得不多，估计今后随着人们对语言文字遗产重要性认识的增多，会有较大的发展。

广西语言博物馆在筹办、建立的过程中，广西民族大学的卞成林书记、展馆负责人康忠德教授多次与我谈过，当时我也认为建馆具有重大的价值和意义，值得去做。后来，我又参观了雏形。我认为，该馆的建立有以下几点值得我们学习。

一、弘扬中华民族优秀文化，符合历史潮流

该馆紧紧响应和贯彻党中央关于继承、弘扬中华民族优秀文化、发扬世界人类命运共同体的宏伟思想而建立。方向对，符合历史潮流。

该馆是我国高校举办的第一个语言博物馆。我们都知道，在高校要建成这样一个馆实不容易，需要大量的人力和资金的支持。学校领导要有开阔的眼力和坚强的毅力才能办成。它在我国高校的文科建设中有重大的理论意义和应用价值，必将带动我国语言文字博物馆的建设。

二、内容丰富，有其独特的地区特色

广西是一个多语言、多文字的省份。多语种、多文种是广西独有的。在长期的历史发展过程中，各种语言随着社会的发展、变迁出现了独特的特点和规律。而且，不同语言、文字相互影响，但都朝着增强中华民族共同体演变的方向演变。该馆坚持立足于广西丰富的语言文字资源，面向全国民族语言与汉语方言，并辐射东南亚各国各民族语言，并常设"声生不息·声声相映——中国-东南亚语言文化展"主题展。该馆把中国各种语言文字与东南亚语言文字连成一个系统考察，有利于加深对人类语言文字科学性以及不同语言文字相互影响、互为补充的认识。

三、突出国家通用语的作用

展览主要由国家通用语言文字、中国境内语言文字、东南亚国家语言文字和语言数字化体验等四部分组成，通过展示语言文字等相关实物、古籍经典、工具书、图书、资料集等材料，大力推广和使用国家通用语言，展现语言历史的发展脉络，展现汉语方言、民族语言、东南亚各国语言以及语言相关资源收集、整理、展示、研究及保护的现状和成果，既体现语

言的多样性，又突出国家通用语在中华民族共同体中的重要地位。

四、该馆是进行爱国主义教育的基地

我国是一个多民族统一的国家，不断加强各民族的爱国主义思想十分重要，是能否顺利实现中华民族伟大复兴的保证。语言文字内含有丰富、生动的爱国主义元素，能够通过对语言文字的属性、功能、发展的分析，使之成为进行爱国主义教育的生动内容。如：秦代的"书同文"，不就为国家统一发挥了重要作用。广西多种少数民族的汉字式方块字，不就是共同体趋同的表现。

总之，广西民族大学建立的广西语言文字博物馆是新时代出现的一个耀眼的新事物。它将会有效地加强中华民族共同体意识的宣传、建设，有效地保护、发展语言资源，在语言文化建设中发挥重要作用，也将成为语言人才培养的实训基地、语言研究的平台、语言科普服务社会的窗口。

在新时代，建设中国化的语言文字博物馆大有可为！

在"'职教出海'研究中心成立仪式暨《职业中文教育学刊》学术研讨会"上的讲话

（2024年11月11日 北京工业职业技术学院）

各位领导、各位老师：

感谢北京工业职业技术学院领导邀请我参加"职教出海"研究中心成立仪式暨《职业中文教育学刊》学术研讨会。

2019年，"中文+职业技能"教育，作为新的概念，在国际中文教育大会被提出。"中文+职业技能"教育推动语言国际教育与职业教育协同发展。语言，尤其是中文教育，在职业教育领域能够发挥重要作用。在"一带一路"倡议和中国职业教育"走出去"的时代背景下，职业中文教育是国际中文教育的一项新发展。

北工院，是我国具有影响力的高等职业教育院校之一，是培养复合型、国际化职业技能人才的摇篮。在今天这个喜庆的日子我想说两点。

一是祝贺。在此我对《学刊》的创办表示衷心的祝贺。《学刊》的创办，可谓是应时而生，意义深远。20世纪50年代，中华人民共和国对外汉语教学起步。后来，随着改革开放进程，中文的作用不断扩大。如今"一带一路"建设推进，职业中文教学迎来了新的发展机遇，与此相关的学术课题也成了热点与重点。创办职业中文教育研究的专业刊物，是非常必要的！

二是期望。希望《学刊》不断推出更多更好的、有特色的学术研究成果。有对职业中文教育实践的总结与分析,也有对未来发展趋向的探索与指导。祝愿《职业中文教育学刊》越办越好!我们会尽力支持。谢谢!

在"戴庆厦教授汉藏语系语言研究学术思想研讨会"闭幕式上的讲话

（2024年12月28日 中央民族大学）

尊敬的石亚洲副校长、各位领导、各位亲友：

今天这个会我终生难忘！先说几句感谢的话。不是一般礼仪的话，而是表达心里的感激之情。学校要开这个会，因考虑到年底大家都忙，我向曲木铁西等领导多次表示过不要开了，说这一辈子党和国家对自己够好了，已经很感激了。但学校说还是要开。真心感谢大家对我这么好。有的千里迢迢来参会，有的还带病来的，自费来的。不知怎么表达我的谢意。据我所知，这个会已精心筹备了几个月，感谢大家的一片真情！

我17岁来到北京，进入民族语文领域，也与徐老师相识，建立了家庭。回想起来，73年了，几乎每天都过得充实。即便是地震时期，也都念念不忘自己要在民族语言上多做贡献，不能虚度年华。

这70多年，我悟出了做人要坚守的六个字：勤奋、感恩、宽容。这六个字是我对自己人生观的守则。

一是勤奋：即要多为祖国、为人类做贡献，不虚度年华。我觉得自己不是很聪明，但我很勤奋，很珍惜时间，每天都在问自己做了一点事没有。

二是感恩：就是真心感谢对我有恩之人。我这一生有三个难忘的恩情：一是祖国之恩。我是新中国培养的第一代民族语文人才，从无知少年变为能把自己的命运与人类、国家的利益联系在一起，知道自己应当如何做人。我感谢学校在我过了70岁还让我继续招生，为我的科研提供条件。二是师恩。我有幸受益的老师有许多著名学者，包括老一辈已故去的高名凯、吕叔湘、王力、傅懋勣、王辅世等。在我们风华正茂时，是他们把我们领进语言学殿堂，是我难忘的业师。记得北京大学的高名凯教授给我们上了整整一年的《普通语言学》课，我那时就自不量力地想成为一个像高先生那样的理论语言学家。老师的一堂课，一句话，往往会决定学生的一生。因时间有限，这里只具体谈两位特别要感恩的老师。一是马学良先生。我们语文系的创始人。我的第一篇论文《谈谈松紧元音》就是马先生审过的，我还保留有他写的"可以刊用。马学良"七个字的字迹。是他，极力给江云校长推荐我接他的班，使我有这机会从宏观上思考语言学建设的问题。还有一位是我的景颇语老师，岳相昆先生。我的景颇语知识除了在第一线学习到的外，主要是他教给我的。他来北京直到去世的20多年，我们都在一起。景颇语的许多不解之惑，我都请教他。他虽然汉语不好，但特别有智慧。我们好像几十年都是用景颇语交流的。另外还有我的老伴徐悉艰。她是中国社会科学院民族所的研究员，既要完成本职工作，又要长期无私地照顾我。我有精力做些事都有她的恩惠。以及我的朋友特别是我的学生。什么是师生情，我几天都说不完。这次会议，是他们无私地在办。在田野调查中，他们都在上下车扶我。这两年我腿不好，上课前哪怕是严冬腊月，他们都在文华楼抢着扶我。

三是宽容：对人、对事我不太去想不愉快的，尽量使自己过得顺当些。人世间，矛盾普遍存在，被这些缠住既浪费时间也不利于健康。何苦呢？

2024年又快过去了。明年还有许多事要做。我的文集第八卷已送出版社了，我希望以后几年能再做些新的研究，再能出版第九卷、第十卷，不想停笔，还想再培养些学生。

谢谢大家！

再论语言和谐与语言竞争

——"全国民族语文翻译工作业务骨干研修班"报告

（2009年5月14日 北京）

各位领导、各位专家：

我今天发言的题目是"再论语言和谐与语言竞争"。

我在2006年发表了《语言竞争与语言和谐》一文（载《语言教学与研究》2006年第2期），又在2008年发表了《构建我国多民族语言和谐的几个理论问题》（载《中央民族大学学报》2008年第2期）。几年过去了，民族语文工作的实践已经证明语言和谐与语言竞争的理论是正确的，应该成为民族语文工作者的共识和必备的一个理论原则。

今天我主要根据我国民族语言的实际，以中央提出的构建和谐社会、坚持科学发展观的思想为指导，进一步分析我国民族语文中实际存在的一对矛盾——语言和谐与语言竞争。分以下几个问题来讲。

一、中国的语言国情：一个多语种、多文种的国家

做好民族语文工作，必须先了解国情和语言国情。只有这样，才能因势利导，对症下药，避免陷入盲目性。否则，所形成的思想和提出的对策就没有根据。所以，我先在这里向大家介绍一下中国少数民族语言文字的基本情况。

中国有56个少数民族，这是大家所知道的。一般认为，中国除了汉语外55个少数民族分别使用80多种不同的语言。这是到目前为止语言学家经过实地调查得到的数字，实际数目有可能还不止这些。

为什么语言总数大于民族总数，这是因为有些民族使用一种以上的语言。如：瑶族使用三种语言——勉语、布努语、拉珈语；裕固族使用两种语言——东部裕固语、西部裕固语；景颇族使用景颇、载瓦、浪速、波拉、勒期等五种语言；藏族使用藏语、嘉戎语、木雅语、道孚语等十多种语言；等等。

为什么多年来一直使用80多、100多、120多这些不准确的数字？这是无可奈何的，是为了尊重科学实际。原因有二：一是我们的语言调查尚未结束，语言调查还在进行中，还会有一些未被发现的语言。这些年我们又陆续发现了一些新语言。如：桑孔语、优诺语、拉坞语等。二是语言种类的确定和划分还处于完善中。有些"话"究竟是语言区别，还是方言区别还存在不同的认识。比如阿细彝语、撒尼彝语等彝族支系语言，国外都当作不同的语言，而我们都把它们当作不同的方言。可以预计，短时间内还不能提出准确的数字。

中国的少数民族语言，可以从不同角度做不同的分类。从语言系属上看，我国语言分属于汉藏、阿尔泰、南岛、南亚、印欧五大语系。从使用人口上看，使用人口最多的是壮语，有1300万人，使用人口最少的是赫哲语，只有200多人。从方言差异上看，有的差异大，如壮语南北方言的差异比壮语北部方言与布依语的差异大。有的语言有历史悠久的文字，如蒙古、藏、维吾尔等民族都有历史悠久的文字；而有的语言只有较短历史的文字，如景颇文、傈僳文、拉祜文等；还有许多民族没有代表自己语言的文字，如德昂族、布朗族、基诺族等。从是否跨境的角度上看，有跨境和非跨境的区分。有的语言只分布在中国，如土家语、白语、土语等；有的语言是跨境语言，除了分布在中国外，在国外也有分布，如景颇语分布在中国、缅甸、印度、泰国等国；藏语分布在中国、印度、尼泊尔、不丹、锡金等国。从语言使用活力上看，有强势语言和弱势语言之分。有的语言如蒙古、藏、维吾尔等语言，语言活力较强，使用在社会的各种交际场合；有的语言如阿昌、怒等语言，只在家庭和村寨内部使用；有些语言处于濒危或衰变的境地，如赫哲、土家等语言。

中国的55个少数民族中，有24个民族有代表自己语言的文字。由于有的民族使用一种以上的文字，如傣族使用傣仂文、傣那文、傣绷文、金平傣文等四种文字，景颇族使用景颇文、载瓦文两种文字，苗族使用黔东苗文、湘西苗文、川黔滇苗文、滇东北苗文等四种文字，所以24个民族共使用33种文字。

一个民族使用一种以上文字的，有两种情况：一是一部分人使用这种文字，另一部分人使用另一种文字。如景颇族中的景颇支系使用景颇文，载瓦支系使用载瓦文。另一是同一个人两种文字都使用。如傈僳族有不少人既使用新傈僳文，又使用老傈僳文。

文字类型多样是我国民族文字的一个最重要的特点。世界文字的主要类型在中国都能看到。从文字结构特点上分，有图画文字（东巴图画文字、沙巴图画文字）、象形文字（契丹大字、西夏文、水书、方块壮字等）、音节文字（彝文、哥巴文、拼音文字等）、拼音文字（拉丁字母文字有苗文、壮文、景颇文、佤文、纳西文等，非拉丁字母的文字种类很多，有印度字母藏文、傣文等，叙利亚字母有蒙古文、满文、锡伯文，阿拉伯字母有维吾尔文、哈萨克文等，方块形拼音文字有朝鲜文、契丹小字，斯拉夫字母有俄罗斯文。文字的历史长短不一，有创始于7世纪前后的藏文，有出现于11世纪的蒙古文，一些拉丁字母的新文字只有近百年的历史。

中国少数民族语言文字，是中华民族重要的文化遗产，是取之不尽的资源。保护好少数民族语言文字，对于中国的发展、繁荣，以及维护世界和平和人类团结都有重要的意义。进入现代化新时期，民族语文仍有其重要作用。它仍然是少数民族不可或缺的交际工具，是一项重要的资源；少数民族对自己的母语仍然具有深厚的感情。

必须看到，在我们这样一个多语的社会里，不同语言之间既有和谐的一面，又有矛盾的一面、竞争的一面。怎样科学地解决民族语文问题，是新时期民族语文工作中的一项重要任务。

二、保护少数民族语言是我国政府的基本国策

保护少数民族语言文字，这是我国政府一贯坚持的国策。它是由科学的民族观、语言观，少数民族的发展需要，以及少数民族语言文字的演变规律和使用特点决定的。

语言是民族的重要特征之一，与民族的生存、发展、情感和谐息息相关。少数民族对自己的母语都是充满感情的，把它当成是民族的象征，民族精神的力量，与自己的民族紧密联系在一起。历史的经验告诉我们，对语言的保护和尊重，有利于民族发展、民族进步。世界各国在语言文字问题上所出现的历史教训也都说明了这一点。

多年来，人们逐渐懂得了这样一个道理：语言不仅具有应用的功能，而且还具有感情的功能，或象征的功能。应用的功能容易被理解，容易被认识；而感情的功能因为不能具体地看到，所以容易被忽视。

今日中国，少数民族中除回、满、畲等几个民族已全部或大部转用汉语外，大都以本族语言作为日常生活的主要交际工具。这是中国民族情况的又一国情。当然，也有一些人口较少的民族，面临着语言功能衰退甚至濒危，如土家语、赫哲语等。为了保护少数民族语言的使用和发展，中国政府不仅把语言保护写入宪法和法规中，而且还采取各种措施保护少数民族语言文字。如规定在学校教育中使用少数民族语言，大力培养民族语文人才，出版少数民族文字的读物，为没有文字的少数民族创制新文字、为文字不完备的民族改革或规范文字等。

早在1949年9月29日中国人民政治协商会议第一届全体会议通过的

《共同纲领》第53条就已规定："各少数民族均有发展其语言文字，保持或改革其风俗习惯及宗教信仰的自由。"1954年9月20日第一届全国人民代表大会第一次会议通过的《中华人民共和国宪法》第三条规定："各民族都有使用和发展自己的语言文字的自由。"后来，这一思想反复被写进历次的宪法中。这是中国政府对待少数民族语文问题的立场。

为了保障少数民族语文的使用和发展，中央对少数民族语言文字在行政、立法、司法、教育的使用都有过明确的规定。如：1952年2月22日，政务院一百二十五次政务会议通过的《中央人民政府政务院关于地方民族民主联合政府实施办法的规定》关于"人民代表会议"的第四项中规定："各民族代表在人民代表会议的协商委员会或常务委员会上，有使用本民族语言、文字的权利。会议中重要报告、文件和发言，应尽可能译成参加会议的各民族的文字，或配备译员作口头翻译。"1991年6月19日，国务院批复了国家民族事务委员会上报的《关于进一步做好少数民族语言文字工作的报告》。这一报告，针对民族语文出现的新情况、新问题，阐述了中国民族语文工作的方针、政策和任务。指出新时期民族语文的指导思想和基本方针是：坚持语言文字平等原则，保障少数民族使用和发展自己语言文字的自由，从有利于各民族团结、进步和共同繁荣出发，实事求是，分类指导，积极、慎重、稳妥地开展民族语文工作，为推动民族地区政治、经济和文化事业的全面发展，促进国家的社会主义现代化建设服务。

为了做好民族语文工作，全国各地成立了众多的民族语文工作机构。有：民族语文工作指导委员会、术语标准化技术委员会、民族语文信息机构、双语研究机构等。

三、构建语言和谐是新时期民族语文工作的一项重要任务

（一）构建我国多民族语言和谐的必要性

党的十六届四中全会把构建社会主义和谐社会摆在重要地位，作为提高党的执政能力的重要任务之一。构建和谐社会，对人来说，是人与人之间的相互尊重和理解；对民族来说，是民族之间的团结、互助。语言和谐是社会和谐、民族和谐的组成部分之一，是关系到社会、民族是否和谐的一个重要因素。

1. 语言和谐有助于民族团结

在一个多民族的社会里，语言关系如何，是和谐还是不和谐，直接关系到社会的稳定，民族的团结。因为语言与民族总是紧密联系在一起，在我国的历史上，以及在国外的一些多民族国家中，由于语言不和谐引起语言矛盾，并导致民族矛盾的案例时有发生。但在我国，中华人民共和国建立后由于废除了民族压迫制度，实行了民族平等和语言平等的政策，不同民族的语言关系，其主流是和谐的，是受到少数民族称赞的。

近几年，我多次去云南省德宏傣族景颇族自治州调查研究少数民族语言，亲眼看到那里的语言关系呈现出一派和谐的景象。这个州居住着傣、景颇、德昂、阿昌、傈僳等少数民族，他们都有自己的语言。少数民族普遍兼用汉语，其中还有不少人兼用另一少数民族语言。他们在家庭内，在村寨内，都使用自己的母语，在不同民族之间大多使用我国的通用话语——汉语普通话进行交际，也有使用双方都能使用的少数民族语言交际。不管在什么地方，少数民族语言使用自己的语言都会得到尊重。就是同一民族内部不同支系使用自己支系语言的，也受到尊重。有本族文字的少数民族学生，在小学阶段既学本族语文又学汉语文，但从中学起主要学汉语文。少数民族语言在电视、广播、出版中得到使用。总的说来，这里的不同语言各就各位、各尽所能，和谐有序。和谐的语言关系成为和谐的民族关系的一个重要组成部分。

人们使用的语言，除了具有应用的价值外，还具有感情的价值。二者既有联系，又不相同。一般而言，应用价值越高的语言，人们对它越有感情。但并不完全如此。有的语言虽然使用范围很小，也没有记载的文字，但使用这种语言的民族，仍然热爱它，绝不允许外族人对它不尊重，任何伤害的言语都会激起说这种语言的人的不满。这是因为语言是民族的一种象征，民族文化、民族精神常常要通过语言来表现。

我最近在思考这样一个问题：为什么白族语言会那样受到白族的热爱？白族主要分布在云南省大理白族自治州，人口有1858063人（2000年统计数字），与汉族的关系非常密切，深受汉文化的影响。如：始于唐代的白文，是仿照汉字创制的文字；白族很早就兼用汉语，通行汉文；白语借入大量的汉语借词来丰富自己的语言；等等。尽管如此，白语一直保留旺盛的生命力，发挥不可替代的交际功能和保存文化的作用。白族群众不论年龄大小、知识多少，几乎都会白语。白族的文化水平很高，高学历的比例很大。但他们为什么不放弃自己的语言而转用汉语呢？一位担任德宏州州委副书记的白族朋友曾经对我说："我们白族在一起都爱说白语，虽然我们的汉语都很好，但在一起说说白语感到亲切。""亲切"二字，反映出语言的民族感情，为什么会有这种感情，实在是无法说明白的。

2. 语言和谐有助于各民族的发展繁荣

语言是适应社会的需要而存在、发展的。任何一种语言，只要它能在社会中生存下去，必有其应用价值，否则就会被社会所遗弃，成为消亡的语言。从很早起，我国就是一个多民族、多语种的国家，在长期的历史发展过程中，各个语言都在社会交际的环境中经历考验，大多数语言都适应社会的需要，不断在丰富发展，一直延续到现在，但也有少数语言，由于民族消亡、民族接触、语言竞争等原因，被别的民族语言所代替，成为消亡语言，如满语、西夏语、女真语等。能够适应社会需要的语言，尽管功能大小不一，服务的范围不同，但都有其不可替代的作用。一个多语的社会，必须创造一个语言和谐的环境，让各种语言都能充分发挥其互补的作用，更好地为社会服务。

（二）怎样构建我国多民族的语言和谐

1. 必须以党中央关于构建和谐社会的方针来认识语言和谐

胡锦涛同志曾经指出："我们所要建设的社会主义和谐社会，应该是民主法治、公平正义、诚信友爱、充满活力、安定有序、人与自然和谐相处的社会。"① 这是我们构建语言和谐的指导思想。

作为构建社会必不可少的语言要素，语言和谐又应如何理解呢？我认为，语言和谐是指尊重和理解不同语言的使用和发展，正确处理不同语言使用功能的互补关系，使我国各民族语言在统一的大家庭里"各就各位、各尽所能"，各自充分为社会服务的功能。

2. 必须坚持"各民族都有使用和发展自己语言文字的自由"的政策

我国宪法一再规定的"各民族都有使用和发展自己语言文字的自由"的政策，是正确地、科学地解决多民族国家语言关系的原则，它既有利于民族团结，也有利于各民族语言发展的"自由"的原则。

3. 必须看到语言互补是构建语言和谐的重要途径

语言互补存在两方面内容：一是使用功能互补，二是结构本体互补。我国各民族的语言关系，始终是在这两方面内容的互补中演变发展的。语言互补是解决语言矛盾、实现语言和谐的一个重要手段。功能互补，能够解决社会交际能力不足的矛盾；本体互补，能够解决语言表达能力不足的矛盾。

（三）必须加强语言和谐理论的研究

语言和谐是语言关系的一种类型，对它的研究是语言研究的一部分。也是不可缺少的。我国是一个多语言、多方言的国家，在语言使用和语言学习的生活中，主要存在三大块的语言关系：一是各民族语言之间的关系，包括汉语和少数民族语言的关系，少数民族语言之间的关系；二是普

---

① 见《构建社会主义和谐社会》，载《人民日报》2005年2月26日。

通话和汉语各方言的关系；三是各民族母语和外语的关系。

对一个多民族语言的国家，既要研究语言矛盾，也要研究语言和谐。过去，语言学界对语言和谐研究很少，今后应当加强。就我看来，有以下几个理论问题值得研究。

1. 关于语言和谐的概念问题

首先必须明确语言和谐指的是什么，为什么要提出语言和谐这一新概念？与语言和谐相关的概念有哪些？世界的语言，都不是孤立存在的，总是不同程度地存在这样那样的关系。语言关系有多种类型：如语言影响、语言竞争、语言和谐、语言矛盾、语言冲突等。语言和谐是语言关系中的一种，属于语言功能互补、平等相处的类型，不同于语言冲突等对抗性的语言关系。过去，由于世界各地出现了语言矛盾、语言冲突，引起语言学家的重视，在这方面做了一些研究，但对语言和谐则很少有人去研究。应该说，在世界的语言关系中，语言冲突所占比例毕竟是少数，大多数仍是语言和谐。因为善良的人们总是期待平等与和谐。研究语言和谐，掌握语言和谐的规律，有助于遏制语言不和谐现象的产生。

2. 必须坚持"各民族都有使用和发展自己语言文字的自由"的政策

我国宪法一再规定的"各民族都有使用和发展自己语言文字的自由"政策，是正确地、科学地解决多民族国家语言关系的原则，它既有利于民族团结，也有利于各民族语言发展的"自由"的原则，就是语言不分使用人口多少，一律平等，一律受到尊重。一种语言（包括文字），用不用，怎样使用，都要由本民族自己选择、决定。

四、语言竞争是语言演变的自然法则

任何事物都有两面性，只认识一面是不够的。对待语言关系，既要看到和谐的一面，又要看到竞争的一面。

1. 什么是"语言竞争"?

语言演变包括两个方面的内容：一是语言结构的演变，包括语音、语法、词汇、语义等方面的演变，其演变主要受语言内部因素的制约。另一是语言功能的演变，包括语言使用功能大小的升降、语言使用范围大小的变化等，其演变主要受语言外部社会条件的制约。语言竞争是制约语言功能变化的主要因素之一。

不同事物共存于一个系统中，除了统一的一面外，还有对立的一面。这是由于事物间存在差异，有差异就有矛盾，有矛盾就有竞争。不同的物种有竞争，不同的人有竞争，不同的语言也有竞争。这是普遍规律，是不以人的意志为转移的。不同的语言共存于一个社会中，相互间普遍存在着相互竞争的语言关系，可以说，语言竞争是语言关系的产物，是调整语言协调于社会需要的手段。比如，英语在世界上是一个影响力较大的语言，在一些国家里，与本国语言在使用上存在竞争，如在菲律宾、马来西亚、新加坡等国，英语是这些国家的官方语言，而这些国家的居民还有自己的母语，二者在语言地位、语言使用范围上存在竞争。

我们这里所说的"语言竞争"是指因语言功能不同所引起的语言矛盾，属于语言本身功能不同反映出的语言关系。这是语言关系在语言演变上反映的自然法则，有别于靠人为力量制造的"语言扩张""语言兼并"或"语言同化"。前者符合语言演变的客观规律，有利于语言向社会需要的方向发展，有着积极的意义；而后者是强制性的，违反语言演变的客观规律，违背民族的意志。

2."强势语言"和"弱势语言"

认识语言竞争的性质，必须涉及"强势语言"和"弱势语言"两个不同的概念。存在于同一社会的不同语言，由于各种原因（包括语言内部的或语言外部的，历史的或现时的），其功能是不一致的。有的语言，功能强些；有的语言，功能弱些。强弱的不同，使语言在使用中自然分为"强势语言"和"弱势语言"。这是客观存在的事实。多语社会的语言，语言竞争通常出现在强势语言与弱势语言之间，其关系错综复杂。所以，要准确解决一个多民族国家的语言关系，区分这一对概念是必要的，也是不能回避的。

这里要说明一下，我们这里使用"强势语言"与"弱势语言"的名称，是为了区分语言功能的大小，这是属于社会语言学的概念，与语言结构特点的差异无关，丝毫不含有轻视弱势语言的意味。不同语言的内部结构，各有自己的特点，也各有自己的演变规律，这是由各自语言机制系统的特点决定的，不存在"强势"与"弱势"的差异。

在我国，汉语由于使用的人口多，历史文献多，它早已成为各民族语言中的强势语言。汉语的这些强势条件，使得他成为各民族之间相互交际的语言——"通用语"。少数民族语言由于人口少，使用范围窄，只在相对较小的范围内使用，与汉语相比，是弱势语言。汉语与少数民族语言在使用功能上的竞争是明显的。比如，在中国的各大城市，各民族在一起只能用汉语来交际，否则各说各的就无法实现交际的目的；其他语言就只能退居在家庭内部或同一民族的亲友之间进行。在高等学校，除了少量民族院校和民族语文专业外，一般都只能用汉语文授课。

"强势"与"弱势"是相对的。汉语是强势语言，是就全国范围而言的。在我国的民族地区，不同的少数民族语言，其功能也不相同。其中，使用人口较多、分布较广的少数民族语言，是强势语言；使用人口较少、分布较窄的少数民族语言，则是弱势语言。其"强势"与"弱势"之分，是就局部地区而言的。如：在广西，壮族人口多，与毛南语、仫佬语相比，是强势语言，一些毛南人、仫佬人会说壮语，甚至转用了壮语。

3. 语言竞争的不同走向

由于语言功能的大小不同，加上不同语言的社会历史条件不同，因而语言竞争存在不同的走向。语言是社会的交际工具，必须适应社会的需要而改变自己。能适应的，就能存在，就能发展；不太适应的，就会发生变化；很不适应的，就会出现功能衰退，甚至走向濒危。语言竞争主要有以下几种走向。

一种走向是：互相竞争的语言长期共存，功能上各尽其职，结构上相互补充。在竞争中，各自稳定使用。虽有强弱差异，但弱者有其使用的范围，不可替代，不致在竞争中失去地位。我国少数民族语言和汉语的关系多数属于这类。

一种走向是：弱势语言在与强势语言的较量中，功能大幅度下降，走向衰退。其表现是：功能衰退的语言，只在某些范围内（如家庭内部、亲友之间、小集市上等）使用；部分地区出现语言转用。这类语言，可称为衰变语言。

如我国的毛南语就属于这一类型。毛南族是分布在我国广西的一个少数民族。据2000年人口普查资料，总人口为71968人。但毛南语使用人口只有31000人，约占毛南族总人口的43%，有57%的人逐渐转用壮语或汉语。保持母语的毛南族，还普遍兼用汉语，并有相当一部分人还兼用壮语，是一个全民双语型和部分三语型的群体。毛南语虽是衰变语言，但还不会濒危，预计还会长期使用下去。

还有一种走向是：弱势语言在竞争中走向濒危，在使用中完全被强势语言所代替。我国历史上分布在北方的一些语言，如西夏、鲜卑、契丹、女真、焉耆、龟兹等语言，在语言竞争中消亡了。还有一些语言，目前正处于濒危状态，引起人们的重视。

如赫哲语、赫哲族分布在我国东北地区，是少数民族中人口最少的一个民族，只有4245人（1990年统计数据）。自20世纪30年代特别是50年代以来，由于受到诸多社会文化因素的制约，赫哲语使用人口大幅度下降，目前已进入濒危状态。据2002年10月的统计材料，赫哲族主要聚居的街津口乡，会赫哲语的人仅占2.14%，绝大部分都已转用了汉语。致使赫哲语濒危的因素有：人口少，居住分散；渔猎经济，流动性大；族际婚姻比例大；近代汉语文教育全面实施等。但在这些因素中，人口少是导致赫哲语濒危的最主要因素。

又如仙岛语。仙岛人是分布在云南省盈江县中缅边界的一个人群，使用属于藏缅语族的仙岛语。据2002年12月统计，仙岛人只有76人，分布在芒俄寨和芒缅村两地。据老年人回忆，20世纪50年代以前仙岛人的人口比现在多，还坚持使用自己的母语，没有出现语言转用，但兼语现象已经出现。但50年代以后随着对外交流的扩大，语言兼用、语言转用的现象不断增多。仙岛语目前的使用情况是：居住在芒俄寨的大部分已失去仙岛语，转用了汉语；居住在芒缅村的仙岛人，虽还普遍使用仙岛语，但已普遍兼用景颇语、汉语，大多是双语人，青少年中有的已转用景颇语。总的看来，仙岛语已处于濒危状态，有被汉语、景颇语取代的趋势。导致仙岛语濒危的因素有族群分化、人口少、社会发展滞后、社会转型、语言接触等，其中最重要的因素是族群分化。

土家语也面临濒危。土家族分布在我国的湖南、湖北、四川诸省，人口5704223人。目前会土家语的还不到人口总数的3%。即便是保留土家语较好的地区如保靖县仙仁乡，不会土家语的人已占一半以上，15%的人虽会一些，但不大使用，只有30%的人还用土家语，但这些人均是兼通汉语的双语人。致使土家语濒危的因素有：长期受到汉族的影响并接受汉语、汉文化教育；在分布上与汉族形成"大杂居、小聚居"的分布局面，处于周围汉区对土家地区的包围之中；改土归流后的社会经济转型；民族意识不强，母语观念淡薄。这些因素导致了土家族语言选择的改变。但在诸上因素中，长期受到汉族的影响并接受汉语、汉文化教育是主要的。

以上三种不同的走向，反映了语言竞争的不同层次。

五、怎样认识语言竞争与语言和谐的关系

在一个多语的社会中，如何认识、处理好语言竞争与语言和谐的关系？这是语言学家面临的一个具有重要理论意义和应用价值的研究课题，也是一个不能回避的问题。应当怎样认识这一问题呢？我认为以下几点是

必须重视的。

　　必须从理论上认清语言竞争与语言和谐的关系。从本质上说，语言和谐与语言竞争既有矛盾，又有统一。有矛盾，是说不同的语言在统一社会的交际中，其功能的范围、大小处于不断的竞争之中。竞争之中，既有使用功能上的相互消长，又有互相排斥的一面，甚至会出现语言衰变和语言消亡。有统一，是说不同的语言在统一的社会中，虽然存在竞争，还有其不可替代的作用。一种语言只要能生存下去，与别的语言在功能上总是互补的，即不同语言在统一的社会中总是各尽所能，各守其位。

　　世界毕竟是多元社会、多元文化的，预计未来的社会也会如此。一个多彩、多样的社会，总是由大小不同的民族、大小不同的语言构成的，不会是"清一色"的。多样性是合理的，体现了客观世界的"美"。当然，在现代化进程中，"一体化"是不可避免的，但即便是一体化，也还会存在差异，差异是永恒的。我不相信未来的世界只有一个或几个语言。

1. 正确处理语言和谐与语言竞争的关系

　　不同语言共处于一个社会之中，由于语言功能的差异，在使用中必然会出现语言间的竞争。语言竞争的表现常见的有：母语能力下降，兼用语能力上升；在语言使用领域上，强势语言扩大，弱势语言缩小；在语言态度上，人们对其重要性的认识发生变化；使用人口较少的语言功能下降，出现衰退，甚至走向濒危；等等。

　　应当怎样认识语言竞争呢？语言竞争是语言发展、演变的一条客观规律，是不可避免的。因为在一个多语的社会，语言竞争是协调语言关系的一个重要手段。它能使不同的语言通过竞争，调整不同语言使用的功能和特点，发挥各种语言应有的作用，有利于语言更好地为适应社会的需要服务。语言竞争，虽是一种不以人们意志为转移的自然现象，但人们可以通过语言规划、语言政策来加以规范，或引导向更理想的方向发展。

　　比如，我国南方民族地区中小学的汉语文和少数民族语文教学，多年来其比例有过多次的调整，其社会原因是民族地区的经济、文化面貌发生了变化，但社会变化反映到语言关系上是语言功能的变化，这当中存在着语言功能的竞争。

在语言竞争的潮流中，语言功能大的，成为强势语言，语言功能相对小的，成为弱势语言。构建语言和谐，必须处理好强势语言和弱势语言的关系。强势语言的存在和发展，有其优越的条件，容易受到人们的重视；而弱势语言则因其功能弱，在发展中存在许多难处。处理的原则是：扶持弱者。

2. 应当坚定不移地坚持语言平等原则

在一个多语的社会，没有语言平等，就不会有语言和谐，就会出现语言矛盾，并进而造成民族矛盾和社会不安定。因而，语言平等是搞好民族团结所必需的一个重要条件。苏联、加拿大、瑞士等曾经出现过的语言冲突，就是值得重视的教训。与许多多语言的国家相比，我国不同民族、不同语言间稳定的平等关系，以及少数民族语言受到尊重，是得到国际普遍认可的。中华人民共和国成立以来各民族之间团结互助、协调一致，互相尊重语言的使用，这是有目共睹的。"各民族都有使用和发展自己语言文字的自由"，是我国对待语言文字的基本方针。半个世纪以来，国家尊重各民族语言文字的自由使用，不同语言之间功能互补，促使语言与社会发展的需要趋于一致。我长期从事民族语文工作，到过许多民族地区，不同民族语言间的和谐关系给我留下深刻的印象。

1986年，我去云南省景洪县基诺山调查基诺语，亲自看到了基诺人自由使用基诺语的情景。基诺族是我国人口较少的一个少数民族，当时只有11966人（1982年）。基诺族对自己的母语怀有深厚的感情，男女老少都会说而且很愿意说基诺语。但他们还普遍兼用汉语，能使用汉语与外族人交谈、做买卖，听汉语广播。在他们的日常生活中，基诺语与汉语分工使用，和谐共存。①

---

① 参看戴庆厦、傅爱兰、刘菊黄：《普及教育、开放经济是双语发展的重要因素——基诺山双语现象调查》，《中国民族》1987年第9期。

1987年，我去新疆伊宁市做社会语言学调查，又看到各民族语言和谐共存的景象。伊宁市位于新疆维吾尔自治区西北边陲，是伊犁哈萨克自治州的首府。这里居住着维吾尔、汉、回、哈萨克、乌兹别克、锡伯、满、俄罗斯、蒙古、塔塔尔、柯尔克孜等10多个民族。这里的每一条街、每一个机关、每一个工厂，都由多个民族成分构成。长期以来，不同的民族友好相处，密切往来。不管哪个民族，都有不少人除了掌握、使用自己的母语外，还能熟练地掌握、使用另外民族的一两种以至三四种、四五种语言。在这样一个多民族杂居的地区，不同的语言交换使用，各尽其职，和谐有序，构成了一个自然的但有规则的多语社区。①

2004年、2005年，我两次到广西环江毛南族自治县调查毛南语，了解了毛南语现时的使用情况。毛南族总人口为71968人（2000年），但还保持使用毛南语的只有3万多人，因而有的学者把毛南语定为濒危语言。经过实地调查我们看到，约有4万的毛南人已不用毛南语是长期历史原因形成的，其中有各种复杂的因素。但近半个世纪以来，在毛南族主要聚居区——下南乡，毛南语则一直稳定地被使用着。下南乡全乡总人口20018人（2003年），居住着毛南、壮、汉等民族，其中毛南族占总人口的98%，几乎是清一色的毛南族聚居地。这个乡的毛南族，无一例外地都会说毛南语。不仅家庭内部使用毛南语，而且村寨居民的交谈、集市贸易和村内会议的用语，也都用毛南语，甚至在中小学里的毛南族师生，课下交谈也习惯地使用毛南语。在下南乡的街上，群众兴高采烈地围在电视机前欣赏用毛南山歌演唱的录像。在这里我们看到毛南语还保持旺盛的生命力，没有发现濒危的迹象。但这里的毛南族都普遍兼用汉语，汉语是他们的第二语言，在交际中两种语言交换使用。他们说：我们热爱自己的语言，毛南语在今后几代不会濒危；但我们都喜欢学汉语，大家也都会汉

---

① 参看戴庆厦、王远新：《新疆伊宁市双语场的层次分析》，《民族研究》1991年第2期。

语。①

我经常到云南省德宏傣族景颇族自治州调查语言，那里搭配有序的语言使用关系给我留下了很深的印象。拿景颇族的语言使用情况来说，这个在我国只有132143人（2000年）的小民族，内部竟分别操用五种不同的支系语言。为了交际的需要，景颇族人除了使用自己的支系语言外，有不少人还能兼用另外一种甚至两三种支系语言，而且还能兼用汉语。景颇族有不少由不同支系构成的家庭，父母各说自己支系的语言，子女则分别以父母的支系语言进行交际，长期如此。他们与其他民族交际，一般使用汉语。这里的各种语言，虽然语言特点不同，但没有高低、优劣之分，任何一种语言都得到尊重。

我国的少数民族语言文字在学校教育、翻译出版、广播影视、信息处理上，依据其需要分类使用，满足各民族社会发展的需要。

总的看来，中华人民共和国建立50多年来，由于在民族关系、语言关系上坚定地执行了民族平等和语言平等的方针、政策，各民族语言不分使用人数多少一律受到尊重，从主流上说是和谐的。当然，在科学技术迅速发展、民族关系急速变化的进程中，语言关系也存在一些矛盾、一些问题，特别是语言如何更好地适应社会需要的问题，是我们应当着力研究的理论问题。

必须按语言的实际情况区别对待。不同语言的功能及其变化，是由其人口、分布、文化、教育以及民族关系、语言关系等因素综合决定的，有其各自的演变规律。人口多的，不同于人口少的；聚居的，不同于杂居的；有文字的，不同于无文字的；跨国境的，不同于非跨境的；濒危的，不同于衰变的；等等。因而，绝不能同样对待，只能是"一把钥匙开一把锁"。正确处理多语社会的语言文字问题，最忌讳的是"一刀切"。这在我国过去的民族语文工作中是有深刻教训的。

---

① 参看戴庆厦、张景霓：《濒危语言与衰变语言——毛南语语言活力的类型分析》，《中央民族大学学报》2006年第1期。

要制定必要的法规、政策、措施来保证。从中华人民共和国建立起，我国在宪法、法规中都对民族语文使用、发展问题作了规定，中央和地方政府还对与民族语文有关的问题出台了系列文件，包括民族文字的创制改革、民族语文机构的建立、民族语文工作干部的培养、民族语文教材的编写、跨省区民族语文工作的协作、民族语文的现代化信息化等问题，对少数民族语言文字的使用、发展起到了重要的保证作用。今后，还会随着时代的发展和需要制定新的文件。国家的语言政策、语言规划，对语言竞争、语言的使用和发展，能起到一定的制约作用。

总之，语言竞争虽是语言演变的自然法则，但可以通过国家的语言政策、语言规划来协调。处理好的，就会出现语言和谐，不同的语言"各尽所能，各守其位"；处理不好的，就会激化语言矛盾，并导致民族矛盾。正确处理语言竞争中出现的问题，必须坚持从实际出发、区别对待的原则。

六、做好新时期的民族语文翻译工作

不同语言民族共存于一个社会中，除了靠双语人使用第二语言来进行不同民族间的相互交流外，还要靠语言翻译来完成民族间的交流。也就是说，语言翻译对社会的存在和发展具有重要的作用。但是，语言翻译能否为社会服务得好，则不是一件简单的事，其中存在一些理论问题和实际操作问题。[①]

现在主要以我国少数民族语言翻译汉语为对象，分析语言翻译在我国新时期的性质、特点，论述语言翻译与社会和谐、语言和谐的关系，并对如何搞好新时期的语言翻译提出一些建议。

---

① "语言翻译"又称"语文翻译"。本文统一使用"语言翻译"，包括文字翻译。

(一)新时期我国民族语言翻译工作存在"三性"的特点

应该如何给我国民族语言翻译工作定性、定位？特别是我国进入现代化建设的新时期，应当如何看待语言翻译工作的地位和作用，是必须解决的一个重要认识问题。我认为，新时期我国民族语言的翻译工作具有"三性"的特点：重要性、长期性、多类型性。

1. 我国多语种、多文种的国情决定了语言翻译工作的重要性

在长期的历史发展过程中，少数民族的语言文字是少数民族生活中不可缺少的交流思想的工具，又是负载民族智慧、保存历史文化信息的工具。少数民族的生存和发展，须臾也离不开自己的语言。这是人们公认的历史事实。

进入新时期，少数民族语言的使用情况、功能地位在主要特点上依然不变。也就是说，少数民族的主体仍然使用本族语言文字进行交际，少数民族语言在民族地区仍有其重要的作用。一些人口较多的民族，如蒙古、藏、维吾尔、哈萨克、朝鲜、彝、壮、苗等民族是如此，许多人口较少的民族大多也是如此。

各民族母语的存在，决定了语言翻译工作存在的必要性。特别是进入新时期后，由于经济文化、科学知识的大幅度发展，人们更需要通过语言翻译来实现不同民族之间的交流与和谐。总之，少数民族母语的存在，决定了民族语言翻译的必要性。

2. 语言的稳定性决定了语言翻译工作的长期性

语言是发展变化的，其变化包括语言结构特点的变化和语言使用功能特点的变化。就语言功能的变化来说，虽然在不同的历史时期，变化的速度存在快慢的差异，但从总体来说还是缓慢的，具有稳定性的特点。我们看到，中华人民共和国成立后的半个多世纪，原先使用民族语言的地区目前大多还保持基本特点不变，都以本民族语言作为交际的工具。

这里以云南省陇川县户撒乡阿昌族语言使用情况为例。据我们实地调查获知，该乡阿昌族11955人，除个别居住在乡政府附近的干部子女阿昌语水平不高外，不论是在聚居的村寨，还是阿昌族和其他民族杂居的村寨，不分性别、年龄、职业大多保持使用自己的语言。他们与本族人在一起时，均使用阿昌语进行交谈，认为使用阿昌语交谈自然、习惯，不好意思说别的语言。阿昌语在阿昌族的家庭生活、社会生活等各个方面都发挥了重要的作用，也是维系民族情感的重要纽带。甚至部分常年在外打工或求学、工作的阿昌人，也都保持使用阿昌语。从这里可以看到阿昌语长期使用的生命力。[①]

母语的稳定性是由母语的民族感情、承载本族文化内涵的功能以及使用者维护本族语的语言态度等各种因素决定的。一般来说，母语的稳定性是不容易发生重大变化的。特别是在我国，由于民族平等、语言平等方针政策的实施，从客观上保证了少数民族语言母语的稳定使用，使得少数民族使用自己的母语时，都有一种发自内心的平等感和自豪感。只要是实际需要，他们都会情不自禁地使用本族语言进行交际。

母语的长期使用，也就决定了母语和非母语相互翻译的必要性，也就决定了翻译工作的长期性。

（二）我国民族语言、文字的多类型性决定了语言翻译工作的复杂性和艰巨性

我国民族语言、文字不仅数量多，而且类型多、特点复杂。由于类型的不同，在翻译上就存在不同的类型。如把属于分析型的汉语翻译成属于黏着语的维吾尔语，这是属于不同语言结构类型的翻译。即便是属于同一类型的语言，翻译中也会因特点的不同而有自己特殊的难点。如汉语和彝语都属于分析型语言，但二者在分析程度上存在差异，翻译时也存在不少难点。

我国少数民族语言的翻译大致可分两种类型：一种是文字翻译，一种是口头翻译。有的民族既有文字翻译又有口头翻译，如分布在北方有文字

---

① 参见戴庆厦：《阿昌族语言使用现状及其演变》，北京：商务印书馆，2008年。

的一些少数民族就属于这一类；但很多南方民族的语言，由于没有文字，都只有口头翻译的任务。翻译界所说的语言翻译，主要是指文字翻译，但实际上口头翻译遍及各民族，承载了重要的任务。

从翻译内容上分，除了现实需要的各类内容，如政治、经济、文化、科学、技术等方面内容的翻译外，还有传统文化遗产的翻译，如对纳西族东巴经的翻译、对彝族"毕摩"文化遗产的翻译等。

从翻译对象上分，有目标语为主体民族语言的翻译，如把汉文翻译成蒙古文、藏文等，有目标语为非主体民族语言的翻译，如把藏文、维吾尔文翻译成汉文。在我国，以汉语为目标语的翻译占主要地位。此外，还有把外文翻译成我国各民族文字的。

翻译类型的不同，决定了翻译的内容、方法的不同。做好翻译工作，必须根据翻译类型的特点，确定适合翻译对象的具体方法。

（三）新时期我国民族语言翻译工作的新特点

进入新时期，我国社会生产力得到迅速发展，人民的物质生活有了极大的改善，精神面貌也发生了巨大的变化。而作为民族语文工作一部分的民族语言翻译工作，也必然会发生新的变化，出现新的特点。那么，新时期我国民族语言翻译工作的新特点有哪些呢？

1. 语言翻译与社会和谐的关系更为密切

担负着民族交流、传播新信息任务的语言翻译，对于巩固、发展社会和谐有着不可替代的重要作用。

语言翻译，能够在一定程度上弥补母语人对第二语言（目标语）的不足，使不同的语言在特定的条件下"各尽所能、各得其所"，协调好语言关系，使不同语言在一个统一的社会中和谐共处。如果没有语言翻译，不同民族的单语人就不能相互沟通、交流，也就不能和谐地共存于一个统一的社会。如果翻译工作做得不到位，就不可能准确地传递信息，就会产生误解，影响社会的和谐。历史上由于翻译错误而导致民族纠纷、国家冲突的事例，时有发生。

20世纪70年代,我国一些民族的翻译工作中,曾对"中国""共产党"等专有名词以及新词术语的译法,出现过不同的观点,并有过激烈的争论,反映了当时翻译界对我国少数民族语言翻译存在的不同认识。翻译应当是一座"民族交流的桥""民族和谐的桥"。

回顾过去的历史经验,我们能够清楚地看到,科学的翻译原则有助于民族团结、社会和谐,反之亦然。

2. 对语言翻译工作有了更高的要求

进入新时期,由于科学技术的进步比以往任何一个时期都快,新信息、新概念层出不穷,语言也会随之出现新的变化。这种变化主要表现在词汇中大批的新词术语像雨后春笋般地破土而出。其中有的已定型,而有不少还处于进一步完善之中;有的容易确认其本义,而有的一时还理解不透。但新词术语一旦在社会媒体中出现,翻译工作者就有责任迅速地、准确地将它翻译为各民族语言,使各民族受益。

如2007年由教育部、国家语委发布的《年度语言生活状况报告》中公布了171条新产生的词汇,其中就有"八荣八耻""车奴""博文""城市依赖症""村证房""草根网民""高薪跳蚤""等额配比基金"等新词语,这些新词当时对许多人来说还是生疏的,翻译时会面临着不同的理解,不同的选择,甚至会感到难以下手。在我国现代化建设的过程中,翻译工作始终会存在这样一个矛盾:新词术语大批快速增长,而翻译工作者又来不及在短时间内做出准确判断,需要经过一段时间的再认识。有的翻译得对,有的翻译得不对。这种矛盾,是造成错译的主要原因之一。好的翻译作品应当尽量做到减少原文信息的流失,在转换中保持原文的意义和风格。

3. 大批传统文化遗产亟待翻译

在全世界进入科技化、信息化的今天,传统文化遗产的保留及整理被提上了日程。而在传统文化遗产保留和整理的工作中,非常重要的一项内容是把各民族的文化遗产翻译成我国各民族的通用语——汉语普通话,以便为各民族所共用。

科学技术的大发展，往往冲击传统文化的保存和发展，容易造成传统文化的衰退和流失。进入新时期后，随着经济文化、科学技术的快速发展，以及交通的改善和人口流动的增多，我国不同民族、不同地区的差异在逐渐减少，各民族特有的传统文化遗产一时会受到忽视。为此，有识之士都大声疾呼要重视抢救保护传统文化遗产。2002年，文化和旅游部、国家民委联合发布《关于进一步加强少数民族文化工作的意见》（文社图发〔2000〕8号），强调收集、整理、抢救文献记载和口头流传的少数民族文化遗产。

对待各民族与语言文字有关的传统文化，一是要保存，二是要翻译。通过翻译，才能把一个民族的优秀文化传播到其他民族中去，达到相互交流、互通有无的目的。

我国各民族传统文化遗产的数量庞大、内容繁多，要做好与语言有关的翻译工作必须给予足够的重视，加强领导，调动各方面的积极性，分批分期进行。

七、加强民族语言翻译学科的几点建议

如上所述，新时期的语言翻译对我国的现代化建设特别是构建社会和谐、语言和谐具有重要的作用。因而，如何根据新时期的特点和发展规律做好翻译工作，是翻译领域必须认真思考的问题。下面我提出几点建议供有关部门和从业人员参考。

（一）必须对新时期的语言翻译进行科学的定性、定位

新时期有许多问题需要认真去研究，在理论上做出科学的回答。比如：语言翻译在新时期的地位是什么？随着科学技术的不断发展，双语人数的不断增多，语言翻译是要加强，还是要收缩？在现代化进程中，语言翻译工作的核心领域是什么？在一个多语的社会，应当怎样估量语言翻译

的作用？

（二）必须进一步探讨语言翻译与社会和谐、语言和谐的关系

语言和谐究竟包括哪些内容，语言翻译能做哪些有效的工作，语言和谐与社会和谐的关系是什么？这些问题都有待于研究。

（三）我国民族地区学校中的双语教学，特别是小学低年级阶段的双语教学，教师广泛使用语言翻译来提高教学质量。但在过去，双语教学中的语言翻译多呈"自然"状态，无一定的标准和规范。想翻多少就翻多少，想翻什么就翻什么。其实，双语教学中的语言翻译是有规律可循的，但对不同的情况有不同的要求。年级、课程不同，要求不同，侧重点也不同。不同民族、不同地区，有文字的，无文字的，也很不相同。对学校双语教学的语言翻译，过去没有把它当成一项专门的课题来研究，今后必须加强。

（四）必须进一步明确新时期对语言翻译工作者的要求

翻译是一门综合性的学科。翻译者的水平包括对两种语言的理解、表达、转换的水平，宏观把握和微观处置的能力，多种学科的知识。此外，还有对社会变动的敏感力，在不同语言环境中语言运用的应变能力等。

我在这里强调的是，语言翻译工作者应当具有一定的语言学理论素养和语言学知识。必须看到，语言学理论对提高语言翻译水平具有重要的作用。

语言翻译是两种语言的变换，需要对语言的结构、演变以及语言关系（包括语言影响、语言接触、语言兼用、语言转用等）有一定的认识。语言特点有隐性和显性之分，有共性和个性之分，有表层和深层之分，在翻译中如何处理好这些关系，需要翻译者从理论上进行思考，用理论指导实践。就我看来，我国的翻译队伍对语言学理论特别是对现代语言学理论的认识还很不够，使得翻译者的知识库缺少重要的一档，这是今后必须弥补的。对国外的翻译理论，我们了解得还很不够，应当吸取其有用的成分来丰富自己。

（五）加强民族翻译史和民族翻译理论的研究

我国的民族翻译有着悠久的历史和光彩夺目的内容，是翻译学的一个组成部分。我国丰富的语言土壤，造就了一批有作为的翻译家。"根据《西域翻译史》记载，早在两千多年前的汉代，西域三十六国中就有二十四国设立过'译长'一职，可见当时已有颇具规模的翻译队伍；东汉三国时我国著名佛经翻译家'三支'，就是西域月氏人（当时在敦煌、吐鲁番、焉耆一带）支谶、支亮、支谦；南北朝后秦时期古西域龟兹（今天的库车）翻译家鸠摩罗什根是我国古代的一流翻译家，与玄奘、不空金刚、真谛（波罗末陀）并称我国古代四大佛经翻译家，与著名的玄奘齐名。"[①] 其他民族地区也有一批优秀的翻译家。

民族翻译史的研究有助于我们认识历史上民族翻译的历程、特点和规律，也有助于预测今后民族语言翻译发展的趋势。建议今后加强这方面的工作，组织一批队伍编写数部能够代表我国翻译水平并具有中国特色的民族语言翻译史和民族翻译理论的专著。

语言翻译有自己的学科特点和规律。它研究如何科学地、准确地把一种语言转换成另一种语言，其研究方法是多学科知识的综合运用。因此，翻译学应当是一门独立的学科，属于语言学。

[①] 引自陈毓贵：《与时俱进加强学习努力提高我区民族语文翻译学术水平》，《语言与翻译》2006年第4期。

中国的语言国情及民族语文政策
—— 民族出版社报告
（2010年7月6日 民族出版社）

前言

民族语文工作者必须具备的"三观"

1、实事求是的"语言国情观"

2、科学的"语言观"

3、与时俱进的"语文政策观"

讲四个问题：

一、中国的语言国情

二、我国民族语文的基本国策

三、构建语言和谐

四、我国的语言关系

五、对做好我国民族语文工作的几点建议

一、中国的语言国情：一个多语种、多文种的国家

多语种、多文种 —— 中国基本的语言国情；也是重要的中国国情。

实事求是地认识国情，才能因势利导，对症下药，避免陷入盲目性。

否则，所形成的思想和提出的对策就没有根据。（目前存在的问题）

语言国情包括：语言结构特点，语言使用特点，语言关系特点。

1. 中国的语言

中国有56个少数民族，分别使用100多种不同的语言。这是到目前为止语言学家经过实地调查得到的数字，实际数目有可能还不止这些。

为什么语言总数大于民族总数，这是因为有些民族使用一种以上的语言。如：瑶族使用三种语言——勉语、布努语、拉珈语。

为什么多年来一直使用80多、100多、120多这些不准确的数字？原因有二：

一是语言全貌未被完全认识，还会有一些未被发现的语言。

二是语言种类的确定和划分还处于完善中。有些"话"究竟是语言区别，还是方言区别还存在不同的认识。

中国的少数民族语言，可以从不同角度做不同的分类。

（1）从系属上看，我国语言分属于汉藏、阿尔泰、南岛、南亚、印欧等五大语系。汉藏、阿尔泰两大语系语种、人口最多。

（2）从使用人口上看，差异很大。有大语种和小语种之别。使用人口最多的是壮语，有1300万人，使用人口最少的是赫哲语，只有200多人。

（3）从方言差异上看，有的差异大（如壮语、彝语），有的差异小（如哈萨克语、傈僳语）。

（4）从是否跨境的角度上看，有跨境语言和非跨境语言之分。中国的跨境语言有二十多种。如景颇语分布在中国、缅甸、印度、泰国等国。

（5）从语言使用活力上看，有强势语言和弱势语言之分。有些语言处于濒危或衰变的境地，如赫哲、土家等语言。

（6）从语言类型上看，有分析语（壮语、苗语）、黏着语（维吾尔语、蒙古语）、屈折语（塔吉克语）三类。

此外，还有一些已消亡的古代语言，如西夏语、粟特语等。

2. 中国的文字

中国的55个少数民族中，有24个民族有代表自己语言的文字。由于有的民族使用一种以上的文字，如傣族使用傣仂文、傣那文、傣绷文、金平傣文等四种文字，所以24个民族共使用33种文字。

类型多样是我国民族文字的一个最重要的特点。世界文字的主要类型在中国都能看到。中国是研究文字史的天然宝库。

（1）文字特点

结构类型：图画文字（东巴文）；象形文字（西夏文）；音节文字（彝文）；拼音文字（藏文）。

字母形式：拉丁字母文字；非拉丁字母（有印度字母；叙利亚字母；阿拉伯字母）；方块形拼音文字；斯拉夫字母等。

文字历史：长短不一，有创始于7世纪前后的藏文，有出现于11世纪的蒙古文，一些拉丁字母的新文字只有近百年的历史。

3. 中国语言文字的功用和价值

三大价值：一是应用价值；二是感情价值；三是文化价值。不能低估感情价值。

现代化新时期的民族语文应如何看待？

民族语文仍然存在三个不变：一是重要性不变。它仍然是少数民族不可或缺的交际工具，是一项重要的资源。二是感情价值和文化价值不变。少数民族对自己的母语仍然具有深厚的感情，必须予以尊重。三是复杂性不变，而且还出现一些新的特点。

4. 我国语言文字的复杂性（现状、历史）

我国语言文字的复杂性决定了民族语文工作的复杂性。解决中国的民族语文问题有相当难度。

这就需要了解现状；需要进行理论探讨。才能作出科学的对策。

二、我国民族语文的基本国策

我国民族语文的基本国策是保护少数民族语言，提倡各民族互相学习语言，提倡少数民族学习通用语——汉语普通话。

1、保护少数民族语言文字，这是我国政府一贯坚持的国策。它是由以下三个因素决定的：

（1）科学的民族观、语言观——民族平等、语言平等；

（2）少数民族的发展需要；

（3）少数民族语言文字的演变规律和使用特点。

2、为什么要保护少数民族语言？

（1）少数民族语言是少数民族主要的交际工具，是生存、发展的手段。我国现时民族语言使用的基本情况是：除少数一些民族和部分杂居区外，大多数民族、大多数地区，特别是民族聚居区，都还普遍使用本民族语言。本族语言仍然是他们日常生活的主要交际工具。

（2）少数民族语言是民族的重要特征之一，与民族的情感息息相关。少数民族对自己的母语都是充满感情的，把它当成是民族的象征，民族精神的力量。

（3）历史的经验告诉我们，对语言的保护和尊重，有利于民族发展、民族进步；对语言的歧视和不尊重，必然会阻碍民族发展和破坏民族团结。

3、为了保护少数民族语言的使用和发展，我国政府主要做了以下几件大事：

（1）把语言保护写入宪法和法规中，而且长期不变。主要是"各民族都有使用和发展自己语言文字的自由。"这是中国政府对待少数民族语文问题的基本立场，体现了民族平等、语言平等的基本原则。

（2）采取各种措施保护少数民族语言文字。如：

A. 规定在学校教育中使用少数民族语言，大力发展少数民族语言教学。

B. 大力培养民族语文人才。

C. 从中央到地方成立各级民族语文翻译机构，出版少数民族文字的书籍、报刊和读物。

D. 为没有文字的少数民族创制新文字、为文字不完备的民族改革或规范文字等。

E. 加强少数民族语言文字信息化建设。已制定了多种传统通用民族文字编码字符集、字形、键盘国家标准和国际标准。开展了民族语言语料库资源和自然语言技术处理的建设。

半个多世纪以来，由于实现民族平等、语言平等的原则，保证了民族发展和民族团结。这是历史的经验，在新时期也是必须坚持的。

4、提倡少数民族学习汉语，符合少数民族的根本利益和长远利益。随着现代化的进程，其重要性和迫切性更加增强。

三、构建语言和谐：新时期民族语文工作的一项重要任务

（一）什么是语言和谐？

1、党的十六届四中全会把构建社会主义和谐社会摆在重要地位，作为提高党的执政能力的重要任务之一。

2、构建和谐社会，对人来说，是人与人之间的相互尊重和理解；对民族来说，是民族之间的团结、互助。

3、语言和谐是社会和谐、民族和谐的组成部分之一，是关系到社会、民族是否和谐的一个重要因素。语言和谐包括：各民族互相尊重对方使用的语言；不同语言各就各位，相互补足，各自发挥作用；对弱势语言要予以保护。

（二）为什么要构建语言和谐？

1. 有助于民族团结

在一个多民族的社会里，语言关系如何，是和谐还是不和谐，直接关系到社会的稳定，民族的团结。因为语言与民族总是紧密联系在一起的，人们总是把具体的语言看成属于某个具体民族的。对语言的尊重就是对民族的尊重，对语言的歧视就是对民族的歧视。语言的不和谐，就会造成对民族的伤害。

2. 有助于各民族的发展繁荣

各国的经验已经证明，母语教育是儿童阶段开发智力最好的手段，在使用民族语言的地区，应该重视母语教育，根据具体情况确立母语教育的体制，处理好母语和通用语的关系。

3. 国内外的经验和教训

国内外的一些多民族国家，语言不和谐引起语言矛盾并导致民族矛盾的案例时有发生，破坏性很大。我国的语言关系，主流是和谐的，也存在某些不和谐的现象，虽不是主流，但也值得重视。

4. 我国的实际案例

云南省德宏傣族景颇族自治州案例：傣、景颇、德昂、阿昌、傈僳等少数民族，他们都有自己的语言，得到尊重。少数民族还普遍兼用汉语。这里的不同语言各就各位、各尽所能，和谐有序。

（三）进入新时期民族语文的使用和发展出现了一些新问题，也出现一些不和谐的现象。

1、一些地区青少年的母语能力下降。

2、一些杂居区的小语言出现衰变或濒危。

3、一些地区出现忽视民族语文作用的趋向，甚至出现对民族语文的不尊重。

4、因语言因素在升学、招工等方面出现新的事实上的不平等。

四、我国的语言关系：互补和竞争

（一）什么是语言关系？

1、各种语言都是在不同语言的关系中存在和发展的。不与别的语言发生关系的语言是不存在的。所以，研究语言要研究语言关系。

2、我国的语言关系有三大块：

少数民族语言和通用语的关系；

普通话和方言的关系；

本国语和外语的关系。

3、语言关系包括语言互补、语言竞争、语言和谐。

（二）语言互补（双语互补）

1. 双语互补包括两个方面内容：

一是语言使用功能的互补；

二是语言结构系统的互补；

二者是不同质的，但存在内部联系和相互制约。

2. 功能的互补，是指双语的使用各有自己的范围，各有自己的作用。二者互补为一个可以基本满足人们交际需要的语言功能系统。

3. 双语中的母语和兼用语是相互补充的关系，而不是替代的关系。这就是说，在实际的语言生活中，母语和兼用语自然形成了分工，各有自己的功能，各有自己的服务范围。双语相互不能取代，而是各就各位，各尽其责。

4. 不同的民族，双语互补的特点不相同。由于社会条件不同，民族分布特点不同，以及母语功能大小的不同，（包括使用场合、使用频率、使用水平等）双语互补的特点也不相同。

比如，分布在我国南方的少数民族双语区（基诺族、阿昌族等），母语主要承担在家庭内、村寨内、民族内使用的功能，一般只用于口头交际；而兼用语汉语则用于学校、政府机构的交际中，用于不同民族的交际中，而且除了口头交际外，还广泛地出现在书面语的使用和交际上。

分布在北方地区、人口较多的少数民族，双语人的双语使用也有分工。母语除了使用于家庭、民族内部外，在学校、政府机构中也使用；而兼用语汉语用于不同民族的交际中，用于汉语文授课的学校中。

5.语言的功能，除了使用功能外，还具有感情功能。双语的互补还反映在使用功能和感情功能的关系上。

感情功能是指一个民族使用语言时，还有满足某种感情的需要，特别是在使用自己的母语时，会在有意无意中抒发对自己民族的感情。即便是处于濒危的语言，母语人还对它有依依不舍的感情。

6.结构系统的互补，是指双语的接触会使语言结构系统补充新的内容，增强了语言的表达能力。

7.双语互补对母语的生存和发展具有两面性：

一是有利的一面。具体说来，就是通过双语的互补，母语进入双语系统，在使用功能上得到定位，在语言系统上通过语言接触得到应有的丰富和发展。这是母语遵循社会变化和语言自然演变法则的表现。

二是不利的一面。在双语竞争中，母语在优势语言的影响和制约下，在使用功能上有可能出现削弱、衰退，甚至逐渐被兼用语所代替。

由于存在这种可能性，使得一些双语人担心双语的普及会危及母语的生存，更甚者，会对双语现象抱抵触情绪。

所以，要理智地处理好两面性，消解不利因素。

（三）语言竞争（双语竞争）

任何事物都有两面性，只认识一面是不够的。对待语言关系，既要看到和谐的一面，又要看到竞争的一面。

1.什么是双语竞争？

（1）承认双语竞争的存在。语言竞争是由不同语言的差异决定的，有差异就有矛盾。所以说，语言竞争是多语社会语言关系在社会运行中的自然法则，是语言关系的产物，调整语言协调于社会需要的手段也是不可避免的。

（2）在我国的语言生活中，双语竞争时时可见。比如：

少数民族家长送自己的子女进幼儿园时，首先要考虑的是这个幼儿园说什么语言。这些年来，有的民族的家长愿意将自己的子女送进说汉语的幼儿园，而不送进说自己母语的幼儿园。

在一些民族学校，民族语和汉语的授课比例时有变动，意见不一。

南方有的民族的家庭，第一语言不是母语，而是汉语。有的地区，母语只靠自然习得，期望值不高；母语迁就汉语。有的家庭，中老年人习惯说自己的母语，而青少年则习惯说汉语，青少年的语言行为常常引起老年人的不满。

（3）必须承认并认识双语竞争的特点和规律，才有可能科学地认识双语竞争中存在的各种复杂现象。

（4）我国语言竞争的主要表现：全国通用语汉语普通话和少数民族语言使用的关系上，此外还出现在同一地区不同的少数民族语言之间。

2. 双语竞争具有对抗性和非对抗性的两面性

在不同的国度或不同的时代，会存在不同性质的语言竞争。在存在民族压迫的国家或时代里，由于弱势语言和强势语言是不平等的，双语竞争往往是对抗性的、不可调和的，弱势语言容易被强势语言所取代。当然，在这样的国家或时代里，语言竞争也还存在非对抗的一面，即自然竞争的一面。

但在实现民族平等的国家或时代里，语言竞争一般是非对抗性的、可以调和的，因而弱势语言在与强势语言的竞争中可以通过互补而继续生存、发展。但是，如果处理不当，也有可能变为对抗性矛盾，危害民族的团结。

我们这里所说的"语言竞争"是指因语言功能不同所引起的语言矛盾，属于语言本身功能不同反映出的语言关系。这是语言关系在语言演变上反映的自然法则，有别于靠人为力量制造的"语言扩张""语言兼并"或"语言同化"。前者符合语言演变的客观规律，有利于语言向社会需要的方向发展，有着积极的意义；而后者是强制性的，违反语言演变的客观规律，违背民族的意志。

3."强势语言"和"弱势语言"

（1）认识语言竞争的性质，必须涉及"强势语言"和"弱势语言"这两个不同的概念。存在于同一社会的不同语言，有的功能强些，有的弱些。强弱的不同，使语言在使用中自然分为"强势语言"和"弱势语言"。这是客观存在的事实。

多语社会中，语言竞争通常出现在强势语言与弱势语言之间，其关系错综复杂。所以，要准确解决一个多民族国家的语言关系，区分这一对概念是必要的，也是不能回避的。

（2）"强势"与"弱势"是相对的。汉语是强势语言，是就全国范围而言的。在我国的民族地区，不同的少数民族语言，其功能也不相同。其中，使用人口较多、分布较广的少数民族语言，是强势语言；使用人口较少、分布较窄的少数民族语言，则是弱势语言。其"强势"与"弱势"之分，是就局部地区而言的。如：在我国的新疆，在维吾尔、哈萨克、柯尔克孜等民族杂居的地区，维吾尔语通行最广，是强势语言，其他少数民族语言则是弱势语言。在广西，壮族人口多，与毛南语、仫佬语相比，是强势语言，一些毛南人、仫佬人会说壮语，甚至转用了壮语。

（3）处理的准则是：照顾弱势。在语文政策上，既要保护少数民族语言，使其繁荣发展，又要帮助少数民族尽快兼用汉语。

（4）语言竞争的不同走向

一种走向是：互相竞争的语言长期共存，功能上各尽其职，结构上相互补充。在竞争中，各自稳定使用。虽有强弱差异，但弱者有其使用的范围，不可替代，不致在竞争中失去地位。我国少数民族语言和汉语的关系多数属于这类。

另一种走向是：弱势语言在与强势语言的较量中，功能大幅度下降，走向衰退。其表现是：功能衰退的语言，只在某些范围内（如家庭内部、亲友之间、小集市上等）使用；部分地区出现语言转用。这类语言，可称为衰变语言。

还有一种走向是：弱势语言在竞争中走向濒危，在使用中完全被强势语言所代替。我国历史上分布在北方的一些语言，如西夏、鲜卑、契丹、女真、焉耆、龟兹等语言，在语言竞争中消亡了。还有一些语言，目前正处于濒危状态，引起人们的重视。

以上三种不同的走向，反映了语言竞争的不同层次。

4.科学地处理少数民族语言与汉语的关系

（1）能否科学地处理少数民族语言与汉语的关系，关系到民族发展、民族团结、国家统一。是当前做好民族语文工作的关键问题。

（2）少数民族语言和汉语如何定位？少数民族语言是少数民族的母语，是受到宪法保护的；汉语普通话是我国的通用语，对少数民族来说，不是一般的兼用语。

（3）中国少数民族面临着双语任务，语言负担重。这是一项涉及方方面面的系统工程，处理好很不容易。所以一定要统筹安排，慎之又慎。

五、对做好我国民族语文工作的几点建议

1、要深入了解语言国情。必须开展全国范围内的语言国情调查，对我国民族地区的语言生活做到心中有数。不能只停留在"忽明忽暗""朦胧可见"的感觉上。

2、要加强民族语文工作的理论建设。包括民族语文政策、民族语文教学、科研、翻译等方面的理论建设，建立一支强有力的理论队伍。

3、要提高民族语文工作者的地位。

最后，世界毕竟是多元社会，是由多元文化的组成，预计未来的社会也会如此。一个多彩、多样的社会，总是由大小不同的民族、大小不同的

语言构成的,不会是"清一色"的。多样性是合理的,体现了客观世界的"美"。当然,在现代化进程中,"一体化"是不可避免的,但即便是一体化,也还会存在差异,差异是永恒的。我不相信未来的世界只有一个或几个语言。

谢谢大家,请提意见!

论科学保护各民族语言文字

——"语言文字应用研究第一届优秀中青年学者培训班"报告

(2014年7月 北京)

任何一种语言,都包括语言结构和语言功能两方面特征。做语言研究,既要研究语言本体结构的特点,包括共时特点和历时演变,还要研究语言使用功能的特点,也包括共时特点和历时演变。一个语文工作者或一个语言学家,既要有研究语言本体的本领,又要有认识语言功能的能力。二者缺一不可,当然每个人的研究会有侧重点。

"科学保护各民族语言文字",是我国当前语文工作中必须解决的一个重要的理论问题。今天,我主要根据我国少数民族语言的情况,谈谈"科学保护各民族语言文字"的理解和贯彻。我希望我所谈的少数民族语言保护,对从事汉语保护工作的人也会有帮助,因为汉语和少数民族语言之间既有个性,又有共性。

主要讲以下四个问题:

一、怎样理解"科学保护各民族语言文字";

二、科学地认识我国的语言国情是"科学保护"的基础;

三、构建"语言保护"的理论框架是关键;

四、设计好"语言保护"调查研究的方法。

一、怎样理解"科学保护各民族语言文字"

我们知道,"科学保护各民族语言文字"是一个新理念,又是一个语文工作中的一个大的方针、政策,因此就存在一个怎样准确地、深入地理解"科学保护各民族语言文字"这十一个字的问题。

大家是否注意到,有关语言文字大政方针写入国家法规中的主要有两个:一是中华人民共和国成立初期就制定的、后来被反复写入宪法中的"各民族都有使用和发展自己语言文字的自由"(最早见于1954年9月29日第一届全国人民代表大会第一次会议通过的《中华人民共和国宪法》第三条);二是2011年10月党的十七届六中全会通过的《中共中央关于深化文化体制改革推动社会主义文化大发展大繁荣若干重大问题的决定》中提出的"科学保护各民族语言文字"。1954年至2011年,相隔57年。后来这句话又被写入了《国家中长期语言文字事业改革和发展规划纲要》(2012—2020年)的第二章的"目标和任务"中。

可见,"科学保护各民族语言文字"这句话,是党和政府对待语文问题的一个重要方针、政策,不能当成是一般的政策、措施或口号。

我认为,理解"科学保护各民族语言文字"至少有以下三点是必须强调的:

1. "科学保护各民族语言文字"是党和政府根据我国新时期的国情提出的,有其特定的历史条件和历史环境。它是我国语文方针政策在新时期的新发展。

2. 它的核心精神是民族平等、语言平等,倡导多元文化(包括多语言)在世界的共同存在。

3. 它与宪法上规定的"各民族都有使用和发展自己语言文字的自由",基本精神是一致的,但"科学保护各民族语言文字"有了新的内容。宪法的规定强调"使用和发展的自由",而"科学保护各民族语言文字"着重强调"保护"二字,即全国公民不但有使用、发展自己语言文字的自由外,还要保护我国的语言文字，突出了"保护"二字。

为什么现阶段要提出"科学保护各民族语言文字"呢？这是由我国现时的国情以及今后的发展趋势决定的。因为在现代化进程不断发展的今天，由于社会结构和人群的变动，经济生活的大幅度提高和变化，以及信息一体化的不断增强，语言使用和发展会出现一些前所未有的复杂问题，语言文字工作会面临新的挑战。突出的问题是，大量弱势语言在与强势语言的竞争中，出现不同程度的衰退甚至濒危，出现如何生存与发展的新问题。即便是强势语言，也存在新的形势下如何解决使用和发展的新问题，如规范化、信息化等问题。

所以，我们必须从理论意义和应用价值上来理解"科学保护各民族语言"的提出。我在《"科学保护各民族语言文字"研究的理论方法思考》一文中，提出"科学保护的"必要性至少有以下几个：1."科学保护"有利于民族发展，社会进步；2."科学保护"有利于民族和谐，民族团结；3."科学保护"有利于保存和发扬优秀的文化传统。

下面，对如何科学地理解"科学保护各民族语言"的理论意义和应用价值再做些分析。

先分析一下语言的本质属性。我们知道，语言是民族的特征之一，而且往往是第一特征。民族的诸特征中，语言特征最稳定、最敏感，浮渣的文化特征、感情特征最多。世界各地的无数事实告诉我们，不论是大语言还是小语言，都是民族文化的载体，而且还是民族智慧的结晶。每种语言都是该民族世代共同创造的，历史发展过程中民族中的许多特征发生了变化（如风俗习惯、服饰、饮食、经济生活等），但语言的特征往往不变。如景颇族中的载瓦支系、浪速支系，早期与景颇支系不是一个群体，但后来融为一个民族。经过长期的融合，其他特征如服饰、宗教、风俗习惯、心理状态都变得相同了，但各自还坚持使用自己的支系语言。他们中由不同支系组成的家庭，普遍坚持各说各的规则。所以可以认为，凡是有母语的民族，不论民族大小，都会热爱自己的母语，对自己的母语（包括方言、支系语言）都怀有深厚的感情，而且都还具有维护、捍卫自己母语使用权利的天然感情。这是外民族所不能理解的。因而，民族平等，自然包括语言平等；对民族的尊重，也自然包括对语言的尊重。历史的发展已形成这样一个不可改变的事实：语言是民族特征中的一个最为敏感、最为重要的特征；语言得到保护，有助于民族和谐、社会和谐，语言不受尊重，就会引起民族矛盾，甚至会引起社会的动荡。

再从语言所负荷的能量来看保护语言的重要性。语言是世世代代堆积、形成的，是长期历史的产物。任何一种语言，承载着无穷无尽的历史、经典、文学、哲理、宗教、科学、艺术等方面的知识。语言是文化的载体。一个民族各种文化的内容及特征，都与语言联系在一起，要靠语言来记载、来表达、来传达。所以，保护语言就是保存文化，就是保存历史传统，语言的丢失，势必造成文化和历史传统的缺失。所以，科学保护语言，能使人类的语言得以顺时势地保存和发展，有利于保存和发扬人类优秀的文化传统。当前，非物质文化遗产的保护越来越受到世界各国的重视，而语言则是非物质文化遗产中的一个不可缺少的重要内容。

再分析一下现代化进程中语言保护的紧迫性。在现代社会中，由于经济的快速发展，社会结构、意识观念的变化，一些弱势民族的传统文化的继承和发展会受到一定的冲击，或受到冷漠，或得不到重视，或面临断层的困境，所以积极主动地采取必要的措施保存和发扬优秀的传统文化，将是精神文明建设和文化建设中的一个重要任务。人类的历程常常是：当社会出现新的变革，或经济有了重大发展时，传统文化的保存和发扬会受到冲击甚至破坏，而人们却总是顾了主要的进步而对传统文化的破坏不甚在意，而等到若干年经济得到发展后才猛然觉醒想到保存文化、保存语言的重要性，但这时已不能如愿地修复原有文化、语言所受到的破坏。历史的教训值得认真反思。

二、科学地认识我国的语言国情是"科学保护"的基础

国家的语文方针、政策是否得当,是否得民心,主要看是否符合国情和语言国情。"科学保护各民族语言文字",是根据我国的语言国情提出的。怎样认识我国的语言国情?我认为可以从以下两方面来认识:

1. 多民族、多语种、多文种是我国语言文字存在状况的基本国情

在我国,除了汉语、汉文外,还有120种以上的语言和30多种文字。这是我国的重要资源。汉语是个庞大、复杂的语言系统,有无数的方言、土语。而各少数民族语言曾长期被各民族所使用,是民族生存和民族发展必不可少的语言工具。即便是现代化进程加快发展的今天,各民族的大多数仍然以自己的母语为主要的交际工具。我国的少数民族,人口虽然只占全国总人口的8.04%,但其分布地区却占全国总面积的64%左右。也就是说,全国一半以上的土地,都有少数民族分布,都有少数民族语言的声音。各民族语言在长期的历史发展过程中,相互交融,互相影响,既有互补,又有竞争,你中有我,我中有你,形成了极为复杂的语言关系。语言关系常常成为民族关系中最为敏感的问题。

多民族、多语种、多文种的三个"多",是决定对各民族语言文字采取"保护"方针的主要依据。所以,做好我国的语言文字工作,必须要有这个理念。

2. 我国的少数民族大多还使用自己的语言文字,是民族语文使用状况的基本国情

我国的语言使用状况究竟是怎样,应当如何做符合实际的估计?长期以来,人们对这个问题的认识常常存在分歧。一些人存在如下几点偏激或错误的认识:一是对少数民族语言使用现状的估计不正确,认为少数民族大多都已转用汉语。二是对少数民族语言功能做过低的估计,认为少数民族语言使用人口少,使用范围小,在现代化进程中没有多大作用。三是对现代化进程中少数民族语言的发展趋势存在不切实际的估计,有的认为在

世界进入"经济一体化""信息一体化"阶段，使用人口少的语言其功能将会逐渐衰退，甚至走向濒危，未来将是只使用少数几个大语种的世界。

造成以上认识偏误的主要原因有以下几个：一是对现时的语言国情不了解，没有第一线可靠的调查数据做依据，不知道少数民族群众的语言生活究竟是怎样。二是只看到一些表面现象就下结论，缺乏对事物深层特点的认识。三是对我国少数民族语言文字的演变规律缺乏理论的思考，对少数民族语言文字的性质及存在缺乏理性的思考。四是有些人感情成分过多，以感情代替客观实际，凭感情决定对策。

为了弄清我国的语言国情，中央民族大学"985"工程"新时期中国少数民族语言使用情况调查研究"课题组，近八年来对少数民族的21个地区进行了微观的、第一线的调查，出版了21个调查个案专书。所调查的语言事实和统计数字说明，我国的少数民族大多还使用自己的母语，在日常生活中必须依赖自己的母语，母语对各民族不论是生存还是发展都起到重要的、不可替代的作用。下面介绍几个例子。

先举人口较少的基诺族例子。基诺族是一个只有两万余人、分布在西双版纳边疆的一个少数民族，他们有自己的语言，但无文字。基诺族虽经过历史沧桑的无数巨变，但至今仍然稳定地保持使用自己的母语。据巴秀、巴亚老寨、巴亚新寨、巴破、巴朵、巴昆六个村寨1733人的语言能力调查，熟练掌握母语的有1730人，占98.1%。他们在族内和家庭内都习惯地、自豪地说自己的母语，认为这是天经地义的事。

再举一个人口多有本族传统文字的蒙古族例子。科左中期蒙古族的语言使用情况是：在前查干吉、前查干花、后查干花等八个点4537人中，熟练掌握母语的有4117人，占90.74%，不会的只有262人，占5.77%。

在新疆、西藏、青海、甘肃等地的民族地区，少数民族几乎都使用自己的母语，只有部分人兼用汉语。

又如，分布在中缅边界怒江州片马地区的景颇族茶山人，只有200余人，虽然处在多民族的包围之中，但他们还普遍稳定使用自己的母语——茶山语。他们以使用自己的母语为自豪。为了生存的需要，茶山人还普遍兼用汉、傈僳等其他语言，成为具有几种语言能力的多语人。他们能够根据不同的交际对象、交际环境，转换使用不同的语言，形成了一种宽松有序的、多语和谐互补的语言生活。由于他们的语言受到国家的保护、社会的保护，不因使用人口少而被大语言所吞没，所以一直保持了稳定的民族自信心和与其他民族友好和谐的心态。

四川盐源县有彝、汉、蒙古、藏、纳西、傈僳等14个民族，少数民族人口占全县人口总数的一半以上。其中彝、蒙古、藏、纳西等民族，都稳定使用自己的母语，大多还兼用汉语。如我们调查的彝族聚居村公母山的153位彝族居民，彝藏杂居的塘泥村、和尚村的135位彝族居民，100%都熟练使用自己的母语。我们又对山南村的藏族居民进行了调查，熟练使用自己母语的占93.8%，略懂的只占6.2%，没有不懂的。

云南省耿马傣族佤族自治县是一个多民族县，有汉、傣、佤、拉祜、彝、布朗、景颇、傈僳、白等26个民族，少数民族人口占全县总人口的51.35%。这个县的景颇族只有1004人，分布在贺派乡的五个村。我们逐村走访，调查统计了696人，数字显示这个县的景颇族普遍稳定使用自己的母语，同时全民兼用汉语，一部分人还会兼用傣语、佤语、拉祜语等少数民族语言。熟练掌握母语的，如：芒抗村景颇新寨217位景颇人全部熟练使用母语，弄巴村那拢寨52位景颇人熟练使用母语的占98.1%。

应当怎样正确估计现阶段我国少数民族语言的作用和活力？

我认为，中国少数民族的语言在现代化时期仍然存在"三性"：资源性、感情性、长期性。资源性，是指少数民族语言是少数民族生存、发展的工具，是繁荣发展民族文化的工具；感情性，是指各民族对自己的语言都有天然的深厚感情，都热爱自己的母语；长期性，是指语言有其稳定性的一面，会长期被使用。即使是在现代化进程不断发展的条件下，少数民族语言的"三性"也会继续保持下去。

当然，由于我们尚未在全国范围内开展语言文字使用状况的普查，对目前少数民族语言使用状况还没有掌握一个大体贴近实际的数字。目前，也只能根据"少数民族大多还使用自己的语言"来作为确定政策的主要依据。

三、构建"语言保护"的理论框架是关键

"科学保护各民族语言文字"是一项新的语言工程。需要做的事，有科研层面上的，有政策层面上的；有理论研究方面的，有语文工作行政方面的。其中，科学地确立、构建"语言保护"的理论框架是一项关键性的工作。在贯彻"科学保护各民族语言文字"中，必须弄清"语言保护"的基本理论，思想先行。

"科学保护各民族语言文字"的理论框架包括：

1.确定概念的内涵和外延

包括：什么是"科学保护"，"科学"是指什么？"保护"是指什么？"各民族语言文字"包括哪些？

2.理论意义和应用价值

包括：为什么要在现阶段提出"语言保护"？与宪法中的"各民族都有使用和发展自己语言文字的自由"是什么关系？等。

3.我国语言国情的特点

包括：多民族的特点怎样认识？多语种、多文种的关系如何认识？语言关系有什么特点？认识语言国情的重要性是什么？怎样根据我国的国情做好"语言保护"？等。

4.我国汉语和少数民族语言的关系

包括：怎样认识汉语和少数民族语言的关系？汉语和少数民族语言存在一种什么关系，这种关系的历史渊源是什么？怎样对待强势语言和弱势语言？为什么要强调少数民族学好通用语？汉语和少数民族语言的关系能否做到"两全其美"？等。

5. 汉语和少数民族语言之间的互补、竞争关系

包括：有哪些表现？怎样认识、处理二者的关系？等。

6. 影响我国语言活态有哪些因素

包括：分布状况，人口多少，经济、文化发展情况，婚姻状况，历史因素等。

7. 中国语言关系演变的走向如何认识

包括：怎样估计少数民族语言的生命力？怎样认识、估计我国少数民族语言的功能衰退和濒危现象？怎样看待现代化进程中语言功能的变化？

四、设计好"语言保护"调查研究的方法

"语言保护"是一个专题，必然会有其特定的调查研究方法。但由于这是一项新的研究课题，所以建立适合它的研究方法还在摸索中，有待今后不断补充、修正。目前能说的，主要有以下几点：

1.多学科综合法。

"语言保护"的调查研究方法应当是一个以语言学为主的多学科调查研究方法。语言学为主，是指用语言分析、比较的方法对语言的结构、功能从现状、历史两方面进行分析，求出与"语言保护"有关的特点和规律。需要配合的学科有民族学、人类学、社会学、教育学、统计学等。

2.关于选点。如何根据具体民族的特点，选择一定数量有代表性的调查点作为调查的重点。

3.关于类型和"级"的划分。我国语言保护要区分哪些不同的类型？如大民族、小民族、聚居民族、杂居民族，内地民族、边疆民族、跨境民族，有文字民族、无文字民族等。根据什么标准划分该民族语言活力的"级"？如何根据不同语言的特点实行"语言保护"？

4.关于第一线的语言保护调查。怎样深入群众做语言生活调查，有何具体要求，有何规范要求。

5.关于"语言保护"资源库的建设。如何做语言态度的访谈或测试？

6.关于"语言保护"调查报告的撰写。包括哪些内容，重点突出什么。

7.关于"语言保护"调查队员的条件和培训。必须具备哪些知识和技能。采取什么方式进行培训？

8.怎样做"语言保护"个案调查。包括调查设计、选点、调查内容的确定、队伍的组织等。

参考文献

[1]陈章太：《语言规划研究》，北京：商务印书馆，2005年。

[2]戴庆厦：《语言调查教程》，北京：商务印书馆，2013年。

[3]戴庆厦、成燕燕、傅爱兰、何俊芳：《中国少数民族语言文字应用研究》，昆明：云南民族出版社，1999年。

[4]戴庆厦主编：《阿昌族语言使用现状及其演变》，北京：商务印书馆，2008年。

[5]戴庆厦主编：《耿马景颇族语言使用现状及其演变》，北京：商务印书馆，2010年。

[6]戴庆厦主编：《基诺族语言使用现状及其演变》，北京：商务印书馆，2007年。

[7]戴庆厦主编：《勐腊县克木语及其使用现状》，北京：商务印书馆，2012年。

[8]戴庆厦主编：《四川盐源县各民族的语言和谐》，北京：商务印书馆，2011年。

[9]戴庆厦主编：《泰国万伟乡阿卡族及其语言使用现状》，北京：中国社会科学出版社，2009年。

[10]戴庆厦主编：《云南德宏州景颇族语言使用现状及其演变》，北京：商务印书馆，2011年。

[11]戴庆厦主编：《云南蒙古族喀卓人语言使用现状及其演变》，北

京：商务印书馆，2008年。

[12]戴庆厦主编:《中国濒危语言个案研究》，北京：民族出版社，2004年。

[13]戴庆厦主编:《中国少数民族语言使用现状及其演变研究》，北京：民族出版社，2010年。

[14]丁石庆主编:《莫旗达斡尔族语言使用现状及其演变》，北京：商务印书馆，2009年。

[15]国家民族事务委员会文化宣传司:《构建多语和谐的社会语言生活》，北京：民族出版社，2009年。

[16]哈斯额尔敦主编:《科尔沁左翼中旗语言使用现状及其演变》，北京：商务印书馆，2012年。

[17]金星华主编:《中国民族语文工作》，北京：民族出版社，2005年。

[18]周国炎主编:《布依族族语言使用现状及其演变》，北京：商务印书馆，2009年。

谈谈我的语言学研究
——云南民族大学报告
（2017年9月12日 云南民族大学）

各位老师、各位研究生：

今天很高兴能与大家交流介绍自己的语言学研究的体会，因为长期做语言研究，谈起自己的本职工作，非常兴奋。我讲四个问题。

一、六十多年的历程

先介绍几句我的一些情况。大学学的是语言学专业，主攻少数民族语言。毕业后长期做语言学的教学、研究，一直到现在。研究工作主要是做研究汉藏语系语言的本体研究，重点在语法和语音上。以共时为主，也做一些历史的研究。此外，还兼做社会语言学的研究。包括：语言国情研究、语言关系研究、跨境语言研究、濒危语言研究、双语学研究、民族语文政策研究等。出版了一些成果。专著如：《戴庆厦文集》一至七卷、《藏缅语族语言研究》一至五卷、《语言学概论》《社会语言学概论》《语言调查概论》《景颇语参考语法》《景颇语词汇学》《景汉辞典》等。

在教学工作上，长期为本科生、研究生上课。教的课程有：语言学概论；汉藏语概论；彝语支语言比较概论；社会语言学、语言研究方法论等。培养了一批硕士生、博士生。

忙忙碌碌了60多年，但觉得很充实、很满足。有下面几点体会，与大家交流。

二、勤奋加毅力 —— 科学工作者必要的理念

做语言学的，要有收获，勤奋加毅力是最重要的。我的体会是：首先，必须热爱自己的专业，死守自己的本职工作，不能这山望那山高。我的语言学启蒙老师对我有很深的影响。给我们授课的高名凯、吕叔湘、傅懋勣、马学良等几位业师给我们树立的形象和教导，我一直铭记在心。师辈的一门课、一堂课、一席话，会影响学生一辈子。而且，长期在民族地区做田野调查受到的教育，对我建立科学研究理念也起了重要的作用。

对事业要有追求。我从年轻起就想当科学家，当教授，当民族语言学家。我认为，既然有幸在高校做科研教学，就要多做贡献，做一个好的教授，好的科学家。

不知为什么，我深深热爱语言学，感到语言太美了。随着研究的深入，我觉得它有严谨的规则和变化，既有人文学科的特点，又有自然科学的特点。理出一条规则或规律，就有着无尽的喜悦。这种感觉，使得我能长期坚持一步一步地、愉快地往前走，从不后悔。

我一直要求自己必须勤奋，抓紧时间，要比一般人付出更多的精力，并能长期坚持下去。不管是什么时候，哪怕听到社会上"民族语文无用"的话语，我也不动摇，坚信语言是科学，有不可替代的价值。

三、做学问必须处理好的几个关系

1. 理论与事实的关系

坚守语言事实是第一性的，理论是第二性的。把主要精力（精力的七分）花在对事实的调查、分析总结上，从中发现新的规律，审视已有的

理论。

但也要求自己认真学习现代语言学理论，从中汲取营养。在汉藏语研究中，我记住朱德熙先生说过的一段非常精辟的话："现代语言学许多重要观点是以印欧语系的语言事实为根据逐渐形成的。采用这种观点来分析汉语，总有一些格格不入的地方。这是因为汉语和印欧语在某些地方（最明显的是语法）有根本性的不同。由此可见，如果我们不囿于成见，用独立的眼光去研究汉藏语系语言，就有可能对目前公认的一些语言学观念加以补充、修正甚至变革。"（载《汉藏语概论·序》，民族出版社）

这十多年，我根据汉藏语的语言事实，追求建立"分析性语言研究方法论"。认为汉藏语是分析性语言，用分析性语言研究法来分析汉藏语是有效的，还认为汉语是强分析性语言，用这个视角能够揭示汉语更多的共时特点和历时特点。我们正在编一本《分析性语言研究论集》，已接近完稿，我的一篇《论分析性语言研究方法论的构建》，在《中央民族大学》第六期的学报即将刊出。

应该认识到，语言是一种非常复杂的研究客体，人类对自己每天都在使用的语言至今还了解得很少，许多语言和语言现象我们仍解释不了，一无所知。比如，"原野开遍鲜花"为什么能说"鲜花开遍原野"，"十个人吃一锅饭"又能说"一锅饭吃十个人"。主语和宾语为什么能对调，是什么因素决定的？这是汉语中常见的句式，但还解释不清。我曾去缅甸调查过语言，他们的文献上记载有130种语言，我看了其中大多数我还陌生。至于印度北部的语言，语言学家都还没有调查过。汉语中有许多现象还解释不了。

"对人类的语言还认识得很肤浅"，这应该是语言学家必须持有的一个重要理念。有没有这个理念大不一样。

要知道，不会有包治百病的"理论"。所以要踏踏实实地做研究，不要企望有什么速成法、捷径。我常提醒我的学生，做学问路子要对，要一步一步稳稳地、扎扎实实地往前走，对目前存在忽视语言事实盲目相信理论的倾向需要防范。

2. 模仿和创新的关系

做学问开始都要模仿，慢慢地积累之后就会有创新，不可能一下子就创新。这是常态。《马氏文通》是部划时代的大作，不也是以模仿英语语法写成的吗？连作者也说是模仿英语语法。不模仿不行，但模仿后又要摆脱模仿做创新，摆脱是痛苦的。汉语语法研究，很长一段是模仿西方语法，近半个多世纪一直在摆脱，寻求符合汉语的实际，出现了"三个平面""语义语法分析法"等适合我国语言的研究法。

我们的民族语言的研究，中华人民共和国成立以来，取得了很大成绩，但也因为模仿汉语，带有很深的汉语研究法的烙印。后来逐渐觉悟了要摆脱，但很艰难。

我这六十多年做学问，就是在处理模仿与创新的关系中度过的。

3. "大"和"小"的关系

学问也好，题目也好，有大有小。研究生选课题都面临着是选大的还是选小的问题。开始时多是选大的，怕小的做不出来，字数不够。我年轻时也是只会选大的，后来年龄越大，题目越变越小了。我的博士生定题，开始时他们都是选大的，做了一段时间后觉悟了，主动找我要改小。这是规律，小题目能做得深，能有真知灼见。我的一个老博士生做普米语研究的，开始的题目是"普米语语法研究"，后来改为"普米语动词研究"，最后改为"普米语动词的语法范畴"，题目小了，就深入了。后来该文得了王力奖。

选题是见水平的。所以，研究生写论文、写文章，一定要学会做小题目，学会解剖小麻雀。

我的主张是"眼高手低，小题大做""宁小勿大、宁低勿高，宁近勿远"。

4. "博"和"精"的关系

李方桂大师在《藏汉系语言研究法》一文中提出"博而能精"的理

念，一直成为我的座右铭。他说："我并不希望，比方说，专研究汉语的可以一点不知道别的藏汉系语言。印欧的语言学者曾专门一系，但也没有不通别系的。就拿汉语来说，其中有多少问题是需要别的语言帮助。所以依我的意见，将来的研究途径，不外是'博而能精'，博于各种藏汉语知识，而精于自己所专门的系统研究。"这段话太重要了，我在报告中或讲课中，不知重复讲了多少次。据我理解，李先生所指的"博"是有限量的，是"各种藏汉语知识"，而"精"是"自己所专门的系统研究"。李先生是国际大师，他的杰出贡献是汉语史和侗台语，被誉为"非汉语研究之父"。但李先生在研究生阶段还研究过印第安语，还到印第安部落做过田野调查。

我的经验是，做语言研究的人要有一种语言做得精些，要有自己的一台"折子戏"，不能是"猴子掰苞谷"，掰了一个丢一个，再去掰另一个。我这60多年虽然调查研究了20多种语言（方言），但主要精力还是放在景颇语的调查研究上，紧紧不放一种语言。

大家有幸读研究生，机会难得。一定要抓住机会学到"博"的知识，但不能忽视"精"的研究，要做好一项好的研究，写出一两篇好文章。二者的关系要摆好。

5. 案头和田野的关系

做文科研究的，无非是案头和田野两个方面的工作。二者的关系怎样摆好？语言是在社会中使用的，受社会各种条件的推动和制约，所以我总强调要多做田野调查。田野调查能获得更多的真知；能够获得案头不能得到的知识；田野调查能够淬炼一个人的人生观和意志。

我的成果和写作思路有许多是在田野调查中形成的。比如，我的第一篇民族语文论文《谈谈松紧元音》，就是用在哈尼族各个村寨调查的语料写成的，文中的语料、观点至今还站得住。我的《论景颇族支系语言》也是根据在景颇族村寨收集的材料写成的，描述了支系语言的使用条件及其成因，1983年在美国加州大学的"中国少数民族语言文化国际会议"上宣读时，李方桂先生听了非常高兴，说："做语言研究必须到实地调查"。我主编的20几部"中国少数民族语言调查系列丛书"，都是用作者在民族地区获取的材料写成的。我多次到泰国、老挝做田野调查，才酝酿出跨境语言调查的要点和提纲，还提出了"跨境语言调查必须换位思考"等论点。

四、打好几个基本功

做学问，要注意打好基本功。但各人情况的不同，如何打好的基本功也不同。我对自己和对我的研究生们主要抓以下三点：

1. 对语言现象要有敏锐性

能否写出好的语言学论文，能否成才，重要的一点是对语言现象要有敏锐性。特别是分析型语言，隐性特点多，更要有语言的敏锐性。我带个调查组去云南丽江调查，发现有个乡的普米族老一代还会说普米语，而下一代不会了，改用汉语，课题组的一位敏锐地发现第三代儿童又会了，并找出原因发现是党的政策对小小民族的特殊照顾，三代的差异写出了一篇有价值的论文。

下面提出一些语言现象供大家思考：（1）为什么四音格词在汉藏语系语言里普遍存在，而且很丰富；而印欧语系、阿尔泰语系没有或很少。以印欧语为母语的外国留学生为什么学习汉语四音格词时有困难。（2）为什么汉语有丰富的把字句、被字句、离合词，而非汉语没有或很少。以非汉语为母语的人学习这些句子和词时为什么有突出的难点。（3）为什么汉藏语系语言普遍有声调，而且声调在语言表义上非常重要；而印欧语、阿尔泰语没有声调。属于南亚语的德昂语、佤语、布朗语原来也没有声调，但后来有的语言如布朗语开始产生了声调。（4）为什么"植树""种树"可以说，而"种植树"不能说，"种植树木"又可以说。"抗日"可以说，"抗日本"不说，"反抗日本"又可以说。"本文"可以说，"本文章"则不说，但"这篇文章"又可以说。（5）汉语为什么歧义现象较多，印欧语、阿尔泰语较少。汉语的"鸡不吃了"译为印欧语、阿尔泰语以及藏缅语等，不存在歧义。为什么？

2. 要有好的文字表达能力

做语言研究，要有一副过硬的文字能力，否则会阻碍你的前进，甚至会吃大亏。许多人投稿，被反映文字不行，有水平的编辑一看就"毙"掉。有的申请项目不中，也与文字表达有关。我的博士生教学工作，很多时间花在改文字上，特别是外国留学生。

要锻炼定好题、写好提要的基本功。

3. 掌握记音的硬功夫

做语言研究的，特别是做汉语方言和少数民族语言研究的，必须有要有过硬的记音功夫。否则会出现语料的错误，用错误记音语料写成的成果是一堆废品。要认识到，记音是一种难以掌握好的技能，要重视解决。

总之，要有意识地总结经验，走一条适合国家需要和自己特点的好的学术路子、成才的路子。要有主见，不要随大流！

我就谈这些，不一定对每个人都合适，仅供参考。做学问，主要靠自己摸索经验，善于取长补短。最后，送给大家一句话，"人生的价值在于贡献。"

谢谢！

中国语言保护的理论与方法

——"第50届国际汉藏语暨语言学会议"报告

（2017年11月27日 北京）

我近10年来对语言保护有兴趣，曾到过许多民族地区做语言保护的调查研究。在这里谈谈我对中国语言保护理论、方法的认识，供大家参考。

一、"科学保护各民族语言文字"在中国是如何提出的

在我国现代化进程日益加速的历史条件下，2011年10月，在中国共产党第十七届六中全会通过的《中共中央关于深化文化体制改革推动社会主义文化大发展大繁荣若干重大问题的决定》中，提出了"科学保护各民族语言文字"这十一个字。这是中国共产党和中国政府在新时期提出的如何对待中国语言文字的指导思想和决策。不久，在《国家中长期语言文字事业改革和发展规划纲要》（2012—2020年）的第二章"目标和任务"中，又写入"科学保护各民族语言文字"（以下简称"语言保护"）。我认为，"语言保护"的提出，其历史背景和重要意义主要有以下三点：

1. 它是根据我国新时期的国情提出的，有其特定的历史条件和历史环境，是中国国情发展的需要。

我们知道，在中国除了汉语、汉文外，还有130种以上的语言和30多

种文字。这是我国重要的资源。汉语是个庞大、复杂的语言系统，有无数的方言、土语。我国的少数民族，人口虽然只占全国总人口的8.04%，但其分布地区却占全国总面积的64%左右，也就是说，全国一半以上的土地，都有少数民族分布，都有少数民族语言的声音。而且，各少数民族语言曾长期被各民族所使用，是各民族生存和发展必不可少的语言工具。

多民族、多语种、多文种"三多"的国情，是国家决定对各民族语言文字采取保护方针的主要依据。因为在现代化进程加速的条件下，由于人群分布的变动，"经济一体化""信息一体化"的发展，以及弱势群体对学习大语种的追求，弱势语言或大语种的小方言的功能（使用范围、使用能力）有可能出现衰退甚至濒危。在这种形势下，需要对小语种进行保护，及时提出对策。

2. 中国政府对待少数民族语言文字历来实行民族平等、语言平等的政策，倡导多元文化、多语言共存的政策，所以，当少数民族语言的生存和发展受到威胁时，自然会及时采取措施予以保护，而不是坐视不管。因为少数民族的语言文字能否得以传承，关系到少数民族的发展，关系到少数民族文化能否传承，关系到境内各民族的团结，以及与境外同一语言的和谐。

3. "语言保护"与宪法上规定的"各民族都有使用和发展自己语言文字的自由"基本精神是一致的，但"语言保护"有了新的内容。宪法的规定，强调"使用和发展的自由"，重在"自由"二字；而"语言保护"，强调"保护"二字，即全国公民不但有使用、发展自己语言文字的自由，而且还要予以保护。

二、做好"语言保护"的几项基础工作

"语言保护"提出的三年，即2015年至2017年，已取得巨大成绩。我国共完成了230个一般语言点的记录，61个濒危语言点的记录。我具体参

加了这项工作，有一些体会。我认为，做好"语言保护"有以下几个基础工作必须做好。

1. 必须了解我国的语言国情

中华人民共和国成立之前，我国没有做过系统的、有组织的语言国情调查，因而对我国语言状况的认识是朦胧的，不清楚的。中华人民共和国成立之后，我国开展了四次语言国情调查：一次是20世纪50年代的全国少数民族语言大调查；一次是20世纪80年代全国民族语言文字情况调查；一次是20世纪90年代的民族语文调查；还有一次是2005年开始的语言国情调查。

2005年，由教育部主持的中央民族大学"985"工程，专门设立了"新时期中国少数民族语言使用情况系列研究"项目。参加人数300余人。经过近10年的努力，在全国少数民族地区开展了20多个语言使用个案调查，其成果由商务印书馆出版了"新时期中国少数民族语言使用情况系列研究丛书"22部。

通过上述四次调查，我们大体弄清了我国少数民族语言活力状况。认识到我国少数民族语言活力存在四种类型：一是健康的语言，这些语言能够跟随社会的发展而发展，满足这些民族社会交际的需要。这种类型占了多数。二是语言活力出现不同程度的衰退，但仍然是少数民族日常生活不可缺少的语言工具。三是处于濒危状态的语言，其语言活力已大部失去，人群中的大部分人已转用别的语言。四是已消亡的语言。语言国情的调查，使我们认识到其中二、三两种类型是"语言保护"的主要对象。

2. 要让广大群众认识开展语言保护的重要性

要做好"语言保护"，必须让广大群众认识其重要性。其认识的要点主要有：

（1）中国民族语文有三个重要价值：一是应用价值；二是资源价值；三是文化价值。要看到进入现代化新时期，这三个价值仍然不变。少数民族语言依然是少数民族不可或缺的交际工具，是一项重要的资源；少数民族对自己的母语仍然具有深厚的感情。为此，必须对少数民族语言进行保护。

（2）"科学保护"的必要性至少有以下几个：有利于民族发展、社会进步；有利于民族和谐、民族团结；有利于保存和发扬优秀的文化传统。

（3）中国历史的发展已形成这样一个不可改变的事实：语言是民族特征中的一个最为敏感、最为重要的特征；语言得到保护，有助于民族和谐、社会和谐，语言不受尊重，就会引起民族矛盾，甚至会引起社会的动荡。

（4）凡是有母语的民族，不论民族大小，都会热爱自己的母语，对自己的母语（包括方言、支系语言）都怀有深厚的感情，而且都还具有维护自己母语使用权利的天然感情。因而，民族平等，自然包括语言平等；对民族的尊重，也自然包括对语言的尊重。

（5）在现代化进程中，由于经济的快速发展，社会结构、意识观念的变化，一些弱势民族的传统文化的继承和发展会受到一定的冲击，所以必须积极主动地采取必要的措施保存和发扬优秀的传统文化，是精神文明建设和文化建设中的一个重要任务。

3. 除了政府领导外，还要有社会大众参与（包括民间机构、民族精英、宗教团体等）。

因为"语言保护"是一项关系到全国各族人民的大事，必然要有广大民众参与，才可能进行得好。事实证明，广大民族都积极参与，贡献自己的聪明才智。

三、中国"语言保护"工作近年来的具体实施

由于这是一项新的工程，所以建立适合它的具体措施还在摸索中，有待今后不断补充、修正。目前能说出的，主要有以下几点：

1. 静态保护与动态保护

这是"语言保护"的两种不同的方法。"静态保护"是对已出现衰退或濒危的语言或方言采用现代语音仪器进行记录，存入音档。"动态保护"是对已出现衰退或濒危的语言或方言进行扶持，增强其语言活力。如：加大语言的媒体流通、加强学校的母语教育、在政策上鼓励母语的使用等。

2. 建立相关机构和确定经费支出

已由国家民委和教育部负责成立了"中国各民族语言资源保护研究中心领导小组"和"中国各民族语言资源保护中心研究专家委员会"，负责"语言保护"各项工作的实施。调动全国民族语文工作者积极参加"语言保护"这项工作。

国家已拨了巨额经费支持语言保护。

3. 选点、语言点的分配

关于选点。根据我国民族的分布，选择一定数量有代表性的语言点作为工作对象。

语言点分一般点和濒危点两类。两个点都要求记录一定数量的词、句子、话语材料。濒危点还要记录文化典藏。

4. 制定标准、培训、检查验收等

已由领导小组制定语言记录的标准，包括对整理音系的要求、对记录词、句子、话语材料的要求、对录音标准的要求等。

对参加的人员，上岗前集中进行了培训。培训内容包括：怎样按规定选择发音人、怎样录制、怎样操作仪器、怎样按要求完成任务等。

重视严格把关。记录材料上交后，还进行验收。凡属于不合格的，都已打回修改或重录。

参考文献

[1]陈章太：《语言规划研究》，北京：商务印书馆，2005年。

[2]戴庆厦、成燕燕、傅爱兰、何俊芳：《中国少数民族语言文字应用

研究》，昆明：云南民族出版社，1999年。

[3]戴庆厦：《论"科学保护各民族语言文字"》，《语言文字应用》2013年第1期。

[4]戴庆厦主编：《中国濒危语言个案研究》，北京：民族出版社，2004年。

我国四次语言大调查的回忆

——"中国民族语言学会民族语文应用专业委员会首届学术研讨会"报告

(2017年12月9日 中国社会科学院民族学与人类学研究所)

中华人民共和国成立后,我有幸参加了多次的民族语言大调查,学到了许多新知识。下面是我参加四次大调查的回忆记录。

一、第一次全国少数民族语言大调查

(一)起因和规模

这次大调查是1956年至1961年开展的,是由中国科学院和国家民委联合组织和领导的。

大调查的起因是这样:中华人民共和国成立后,国家面临的一个重要任务是帮助少数民族发展经济、文化、教育,而要实现这个任务就必须帮助他们使用好、发展好自己的语言文字。要实现这个任务,就必须弄清中国少数民族语言、文字的状况。

当时,国家对中国语言文字的全貌以及对许多民族的语言使用情况是不清楚的。为了弄清少数民族语言文字的情况,并帮助一些没有文字的民族创制新文字,国家决定开展一次全国性的少数民族语言的大调查。

1956年初，国家组织了共有七百多人（主要是大学教师、语文机构研究人员、大学毕业生）参加的七个少数民族语言调查工作队。

第一工作队赴广西，负责壮、布依、侗、黎等语言；

第二工作队赴贵州，负责苗、瑶等语言；

第三工作队赴云南，负责傣、景颇、傈僳、哈尼、纳西、佤布朗、德昂等语言；

第四工作队赴四川，负责彝语；

第五工作队赴内蒙古，负责蒙古、达斡尔、东乡、土、保安等语言；

第六工作队赴新疆，负责维吾尔、哈萨克、柯尔克孜、乌孜别克、塔吉克等语言；

第七工作队赴西藏、四川，负责藏、嘉绒、羌、普米等语言。

我那时正好大学毕业，被分配到中国科学院少数民族语言调查第三工作队（云南），一共去了四年，全心地经历了调查方言、设计新文字、编写课本、扫盲、编写词典、编写语法的全过程。

这四年对我一生的民族语文事业的发展提供了宝贵的基础。至今，我还时时回忆当年的美好时光和值得回味的经历。

这次大调查得到了中央的极大重视和支持。在全国少数民族语言调查训练班结业典礼上，周恩来总理和语委主任吴玉章都亲自参加。国家对调查队的经费支持、人员安排的力度都是巨大的，其调查时间的长度、参加人员的数量之多是至今国内外所没有的。

（二）成绩、经验

成绩主要有：

1. 调查了42个民族50多种语言，包括语音、语法、词汇、方言等方面的特点，基本摸清了我国少数民族主要语言的基本情况。至此，我们已能说出我国大体有哪些语言及其分布，这是过去所说不出的。

2. 记录、整理了大量的语言资料，成为后来编写出版《中国少数民族语言简志丛书》的依据，并成为后来中国少数民族语言研究的基础。

3. 大体摸清了我国少数民族使用文字的情况。包括哪些民族有文字；哪些没有；已有文字的通用范围如何，哪些基本可用，哪些要改革，哪些要改进。

4. 为壮、布依、黎、侗、苗、彝、哈尼、傈僳、佤、纳西、载瓦、羌、土等13个民族需要创制新文字的民族，提出了15种文字方案（其中苗族因方言差别大，设计了3种文字）；为需要改革、改进文字的傣、拉祜、景颇等民族提出了文字改革或改进的方案。

5. 为描写语言学和语言规划学的建设，积累了一些新认识。

6. 培养了一大批能够从事少数民族语言文字教学、科研工作以及从事民族语文工作的人才，后来这些人大多成为这一领域的骨干。

这次大调查的经验是：

1. 总的指导思想是必须坚持党的民族平等、语言平等的原则，坚定地解决少数民族语言文字使用和发展问题。这一思想受到各族人民的欢迎。

2. 各级领导（从中央到地方）重视，予以大力支持。

3. 调查队员坚持与群众打成一片，重视田野调查。

4. 调查队员有责任心，尽心工作，坚持把好质量关。那时获得的语言材料，大多数质量较好。

这些经验是很宝贵的，成为后来语文工作值得借鉴和继承的财富。

由于这次大调查是在20世纪特殊的历史时期进行的，不免会受到当时"左"的思潮的干扰，出现一些偏误。

二、20世纪末的濒危语言调查

进入20世纪末，由于世界各国现代化进程的加速，经济一体化、信息一体化引起了人群分布的流动以及对兼用大语种的追求，使得众多的小语种出现衰退甚至濒危。人们因语言消失而导致文化的消失感到焦虑不安，于是在全球出现了一股"濒危语言抢救热"。

一些语言学家和社会学家估计，全世界6000种语言将于21世纪消失三分之二。为此，联合国将1993年定为"抢救濒危语言年"，日本（1995）、西班牙（1996）、法国（2003）等国都相继成立了抢救濒危语言机构。

这股热潮很快就传入我国，在民族语文学界和汉语方言学界也出现了抢救濒危语言的话题，并召开了数个研讨濒危语言的会议。同时，国家还设立了各类研究濒危语言的科研项目。不久，就出现了一批濒危语言研究的论著。

如：由中央民族大学编写、出版的《中国濒危语言个案研究》一书，是"十五"国家社会科学基金重点项目"中国濒危语言个案研究"的最终成果。全书共45万字，具体包括对土家语、仙岛语、仡佬语、赫哲语和满语等5种濒危语言的个案研究。该书是国内外第一部研究中国濒危语言的专著。书中提出的新观点、新见解，对认识语言如何走向濒危，怎样认识当今世界出现的语言濒危现象都有重要的理论意义，对如何正确认识和对待我国一些少数民族语言出现功能衰退甚至走向濒危的现象，以及如何制定新时期的民族语文方针政策都有重要的理论意义和应用价值。

该书提出了以下几个观点：

1.通过对语言个案调查材料的对比研究，提出应当以动态、量化的多项综合指标体系为标准来判定一种语言是不是濒危语言。

2.提出造成语言濒危的有主要因素和次要因素，有语言外部的因素（如使用人口少、分布杂居、族群分化、民族融合、社会转型等），又有语言本身的因素（如语言表达和语言功能能不能适应社会需要，没有书面文字等）。

3.应该从语言结构特点上认识濒危语言的特征。

4.区分濒危语言变化的两种不同类型：缓慢型和急促型。

我从事濒危语言研究主要有以下几点认识：

1.濒危语言问题的出现，是人们认识语言问题的进步。世界各国应该根据本国实际，解决本国语言濒危问题。

2. 我国濒危语言研究，应结合本国实际，不能照搬国外的理论和对语言濒危的估计。估计不足不行，扩大濒危语言也是有害的。

3. 应区分语言濒危和语言衰变，不能把衰变语言都当成濒危语言。

4. 世界各国对濒危语言的研究还很不够，目前的认识远远落后于濒危语言热的程度。必须科学地、理智地对待濒危语言问题。

三、21世纪初的语言国情调查

（一）语言国情的概念及研究内容

语言国情是指一个国家的语言状况和语言生活，包括使用什么语言、语言地位、语言活力、语言功能、兼语状况、语言关系、文字状况等。语言国情调查是对语言国情进行科学的描写、分析，揭示其规律和演变。

语言国情是一个国家的国情组成部分，因此，语言国情研究既有重要的理论意义，又有重要的应用价值。

研究语言国情，能够深化对语言特点、语言演变的认识，能够开辟新的语言方法论。在应用上，它有助于国家语文政策的制定和实施，对解决语言和谐、语言习得都会有帮助。

（二）中华人民共和国成立后的四次语言国情调查

中华人民共和国成立之前，我国没有做过系统的、有组织的语言国情调查，因而对我国语言状况是朦胧的，不清楚的。中华人民共和国成立后，我国开展了四次语言国情调查。

一次是上面说过的20世纪50年代的全国少数民族语言大调查；一次是20世纪80年代全国民族语言文字情况调查；一次是20世纪90年代的民族语文调查；还有一次是2005年开始的语言国情调查。

下面主要介绍我从头开始参加的、2005年开展的语言国情大调查。

（三）2005年开展的新时期语言国情大调查

2005年，由教育部主持的中央民族大学"985"工程，为了国家民族语文形势发展的需要，专门设立了"新时期中国少数民族语言使用情况系列研究"项目。参加人数300余人。

经过近10年的努力，在全国少数民族地区开展了20多个语言使用个案调查，其成果已由商务印书馆出版了"新时期中国少数民族语言使用情况系列研究丛书"22部。

通过这次调查，我们得到以下几个认识：

1. 在改革开放的新时期，在现代化进程深化的历史阶段，调查我国民族地区的语言国情非常必要。

回顾过去，我们对许多地方的语言使用状况长期停留在不清晰的、朦胧的状态，缺乏清晰的量化分析。

比如，某个民族究竟有多少人会使用自己的母语，多少人会兼用双语或多语，不同民族对自己的母语以及其他语言的看法如何，等等，都不是很清楚的。

还有，我国少数民族语言的生命力如何，哪些仍然旺盛，哪些已出现衰变，哪些处于濒危状态；语言关系中和谐情况有哪些，不和谐的因素有哪些；国家需要制定什么样的政策、措施，才有利于民族的发展、各民族的团结。

还有，少数民族学习国家通用语存在哪些问题，怎样制定双语教学方案。

2. 对一个国家或一个地区的语言状况不了解或不清楚，是非常有害的。会因人们不能科学地认识语言状况，而不能制定符合客观实际的政策、措施。

过去在民族地区出现的一些语言矛盾，有的就是由于对语言现状及其变化不能做出科学的判断，而制定了违反客观实际，不符合民意、民心的措施，引起群众的不满和社会的不稳定。

所以，语言国情调查是关系到国家稳定、社会和谐、民族团结、民族发展的大事，不是可做可不做的小事。

3. 语言国情调查的内容应包括：

（1）少数民族的语言生活如何；

（2）少数民族的母语使用情况如何；

（3）现时少数民族语言功能怎样定位；

（4）制约少数民族语言功能的条件是什么；

（5）少数民族语言本体特点有哪些变化；

（6）少数民族文字的使用存在什么问题；

（7）不同语言的语言关系如何；

（8）少数民族地区的语言和谐情况如何；

（9）怎样认识少数民族语言功能的演变趋势。

4. 必须科学地认识中国民族语文的三个重要价值：一是应用价值；二是资源价值；三是文化价值。

进入现代化新时期，民族语文这三个价值仍然不变：少数民族语言依然是少数民族不可或缺的交际工具，是一项重要的资源；少数民族对自己的母语仍然具有深厚的感情。

历史的经验已经证明：做好民族语文工作，必须先了解国情和语言国情，只有这样才能因势利导，对症下药，避免陷入盲目性；否则，按片面了解所形成的对策，势必违反客观规律，把好事情办坏。

5. 通过22个个案调查，摸索了许多适合我国特点的调查内容、调查方法。比如：语言能力的测试法；语言能力的统计法；访谈法；换位思考法等。

四、21世纪初兴起的跨境语言调查

跨境语言调查，是认识我国国情的一个组成部分。我国少数民族中有

30个民族是跨境的,汉语也是跨境的(如东干语、果敢话)。

为了认识跨境语言,我先后组织过团队到泰国、老挝、缅甸、哈萨克斯坦等国,调查了阿卡语、拉祜语、克木语、普内语等跨境语言。对跨境语言调查研究有一些体会。

(一)我国跨境语言调查研究的概况

跨境语言虽然是世界各国语言生活中由来已久的一种语言现象,但总的看来,国内外对它的研究起步晚,研究成果少,对跨境语言的认识还很肤浅,仅停留在初级阶段。

20世纪90年代,在我国民族语言学界随着语言关系研究的兴起,跨境语言研究才开始有了动静。中央民族大学少数民族语文专业的教师曾经初步研究了傣、壮、布依、苗、瑶、傈僳、景颇、维吾尔、哈萨克、朝鲜等语言的跨境特点,出版了我国第一部多语种的跨境语言研究专著——《跨境语言研究》(1993年)。后来,还出现了一些研究中越跨境壮侗语族语言变异、跨境壮语变异等论文。

但我国的跨境语言受到重视并被提到语言学分支的高度来研究,是从2006年开始的。

2006年,中央民族大学"985工程"创新基地启动后,跨境语言研究立即被列入重点建设内容。

在各种因素的驱动下,2011年国家语委"十二五"科研规划根据我国语言学发展的需要,及时地将"跨境语言研究"列入重点招标项目,中央民族大学由于前期的成果积累,申报的《中国跨境语言现状调查研究》重大项目一举中标。

从2006年到2012年,由中国社会科学出版社出版了以下12部专著:

《泰国万伟乡阿卡族及其语言使用现状》(2009)

《泰国阿卡语研究》(2009)

《泰国清莱拉祜族及其语言》(2010)

《老挝琅南塔省克木族及其语言》(2012)

《泰国的优勉族及其语言》(2013)

《东干语调查研究》(2013)

《泰国勉语参考语法》(2014)

《跨境俄罗斯语——新疆俄罗斯族语言研究》(2014)

《河内越语参考语法》(2015)

《蒙古国蒙古族语言使用现状》(2015)

《图瓦语和图瓦人的多语生活》(2015)

《哈萨克斯坦维吾尔族及其语言》(2016)

另有《不丹国宗卡语使用现状及其研究》《中泰跨境苗语对比研究》两部即将出版。

2013年11月11日北京语言大学成立"中国周边语言文化协同创新中心",计划全面开展周边语言文化研究。

2013年11月20日由教育部语言文字应用研究所主办,中国民族研究团体联合会、中国民族语言学会合办,广西百色学院承办的"第七届全国社会语言学学术研讨会暨首届跨境语言研究论坛",是国内外首届举办的跨境语言研究专题会议,具有重要的里程碑意义。

以上事实说明,我国跨境语言的调查研究在近十多年来有了明显的、突出的发展,成绩巨大,并已受到语言学家、社会学家、民族学家的普遍重视。

中国为什么会重视跨境语言研究呢?因为,中国的跨境语言多,共有30多个跨境语言。

这些跨境语言的历史形成和现实的语言结构都具有丰富、复杂的特点,跨境因素对这些民族的语言生活有着重要的制约和影响,是我国的一份有价值的语言资源,值得语言学、民族学开垦、挖掘。

这些年跨境语言研究的长足进步,说明它是社会发展所必需的,是语言研究所不可缺少的,也说明当社会发展到一定的阶段,特别是世界各国的现代化进程加快、各个国家之间的关系更加趋向紧密时,语言学家除了要了解本国的语言外，还想了解邻国的语言。这是语言研究发展的必然趋势。

（二）"跨境语言"概念的科学定位

"跨境语言"是一个新概念。我国"跨境语言"这一术语的提出，最早见于马学良、戴庆厦的《语言和民族》一文（载《民族研究》1983年第1期）。该文中提到："跨境语言的发展问题，是值得研究的一个问题。所谓'跨境语言'，是指分布在不同国度的同一语言。"后来，这一术语在我国逐渐被引用开来。"跨境语言"这一术语能在比较短的时间内被广泛运用，而且没有发生术语的变异，说明跨境语言研究的必要性和适时性。

在英文文献中，尚未发现有对应的术语，表达这一概念时则有 cross-border language、language of the cross-border ethnic groups 等说法。

在运用"跨境语言"的概念时，有狭义跨境语言和广义跨境语言之分。狭义的跨境语言，是指跨境两地语言在分布上相接壤。比如中国的朝鲜语与朝鲜国的朝鲜语。广义的跨境语言，是指跨境两地语言在分布上除了接壤外还包括相邻但不接壤的。比如中国傣语和泰国的泰语。

现在又出现了"周边语言"这一名称。周边语言是指分布在一个国家周围的语言，它既可以是同一语言在不同国家的分布，也可以是不同语言在一个国家周边的分布。如柬埔寨语是我国的周边语言，但不是我国的跨境语言。

习近平总书记在2013年10月24日至25日召开的周边外交工作座谈会上指出，无论从地理方位、自然环境还是相互关系看，周边对我国都具有极为重要的战略意义。而周边语言是周边国家文化的重要组成部分，预计周边的语言研究在今后将会有较大的发展，"周边语言"这一概念也将会随着得到更广泛的传播。

跨境语言研究是语言学中的一个独立的分支学科，有其独有的理论和方法。

跨境语言的研究对象是同一语言分布在不同的国境而产生的变体。它不同于因地域差异而形成的方言变体；也不同于因年龄、职业等因素的差异而形成的社会方言变体。它主要研究由于国界的隔离形成的语言变异。不同国家的社会制度、社会条件是形成跨境语言的主要因素，还与方言变异、年龄、职业等社会因素有关。跨境语言研究主要属于社会语言学研究的范畴。在方法论上，跨境语言研究也有其不同于其他语言研究的特殊方法。所以说，跨境语言研究是语言学中的一个独立的分支学科，是语言变异的一种特殊模式的研究。

（三）跨境语言研究的内容

通过这些年的调查研究，认识到我国跨境语言研究的内容，从大的方面说主要有以下几个方面：

1. 调查研究跨境两侧语言的本体结构特点。

多记录两侧语言的差异，和能够反映社会特点、社会变迁、群体分合的词语和口头史料。

2. 调查研究跨境两侧语言的使用功能特点。调查二者差异的数据、基本点、成因，研究如何认识这种差异。

语言使用包括母语的使用和兼用语的使用两类：二者的基本功能应有数字显示。青少年的语言状况反映语言使用功能变化的趋势，这应是调查的重点。要调查不同年龄段语言使用的状况，诊断母语发展的走向，看看是否存在衰退的趋势。还要调查研究母语和兼用语的关系，包括使用功能的共性和个性，并分析其原因。分析二者功能的差异，互补和谐、互补竞争的表现。

由于我国当前跨境语言的调查研究还正处于初始阶段，应多做语言功能的社会语言学调查研究，语言本体的调查研究耗时多，可以在以后逐步深入。

1. 一个多民族、多语言的国家，语言是国家的资源，语言状况如何是影响国家进步、民族团结、社会稳定的一个因素。所以，做好语文工作十分必要，但要做好语文工作，则要摸清语言生活状况，即要做语言调查。

2.科学地认识一个国家的语言状况是很不容易的。因为制约语言特点、语言变化的因素是多方面的，而且各种因素交叉在一起不易认清，要说有真正把握的话是不容易的。所以必须下苦功夫、深入语言第一线做调查研究，不能浅尝辄止。

3.多民族、多语言国家，不同语言是个系统，其特点及演变均受系统的制约。所以在调查研究中必须有系统的观点去观察问题、认识问题，而不能就单独一个语言论事。

4.必须努力建立具有中国特色的语言调查（其中包括跨境语言调查、周边国家语言调查、"一带一路"国家语言调查等）。中国民族多、语言多，国家重视语文工作，语言调查研究有较长的历史，能够为人类做出特殊的贡献。

5.我们这十多年所做的语言国情调查，偏重于语言功能的调查，还缺少语言本体的调查。语言本体调查，应是下一阶段的任务。要完成语言本体调查，对调查者语言学水平会有更高的语言学要求（如记音能力、分析语料能力等）。

边疆语言调查研究的三个问题
——"第二届边疆语言与民族文化论坛"报告
（2017年12月14日 广西民族师范学院）

各位领导、各位专家：

我长期从事边疆语言调查研究，深深感到这项工作的重要性。近年来，常常在思索怎样摸索一套适合我国边疆特点的语言研究的理论方法。现把我的一些想法或体会说说，希望对同行有所帮助。

一、关于边疆语言调查研究的定位

1. 边疆语言的概念：随着我国改革开放形势的不断发展和国力的不断增强，我国语言研究的目光开始转向境外。由此，出现了一些新的研究领域。除了20世纪末出现的"跨境语言"[①]外，近期又有"周边语言""边疆语言""一带一路语言"等研究领域。这几个领域虽有交叉，但各有强调点。"跨境语言"注重研究跨境两侧同一语言的共性和差异；"周边语言"注目周边国家语言的研究；"边疆语言"研究分布在边疆地区的语言。

跨境语言的范围有狭义和广义之分。狭义的跨境语言是指与我国邻接的同一民族的语言。据《跨境语言》一书统计，我国跨境语言有30多个。

[①] "跨境语言"是指分布在不同国境（主要是相接壤的国家）中的同一语言。下同。

广义的跨境语言是指虽不邻接但邻近的同一语言。如泰国的泰语、乌兹别克斯坦的乌孜别克族等。"一带一路"战略方针提出后，又出现了"一带一路语言"，其语言范围正在确定中。《"一带一路"沿线国家语言国情手册》一书认为，"按照'一带一路'目前的规划沿线，其沿线国家达到64个（不含中国），据我们初步估计这64个国家所使用国语及官方语言共78种，除去同一种语言作为多个国家官方语言的情况外，实际使用36种官方语言和通用语言……"

2. 边疆语言研究的重要性：边疆语言是指我国处于边疆地区的语言，其范围也有宽窄之分。窄的指处于边疆一线的语言，宽的指与国外接壤的省份的语言。因其地理位置及分布的人群具有特殊性，其研究意义主要在以下一些方面：

（1）边疆地区是国防前哨，是否稳定关系到国防的安全。国际上的反动势力，往往选择我国的边疆地区作为反华的突破口。所以建设好边疆，处理好民族关系、语言关系是巩固边防所必要的。边疆地区多是少数民族分布的地区，与内地相比，经济、文化、教育、交通相对落后，贫困比例相对较大，其建设和发展面临着比内地更为繁重的任务。为此，国家对边疆地区都实行特殊的政策。

（2）边疆地区建设得如何，不仅关系到我国自身的富强、繁荣，而且还会对周边民族及其语言发生影响。如我国的景颇族改革开放以来社会稳定，生活有了大幅度改善，城镇面貌焕然一新，缅甸景颇族非常羡慕中国的强大，不少人来中国边境各地谋生或留学，都说中国社会稳定，人民安居乐业，比他们国家好。

（3）边境地区的少数民族保留着大量丰富多彩的语言和传统文化，是中华民族文化的重要组成部分。边疆地区语言的保护和继承，是国家的政策。对边疆地区语言文化的研究，能为国家制定语文政策提供咨询。

二、关于边疆语言调查研究内容的设计

边境地区的语言有其多样性和复杂性。相对于内地的语言,我们对边疆的语言至今认识不足,只能一步一步地探索,修改、补充调查研究的内容。我国已进入新时代,调查内容要求要有新时代的特点。主要内容有以下三点:

1. 用描写语言学的方法和手段对边疆各种语言进行系统描写

对边疆语言,过去几次语言调查有过描写,但现在回顾起来感到不足处是还不全面、系统。表现在:(1)对许多语言都只停留在"简志"的描写上,未能达到比较深入、系统的描写研究。如对阿昌语这样一个有方言较多差异的语言,只出版过一本十多万字的《阿昌语简志》,显然难以帮助读者了解阿昌语。(2)有方言差异、支系语言差异的民族,以往的调查重视不够,还存在许多空白点需要调查。如哈尼语、怒语等语言的支系语言。(3)过去多是笔头记录,缺少使用现代化手段对边疆语言的记录、描写。(4)对边疆语言生活的特点,包括各种语言在现实生活中如何运转,各种媒体(电视、广播、报纸、出版社、网站等)如何使用,在家庭、村寨、城镇、学校、政府等不同场合的使用情况如何等调查不够,使得我们对边疆语言的特点、状况缺乏全方位的认识,也就未能提出合理的、有针对性的对策。(5)边疆语言的语言关系比内地有更多的特点。除了与国家通用语汉语、周围其他少数民族语言存在密不可分的关系外,还与境外的语言有长期密切的接触和相互影响。研究边疆语言,必须综合考察各种有关因素。

所以,我建议在过去调查研究的基础上,对边疆各民族语言(包括差异较大的方言和支系语言),以及文字使用情况,包括文字的活力、文字的优缺点、民众识字状况等,开展系统、全面的描写研究。

2. 调查研究边疆语言的语言关系

多民族国家的语言、边疆地区的语言,都存在不同形式的语言关系。

语言关系制约语言的发展变化。语言关系中，既有互补，又有竞争，对语言的发展变化起着重要的作用。在边疆语言的调查研究中，必须重视语言互补和语言竞争的调查研究。

3. 调查研究边疆语言在现代化进程中的发展趋势

在现代化进程中，由于出现各种新的因素，必然会使得边疆的语言的演变出现一些新的特点。包括：其丰富发展的途径是什么，其使用功能有什么新变化，与境外语言存在什么新的关系等。这就需要调查者从理论上对其发展趋势进行调查研究。

我建议中国的语言工作者，应当在全面调查的基础上，出版一套"边疆语言志"系列丛书，以适应语文工作和语言研究的需要。

三、关于边疆语言调查研究的理论建设

边疆语言研究有其不同于内地语言研究的特点，自然也有其自己的理论和方法。边疆语言的调查研究要发展，理论建设必然会提上日程。我认为目前有以下几点值得做。

1. 研究边疆语言研究进入新时代的定位。研究新时代的理论意义和应用价值，分析长远意义和当前意义，国内、国际意义等。

2. 研究边疆语言文化的类型及其划分标准。区分：北方民族和南方民族的差异；跨境和非跨境的差异；聚居和杂居的差异；人口多和人口少的差异等。

3. 研究如何根据我国的特点做好边疆语言文化建设。包括：应采取哪些措施保护语言多样性、文化多样性；当前主要要抓哪些工作等。

4. 研究语言与文化的关系。语言与文化是不同的学科，但二者密不可分。语言是文化的载体，没有语言，文化不能得到表现。文化又是语言的灵魂，支撑着语言的活力。所以，做语文工作必须考虑文化问题；而做文化工作，也要考虑语言问题。

5. 研究边疆地区双语教育的理论与实践。包括：双语教育的重要性（民族发展、民族团结、人才培养）、发展状况、经验教训、存在问题、对策等。

6. 研究边疆地区不同民族之间、境内外民族之间语言互补、语言影响和语言竞争，探索其类型、模式、规律。

7. 研究我国边疆语言发展史，总结边疆历史发展的经验和教训。区分：主流和支流；表面现象和本质；局部和整体等。

我国边界线长，民族多，情况复杂，希望能够通过群策群力的调查研究获取有价值、有水平的边疆语言研究成果，为语言研究做出贡献。

参考文献

[1] "中国语言生活状况报告"课题组：《中国语言生活状况报告2008（上编）》，北京：商务印书馆，2009年。

[2] 陈章太：《语言规划研究》，北京：商务印书馆，2005年。

[3] 戴庆厦：《构建我国多民族语言和谐的几个理论问题》，《中央民族大学学报（哲学社会科学版）》2008年第2期。

[4] 戴庆厦主编：《基诺族语言使用现状及其演变》，北京：商务印书馆，2007年。

[5] 戴庆厦主编：《云南德宏州景颇族语言使用现状及其演变》，北京：商务印书馆，2011年。

[6] 李宇明：《中国语言规划论》，北京：商务印书馆，2010年。

[7] 孙宏开、胡增益、黄行主编：《中国的语言》，北京：商务印书馆，2007年。

[8] 周庆生：《国外语言政策与语言规划进程》，北京：语文出版社，2001年。

谈谈如何培养对语言现象的敏锐性

—— 云南师范大学汉藏语研究院报告

（2019年6月21日 云南师范大学）

各位老师、各位同学：

今天的报告讲：谈谈如何培养对语言现象的敏锐性。讲三个问题。

一、语言敏锐性是语言研究者的基本功

什么是语言敏锐性？语言敏锐性（或称敏感性）是指语言研究者善于发现语言的特点或现象，特别是发现这个语言不同于其他语言的特点或现象。"善于"二字包括两个方面意思：一是能较快地抓住所研究的语言的特点或现象；二是能够敏锐地发现这一语言不同于别的语言的奇特特点或现象。

做语言研究的人，对语言要有较好的敏锐性。这一点非常重要。有了敏锐性，就会有助于发现亮点，发现新规律，就能产生好的、有价值的新题目，提出新论点。否则，就只能看到一般的特点和规律，或是重复别人已发现的特点和规律。有为或无为，常常表现在对语言现象有无敏锐性上。

每个人天天都在使用语言，都生活在实际的语言生活之中。大量的、鲜活的、有价值的语言事实，都会呈现在你的面前，如果你有敏锐性，你

就会立即捕捉住其中的亮点，丰富你的资源，你的优势；否则，你就会见怪不怪，无动于衷，轻易地将有用的资源放过。许多人对自己须臾不能离开的语言患有"麻木症"。下面举个例子来说。

比如，"胜"与"败"这一对反义词，大家都会用，但不会想到其中有文章可做，会包含有价值的语法学问题。而语法学大师吕叔湘先生从报上看到两句报道引发他的思考，写了一篇著名论文《说"胜"与"败"》。吕先生看到1984年5月13日《光明日报》和《北京日报》分别报道的同一则新闻：

"中国女篮大败南朝鲜队（现韩国队）"——《光明日报》

"中国女篮大胜南朝鲜队（现韩国队）"——《北京日报》

两个标题表示同一个意思，只有"胜"与"败"字之差。这两个反义词怎么会变成同义词呢？吕先生用语言学方法和古今中外的语料具体分析了这一问题，写出了《说"胜"和"败"》这一有价值的文章。[①] 他认为这涉及及物不及物的问题，指出"拿'败'字来说，按传统的说法，'败'字有两个音，《广韵》夬韵：'自破曰败，薄迈切'，'破他曰败，补迈切'"。"薄"是并母字，"补"是帮母字，是两个词。这说明古代汉语中"败"已有自动、使动两种用法，一是"自败"，二是"使败"，即"胜"。这是反义词在有的语境中成为同义词的原因。吕先生通过作格理论还用澳洲的Dyirbal语来论证这个问题。这是一篇"小题大做"的经典之作。

总之，对语言或语言生活具有较强的敏锐性，是语言研究者的一项不可缺少的基本功。有无敏锐性，关系到能否取得语言研究的成就，能否尽快成才。

---

① 吕叔湘：《说"胜"和"败"》，载《语法探索与研究》，1984年。

二、怎样培养对语言的敏锐性

对语言的敏锐性，是可以培养的。一个人做语言研究，会随着知识的增长、经验的增多，不断增强对语言的敏锐性。这是不自觉的。但如果明白了这个道理，就会有意识地、自觉地去培养对语言的敏锐性。我觉得以下几点是可以用的。

（一）多有比较意识，从比较中发现亮点

现代社会的人，至少都会懂一两种语言、一两种方言（当然会存在熟悉程度不同情况）。做语言研究的，懂得的语言或方言会更多些。我们遇到新的语言现象，就要有意识地与自己懂得的别的语言或方言做比较，思考二者的不同，分析其成因。

我的母语是闽语仙游话。年轻时，我就清楚地感到仙游话与北京话明显不同的一个特点是单音节性，如箸（筷子）、裳（衣服）、厝（房子）、烟（香烟）等，当时不知道为什么有这个特点，现在知道与闽语的分析性有关。分析性的重要特点之一是单音节性，但又如何解释后来又大量发展双音节词？这可以解释为单音节性不能适应人们不断扩大概念的需要，要用多音节来补偿，而分析性语言讲究双音节韵律，自然要取双音节词作为主要发展途径。这就是说，单音节性和多音节性是分析性语言存在的既对立又统一的音节现象。

必须重视亲属语言比较。亲属语言比较的重要性，如同医生碰到疑难的病情，要问问亲属（父母、兄弟、姐妹）的情况，从中发现线索。

（二）增强蕴含意识，从蕴含中发现语言规律

语言类型会发生演变，或由屈折型向黏着型演变，或由黏着型向分析型演变，在演变中都会出现蕴含现象。我们研究语言，要善于从蕴含中发现语言的规律，选出要做的题目。

比如，我最近在《民族语文》发表了一篇论文——《语言转型与词类变化：以景颇语句尾词衰变趋势为例》，运用语言转型的理论论述景颇

语句尾词的衰变。景颇语属于分析型语言，但还保存黏着型的特点。从藏缅语的语言演变规律上看，语言类型是由黏着型向分析型演变的。这种演变规律在句尾词上有明显的表现。景颇语句尾词原是后缀，有形态变化，属于黏着型特点，但随着语言转型，变为属于缺少形态变化的虚词——"句尾词"。景颇语句尾词的衰变主要表现在：由后缀转为虚词，后缀是黏着型特征，而虚词是分析型语言的特征；表示人称、数的语法形式发生了一定程度的淡化，有的句尾词变为不分人称、数；句尾词使用的总体数量大量减少；三个音节以上的句尾词已很少使用，主要使用双音节和一个音节。这些都是从黏着型向分析型转化的表现。预计，句尾词还会进一步分化，最后变成像汉语一样不表示人称、数的语气词（汉语的语气词属于分析型特点）。

词类是语言结构的主要内容，从该文的分析中我们可以得出以下一些认识：原属于黏着型语法特点的景颇语，逐渐由黏着型向分析型转化，而作为景颇语词类之一的句尾词，必然也会在黏着型和分析型特点的消长上发生变化，这是不以人们的意志为转移的。

我从中进一步认识到，语言转型在词类上会有明显的表现。但在语言研究中，语言转型如何影响词类的变化，这是个未被认知的领域。句尾词的特点发生了什么变化，具体表现有哪些？哪个是主要的，哪些是次要的？变化的具体模式是什么？还有，句尾词的变化还会牵制其他词类发生哪些变化？我还想到，人类语言在历史演变中会出现语言转型，这已成为语言学家共识的定论。但是，有关语言转型的一系列具体问题，却还未被人们所认识。如：为什么语言会出现转型，其动因是什么，制约语言转型的有哪些因素？不同语言的语言转型具体规律有哪些，共性是什么，个性是什么？语言转型对语言结构会产生什么影响，包括对每个词类特点的影响，以及对句法结构的影响等。

（三）善于区分主要特征和次要特征（或伴随特征）

语言现象的存在，或语言演变的形式，往往存在主要特征和次要特征。语言研究者在语言描写和研究中，必须善于捕捉、区分主要特征和次要特征，并从中发现其演变轨迹。

我做了多年的松紧元音研究，在田野调查中总忘不了去区分主要特征和次要特征。主要特征是事物的本质特征，是决定事物性质的依据；而次要特征是伴随主要特征而来的。具体说，松紧元音对立的主要特征是喉头紧缩与否，但它还伴随着长短（松的长些，紧的短些）、声调高低（紧的高些，松的低些）不同，声母浊流与否（松的声母带浊流，紧的声母不带）、带喉塞韵尾与否（紧的带喉塞韵尾，松的不带）；舌位高低不同（紧的低些。松的高些）；等等。从次要特征上能够获得语言演变的线索。因为次要特征有的原来是主要特征，后来转为次要特征。如景颇语的松紧、声母带浊流与否，是因为现在的松紧是由清浊演变来的。哈尼语的紧音、有的带喉塞韵尾，是因为哈尼语的紧音来自塞音韵尾。

（四）要有系统理念，善于从系统结构关系中发现线索

语言结构是由不同的成分构成的，是一个有机的、紧密结合的结构体。每一种语言现象的演变，都受相关现象的制约。所以，研究某一现象的特点及其演变，必须从相关现象上找条件，找原因。要达到这个要求，就必须要有系统结构理念，善于从系统结构的关系中发现线索。

比如，声调来源及演变，是汉藏语语音研究中的一个有特殊价值的课题，每一突破都是划时代的标志。翻开声调研究史，我们看到一些有成就的学者在声调研究中都习惯从相关现象上找线索。比如，高本汉发现汉语声调的产生与辅音韵尾的脱落有关，并认为声调是晚起的。李方桂的壮侗语研究认为，原始壮侗语的四个调分为八个调的条件是声母的清浊，浊声母是一类，A1、B1、C1、D1，清声母是一类，A2、B2、C2、D2。这两套声调起初是音位变体，后来清浊对立消失后，变体的声调变为音位声调了。

语言学家的经验是：研究声调要从声母、韵母上找条件；研究声母要从声调、韵母上找条件；研究韵母要从声母、声调上找条件。

（五）不忽略"变体"，从中提取线索

"变体"是一种语言现象同时存在的几个不同的形式。变体的产生，是由语言内部结构不同要素互动产生的结果，有其存在的理据，不是可有可无的。变体含有语言演变的信息，有助于发现语言演变的轨迹。比如，上面所说的次要特征（或伴随特征）都是松紧元音的不同，都与松紧元音的来源有关。

又如，声母清化非清化在汉藏语的许多语言都出现逐渐消失的趋势。这种趋势在不同方言土语、在不同人群（包括不同性别、不同年龄等）里会出现不同的变体，这些变体都是语言演变到达目的地的一个"变点"，对语言研究很有价值。

例如：阿昌语的清化鼻音 m̥ 出现多种变体，如"马"一词，是清化鼻音，但有的方言还保持清化鼻音，读为 m̥aŋ^{31}，如梁河地区。有的因年龄而异，中老年读为 phaŋ^{31}，年轻人读为 xaŋ^{31}。这些变体反映了 m̥ 变为 ph、x，是清化音消失演变的方向。汉语似乎也有这一途径。汉字的"悔"谐声用"每 m"谐"悔 h"。造字时"悔"可能读为 m̥。同样的例子还有"墨"等。

"耳"一字，（古）日之，ɲiə，（广）日止开三上止，nziə。鼻音的清化无记录。① 这个词与藏缅语是同源词，在藏缅语有的语言和方言里读清化音。如：藏文 rŋa，藏（夏河）hnam dzok，藏（泽库）hnam dzok，门巴 rŋa，彝（喜德）nɯ^{31}po^{33}，怒（碧江）ŋa^{55}shər^{55}。另外，我的母语仙游话的"耳"读为清化的 n̥ei^{31}，为什么？上古汉语的鼻音果真无清化音吗？可再进一步思考。

阿昌语的鼻音有清化和非清化的对立，但出现了一些变体。主要有：清化鼻音在一些人中发为略带送气成分。有些清鼻音能自由地读为非清化音。如：n̥a^{31}=na^{31} 篾子。② 但许多人记音，对变读、例外不重视，看成负

---

① 使用郭锡良的《汉字古音手册》（2010）的拟音。
② 参看戴庆厦、崔志超：《阿昌语简志》，北京：民族出版社，1985年。

担,其实是"遇到金子当沙子"。

又如独龙语的声调存在大量两读,这是声调萌芽期的特点,值得收集、研究。

(六)重视不成句现象,从中发现规律

汉藏语的同一句法结构,有的成句,有的不成句,不成句的必然有其特殊规则的制约。要善于发现,还要找到解释的理由。

比如:"种树""植树""种植树木"可以说,但"*种树木""*植树木""*种植树"不能说。为什么?受双音节化规律的制约。"掌声有请"为什么要加个"有","有"表示什么意义,加"有"是否也是双音节化的需要?

双音节化是汉语音节数演变的一个重要内容。汉语是分析性语言,估计最早是单音节词占多数,后来由于新概念的不断增加,促使双音节词大量出现,其中内部因素是主要的。《诗经》上古时期由单音节向双音节发展是个例证。朱广祁在《诗经——双音词论稿》一书中谈到甲骨卜辞和彝器铭文的汉语特点指出:"在构成方面以单音节词为主,这是当时汉语词汇体系中很突出的一个特点。单音节词占主要地位,使得语言的表现能力和新词的产生都受到限制。"但从周朝起,由于社会的进步、表达复杂概念的需要,"要求词的构成突破单音节的限制,逐渐产生复音词,从而在词汇体系上演变为以双音复合词为主的成分。汉语词汇从以单音节为主过渡到以双音节为主,是一个十分重要的现象。"[①] 我最近在想,双音节化倾向有两重性,它既能为产生大量的双音节复合词提供条件,但也多少抑制了形态音节的消失。

在非汉语的汉藏语中,也普遍存在双音节化现象,是今后要做的一个大题目。

---

① 朱广祁:《诗经——双音词论稿》,郑州:河南人民出版社,1985年。

（七）善于发现隐性特征，从隐性中揭示规律

语言形式有"显性"和"隐性"两种。显性特征由看得见的标记表示；而隐性特征则以看不到形式标记，要透过比较研究才能发现其表示的意义。显性特征容易被认识，而隐性特征往往要通过分析对比才能被揭示。

比如，"的"字结构在汉藏语不同语言中有不同的特点。有的语言是显性的，如景颇语用三个结构助词表示三个不同的意义：ai³³表示修饰关系，如"红的花"，a?³¹表示领属关系，如"我的衣服"，na⁵⁵表示时间方位的所述，如"哪儿的人"。又如汉语的一个"的"表示三种不同的关系，朱德熙先生经过研究揭示隐性的"的¹、的²、的³"。还有语言没有"的"字的，或"的"字不发达的。

语法现象有隐性和显性之分。汉语和非汉语之间，隐性特征和显性特征的分布不平衡，在汉语里是隐性特征的在其他语言里有可能是显性特征，反之亦然。

景颇语的名词有类称和个称的区别，如水果（个称）是 nam³¹si³¹nam³¹so³³ 并用显性的语法形式表示，而这个区别是隐性的，无语法形式。我在1999年写了一篇《景颇语名词的类称范畴》（载《民族语文》），就是从汉语和景颇语的反观中发现题目的。景颇语在语法形态上有个体名词和类别名词的对立，但汉语没有。如：nam³¹si³¹ 水果（个称）——nam³¹si³¹nam³¹so³³ 水果（总称）。

汉语"水果"一词，在"我吃了一个水果"和"水果是有营养的"这两个不同句子里，"水果"是同一个形式，但句法结构不同。而景颇语则有不同的形式。为此，我对景颇语的类称名词从结构形式、表义特点、形成的内部、外部条件等方面进行了系统的分析。

（八）善于发现"形异义同""形同义异"现象

语言内部的"形异义同""形同义异"现象，会有其认知和结构必要性的理据。对其做出合理的解释，有助于对语言规律的认识。比如，一天写了两千字=两千字写了一天，基本意义相同，但为什么主语和宾语的位

置可以互换，互换的语用功能是什么？

怎么解释？其一，汉语是一种富于运用话题的语言，主语和宾语互换，强调不同的话题。其二，主语和宾语能够互换，是因为使用了动词内部不同的隐性意义。这说明汉语是一种富于隐性的语言。其三，主语和宾语能够互换，说明汉语是语法结构无形态的语言，语序在一定条件下可以移动。

通过比较，我们发现汉语与藏缅语述宾结构的最大差异是，汉语类别多、特点复杂，既有常规宾语——受事宾语，又有非常规宾语——工具、处所、时间、施事等宾语，同一结构意义不同。如"吃大碗""吃父母""吃环境""去北京""等半天"等述宾结构，意义与一般的述宾结构不同。而藏缅语则不同，宾语的类别比较简单，主要是受事宾语，没有工具、处所、时间、施事等宾语。汉语的工具、处所等类的宾语，藏缅语表达这些特殊的宾语时，大多都要用"状中结构"表达，说成"用大碗吃""北京方向去""等半天"等。

（九）从语言习得偏误中发现语言规律

语言习得中有的句型不会出现偏误，但有的句型容易出现偏误。为什么？这与学习者母语的状况、母语负迁移有关。所以要从习得偏误中发现语言规律。我们要从自己的和别人的语言习得偏误中"淘宝"，不要让有价值的语料在面前丢失。

下面一些是非汉语母语人口语中出现的，是由语法类型的差异引起的病句。

*1. 他高高兴兴得死了。（他高兴得要死。）

*2. 衣服洗了，干净了。（衣服洗干净了。）

*3. 我把她喜欢。（我喜欢她。）

*4. 他说错误一句话。（他说错一句话。）

*5. 同学们三遍听了录音。（同学们听了三遍录音。）

*6. 他屋里唱歌。（他在屋里唱歌。）

*7. 弟弟北京回来。(弟弟从北京回来。)

例*1、*2的偏误，是由于习得者母语缺少述补结构引起的；例*3的偏误是无"把"字句；例*4偏误是违反双音节化规律引起的；例*5的偏误是对动量词的语序掌握不好；例*6、*7的偏误是母语里没有介词。

三、对语言的敏锐性要靠平时积累

敏锐性强否，与一个人的文化修养、语言学功底、语言认识能力都有关。文化修养、语言学功底强的，容易发现变异现象，并能觉察到其价值及成因，发现语言演变的；文化修养、语言学功底弱的，容易忽略变异现象的价值，甚至将它看成语病或个人的言语行为。

当然，语言认识能力有部分是天生的，如同对音乐、美术、表演的习得能力，有的快些，有的慢些。但是，后天的努力也能改变原有的状态。所以，如果发现自己对语言的敏锐性弱，就要有意识地加强锻炼自己。

长期以来，我养成了一个在本子上记事的习惯。早晨起来后思维最活跃，会出现一些有价值的闪念，要及时记下。听报告，要把有用的观点、语料记下来。

语言的敏锐性来自对语言有无厚实的知识。要重视"多学、多读、多想、多记"八个字。

最后，给大家介绍点大师治学之路。赵元任是现代语言学大师，他除了是语言学家外，还是数学家、物理学家、音乐家。他会说20种汉语方言和外国语，对许多语言学现象都发表过精辟的见解。"言有易，言无难"这句名言是他在20世纪30年代对他的研究生王力说的。王力在清华国学院学习时的论文《中国古文法》是在赵元任、梁启超的指导下写成的。论文中谈到"反着句"和"纲目句"时王力加上"在西文中罕见"的附言。赵元任看后写下批语："删'附言'！未熟通某文，断不可定其无某文法。

言有易，言无难"。①

"熟通某文"是赵元任的主张。他认为语言太深奥，要弄懂要花大气力。所以赵先生对学习语言达到痴迷的程度。他每到一个方言区，就学习当地方言，而且学得很像。有人问他，"你学一个方言要多长时间？"他说"两周。但闽南话最难学，要几个月。"

最后谈一句我做语言学研究的体会："研究语言，要长期做有心人，积少成多。"

---

① 参看苏金智著：《赵元任传》，南京：江苏文艺出版社，2012年。

我国民族语言状况面面观

——北京语言大学报告

(2019年9月25日)

为什么要讲这个题目?

因为做中国语言研究的,必须了解全国的语言的状况,即要有宏观把握。有了宏观把握,才能更好地做语言的微观研究。对一国的整体语言国情不清,微观研究不可能到位。

语言研究无非两方面内容:一是语言本体方面的,如语音、语法、词汇、描写语言学、历史语言学、实验语音学、计算语言学等;二是语言功能方面的,如语言国情、语言资源、社会语言学、文化语言学等。一个语言学研究者,大凡是以一个方面为主,兼做别的。我主要是做语言本体研究的,但也做些语言功能方面的研究。通过半个多世纪的语言研究实践,我深深认识到做语言本体研究的,必须了解国家的语言状况,包括语言国情、语言政策等。今天的报告主要讲以下六个问题:

一、中国的语言国情:一个多语种、多文种的国家

中国是一个多民族、多语种、多文种的国家,语言文字状况与国家政治、经济、文化的发展状况息息相关。

做好民族语文工作,必须了解国情和语言国情。只有这样,才能因势

利导，对症下药，避免陷入盲目性。否则，所形成的思想和提出的对策就没有根据。我先要向大家介绍一下中国少数民族语言文字的基本情况。

（一）中国的语言

中国有56个民族，使用着130多种不同的语言。这是到目前为止语言学家经过实地调查得到的数字，实际数目有可能还不止这些。

为什么语言总数会大于民族总数？这是因为有些民族使用一种以上的语言。如：瑶族使用三种语言——勉语、布努语、拉珈语；裕固族使用两种语言——西部裕固语和东部裕固语。

为什么多年来一直使用80多、100多、130多这些不准确的数字？这是无奈的。原因有二：一是我国土地辽阔，语言状况复杂，短时间内难以弄清，而我们的语言识别尚未结束，还会有一些未被发现的语言。二是有关语言种类的确定和划分的理论还处于完善中，究竟是语言或是方言还存在不同的认识。

中国的少数民族语言，可以从不同角度做不同的分类。

从语言系属上看，我国语言分属于汉藏、阿尔泰、南岛、南亚、印欧等五大语系。

1. 从使用人口上看，使用人口最多的是壮语，有1300万人，使用人口最少的是赫哲语，只有200多人。

2. 从方言差异上看，有的差异大，有的差异小。如壮语南北方言的差异比壮语北部方言与布依语的差异大。方言差异大，是中国民族语言的一大资源。

3. 有的语言有历史悠久的文字，如蒙古族、藏族、维吾尔族等民族的语言；而有的只有较短历史的文字，如景颇文、傈僳文等；还有许多民族没有文字，如德昂族、布朗族等。

4. 从是否跨境的角度上看，有跨境和非跨境的区分。有的语言只分布在中国，如土家语、白语、土语等；有的语言是跨境语言。如景颇语分布在中国、缅甸、印度、泰国等国。中国有跨境语言32种，跨境语言多是中国语言的一大特色。

5.从语言使用活力上看,有强势语言和弱势语言之分。有些语言处于濒危或衰变的境地,如赫哲、土家等语言。强势语言和弱势语言之间存在互补和竞争,在互补和竞争中演变和发展。

(二)中国的文字

中国的55个少数民族中,有24个民族有代表自己语言的文字。由于有的民族使用一种以上的文字,如傣族使用傣仂文、傣那文、傣绷文、金平傣文等四种文字,所以24个民族共使用33种文字。

类型多样是我国民族文字的一个最重要的特点。世界文字的主要类型在中国都能看到。从文字结构特点上分,有图画文字、象形文字、音节文字、拼音文字等类型。按字母形式可分为拉丁字母文字和非拉丁字母文字。非拉丁字母的文字种类很多,有印度字母、叙利亚字母、阿拉伯字母、方块形拼音文字、斯拉夫字母等。文字的历史长短不一,有创始于7世纪前后的藏文,有出现于11世纪的蒙古文,一些拉丁字母的新文字只有近百年的历史。

中国语言文字的丰富性、复杂性、多样性,蕴含着各民族长期以来积累的智慧和经验,是中华文化多元一体的宝贵资源。

(三)必须科学地认识民族语文的功用和价值

对待中国的语言文字,必须要有正确的理念。

首先必须认识到中国民族语文的资源价值。中国民族语文有三个重要价值:一是应用价值;二是资源价值;三是文化价值。

中国少数民族语言文字,是中华民族重要的文化遗产,是取之不尽的资源。保护好少数民族语言文字,对于中国的发展、繁荣,以及维护世界和平和人类团结都有重要的意义。

进入新时代,还不能低估民族语文的作用。时至今日,民族语文的性质仍然存在三个不变:一是重要性不变。它仍然是少数民族不可或缺的交际工具,是一项重要的资源。二是感情价值不变。少数民族对自己的母语仍然具有深厚的感情，必须予以尊重。三是复杂性不变。

但进入新时代，少数民族的语言生活有了新的变化。主要表现在：国家通用语在少数民族语言生活中的地位日渐增强；少数民族兼用通用语的人越来越多；民族语言和国家通用语之间出现了互补。

二、我国民族语文政策的基本点

根据我的理解，我国民族语文的政策的基本点可归纳为三点：

（一）尊重少数民族使用自己语言文字的自由

这是我国政府一贯坚持的国策。早在1949年9月29日中国人民政治协商会议第一届全体会议通过的《共同纲领》第53条就已规定："各少数民族均有发展其语言文字，保持或改革其风俗习惯及宗教信仰的自由。"1954年9月20日，第一届全国人民代表大会第一次会议通过的《中华人民共和国宪法》第三条规定："各民族都有使用和发展自己的语言文字的自由。"后来，这一思想反复被写进历次的宪法中。这是中国政府对待少数民族语文问题的基本立场。

国家为了帮助少数民族发展经济、文化，在北京创办了中央民族学院（后改为"中央民族大学"），专门培养为少数民族服务的人才。学院下设语文系，培养为少数民族发展文化教育的高级人才。中央民族学院是按照1950年11月24日政务院第60次政务会议批准的《筹办中央民族学院试行方案》创办的。筹办方案还具体决定在中央民族学院建立语文系，并规定"语文系招收高中毕业以上的志愿做少数民族工作的汉民族学生以及有相当学历的少数民族学生。"

尊重少数民族使用自己语言文字这一政策的制定，是由科学的民族观、语言观，以及少数民族发展的需要、少数民族语言文字的演变规律和使用特点决定的。

因为，语言是民族的重要特征之一，与民族的生存、发展、情感和谐息息相关。少数民族对自己的母语都是充满感情的，把它当成是民族的象征、民族精神的力量，与自己的民族紧密联系在一起。历史的经验告诉我们，对语言的保护和尊重，有利于民族发展、民族进步；对语言的歧视和不尊重，必然会阻碍民族发展和破坏民族团结。

为了尊重少数民族使用自己语言文字的自由，国家还采取各种措施保护少数民族语言文字。如规定在学校教育中使用少数民族语言，大力培养民族语文人才，出版少数民族文字的读物，为没有文字的少数民族创制新文字、为文字不完备的民族改革或规范文字等。

（二）科学保护各民族语言文字是我国进入新时期的新政策

2011年10月党的十七届六中全会通过的《中共中央关于深化文化体制改革推动社会主义文化大发展大繁荣若干重大问题的决定》中又提出了"科学保护各民族语言文字"（又称"语言保护"）的一个新理念。

怎样正确理解"科学保护各民族语言文字"？我认为至少有以下三点是必须强调的：1.它是在特定的历史条件和历史环境下产生的。2.它的核心思想是民族平等、语言平等，倡导多元文化、多种语言的共同存在。3.它与宪法上规定的"各民族都有使用和发展自己语言文字的自由"基本精神是一致的，但又有了新的内容。宪法强调"自由"二字，而"科学保护"强调"保护"二字，既有"自由"又有"保护"。

（三）新时代要大力推广国家通用语，但也要重视少数民族语言的使用和发展

习近平总书记在党的十九大报告中提出了中国发展新的方位——中国特色社会主义进入了新时代。新时代的主要任务是：决胜全面建成小康社会，夺取习近平新时代中国特色社会主义伟大胜利。要完成这一伟大任务，就必须大力推广国家通用语提高全民的通用语使用水平，只有这样，才能适应世界高科技的迅速发展，和世界经济一体化、信息一体化趋势的变化，也有利于各民族的共同进步。在当前，我国少数民族的多数地区还使用少数民族语言，所以做好少数民族语言的使用和保护，也是新时代语文工作的一项重要任务。

三、民族语言工作中的几个理论问题

（一）怎样准确地认识全国通用语和民族语的关系

怎样科学地、辩证地、符合实际地认识好、处理好通用语和民族语的关系，是新时代我国语文工作必须解决好的一个重大理论问题。

全国通用语是全国各民族共同使用的语言，是代表一个国家的语言。汉语作为全国通用语，是经过长期历史的实践和考验形成的，是受各民族和世界各国所公认的。汉语普通话在各族语言中使用人口最多，权威性最强，它不但具有最悠久的历史，而且负载着最广泛的历史文化。所以，汉语普通话成为我国的通用语是历史的必然。

少数民族语言是少数民族的母语，负载着这一民族丰富多彩、不可替代的民族文化，也是中华文化的一部分。少数民族热爱自己的母语，也是历史的必然。

汉语和民族语各自有自己的功能。必须强调各民族都要学好、用好全国通用语。这是关系到国家的发展、民族的团结的大事。但也要发挥民族语的作用，重视保护好少数民族语言的使用和发展。

（二）如何构建各民族语言的和谐关系

在一个多语言的国家，如何处理好语言关系是关系到民族团结、国家稳定发展的大事。语言和谐是社会和谐、民族和谐的组成部分之一，是国家顺利发展的保证。

在我国的历史上，以及在国外的一些多民族国家中，由于语言不和谐引起语言矛盾，并导致民族矛盾的案例，时有发生。但在我国，中华人民共和国建立后由于废除了民族压迫制度，实行了民族平等和语言平等的政策，不同民族的语言关系，其主流是和谐的，是受到少数民族称赞的。当然，也存在某些不和谐的现象，但不是主流。

近几年，我多次去云南省德宏傣族景颇族自治州调查研究少数民族语言，亲眼看到那里的语言关系呈现出一派和谐的景象。这个州居住着傣、景颇、德昂、阿昌、傈僳等少数民族，他们都有自己的语言。少数民族普遍兼用汉语，其中还有不少人还能兼用另一少数民族语言。他们在家庭内，在村寨内，都使用自己的母语，在不同民族之间大多使用我国的通用语——普通话进行交际，也有使用双方都能使用的少数民族语言交际。不管在什么地方，少数民族使用自己的语言都会得到尊重。有本族文字的少数民族学生，在小学阶段既学本族语文又学汉语文，但从中学起主要学汉语文。少数民族语言在电视、广播、出版中得到使用。总的说来，这里的不同语言各就各位、各尽所能，和谐有序。和谐的语言关系成为和谐的民族关系的一个重要组成部分。

进入新时期以后，语言关系也发生了前所未有的新变化，民族语文的使用和发展也随之出现了一些新问题，也会出现一些不和谐的现象。比如，少数民族为了更快地发展自己，对学习汉语文的要求空前高涨，社会上就容易出现忽视民族语文作用的趋向，甚至会出现对民族语文的不尊重。汉语文使用人口多，社会功能强，一直处于强势地位，而少数民族语文由于使用人口少，使用范围小，在语言使用的竞争中处于弱势地位，强势和弱势共存。但如果在处理二者的关系时不谨慎、不明智，就有可能忽视民族语文不可替代的作用，出现不和谐。语言的不和谐，在现代化进程中势必影响民族间的团结。具体如：在一些有民族文字的地区民族语文不进学校了；在一些民族聚居的城镇里不见有民族文字招牌；这些年在民族地区工作的汉族不学当地民族语言。

（三）如何认识语言竞争和语言和谐的关系

语言演变包括两个方面的内容：一是语言结构的演变，包括语音、语法、词汇、语义等方面的演变，其演变主要受语言内部因素的制约。另一是语言功能的演变，包括语言使用功能大小的升降、语言使用范围大小的变化等，其演变主要受语言外部社会条件的制约。语言竞争是制约语言功能变化的主要因素之一。

不同事物共存于一个系统中，除了统一的一面外，还有对立的一面。这是由于事物间存在差异，有差异就有矛盾，有矛盾就有竞争。不同的物种有竞争，不同的人有竞争，不同的语言也有竞争。这是普遍规律，是不以人的意志为转移的。不同的语言共存于一个社会中，相互间普遍存在着互相竞争的语言关系，可以说，语言竞争是语言关系的产物，是调整语言协调于社会需要的手段。比如，英语在世界上是一个影响力较大的语言，在一些国家里，与本国语言在使用上存在竞争，如在菲律宾、马来西亚、新加坡等国，英语是这些国家的官方语言，而这些国家的居民还有自己的母语，二者在语言地位、语言使用范围上存在竞争。

我们这里所说的"语言竞争"，是指语言功能不同所引起的语言矛盾，属于语言本身功能不同反映出的语言关系。这是语言关系在语言演变上反映的自然法则，有别于依靠人为力量制造的"语言扩张""语言兼并"或"语言同化"。前者符合语言演变的客观规律，有利于语言向社会需要的方向发展，有着积极的意义；而后者是强制性的，违反语言演变的客观规律，违背民族的意志。

（四）如何认识强势语言和弱势语言的关系

认识语言竞争的性质，必须涉及"强势语言"和"弱势语言"两个不同的概念。这是因为，存在于同一社会的不同语言，由于各种内外原因（包括语言内部的或语言外部的，历史的或现时的），其功能是不一致的。有的语言，功能强些；有的语言，功能弱些。强弱的不同，使语言在使用中自然分为"强势语言"和"弱势语言"。这是客观存在的事实。多语社会的语言，语言竞争通常出现在强势语言与弱势语言之间，其关系错综复杂。所以，要准确解决一个多民族国家的语言关系，区分这一对概念是必要的，也是不能回避的。

这里要说明一下，我们这里使用"强势语言"与"弱势语言"的名称，是为了区分语言功能的大小，这是属于社会语言学的概念，与语言结构特点的差异无关，因而丝毫不含有轻视弱势语言的意味。不同语言的内部结构，各有自己的特点，也各有自己的演变规律，这是由各自语言机制系统的特点决定的，不存在"强势"与"弱势"的差异。

但"强势"与"弱势"是相对的。汉语是强势语言，是就全国范围而言的。在我国的民族地区，不同的少数民族语言，其功能也不相同。其中，使用人口较多、分布较广的少数民族语言，是强势语言；使用人口较少、分布较窄的少数民族语言，则是弱势语言。其"强势"与"弱势"之分，是就局部地区而言的。如在广西，壮族人口多，与毛南语、仫佬语相比，是强势语言，一些毛南人、仫佬人会说壮语，甚至转用了壮语。

语言竞争主要有以下几种走向：

一种走向是：互相竞争的语言长期共存，功能上各尽其职，结构上相互补充。在竞争中，各自稳定使用。虽有强弱差异，但弱者有其使用的范围，不可替代，不致在竞争中失去地位。我国少数民族语言和汉语的关系多数属于这类。

一种走向是：弱势语言在与强势语言的较量中，功能大幅度下降，走向衰退。其表现是：功能衰退的语言，只在某些范围内（如家庭内部、亲友之间、小集市上）使用；部分地区出现语言转用。这类语言，可称为衰变语言。

还有一种走向是：弱势语言在竞争中走向濒危，在使用中完全被强势语言所代替。我国历史上分布在北方的一些语言，如西夏、鲜卑、契丹、女真、焉耆、龟兹等语言，在语言竞争中消亡了。还有一些语言目前正处于濒危状态，引起人们的重视。

以上三种不同的走向，反映了语言竞争的不同层次。

四、我国语言的系属分类问题

在长期的历史发展过程中，由于各种因素的影响和制约，中国语言形成各种不同的类型。不同类型的语言，反映了语言的社会、文化的特点。做语言研究，必须认识语言的类型特点。

我国的56个民族使用的130多种语言分属汉藏语系、阿尔泰语系、南亚语系、南岛语系和印欧语系等五大语系，以汉藏语系（Sino-Tibetan Languages）为多，中国素有"汉藏语故乡"之称。

汉藏语包括汉语和藏缅、壮侗、苗瑶三个语族，一般称"一语三族"。汉语在语言系属分类中相当于一个语族的地位。汉藏语是我国使用人口最多、分布最广的一个大语系。也是世界上两个最大的语系之一，使用人口仅次于印欧语系。汉藏语主要分布于亚洲各国，包括中国、泰国、缅甸、越南、老挝、柬埔寨、尼泊尔等国。汉藏语究竟有多少种语言呢？说法不一。美国学者Shafer（谢飞）1966年在 *Introduction to Sino-Tibetan*（《汉藏语导论》）一书中，认为汉藏语的语言和方言大约有300多种。日本学者西田龙雄估计有近400多种语言和方言。要弄清汉藏语的语言数目，是件难事，因为有些地区的语言情况还弄不清，再有就是方言和语言的界限还划不清楚。

汉藏语的研究有其重要的理论意义和应用价值。在理论上，它对语言的历史研究、类型学研究、语言分化与融合的研究都有特殊价值。而且，对人类学、民族学、历史学的研究能够提供语言方面的证据。在应用上，它能为解决汉藏语民族的语言使用、文化教育的发展提供参考。正因为如此，国内外语言学界都重视汉藏语的研究，每年一届的"国际汉藏语暨语言学会议"经久不衰。

汉藏语的系属研究对历史语言学提出了挑战。汉藏语的分类是个非常复杂、困扰人们的问题，吸引了多少语言学家的关注。对汉藏语的系属关系，国内外学者认识上存在重大分歧。主要有两种对立的观点：

一种是以李方桂为代表的观点。他们认为汉藏语包括"一语三族"，即汉语、藏缅语族、苗瑶语族、壮侗语族（也称侗台语族）。国内大多数学者持此观点。另一种观点是以美国语言学家Benedict（白保罗）为代表的观点。他们认为汉藏语只包括汉语和藏—克伦语两部分，不包括苗瑶语和壮侗语。而且他还认为苗瑶语、壮侗语在发生学上同南岛语系有同源关系，应属同一语系，称"澳泰语系"（Austro-thai）。国外语言学家大都持这一观点。白保罗的分类表如下：

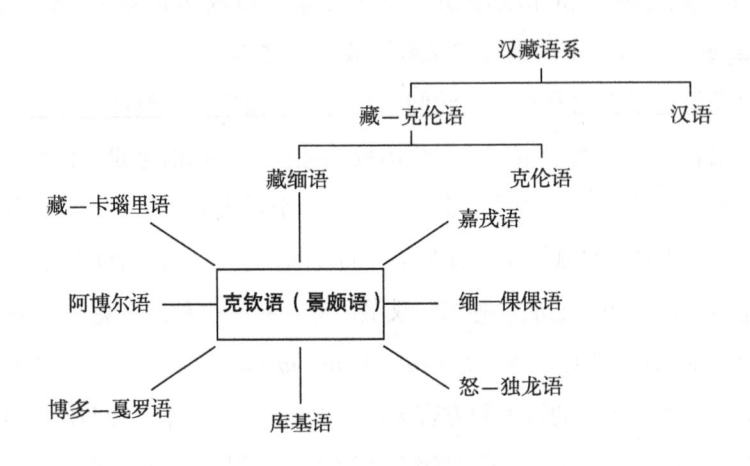

```
                          汉藏语系
                    ┌────────┴────────┐
                  藏—克伦语            汉语
              ┌─────┴─────┐
            藏缅语        克伦语
```

        藏—卡瑙里语   嘉戎语
     阿博尔语 ——— 克钦语（景颇语）——— 缅—倮倮语
        博多—戛罗语   库基语   怒—独龙语

争论的焦点主要是如何区分同源词（同源关系）和借词（接触关系）。因为如果能够证实二者之间存在同源词，那就能证明二者的同源关系。如果证明这些"同源词"为借词，那就不能说明二者有同源关系。

持"一语三族"观点的学者认为，汉语和壮侗语有同源词，如数词"三、五、七、八、九"、代词"我、你"等，所以有同源关系。而反方的观点认为这些词不是同源词而是借词，并说明数词、代词虽是基本词汇也能借用。反方还举出在壮侗语里有不少词与印尼语有同源关系，用以证明壮侗语与汉语没有同源关系。例如：

	壮侗	印尼
眼	ta	mata'
田	na	bana'
水	nam	anum
鸟	nok	manuk
死	tai	matay

争论的实质是如何对待、评价历史语言学。应该肯定，历史语言学是语言学发展史上的一个重要阶段，它揭示了语言的历史演变，提出了构拟原始共同语的任务，是人们认识语言的一次飞跃。但是，历史语言学主要是在印欧语的基础上产生的，能不能完全适用于汉藏语则并未得到证实。

汉藏语系属问题长期争论不休，原因究竟是什么？是语言学家还未能吃透历史比较法，还未能熟练地使用历史比较法来解决汉藏语的问题；还是语言本身难度大（同源词少，同源词借词划不清），历史比较语言学未能完全适用于汉藏语？

在历史语言学看来，有同源关系的语言必须有一定数量的同源词，而同源词则要有语音对应规律来支撑。对于印欧语来说，这不成问题。但对汉语和壮侗语，相同相近的词究竟是同源词还是借词，则很难区分。持"一语三族"观点的学者列举出的同源词，反方则认为是借词，不是同源词。而反方列举出壮侗语与印尼语存在同源关系的"关系词"，对方又认为不能成为同源关系的证据。于是，双方争执不下，都不能说服对方。

为此，半个多世纪以来，一些语言学家已经在应用历史比较法的基础上进行了艰苦的探索，试图在理论方法上有所更新。如：为了解决汉语和壮侗语的系属关系，邢公畹提出了"深层语义分析法"来证明汉语和壮侗语的同源关系。还有，陈保亚提出了"语言联盟"的理论来解释汉语和壮侗语的联盟关系，提出"语言接触无界有阶说"等理论构想。我提出了"语言质变论"，认为语言在接触过程中能发生质变，使原来的归属发生变化，以此来解释汉语和壮侗语的语言关系。认为壮侗语原不属汉藏语系，后与汉语长期接触，吸收了汉语大量成分来丰富自己，使其与汉语有大量相同的成分。但这不是原始共同语阶段的同源关系，而是另一种意义的"同源关系"。

虽然上述探索和认识尚未取得共识，但反映了学者们面对复杂的汉藏语所做的新探索，它使人们对汉藏语的认识加深了，有助于今后对问题的解决。

五、我国语言的类型属性问题

如上所述，我国的语言分属不同的语言类型，而要有效地揭示语言的特点，就必须具有能够辨别类型属性的眼光。

根据《中国的语言》一书的语料统计，在所收录的128种语言中，分析语有89种，占语言总数的69.5%，非分析型语言有39种，占语言总数的30.5%。分析型语言中包括汉藏语75种，南亚语9种，混合语5种；非分析型语言中包括阿尔泰语22种，南岛语16种，印欧语1种。这个数据说明，中国的语言，分析型语的数量多于非分析型语言。中国存在大量的分析型语言，能够为建立分析型语言研究的理论、方法提供大量的资源，能够为语言学方法论的建设提供新的养料。我们必须重视利用这一资源。

朱德熙先生曾经说过一段非常精辟的话："现代语言学许多重要观点是以印欧语系的语言事实为根据逐渐形成的。采用这种观点来分析汉语，总有一些格格不入的地方。这是因为汉语和印欧语在某些地方（最明显的是语法）有根本性的不同。由此可见，如果我们不囿于成见，用独立的眼光去研究汉藏语系语言，就有可能对目前公认的一些语言学观念加以补充、修正甚至变革。"（载《汉藏语概论》序，2003）这段话说得多好！

回顾过去能够看到，以往研究语言，大多是共同使用普遍的语言研究方法，而不太讲究针对具体语言的不同类型（如分析型或非分析型，分析型、非分析型不同的层次）采取不同的研究方法。这就出现一个严重的不足：未能分别根据语言的不同类型去分析具体语言的特点。我们在做汉藏语研究的过程中逐渐体会到，要揭示汉藏语的特点，包括共时特点和历时特点，需要使用分析型的眼光或视角。若能把握住汉藏语的分析型特点，就能发现一些使用一般性语言的研究方法不能看到的新现象，也就是能够揭示具体语言的深层特点。

举例来说，四音格词（又称"四音格连绵词"）的研究曾受到汉藏语语言学家的极大兴趣，成为语言学家做不完的题目。人们从构词、语音结构、句法特征等诸方面对四音格词的特征进行了大量的微观分析，发现了它不同于词类或词组的特征。但如果能够再从分析型的视角进一步分析研究，就能看到分析型语言的类型模式是大量产生四音格词的土壤或条件，使用分析性眼光就能发掘更多的四音格词的特点。我们看到，四音格词大量出现在具有分析型特点的汉藏语、南亚语里，具有普遍性，而在形态发达的阿尔泰语、印欧语里则少见。为什么？因为分析型语言是以单音节为主的语言，词根多是单音节的，而单音节型语言特别讲究双声叠韵、音节成双的韵律和谐，容易生成四音格词。这一角度的观察，使我们对四音格词的生成条件有了新的认识。

又如声调研究。世界的语言，有的有声调，有的没有。在亚洲大地，有声调的语言占多数。声调研究中蕴含了无数的谜，如为什么会产生声调，声调产生的条件是什么，有哪些类型，声调是如何演变的。半个多世纪以来，我们用分析型语言的眼光研究声调，发现声调的发达与否与语言的分析性强弱有关，即分析性强、形态变化少的语言，如汉语、壮语、侗语、苗语等语言，声调相对发达，而分析性弱、形态变化多的语言，如嘉戎语、普米语等语言，声调相对不发达或者没有声调。这种蕴含关系不是偶然的，而与语言的分析性强弱有关。汉藏语中分析性特点相对弱的语言，由于形态变化多些，声母、韵母的数量相对会多些、多音节词的比例相对会大些，这些因素为表义提供了条件，不需要出现声调来补充。但分析性强的语言，由于形态变化少，声母韵母的数量相对少些、单音节词的比例大，这些因素不足以表义，需要用声调来补充，于是出于语言的"补偿"原则，声调的产生、发展具有了空间。我们看到，属于无声调的道孚语，形态变化多，声母有299个，韵母有58个；而属于有四个声调的哈尼语，形态变化少，声母只有30个，韵母也只有20个。通过类型的对比，可以解释汉藏语声调从无到有的演变过程。总之，声调的产生是在从简原则的作用下，语音系统自我平衡、调节的结果。

"分析性眼光"包含许多理论问题，需要我们去解决。比如，分析型语言的实词兼用特点有哪些不同于非分析型语言？又如，重叠发达与否、量词发达与否与语言分析性程度的关系如何？分析型语言的语气助词有什么特点？数量、类别、表义、手段等方面有什么不同于黏着语的特点？话题句发达与否与分析性强弱的关系是什么？分析型语言话题句的特点是什么，有哪些类型，有哪些标记？分析性强弱与话题句的语法形式、表意功能存在什么关系？在分析型语言的内部，分析特点的强弱还存在不同的层次。怎样看待汉语在分析型语言群中的地位？能否认为汉语是这些分析型语言中分析性最强的，是否可称为超分析型语言？

参考文献

[1]戴庆厦：《中国濒危语言个案研究》，北京：民族出版社，2004年。

[2]马学良：《汉藏语概论》，北京：民族出版社，2003年。

[3]邢公畹：《汉台语比较手册》，北京：商务印书馆，1999年。

老挝语言状况调查、编写的一些体会

——"第三届语言资源与智能国际学术研讨会暨《万国语言志》编写启动会"报告

（2019年12月14日 北京语言大学）

各位领导、各位编写专家：

编写世界各国的语言状况，是我国语言研究的一项有新意的工作，具有重要的学术价值和应用价值。我这些年做过泰国、缅甸、老挝、哈萨克斯坦等国跨境语言调查，编写出版了几部专著，深感这一工作的重要性。

在以上四国中，我做老挝语言状况的调查研究时间最长。从2008年开始，我们就与老挝合作，先后对老挝的克木语、普内语、西拉语进行了调查研究。已出版的成果有：《老挝琅南塔省克木族及其语言》（2012）中国社会科学出版社出版；《老挝普内语研究》（2018）科学出版社出版。待出版的有：《老挝语言概况》《老挝语研究》《老挝西拉语研究》。

下面谈谈我们课题组在调查研究中的体会。由于各国的情况不同，在调查研究中必然会有自己的侧重点，所以，我们的体会只能供参考。下面谈六点：

一、宏观把握：调查研究老挝语言必须着力的

所谓"宏观把握"，是对一国的语言及相关背景的主要特点要有科学

的认识。有了宏观把握，才有可能合理地、准确地理解、判断具体出现的各种现象。否则，就不可能对其语言的特点或演变有深入的、本质的认识。

所以，我们在整个调查过程中重视在具体语料的基础上，反复用力做宏观认识的提炼。

老挝国家的语言及背景情况，在宏观上主要有以下几个特点：

1. 老挝是一个在世界上属于人口较少、面积不大的国家。据2015年人口普查数字，只有6,911,326人，国土面积236,800平方千米。

2. 老挝是一个全内陆国家。北面与中国接壤，东面与越南相邻；西南面与泰国毗邻；西北面与缅甸相接；南面与柬埔寨相连。

3. 老挝与我国唇齿相依，边界线长达710千米。老挝许多民族与中国的少数民族同根生，或有亲缘关系，其中有一些民族是历史上从中国迁移过去的。长期以来，两国边民来往密切，交流合作，互惠互利。老挝语言、文化的研究在"一带一路"研究中具有特殊的地位。

4. 从历史上看，老挝历史上长期遭受殖民统治。1776年以后，暹罗控制老挝，越南控制川圹地区。19世纪60年代，法国开始向老挝渗透，以武力迫使暹罗签订《法暹曼谷条约》，并将老挝并入法属印度支那联邦。1975年，巴特寮夺取了全国政权，老挝人民革命党成为执政党。

5. 老挝是一个多民族、多语言的国家。但语言情况长期不清。1968年，老挝革命党将老挝人口划分为68个民族，并将这些民族归入三大族系。2000年8月，老挝中央建国战线认为老挝民族的数量共有49个。人口最多的是老族，共有300多万人；其次是克木族，有60多万人；再次是苗族，有40多万人。人口最少的是巴拿族，仅有380人。49个民族分属老泰族群、孟高棉族群、汉藏族群和苗瑶族群4个族群。四个族群中，以老泰族群和孟高棉族群的民族数量、人口数量最多。我们经调查后的认识是：老挝49个民族分别使用49种语言。目前，老挝的语言都保存得很好。

6. 老挝的语言政策是语言平等，语言关系和睦，互相兼用语言是常态。各民族都积极学习国语——老挝语。

二、微观深入：调查研究老挝语言的主要工作

所谓"微观入手"，是指要选择好具体的问题进行深入的研究，获得真知。只有微观深入，才能获得真实、有用、能够成书的材料，也才能写成有特点、有价值的国外语言专书。我们在实施老挝语语言概况的调查中，把大部分精力放在微观材料的调查、记录、研究上。

老挝语言的微观调查，我们主要做了以下一些工作：

1. 了解老挝全国各省区的地理划分状况，根据该国行政划分层次，了解每个层次的人口、民族、资源等情况。必须从有关部门拿到一份近期的、政府承认的、全国性的地图。

2. 掌握老挝各个民族的人口、分布、历史来源，以及民族关系、宗教信仰等情况。

3. 认识老挝各种语言的系属、主要特点、使用功能。了解是否存在濒危或衰变。还要调查与跨国语言的关系等。了解语言使用中出现的问题。

4. 深入掌握老挝数种有代表性语言的特点，内容必须达到"语言概况"的要求，包括语音、语法、词汇的主要特点。有条件的，记录些话语材料。

5. 对老挝的国语（或通用语）和文字要花气力做系统的调查研究。除了调查本体结构特点外，还要调查其功能特点，以及与非国语的关系。

6. 调查老挝的语言方针、政策，及其历史演变。通过合适方式收集不同人群对本国语言政策的反映。

7. 调查老挝传媒的情况（包括电台、电视台、报纸、出版社等）。

三、田野调查：老挝语言调查研究必须坚持的

1.跨境语言调查，我们经历的方式和步骤主要有：（1）实地调查前的文献收集。包括已发表的论文、专著。找在京的老挝留学生调查。尽量在前期掌握材料，获得一些认识。（2）到实地调查。先与政府有关部门联系，请他们介绍情况，形成对全国基本状况的认识。（3）课题组内分工，任务落实到每个人。包干负责。（4）按计划到村寨、城镇调查。（5）在不断酝酿观点的基础上，开始写材料。（6）经反复修改后定稿。

2.其中，田野调查是最重要的。因为做跨境语言调查研究，要能获得真知，必须到跨国现场做第一线的田野调查。

我曾经到老挝做过四次调查，与老挝各方面人士有了广泛的接触，亲眼见到老挝社会、政治、经济、文化各方面的情况，还目睹了老挝各民族的风土民情，使我与老挝这个国家、人民有了感情。这为我开展老挝跨境语言研究提供了一定的基础。

3.在当地做田野调查的好处之一是能够找到有代表性的人物做面对面的访谈，使不清楚的、有疑问的问题得到化解。而且，还便于核对文献信息和已记录的语料。还有利于根据实际情况或遇到的新情况调整已有的调查计划。

4.有些信息，不在当地是无法获得的。如：不同人群对母语和兼用语的认识，对国家语言政策的态度；具体语言在语言生活中的地位；语言工作中的经验和问题；不同语言的关系等。

四、换位思考：老挝语言调查研究所要坚持的思维路径

1."换位思考"是指对跨国的语言文字现象的特点及成因，要从本国的实际情况寻求答案或作出合理的解释，而不能完全按照自己固有的推理去解释或评判是非。

每个人都会有定式思维。所谓"定式思维",就是把以往多年形成的思考问题、判断问题的方法,在研究新的问题时一下子就套在新遇到的客体上,而且还会固执地坚持自己是对的。

2. 我们做老挝语言调查研究,特别是到了田野调查第一线,异国语言文化和风情习俗一件件扑面而来,让你来不及思考。怎样辩证地、符合客体本质特征地去认识、解释面临的异国新事物、新现象,这是做老挝语言研究过程中始终要注意的方法论问题。

3. 跨境语言的特点,是受本国社会、文化、历史等特点的制约而形成的,所以要从该国的具体情况去思考问题,不能用已有的思考问题的方法去对待。也就是说,要换位思考。

4. 举例来说,2010年我去老挝做克木语使用情况调查时,有位老挝公务员追着问我:"中国的民族分主体民族和少数民族,语言有主体民族语言和少数民族语言之分;而我们老挝不分,都是民族和民族语言。您怎么看,哪种好?"我一下蒙住了,回答不上。我经反复思索,认为两国各有自己的国情,可以分别处理,不存在对不对或好坏的问题。

中老两国国情不同。中国的汉族人口占全国人口的95%以上,55个少数民族的人口不到5%。分出主体民族和少数民族,有助于对少数民族扶持和帮助。但老挝的民族分布情况不同于中国。老挝有49个民族,全国人口有6,911,326人(2015年),其中人口最多的是老族,共有3,067,005人,仅占老挝总人口的35%,其他各民族占65%。可见,老族在人口数量上无绝对优势。再说,在社会、经济、文化的发展水平上,除了边远地区外,老族与其他民族接近,尚未具有绝对的"老大哥"的地位。由此,老挝不分主体民族和少数民族,是符合自己国家国情的。

5. 总之,对待跨国的各种现象,要求有科学的认识,在思考时除了用普遍真理去衡量、评判外,还要从本国的实际分析其产生的原因和必然性,不能用自己长期在国内形成的观点、标准去判断是非。

五、处理好语言和社会、文化的关系

1. 语言是在社会中使用的，与文化密切联系在一起。所以研究国外语言必然会涉及社会、文化等背景材料。但在书中怎样处理好二者的关系？

2. 在原则上，必须以语言为主体，但也要联系与语言有关的社会、文化等背景，但不能过多。

3. "两块皮"怎样自然地贴到一起，这不容易做到。在以往成果中存在这样一个毛病：社会、文化和语言不是有机地融在一起，而是各说各的，特别是对历史来源和文化特点写了不少（可能多数是抄来的），但不能很好地帮助对语言的理解。

六、跨境语言[①]调查研究中的几个必须注意的问题

1. 要准确记音。写国外语言研究专书，必须强调准确记音。语料不准确，会严重影响整个研究质量。我国做语言研究的，目前的情况是记音能力好的不多，致使过去出版的一些语言专著在记音上不能达到要求。即便是有传统文字的语言，转写也存在不准确的毛病。这必须引起重视。

2. 要配备好的翻译。（1）做跨境语言调查研究遇到的一个难点是语言不通，所以一定要解决好语言翻译问题。翻译水平的好坏，决定调查成果的质量。比如，在记录老挝的西拉语词汇时，有许多词翻译理解错了，导致记录的错误。特别是一些方言词、不常用的词、抽象的词，容易出错。如"解手"一词，母语是老挝语的翻译从字面上理解为"把手解开"，让西拉人按此意翻译造成了错误。其他又如："人中"（错译为"人的中间"）、"落脚"（错译为"露出的脚"）、"尿床"（错译为"尿在阳台上"）、急急忙忙（错译为"毛毛糙糙"）等。（2）翻译人员有两种：

[①] "跨境语言"是指分布在不同国境（主要是相接壤的国家）中的同一语言。下同。

一是母语是老挝语的，又兼用汉语；另一是母语是汉语的，又兼用老挝语。这两种人优势不同，出错的地方也不同。一般说来，前者多错在对汉语的理解上；后者多错在翻译上。（3）做跨境语言，要找好的翻译很不容易。所谓好的翻译，必须是两种语言都用得好，而且还要有一些语言学知识，还要能陪伴调查整个过程积极工作。

3. 必须向被调查者说明来意，让他们懂得调查他们语言的价值和意义。

我们到国外调查，人家对我们都会感到陌生，会产生各种猜疑甚至误解，所以，进入调查领域，一定要重视说明来意。当他们懂得价值和意义后，就会尽力与我们一起合作。

4. 注意与跨境国的合作者搞好关系。

如何与发音人建立感情，如何安排好工作时间，都是必须仔细考虑的。这当中有一个如何尊重他们的问题，有个相互磨合和谐地完成调查任务的问题。我们课题组成员在老挝调查时，都与发音人建立了真挚的感情，离开时都赠送小礼物，以泪告别。

还有劳务费的发放、生活的安排等，都会有不同于国内调查的特点，不能完全使用国内的一套办法。

5. 调查任务要在实地完成，不要留尾巴。

在国外调查跨境语言，规定的任务必须在实地完成。如果留了尾巴，回国后就难以再补上。我们一直要求课题组要在田野调查第一线写出初稿。

总之，跨境语言调查研究应该有它自己一套特殊的理论、方法。我们应该逐渐摸索、积累经验，建立一套适合中国特点的跨境语言调查研究方法。

参考文献

[1]戴庆厦、陈娥、彭茹、桐柏、苏哲：《老挝普内语研究》，北京：

科学出版社，2018年。

[2]戴庆厦主编:《跨境语言研究》，北京：中央民族学院出版社，1993年。

[3]戴庆厦主编:《老挝琅南塔省克木族及其语言》，北京：中国社会科学出版社，2012年。

[4]戴庆厦主编:《泰国阿卡语研究》，北京：中国社会科学出版社，2009年。

[5]戴庆厦主编:《泰国清莱拉祜族族及其语言使用现状》，北京：中国社会科学出版社，2010年。

[6]戴庆厦主编:《泰国万伟乡阿卡族及其语言使用现状》，北京：中国社会科学出版社，2009年。

[7]戴庆厦主编:《泰国优勉（瑶）族及其语言》，北京：中国社会科学出版社，2013年。

分析型语言虚词的语法属性定位——以藏缅语族景颇语为例

——"第五届语言类型学国际学术研讨会"报告

（2021年7月14日 广西民族大学）

一、解题——为什么要强调虚词研究

1. 为什么要强调虚词研究？因为虚词是分析型汉藏语系语言的一个最重要的语法成分。这是人们逐渐形成的共识。但至今对虚词属性的定位，都还认识得不够，而且认识不一致。包括：

其承载的语法功能有多大？

在诸多语法形式中的地位如何？

与其他语法形式的关系怎样？

演变趋势是什么？

怎样研究分析型语言的虚词等等的问题。

2. 在印欧语等形态丰富的语言研究中，学者们抓住形态这一特征，揭示这些语言的主要特征，并沟通了语系内部的深层关系，建立了形态型语言语法研究框架，值得我们借鉴。

但汉藏语系语言缺少形态变化，而拥有丰富的虚词来组织语言内部结构和表达句子的意义，是汉藏语语法的重大特点，我们必须针对研究对

象，依据虚词的特点来构建汉藏语语法研究体系。

3. 汉语语法研究越来越重视虚词的研究，这反映了学者们对分析型语言与虚词的密切关系的认识不断在增强。

汉语虚词研究专家马真教授在《现代汉语虚词研究方法论》（2016年）一书中指出："虚词在汉语中使用频率高，运用复杂，这就构成了虚词在汉语语法中的特殊地位。因此，汉语语法研究历来以虚词为主要内容。"

语法研究专家邵敬敏在《关于汉语虚词研究的几点新思考》（2019年）一文中认为："形态变化和虚词运用，两者异曲同工，殊途同归。对汉语而言，虚词在运用的广度、深度、精度、频度方面是任何其他语言都无法比拟的，因此我们必须重新审视虚词在汉语中的定位和作用。"

4. 近期的研究证明，汉藏语系语言的虚词随着语言分析性强弱的差异而存在不同的层次。一般来说，分析性越强的语言，虚词越丰富；反之亦然。因而，我们有可能通过分析性强弱的比较发掘更多的虚词特点。如果不区分分析性特点的强弱而泛泛地分析虚词的特点是不能深入的。

5. 总之，我们研究分析型的汉藏语，应当突出虚词研究，从虚词上发掘汉藏语更多、更深的特点，并建立分析型的语法研究框架或理论。这是我近期思考的一个问题。

二、为什么选景颇语为个案？

1. 由于不同的语言分析性强弱不同，虚词特点也不同。所以虚词研究必须先从一个语言入手，掌握好具体语言的特点，然后再进行跨境语言的比较，从中获取共性和个性。

2. 为什么选景颇语为个案呢？一是景颇语我熟悉些，谈起来把握性大些。二是景颇语虽属于分析型，但是汉藏语中形态特征丰富的一种语言，具有居中的特点。通过对它的研究，能够获取汉藏语虚词的历史演变规律。

3. 美国学者Paul.K.Benedict（白保罗）1972年在其出版的《汉藏语概要》中将其视为"中心语言（linguistic center）"。景颇语在语言类型的类别上属于有较多形态特征的分析型语言。具体说，其屈折、黏着成分不如北部的嘉戎语、普米语等丰富，但又比南部的彝语、载瓦语等语言丰富，处于藏缅语的中间状态。这一"中介"特点，决定了景颇语在藏缅语中具有特殊价值。

科学认识虚词的类型学属性，准确认识景颇语虚词的属性，确定其在语言系统中的地位，对其他藏缅语及汉语虚词的研究会有所帮助，而且对认识分析型语言的特点也会有所帮助。

4. 景颇语的词类可以分为实词（名词、动词、形容词等）、虚词（句尾词、结构助词等）、准虚词或半实半虚词（副词、状态词、体貌助词等）三类。不同类别的特点不同。这次报告只讲句尾词和结构助词的特点。

三、景颇语句尾词属性分析

1. 句尾词是景颇语语法系统的一大特色。景颇语的句尾词相当于汉藏语其他亲属语言的语气助词，都是用在句尾，主要表示句子的语气。但景颇语句尾词的特点不同于其他亲属语言的语气词，含有黏着、屈折的历史特点。

2. 景颇语的句尾词十分丰富。根据目前已掌握的语料统计，共有316个。它有自己一套严密、对称的系统。其中有的常用，有的不常用。在语用中，句尾词是强制性的，即每个句子都要有句尾词才能完句。例如：

ʃi^{33}　kʒai^{31}　kă^{31}tʃa^{33}　ai^{33}　　他很好。

他　　很　　好　　（句尾）

naŋ^{33}　kʒai^{31}　kă^{31}tʃa^{33}　n^{31}tai^{33}　你很好。

你　　很　　好　　（句尾）

3. 句尾词承担多种语法功能。除了表示语气外，还表示主语、宾语的人称、数、式、体、方向等语法意义。这是其他汉藏语系语言少见的。

语气有五种：叙述语气、祈使语气、疑问语气、惊讶语气、测度语气；人称有第一、第二、第三等"三称"；数有单数、复数。

还有存在式和变化式的对立（出现在叙述式、疑问式、测度式、惊讶式里）。

还有一般体和强调体的对立（出现在命令式、商量式里）。

例如：

n³¹ŋai³³用在叙述句里，表示主语是第一人称单数，谓语是存在式。n³¹tai³³用在叙述句里，表示主语是第二人称单数，谓语是存在式。例句：

ŋai³³ ko³¹ tʃiŋ³¹pho?³¹ ʒai⁵⁵ n³¹ŋai³³. 我是景颇族。

我　（话）　景颇族　　是　（句尾）

naŋ³³ ko³¹ mu³¹wa³¹ ʒai⁵⁵ n³¹tai³³. 你是汉族。

你　（话）　汉族　　是（句尾）

又如，ma⁵⁵ni⁵¹用在疑问句里，表示主语是第二人称复数，谓语是存在式。mu?用在命令句里，表示主语是第二人称复数，谓语是一般式。例句：

nan⁵⁵the³³ tʃoŋ³¹ te?³¹ n³³ sa³³ mã⁵⁵ni⁵¹？你们去学校吗？

你们　　学校（方）不　去　（句尾）

nan⁵⁵the³³ tʃoŋ³¹ te?³¹ sa³³ mu?³¹？　你们去学校吧！

你们　　学校（方）去（句尾）

4. 句尾词和汉语的语气词一样在属性上都是虚词，不是后缀。它以独立音节的形式存在于句尾，不与谓语黏着。谓语末尾可以是动词、形容词，也可以是表示"体"的貌词。

5. 句尾词在语法形式上有形态变化，其结构多由"前缀+词根"构成。词根表示语气，前缀表示人称、数、体，通过形态变化表示不同的人称、数。形态变化有变换前缀、变换声母、变换韵母、变换声调等形式。

如：n³¹ni⁵¹用于疑问句，主语是第二人称单数。其中词根ni⁵¹表疑问语气，前缀n³¹表示主语是第二人称单数。若使用mă³¹ni⁵¹，前缀mă³¹表主语是第二人称复数。景颇语的句尾词有形态变化，这也是汉藏语其他亲属语言的语气词所没有的。

6.总的说来，景颇语句尾词的特征反映了屈折、黏着型向分析型转化的特点。它除了有分析型特点外，还含有屈折、黏着特点。从景颇语的句尾词和汉语语气词的比较中，可以看到分析型的演化，能够辨明景颇语句尾词在语法系统中的地位。

7.但从演变上看，景颇语的句尾词已过了鼎盛发展的阶段，现已逐渐走向泛化、合并，特别是缅甸的景颇语，青少年一代，人称、数的区分已不甚严格，但不同语气的区分还保持明确的界线。句尾词的衰退，是受分析性进一步加强制约的。

8.景颇语句尾词的分布及演化，是黏着、屈折型向分析型转型的"活化石"。这对认识汉语及其他亲属语言语气词的特点及历史演变很有价值。至今，藏缅语北部语言还保留表示人称、数、方向等语法意义的后缀；上古以前的汉语是否也有这些特点，值得研究。

四、景颇语结构助词属性的分析

景颇语的结构助词数量多，类别多，语法作用大，有许多不同于亲属语言的特点。弄清结构助词的属性，是景颇语语法研究的重要方面。景颇语的结构助词主要有定中结构助词；状中结构助词；宾动结构助词、连接结构助词等几类，今天由于时间关系只讲定中结构和宾动结构两类助词：

1.定中结构助词

景颇语表示定中结构的助词具有显性特点，共有aʔ³¹、ai³³、na⁵⁵三个，语法意义、语法作用各不相同。

aʔ³¹用在名词或代词后连接领属语和中心语；

ai³³用在动词、形容词后连接修饰语和中心语；

na⁵⁵用在名词、代词后连接范围定语、时间定语和中心语。
例如：

naʔ⁵⁵ aʔ³¹ lai³¹ka̠³³ 你的书
你的　的　　书

nṵ⁵¹ aʔ³¹ lă³¹pu³¹ 妈妈的裙子
妈妈　的　　裙子

kă³¹pa³¹ ai³³ nam³¹si³¹ 大的水果
大　　　的　水果

khje³³ ai³³ mai³¹sau³¹ 红的纸
红　　的　纸

kă³¹naŋ⁵⁵ na⁵⁵ mă³¹ʃa³¹ 哪里的人
哪里　　　的　人

kun⁵⁵min³¹ na⁵⁵ tʃoŋ³¹ ma³¹ 昆明的学生
昆明　　　的　学　生

景颇语表"的"义的用三个不同的词表示，说明它具有显性特征；不同于汉语、哈尼语等只用一个"的"表示，"的"隐藏不同的种类，朱德熙先生分别用"的¹、的²、的³"表示不同的隐性意义。我们可以通过不同语言隐性特点和显性特点的差异比较，认识分析型语言的特点和不同语言分析性强弱的特点。

定语结构助词除了表示结构关系的功能外，还能表示名词化。如：

ŋjeʔ⁵⁵ aʔ³¹ ʒe⁵¹. 是我的。
我的　的　是

ŋai³³ kă³¹pa³¹ ai³³ ʃeʔ³¹ ʒaʔ³¹ n³¹ŋai³³. 我要大的。
我　大　　　　的　才　要　　（句尾）

kă³¹naŋ⁵⁵ na⁵⁵ tḭʔ⁵⁵ muŋ³¹mai³³ ai³³. 是哪儿的都可以。
哪儿　　　的　也　　　　可以（句尾）

有的定语结构助词与句尾词同形。例如：

364

ʃi³³ tʃe³³ ai³³. 他会。

他　会（句尾）

tum³¹su³³ ni³³ nam³¹ e³¹ ŋa³¹ ai³³. 水牛都在野外。

水牛　们　野外　处　在（句尾）

2. 宾动结构助词

宾动结构助词是OV性专有的。除个别语言外（喜德彝语）外，都有宾动结构助词。但不同语言特点不一，我们可以通过比较发掘语言类型的差异。其特点主要有：

（1）局部强制性。

景颇语不是所有的宾动结构都要用宾动结构助词表示。必须使用的主要是：与人有关的名词或代词做宾语时必须使用，因为容易发生施受关系混淆。例如：

ŋai³³ naŋ³³ pheʔ⁵⁵ lai³¹ka³³ lã⁵⁵ŋai⁵¹ mi³³ ja³³ n³¹ŋai³³. 我给你一本书。

我　你（宾助）书　一　一　给（句尾）

若主谓关系不会发生混淆，就不需要加。例如：

ŋai³³ ʃat³¹ ʃã³¹tu³³ ŋa³¹ n³¹ŋai³³. 我在煮饭。

我　饭　煮　在（句尾）

动物名词做宾语的若存在混淆，则也要加。

waʔ³¹ji³¹ waʔ³¹la³¹ pheʔ⁵⁵ kã³¹wa⁵⁵ nuʔ⁵⁵ai³³. 母猪咬公猪。

母猪　公猪（宾助）咬　（句尾）

（2）景颇语的宾动结构助词有口语和书面语的差别。口语用e³¹，书面语用pheʔ⁵⁵。

（3）加了宾语助词后可以改变主语居前的语序。例如：

ʃi³³ pheʔ⁵⁵ ko³¹ ŋai³³ tsuŋ³³tan⁵⁵ sã³³ŋai³³. 对他，我告诉了。

他（宾助）（话助）我　告诉（句尾）

3. 从词源上看，结构助词与其他亲属语言大多是不同源的，说明是后起的，是语言类型向分析型转型逐渐产生、发展的。

宾语助词：景颇 e?^{55}，傈僳 tɛ^{55}，哈尼 jɔ^{55}，拉祜 tha^{31}，纳西 to^{55}，基诺 a^{33}，喀卓 mɛ^{33}，载瓦 lě^{55}，阿昌 te^{53}，缅 ko^{11}，白 no^{33}，独龙 dzaŋ^{55}，桃坪羌 zo^{33}，藏 la（du，tu）。

定语（修饰）助词：景颇 ai^{33}，彝 su^{33}，傈僳 ma^{33}，哈尼 ɤ^{33}，拉祜 ve^{33}，纳西 gə^{33}，基诺 mɤ^{44}，喀卓 la^{35}，载瓦 e^{55}，阿昌 sɿ^{31}，缅 tɛ^{55}，白 no^{33}，独龙 ŋa^{31}，普米 ga^{55}（单）za^{55}（多）。

定语（领属）助词：景颇 a?^{31}，彝 vi^{33}，傈僳 tɛ^{55}，哈尼 ɤ^{33}，拉祜 ve^{33}，纳西 gə^{33}，基诺 mɤ^{44}，喀卓 pv^{323}，载瓦 ma^{31}，阿昌 a^{31}，缅 jɛ^{55}，白 gə^{33}，na^{55}，独龙 ia^{31}，桃坪羌 zo^{33}，普米 ga^{55}（单）za^{55}（多），藏 ki（kji、gyi、ji）。

状语（工具）助词：景颇 the?^{31}，彝 si^{31}，傈僳，哈尼 ne^{33}，纳西 nɯ^{33}，基诺 la^{35}，喀卓 kɛ^{31}，载瓦 e^{31}，缅 nɛ^{55}，白 no^{33}，独龙 mɛ^{31}，桃坪羌 i^{31}，xe^{31}，普米 gue^{55}iɛ^{13}（单）zue^{55}iɛ^{13}（多），藏 gyis、jis。

五、小结

1. 景颇语的虚词在总体上属于分析型语言的特点，但带有显著的屈折、黏着特点，反映了景颇语处于从屈折、黏着型向分析型演变的过渡阶段。虚词的属性与景颇语整个语言的分析型的属性是一致的。

2. 景颇语虚词的多功能性，说明分析型语言必须尽量发挥量少的虚词的功能，增强语言的表达能力。

3. 景颇语虚词的研究，体会到研究虚词运用三个办法会有见效。

一是亲属语言比较，通过不同语言的比较发现其类型学个性。区分虚词的显性特点和隐性特点，深入解剖虚词的多功能性，并分清主次。

二是进行词源比较，从词源的异同中发现其产生的早晚，及历史演变的特点。

三是用分析性眼光观察虚词的异同，包括特点、类型、来源的差异等。并进而构建分析型虚词的演变链。

余言：使用分析性眼光研究虚词外，还有大量的课题可以做。比如重叠的研究，过去收集了许多语料，都觉得它是汉藏语的一个重要的特征，但如何使用分析性眼光来审视汉藏语的重叠，如何认识汉藏语重叠的功能、形式、属性，区分与形态型语言有何不同。又如，语法化问题，这是人类语言的共性，用它来研究语言有很强的解释性。但要进而研究不同类型语言语法化的特点，比如分析性强的语言语法化的特点是什么，分析性特点弱的语言语法化的特点是什么，他们对语言结构的演变分别有什么影响等。

参考文献

[1]戴庆厦：《戴庆厦文集》（全七卷），北京：中央民族大学出版社，2012年。

[2]戴庆厦：《景颇语参考语法》，北京：中国社会科学出版社，2012年。

[3]马真：《现代汉语虚词研究方法论》，北京：商务印书馆，2016年。

[4]邵敬敏：《关于汉语虚词研究的几点新思考》，《华文教学与研究》2019年第1期。

我的语言学事业
—— 云南师范大学报告
（2022年6月15日，云南师范大学文学院）

最近，我们云南师范大学文学院领导希望我跟大家交流一下治学经验，或做一两场学术报告，我不好推辞，因为我到云南师大兼职已有十年，是自己人，原来还定期给老师和研究生做些报告，这三年因疫情去不了昆明，中断了。所以，当听到要请我在线上做一两次报告，顿时很高兴，认真做了准备。计划讲两次：一次谈谈我的语言学事业，交流一下如何对待专业的经验，或者说怎么治学。第二次准备讲一次语言学专题。现在讲第一个问题。

每个人都有自己的事业，都想在事业上做出自己的贡献。做语言研究的，也会考虑到如何多做些贡献。这当中，有观念问题，也有方法论问题。每个人都会有自己的一些体会，成功的，失败的，或有过挫折，但不管是什么，都有价值，都需要回顾和总结。不同人虽然从事的专业不同，但都有共性，可以相互借鉴。回想我年轻时听了高名凯先生一年的《普通语言学》课，还听过吕叔湘、王力的汉语研究课，虽然不是我主攻的专业，但对我后来怎样做学问、怎样做人，都起了重要的作用，至今我的成果、我的治学，我的思考问题的方法，都有他们的烙印。有人说，老师的一堂课有的会影响学生的终身。

下面讲四个问题。

一、要热爱自己的专业，终身为之奋斗

先介绍几句我的情况。我是汉族，福建仙游人，出生在厦门。中央民族大学教师，长期做语言学和少数民族语言的教学和研究，主攻景颇语。1956年大学毕业后的60多年，一直在语言学领域耕耘。我做过一些语言学分支学科的教学研究，包括语言学概论、社会语言学、语言调查方法、语言国情、跨境语言、语言政策等的教学与研究，编写出版了一些语言学教科书，如《语言学概论》《社会语言学教程》《语言调查教程》《汉藏语概论》等，但主要精力是做景颇语的教学和研究。我认真做过景颇语研究的一些基础工作，如编写出版了《汉景辞典》《景汉辞典》两部中型景颇语和汉语对照的辞典，约160多万字；编写出版了《景颇语语法》《景颇语参考语法》，约80万字；《景颇语词汇学》《景颇语基础教程》，发表了景颇语研究的论文60多篇，还培养了一批从事景颇语研究的本科生、研究生。回想起这些，我感到很欣慰，觉得自己的路走对了，从不反悔。觉得人的一生是短促的，能尽力做些自己喜欢的事就够了。

少数民族语言研究不是我自己选择的专业，不是我小时的爱好，也不是原来的理想，是后来服从国家的需要走上这条路，逐渐对它有了感情，并愿意终生为它奋斗。我们福建地区少数民族少，只有少量畲族。我那时连自己是什么民族都不知道。1952年高中毕业填表时连自己是什么民族都不会填。

1952年10月，我服从国家分配进入了中央民族学院语文系。当时共180多人，有一半是从北京大学东语系拨过来的。来自全国四面八方的同学中有的高兴，有的不高兴，有的观望。我虽然对少数民族、少数民族语言一无所知，但听了学校的领导动员报告后，很快就安心学习了。记得当时刘春院长在大礼堂做报告时说了一段意味深长的话，对我触动很大。他说："你们不要老想回北京大学，北大的民族学、少数民族语言还不如我们，行行出状元吧！"我认为刘春院长说得对，暗暗在想，我可以在民族

语这个领域实现自己的人生理想。当年给我们上课的都是从北大、语言所请来的语言学教授，有高名凯、袁家骅、吕叔湘、王力、傅懋勣等，把我们这些无知的学子引进了语言学殿堂。那时我才十七岁，虽有理想，但很幼稚，对世界了解得很少。

我庆幸自己在人生关键时段很快地就爱上自己的专业，安心学习。回想起来，大学四年我的学习是很努力的，对自己所学专业有浓厚兴趣。实践证明，有了对专业的热爱，后面漫长的步子就顺了，即便在学习中遇到困难，也有去克服的勇气。我从年轻到现在，一直觉得自己从事的这一专业有价值，有意义，似乎每天都在探索一个未知领域中度过，每天都有进步。我后来培养的学生也是这样：凡是热爱民族语言专业的都成长得好，大都成为某一领域的骨干、教授、博导，而一些对民族语言不甚热爱的，或把民族语专业当成跳板的，都没有明显的成就。比如，我有个来自武汉大学的博士生，热爱民族语，让她做普米语研究，不久就热爱上普米族、普米语了，多次到普米族地区调查，出版了三本普米语研究专著。还有个汉族学生，在博士论文答辩回答提问时，出于对民族语的热爱，不经心地说出"我们的话是这么说的"，受到专家的称赞，表扬她对民族语有感情，把少数民族语言当成自己的语言。对自己的专业有了感情后，就会花力气去学习，就会从心里体会到它的妙处，就会以学习、研究这一专业为荣，长期不懈地坚持下去。

二、要刻苦学习语言，一点一滴地积累

任何一种语言，使用人口多的或少的，有文献的或无文献的，都有其严密的规律，都有无穷的奥妙，会引起研究者的兴趣甚至迷恋，使研究者对它产生不离不弃的情感。但任何一种语言的内涵，不易被认识，不易被挖完。比如，研究汉语的人那么多，分工那么细，有的研究现代的，有的研究古代的，有的研究语音，有的研究语法或词汇、语义，有的研究语言

本体，有的研究语言功能等等。尽管分工如此之细，人数如此之多，但至今还有大量空白。即使是研究过的课题，许多问题也还有不同见解，如对汉语的动词和形容词要不要分立，复合词和短语的界限、重叠的性质、量词的功能等，都还存在不同的意见。所以，说语言博大精深，一点也不过分，需要研究者耗费毕生的精力去做，蜻蜓点水是做不出成绩的。

我热爱景颇语，终身把兴趣投向景颇语。我深深地认识到，景颇语虽然使用人口少，但它蕴含着无限的语言学规律和现象，同样也是不易被认识清楚的。我研究了五六十年，也只是看到冰山上的一个小角，还有大块领域未被认识到。多年来，我总希望培养几个做景颇语研究的研究生，但他们不愿做，说题目都被我做完了。哪里是？我现在一口气就能开出几十个新的景颇语研究课题。不管是哪种语言，都是长期智慧的积累，都有其无穷的奥秘，要认识它，都得一锄一锄地不停地挖。谁能解开一个新谜，就都有价值，都值得称道。

我通过语言习得的实践才逐渐认识到，学习语言、认识语言是很艰难的，要花大力气，不是轻松就能取得的。回想当初，我学景颇语，一个词一个词地去理解、去背，听不懂的也硬着头皮去听，一点一滴地提高。后来，有一天突然就出现了"质变"，一般的会话都能听懂了，可让我高兴了。我庆幸自己年轻时能死心眼地花了时间、精力学习景颇语、哈尼语，虽然还很不够，但为我一生的研究提供了基础。对一种语言有了比较深入的认识后，后面的路子就宽广了。这是真理，是治学之道。

在我国，做民族语研究的有两部分人，一部分是母语人，一部分是非母语人。各有优势，又各有弱点。我在这里着重讲讲对非母语人的要求。非母语人做少数民族语言研究，必须向我们的师辈傅懋勣、王辅世、陈士林等先生学习，学习他们努力要求自己掌握民族语，会说自己研究的语言。如：傅懋勣先生做傣语研究，没过两年就能用西双版纳傣语在傣语文工作会议上发言；王辅世先生研究苗语，对石门坎苗语的每个音节的发音了如指掌；陈士林先生专攻彝语，能说一口纯正的彝语。没有较好的语言感性知识，研究语言就缺乏基础。如果只懂得几个词，加上一些皮毛的认识，就去发议论、写论文，肯定好不了。大凡对某种语言的研究有突出成就的，都是对这种语言有深厚的感性基础。如高本汉、马提索夫等。

当前，非母语人进入民族语领域的越来越多，是好事，但这批生力军必须熟悉民族语，自觉地防止不求甚解、走捷径的不良趋向。

三、对语言要有敏锐性，学会善于抓住语言的特点

语言敏锐性是语言研究取得成果的一个重要条件。我对景颇语的认识从无到有，从少到多，从无知到有感性再到理性，从感觉少到有敏锐性，这个必经的过程是一步一步走过来的。我深深体会到，培养对语言的敏锐性是成就一个语言研究者必须经过的历程。

这些年随着对景颇语感性知识的增多，我感到自己对景颇语的敏锐性比过去增强了。表现在：我能不断发现景颇语中值得研究的问题；能大致判断哪些现象可能存在，哪些不可能存在；能确认某个句子是合法的还是不合法的；能够进一步思考未知课题应该如何去做，对它的深层特点和研究价值不断有了新的认识；对一些常见的语言现象，能够思索其语言学价值；等等。下面举几个实例来说明。

比如，对使动范畴的研究，开始时我只孤立地看到这几种类型的语法形式——形态变化型、前缀型、分析型的特点，后来逐渐认识到三者不是孤立无联系的，可以用动态视角进行观察，能够连成一条演变链。我发现三者出现早晚不同，其顺序最早的形式是形态型，用语音变化表示使动，如 $pja\text{ʔ}^{55}$ 垮 —— $phja\text{ʔ}^{55}$ 使垮。但这种形式能产性受到限制，后来出现了用前缀表示使动的形式，如 $pa\text{ʔ}^{31}$ 抬 —— $\int a^{31}pa\text{ʔ}^{31}$ 使抬。这种形式虽然能产性高一些，但由于双音节化节律的要求，只能出现在单音节动词前，能产性也受到限制。再后来随着景颇语向分析型转化，出现了用虚化动词 $\int a^{31}\eta un^{55}$ "使"表示的使动式，这种分析形式可用在单音节动词上，

也能用于多音节动词上,能产性大大增强了,如ʃa⁵⁵(吃)ʃã³¹ŋun⁵⁵(使)"使吃",kã³¹lo³³(做)ʃã³¹ŋun⁵⁵(使)"使吃"。使动范畴语法形式的变化,是语言表义不断扩大的需要,还受语言类型从形态型演变模式如双音节化的制约。

又如,我对景颇语句尾词的认识经历了逐渐深化的过程。开始时只看到句尾词是景颇语中有特点的一类词,结构复杂,变化多,但不知为什么。后来从语言类型的眼光观察,才逐渐发现它的特点的形成与语言类型有关。景颇语在藏缅语中属于有明显形态特点的分析型语言,在由形态型向分析型转型的过程中,出现了有形态特点的句尾词。句尾词虽是虚词,但有形态变化,二者怎么会结合在一起呢?后来有了语言转型的理念后,才逐步明白这是景颇语从形态型向反响型转型过程中出现的现象。藏缅语的研究已经获知古代藏缅语是有丰富的形态的,后来向分析型演变,形态逐渐减少,分析特点逐渐增多。古代藏缅语有人称、数、体、态等语言范畴,多通过形态手段表示,这些形态变化在现代语言中有些语言较多地保留了下来,如嘉绒语、羌语、木雅语等;而有些语言则大都消失了,转为分析型语言特征,如彝语、哈尼语、基诺语等。景颇语虽保留较多,但在语法形式上,则在表示语气的语气词(景颇语称"句尾词")上表示,所以句尾词除了表示语气外,还能表示人称、数、体等语法范畴。句尾词上,既有形态变化,又有前缀,是多种语法意义、多种语法形式的综合体,其形成与语言转型有关。这些年,我连续发表了四篇研究景颇语句尾词的论文。

我对景颇语的社会语言学问题有兴趣,是由于发现一些奇异的现象才决定去研究的。比如,到了景颇寨后,发现许多由不同支系成员组成的家庭,不同支系各说各的,坚持一生,我很不理解为什么会这样。后来我就去研究这个课题,发现许多有趣的规律。诸如:子女的语言随父,但与母亲必须说母亲支系的语言;与别家老人交流时,必须说自己的支系语言,以示尊重;不同支系男女交流也有一套规则等等。后来,我写了一篇《景颇族的支系语言》在美国的一次学术会议上宣读，引起与会学者的兴趣。有幸遇到祖爷李方桂先生，他很感兴趣问我材料怎么得来的，我说是在寨子里同老乡住在一起收集到的。他马上点头表态说："语言研究不做田野调查是不行的。"

母语人研究自己的母语，虽然方便些，可以省去学习语言的时间，但也存在不能深入的困难。其敏锐性一般要比非母语人差点，对自己母语的有价值现象往往"见怪不怪"。如：都是懂汉语的研究汉语，有的做得好，有的做得差，有的能写出好文章，有的不能。

最近在《中国语文》上读了储泽祥教授的一篇好文《汉语度量衡量词加"个"现象考察》(参看《中国语文》2022年3期》)，很感兴趣。我早就认识他，交谈了多次，发现他对语言的敏锐性超强，善于发现汉语的新特点。他见到汉语单音节量词"尺、寸、亩"等不能加"个"，如能说"一寸"，不能说"一个寸"，但一些双音节、多音节量词则可以加"个"，如"一个厘米、120个平方"，这是为什么？引起他的研究兴趣，写了一篇论文。

他在文中指出，汉语某些双音节或多音节的度量衡量词可以受量词"个"的数量短语修饰。如：两个毫米、五个批次、一个公里、120个平方、0.6个厘米、十五六个平方、几个厘米、三个平方米、一个立方米、六个厘米。这是单音节量词不具备的一个显著特征。如：一米（一个米）、两丈（两个丈）、三尺（三个尺）、亩（两个亩）、斤（一个斤）。这是因为什么？他寻找了原因，做了具体分析。认为度量衡量词前面能否加"个"主要取决于汉语词类节律和人们对度量衡量词的熟悉度。因为汉语双音节词有名词性效应，度量衡量词"丈、尺、寸、厘、毫、斗、升、斤、两、亩"等都是单音节词的，人们不会把它看作是名词；而"厘米、平方米、千瓦、分贝"等是双音节或多音节的度量衡量词，都有可能被看作名词，因为是外来的，会给予人陌生感，被看作名词的可能性更大。他认为汉语词类的节律限制是度量衡量词加"个"的内部原因。汉语双音节词具有名词效应（张伯江，2012），多音节与双音节相关，单音节与非名词具有效应。汉语词类节律会对人们认识词类的心理产生影响，双音节的度量衡量词是外来词，可能性就更大，容易看成抽象名词。汉语本身有的双音节量词就把它归入量词，不能加"个"，如"公里、海里、公尺、公斤"。但有的外来的度量衡量词长期使用，能够本土化，被看作量词，如"千米"，但"千瓦"本土化低，则能加"个"，如200个千瓦。还认为，熟悉度是加"个"的外部条件。"平方米、平方丈、平方尺、平方寸"不加"个"，是因为少用。加不加"个"有语义、语用特征。有：加"个"凸显指称、生活化、缓解韵律结构和句法语义结构的矛盾。还认为这主要是语用的问题。

做语言研究，成就的大小固然与天资有关，但关键还是勤奋。勤奋的人，肯扎扎实实收集语料，能持续地思考问题，肯定会有好的收获。一分语料一分货。即便有点小聪明，不肯下功夫，想走捷径，甚至异想天开，肯定是做不好语言研究的。

四、要学会用语言转型的眼光来认识汉藏语的特点

藏缅语研究的专家，如胡坦、孙宏开、蒋颖、闻静等，都通过自己研究的语言事实，证明藏缅语语言类型是由形态型向分析型演变的，大家有兴趣可参看我与杨晓燕合写的《论藏缅语由形态型向分析型转型的趋势》一文（载《南阳师范学院学报》2022年2月）。

随着藏缅语研究的深入，我越来越感到用言转型的理论能够解释景颇语的一些特点。比如，汉藏语的语言普遍有居于句尾的语气词，汉语、苗语、瑶语、壮语、傣语、藏语、苗语都一样，成为汉藏语必须研究的大课题。但汉藏语的语气词，普遍只表示语气，不表示句子的人称、数，但景颇语则不同，语气词（称"句尾词"）除了表示语气外，还能表示句子主语、宾语、领属语的人称、数，还能表示谓语的体、态、方向。虽是虚

词，但词内有形态变化。数量很多，约有360多个。如：

n³¹ŋai³³（用在第一人称单数做主语的叙述句里）

n³¹tai³³（用在第二人称单数做主语的叙述句里）

ai³³（用在第三人称单数做主语的叙述句里）

n³¹ni⁵¹（用在第二人称单数做主语的疑问句里）

mă³¹ni⁵¹（用在第二人称复数做主语的疑问句里）

uʔ³¹（用在第二人称单数做主语的祈使句里）

muʔ³¹（用在第二人称复数做主语的祈使句里）

为什么景颇语会有这一类语气词呢？开始很不理解，会不会是语言影响引起的？是不是古代书面语的残留？后来有了语言转型的理念后得到了解释。通过语言比较，能够发现藏缅语诸语言存在三种不同的类型：一是形态丰富型的语言，有丰富的形态变化，有嘉绒语、羌语、木雅语等分布在北部地区的语言；二是缺乏形态变化的分析型语言，有彝语、哈尼语、缅语、阿昌语等分布在南部地区的语言；三是有明显形态变化的分析型语言，有景颇语、独龙语等分布在中部地区的语言。正因为景颇语在语言类型的演变上处于中间阶段，所以它既有分析型的特点，又有形态型特点。这就是说，景颇语语气词的特点是语言类型居中的反映，不是外来的语言影响，也不是无根据的。

其他又如，怎么认识景颇语没有反复疑问句（如"去不去"）；怎样认识景颇语补语不发达的原因；怎样认识景颇语双音节化的特点及其对语法、语义的制约作用；怎样认识景颇语的羡余特点等；都可以从语言转型上找到理据。

汉语有些特点也能使用语言转型的理论来解释。如：为什么汉语重韵律；怎样认识汉语四音格词发达的特点；汉语词无定类与语言类型的关系；汉语使动范畴历史演变与语言类型的关系；被动表达与语言类型；重叠与语言类型属性；复辅音的产生、演变与汉藏语语言类型；声调的产生、演变与汉藏语语言类型；汉字产生与语言类型等等。

每种语言在语言研究中都有它的独特价值,要靠我们去挖掘、开采、发现。语言研究的课题是做不完的。希望我们在座的每一位都能成为某一语言不可替代的专家。

谢谢!请指正!

谈谈语音能力在语法研究中的重要性 ——
以藏缅语为例

—— 南开大学"实验语音学+"云上论坛报告
（2022年4月18日 南开大学）

对语言进行细致、系统的描写，应是当代语言学的大趋势。胡建华教授在《什么是新描写主义》（载《当代语言学》2020年3月）一文中论述了当代语言描写的重要性和遵循的原则。这是个信号，告诉我们新的语言描写已经来临。我很赞同。他说："新描写主义追求对语言事实或现象的细颗粒的微观描写和刻画。它从个别的微观事实描写入手，旨在通过局部描写勾勒整体。""新描写主义反对把描写和解释对立起来，还认为，解释经常寓于描写之中，而深度的刻画和描写就是解释。"语言描写，首要的是语音记录和描写，语音记录是语言研究的起点和基础。

汉藏语著名语言学家Rendy Lapolla教授2017年12月3日在《光明日报》上发表了《尊重语言事实，提倡科学方法》一文，强调"尊重个体语言事实，以个体语言实际呈现的形式来描写该语言。"语言事实，自然包括语音、词汇、语义等各种要素。

语言研究中语音与语法的密切关系，虽然是语言学的一个最基本的常识，也是过去都认识到的，但这又是一个时而要强调的、容易被忽视的常识，而且又是一个时讲时新的题目。最近在网上看到石锋教授近期发表了多篇论述语音在语言研究中的重要性的论文，很有感触。我也就跟着谈谈这个题目。

我主要是做藏缅语景颇语研究的，也扩大做些藏缅语、汉藏语的比较研究。我在研究中深深体会到，必须通过语音分析来揭示语法规律及其演变。今天，我主要以藏缅语为例，谈谈语言研究中语音分析的重要性。

一、先分析两个例子

（一）第一个例子：景颇语的句尾词

使用句尾词是景颇语不同于其他语言的一个重要特点。景颇语的句尾词有360多个，使用频率高，在句子中是强制性的。它是景颇语从黏着型向分析型演化的产物，在藏缅语的语法体系的演变中处于承上启下的位置，即由动词的后缀转化为带有形态特征的虚词，有助于解释藏缅语语法演变的过程。景颇语句尾词是由丰富复杂的语法范畴和语音形式表现的，如果没有准确的记音就无法得到有用的语料，也不可能提取有价值的认识。

景颇语句尾词表示的语法意义有：表示谓语的人称（第一、第二、第三人称）、数（单数、双数）、体（存在体、变化体，一般体、强调体）、式（叙述式、疑问式、命令式、商量式）、方向（正方向、反方向）等语法意义。在句中主要指示主语，但又能指示宾语和限制语。此外，句尾词有的还兼表动作先后、禁止语气等意义。在性质上，它是虚词，但既有分析型语言的特点，又有屈折型特点，是屈折型向分析型过渡的产物。例如：

ŋai^{33} ko^{31}　tʃiŋ^{31}phoʔ^{31} ʒai^{55} n^{31}ŋai^{33}. 我是景颇族。

我（话助）景颇族　　是（句尾）

naŋ^{33} ko^{31} sam^{55} ʒai^{55} n^{31}tai^{33}. 你是傣族。

你（话助）傣　是（句尾）

前一句的主语是"第一人称单数",句尾词用 n³¹ŋai³³,后一句的主语是"第二人称单数",句尾词用 n³¹tai³³,句尾词有形态变化。

景颇语的句尾词与亲属语言如嘉戎语、道孚语等的后缀不同。那些语言的后缀是紧贴在动词之后,与动词紧密连在一起的;而景颇语的句尾词则不同,是虚词,在构造上都独立于动词之外,是独立存在的虚词。但景颇语的句尾词又与一般的虚词不同,它有形态变化,词内能分析出表示不同语法功能的语法形式,还能像实词的结构一样分出词根和前缀,还有单纯词和复合词之分。

表示不同的语法意义有不同的语音形式。主要有以下一些类别:

一、不同的声母变换(包括零声母和声母的变换)。如:teʔ³¹ai³³ 和 weʔ³¹ai³³:都用在叙述句里,但前者用在主语是第一人称单数、宾语是第二人称单数的句子里,而后者用在主语是第一人称单数、宾语是第三人称单数的句子里。

二、不同韵母的变换(不同元音的变换、不同韵尾变换)。如:liʔ³¹ai³³ 和 luʔ³¹ai³³,都用在叙述句里,但前者的主语领属者是第一人称单数,而后者的主语领属者是第三人称单数。

三、不同声调变换。如:sit³¹ 和 sit⁵⁵ 都用主语是第二人称单数的命令句里,但前者是一般语气,后者是强调语气。

四、加不加弱化音节的变换。如:sai³³ ma³³ sai³³,都用在主语是第三人称的叙述句里,但前者是单数,后者是多数。

五、不同音节变换。如:a³¹ni⁵¹ a³¹toŋ³³,都用在主语是第三人称单数的句子里,前者是疑问语气,后者是测度语气。

研究好景颇语的句尾词,第一步是记好音,第二步是归纳,厘清语法意义的类别。然后才有可能进一步研究句尾词的来源、多选择性、演变趋势等问题。

(二)第二个例子:景颇语语音与使动范畴转型的关系

我们知道,藏缅语语法的一个重要特点是有使动范畴。这个特点可以追溯到原始藏缅语共同语阶段。但现代藏缅语诸语言发展不平衡：有的丰富，有的贫乏；有的保持古代的形态特点多些，有的少些。但共性是，使动范畴的演变都受语音、语义特点的制约。表达更多的语义是使动范畴演变的动力；但使动范畴语法形式的演变则强烈地受语音规则的制约。我们必须从语音上厘清使动范畴语法形式的演变层次，并进一步分析使动范畴的历史转型。。

景颇语使动范畴语法形式的构成有三个层次：

第一层次：变音型，通过语音变化表示使动态。变音有不同声母变化、不同韵母的变化、不同声调的变化等不同形式。例如：

自动词	使动词
pja$^{?55}$ 垮	phja$^{?55}$ 使垮
pjaŋ^{33} 开	phjaŋ^{33} 解开
mă^{31}laŋ^{33} 直	mă^{31}laŋ^{55} 使直
tuŋ^{33} 坐	tuŋ^{55} 使坐
mă^{31}ti^{33} 湿	mă^{31}tit^{31} 使湿
ʃã^{31}mu^{33} 动	ʃã^{31}mot^{31} 使动
ʒoŋ^{33} 在	ʒoŋ^{55} 使在
jam^{33} 当（奴隶）	jam^{55} 使当（奴隶）
noi^{33} 挂着	noi^{55} 挂上

这一层次在现代景颇语里只保留20多对，是古代使动范畴形态的遗存，或是有宝贵的"活化石"，但现今已无再生能力。原因是，景颇语向分析型语言演化后，语音系统简化，双音节词大量发展，单音节变音构词已不能使用变音构词来大幅度增长新词。我们从亲属语言的比较中能够清楚地看到这一点。

第二层次：前缀型，加 ʃã^{31}、tʃã^{31}、sã^{31} 等前缀构成使动词。这类词的构词能力较强，使用较广。这几个前缀是不同的变体，各有自己的出现条件。例如：

自动词	使动词
pom³³ 发胀	ʃă³¹pom³³ 使发胀
pʒa³³ 生存	ʃă³¹pʒa³³ 使生存
pʒak³¹（关系）破裂	ʃă³¹pʒak³¹ 使（关系）破裂
man³³ 习惯	ʃă³¹man³³ 使习惯
toʔ³¹ 断	ʃă³¹toʔ³¹ 使断

tʃă³¹ 出现在吐气音和轻擦音作声母的音节前。例如：

自动词	使动词
phai³³ 抬	tʃă³¹ 使抬
thin⁵⁵ 沉下	tʃă³¹thin⁵⁵ 使沉下
khaʔ³¹ 分离	tʃă³¹khaʔ³¹ 使分离
khʒak⁵⁵ 合适	tʃă³¹khʒak⁵⁵ 使合适

să³¹ 只出现在清塞音 ts 作声母的音节之前，凡用 să³¹ 的地方都能用 ʃă³¹ 代替。但 să³¹ 不出现在 s 作声母的音节之前。例如：

自动词	使动词
tsam³³ 朽	să³¹tsam³³~ʃă³¹tsam³³ 使朽
tsa³¹ 毁	să³¹tsa³¹~ʃă³¹tsa³¹ 使毁
tsap⁵⁵ 站	să³¹tsap⁵⁵~ʃă³¹tsap⁵⁵ 使站

我们看到，前缀式在景颇语里能够得到一定规模的发展，与景颇语的语音系统特点有关。它有两大特点：一是使动态的"前缀+单音节动词"的模式符合藏缅语的双音节韵律模式，有生命力。二是前缀对动词的语音选择比较广泛可以产生较多的词。所以这种语音模式具有较强的生命力。但是，它又有局限性。主要是只能跟单音节动词结合，不能构成双音节动词的使动，在扩大表义上存在一定的局限性。所以随着景颇语向分析型转型，必然要出现新的语音模式。这就是下面要讲的分析型使动范畴。

第三层次：分析型，是在自动词后加 ʃă³¹ŋun⁵⁵（虚化的"使"）构成使动式。这一模式能产性高，不仅能出现在单音节自动词前，还能出现的双音节自动词前，而且能出现在任何声母的自动词前。例如：

phun⁵⁵ ʃã³¹ŋun⁵⁵ 让穿　　　　kă³¹lo³³ ʃã³¹ŋun⁵⁵ 让做
穿　　　让　　　　　　　　做　　　让
kă³¹ʒum³³ ʃã³¹ŋun⁵⁵ 让帮助　pan³¹saʔ⁵⁵ ʃã³¹ŋun⁵⁵ 让休息
帮助　　　让　　　　　　　休息　　　让

可见，由第一、第二层次的形态型向第三层次的反响型演变是语言类型质的变化。其成因是语义扩大表达的需要，但都受语音条件的制约。所以，准确记音对使动范畴的研究至关重要。

二、语音能力对语言研究的重要性

以上两个例子说明，语法演变也好，语义演变也好，语言现状的描写等，都与语音的特点密切相关。语音能力包括准确记音，语音分析技能，语音概念的掌握，语音和语义、语法、语用的关系等，是语言研究者不可缺少的基本功。所以，语言研究者一定要重视语音技能的掌握，特别是要有记录、分析语音的能力。

但我深深感到，当前我们民族语言学界的语音操作能力很不适应语言研究的发展，不适应新时期语言国情调查、语言保护的要求。应当引起重视。

比如，我看到一些已公布的语料中，记音存在不同程度的错误，该区分的音位没有区分。像清浊声母的对立、长短元音、松紧元音的对立、33调和44调的对立、舌根音和小舌音的对立，存在不少错误，把科学的语法规则、语音规则弄乱了。有的还用错误的记音去揭示语言规律，做出错误的结论。至于在语法、语义的研究中如何使用语音规则来解释，许多人的研究还是个空白，缺少这方面的意识。

但要培养有过硬的语音学功底的人才必须统一以下认识：

一、要认识到，掌握好的语音能力比较难，要有艰苦的实践训练。一个博士生只学了语音学的理论和知识是远远不够的,要有多次记音、分析语音的实践,才说得上有语音学能力。我培养研究生有四十多年了,从过去培养博士生的经历中看到,在学校里系统上过语言学课的博士生,去做一种新语言的调查,准确率一般不超过40%,从实地记回的语料实在不好用,特别是用来做历史比较很误事。我从多年培养语言学博士生的经验中体会到,要培养研究生具有扎实的语音学能力,是要付出艰苦努力的。除了学习、掌握基本的语音学知识外,还要有多次的记音实践。

二、要认识到母语干扰的严重性。要自觉克服母语的干扰。在教学中应针对学生的母语特点因材施教。比如,以北方方言为母语的,记录有两个平调的语言就会出现错误。

三、还要培养对语音的敏锐性,能够区分主要特征和伴随特征、静态特征和动态特征,科学认识变读的属性,还要学会整理出漂亮的音位系统等。

四、要学习实验语音学的理论、知识。我写过一篇《谈谈记音》的文章可以参考,这里就不能多说了。

中华人民共和国建立后,我国培养的语言学人才的语音学能力大致可分为两个阶段:中华人民共和国成立初期到20世纪80年代是一个阶段。那时,因为面临着调查汉语方言和少数民族语言的任务,语言工作者比较重视语音训练,经过多次语言调查的实践掌握了基本的记音本领,并有了从语音上认识语言的特点和演变规律。那时公布的研究成果如简志、调查报告、论文等,记音都比较好,这些语料有永恒的使用价值。但那时有个弱点,就是眼界不够开阔,对现代语言学理论方法掌握不够。几十年过去了,虽然视角比较开阔,但好的语音训练传统没有继承下来。

总之一句话:新时代的语言研究要加强语音学能力的培养和运用。

参考文献

[1]陈宏:《现代汉语同义并列复合词语义语用分析》,《天津大学学报

（社会科学版）》2008年第4期。

[2]戴庆厦、李泽然：《哈尼语并列复合名词》，载《中国哈尼学》，昆明：云南民族出版社，2000年。

[3]戴庆厦：《景颇语并列结构复合词的元音和谐》，《民族语文》1986年第5期。

[4]戴庆厦：《景颇语参考语法》，北京：中国社会科学出版社，2012年。

[5]戴庆厦：《景颇语使动范畴的结构系统和历史演变》，载《藏缅语族语言研究》（二），昆明：云南民族出版社，1998年。

[6]戴庆厦：《论"记音"——语言工作者的一项基本功》，《民族翻译》2020年第1期。

[7]戴庆厦：《语言调查教程》，北京：商务印书馆，2013年。

[8]李洁：《拉祜语的并列结构复合词》，《民族语文》2004年第4期。

[9]王远新：《哈萨克语土耳其语并列复合词词素顺序的特点》，《民族语文》1996年第6期。

[10]张博：《先秦并列式连用词序的制约机制》，《语言研究》1996年第2期。

[11]赵燕珍：《大理白语的并列复合词》，《百色学院学报》2012年第2期。

[12]周祖谟：《汉语骈列的词语和四声》，《北京大学学报（哲学社会科学版）》1985年第3期。

语言描写与语言解释

—— 贵州民族大学报告

（2022年5月23日）

一、题解：为什么要讲这个题目

进入新时代，民族语言研究面临着更为艰巨的任务。如何做好新时代的语言研究，深化语言学的研究，建立具有中国特色的语言研究，是我们每个语言工作者必须思考的问题。注视点包括：如何深化对语言的认识；如何认识我国语言的新特点；如何把握新时代语言演变的规律；如何使语言研究更好地为铸牢中华民族共同体意识服务；如何发挥语言资源的功能等等。

做好语言研究要处理好许多关系。其中有：语言事实和语言理论的关系；单一语言研究和语言比较的关系；语言结构内部不同要素的关系（如语音和语法的关系，语义和语法的关系）；语言的隐性和语言显性的关系；亲属语言和非亲属语言的关系；不同类型语言的关系；语言本体和语言功能的关系；语言描写和语言解释的关系；微观和宏观的关系；语言自身演变和语言影响的关系；单一学科和交叉学科的关系；等等。

我在60多年的语言研究历程中，经历了从语言描写到语言解释的转变。开始时偏重描写，写了一些单纯描写的论文；后来慢慢地懂得还要解释，把描写和解释结合在一起。在语言描写和语言解释的关系上有一些体会。初入语言学的本科生、研究生，甚至青年教师，在做语言研究时，常常弄不清楚什么是语言描写，什么是语言解释，不知道应当如何摆好二者的关系。我今天根据自己语言研究中的一些粗浅体会，试着讲讲这个问题。

二、关于语言描写：重要性及要点

先说几句语言描写和语言解释的关系。

语言描写和语言解释是一对矛盾体，二者相互联系，互相制约，辩证统一。语言描写是对语言事实的状态进行科学的、客观的描写，包括现在的和过去的；语言解释是对已描写到的语言现象进行符合语言事实的解释，深化语言描写。没有先头的描写，就没有后来的解释；但没有后来的解释，就不可能深化对描写事实的认识。二者虽各自独立，但又是相互紧密制约的。

语言描写是语言研究者的基本功，是深化语言研究的起点。我认为，对于本科生和硕士生来说，必须要求他们学会做细致的、规范的语言描写，能完成一份合格的语言描写卷子，而不一定要求他们有什么新的理论创新。必须看到，语言描写也是语言研究，是有难度的。没有经过一段严格的训练，包括弄清相关的基本概念和动手能力的训练，语言描写是做不好的。我每年都参加一些高校的研究生论文评审，看到许多研究生的论文语言描写没有过关，出现"硬伤"。

所以在培养语言学人才时，万万不能忽视语言描写，低估其重要性。好的语言描写著作或论文就是一个有水平、有价值的语言学研究成果。比如傅懋勣先生等的《云南省西双版纳允景洪傣语的音位系统》一文，对西双版纳傣语的音位系统进行了详尽的分析，不仅语料正确无误，而且分析方法得当，曾获得中国科学院奖。这是一篇纯语言描写的语音论文，但在汉藏语研究上有其重要价值。① 我读过郑张尚芳先生的《温州音系》一文，非常兴奋，被他能够如此精细地观察、描写温州音系所吸引，没想到一个土语的音系能包含如此丰富的内容。这当中包含多少作者的基本功和付出的努力！② 必须认为，好的语言描写中实际上包含了一些语言解释。比如，做描写就必须分类，而分类就需要辨别各种现象的性质、特点，认识其共性和个性。

　　掌握过硬的语言描写基本功是要下苦功夫的，在本科、硕士阶段要打好这一基础。我在本科阶段就有兴趣描写我的母语——闽语仙游话的音位系统、变调规律、连音音变、文白异读等，打下了初步的语言学基础，为以后的发展垫了底，受益无穷。有了这个基础，后来的发展就有了好的起点。回顾我们的师辈李方桂、傅懋勣、马学良、邢公畹等先生的业绩，他们抗日战争时期就在西南民族地区做过语言调查，记录过一些语言，语言描写的功底都比较好，而且肯于下苦功夫。我们这一代人有弱点但又有长处。我们大多参加过20世纪的少数民族语言大调查，做过新文字的设计、推广工作，较长时间地做过单一语言的调查研究，有一定的语言描写经验和能力。那时，要记录好多个语言点和方言点，要整理出音位系统，不能遗漏音位，还要写出音位系统报告，一个点一个点的调查报告，任务逼人，得到锻炼。我们学国际音标就学了三遍。一遍是马学良先生教的，一遍是袁家骅先生教的，还有一遍是傅懋勣先生教的，学得非常认真。那时的语言学课门类不多，但重实践。后来，语言学课的门类增多了，书本知识学得多，眼界开阔了，是长处，但没有田野调查的机会，自然未能获得较好的语言描写能力，是弱势。

　　语言描写的能力包括哪些呢？我认为主要有：能够准确记音，不遗漏音位；能整理出符合规范的音位系统；能记录出调查点基本的语法、词汇

---

① 傅懋勣、刀世勋、童玮、刀忠强：《云南省西双版纳允景洪傣语的音位系统》，《科学通报》1955年第9期。

② 郑张尚芳：《温州音系》，《中国语文》1964年第1期。

现象；能写出一份符合规范的概况，对语言现象有一定的敏锐性，有细致分析语言现象的能力等等。但现在许多研究生达不到这个要求。我带的研究生（硕士生、博士生），有一些到民族地区做田野调查，虽然在学校学了那么多的语言学课，成绩都在八九十分，但一接触到实际语言就打败仗。音记不准，准确率不超过40%，词汇、语法不知如何记，记录的语料如果不经过核对简直不能使用。所以，语言调查、记录语言的能力一定要补，否则语言学家的培养就会出现"夹生"。有这些基本功，受用一辈子。

我常常提醒我的研究生们，说你们一定要重视准确记音，如果记录的语料有"硬伤"，拿去出版，白纸黑字，后人发现了怎么办？近期，我们到民族地区调查少数民族语言，为了记录汉语借词也要了解当地的汉语方言音系，还找来当地方言的出版物来参考，同样发现汉语方言的记音也存在许多错误。

所以，我们在探讨语言描写与语言解释的关系时，务必先讲语言描写的重要性，及其在语言研究中的基础地位。不能忽视这一基本功，而盲目追求理论的"高大上"。我的博士生一进校，我就要让他们记录自己的母语，让他们具有准确熟练记录自己母语的能力，甚至要他们交一份记录自己母语的报告。我会帮助他们一个字一个字地核对，让他们掌握熟练记录自己母语的技能。这样做，既能锻炼他们语言描写的实际能力，还能为他们打好母语研究的基础。以后做什么研究，都会有好处。

三、关于语言解释：定位、思路

语言研究除了描写外，还要有解释。什么是语言解释呢？

语言解释是对语言现象从属性、性质、类型、成因、动态演变、语言关系等方面进行的研究，是语言描写的深化。现在做语言研究，除了语言描写外，还要求有语言解释，这是语言研究的进步。要不要语言解释、怎样解释，都要根据论文的具体情况、目的和要求而定。不是每篇论文都要解释的，有的只做好描写就可以了，所以要防止"画蛇添足"。下面举些例子来说明。

例一：《闽语仙游话的变调规律》一文的语言解释。

我在大学学习时对我的母语有兴趣，整理了一篇《闽语仙游话的变调规律》，后来发表在《中国语文》1958年第10期上。60多年过去了。现在回头看看自己年轻时写的小文，很是兴奋，虽然觉得水平不高，但是花力气写出来的，而且记音还比较准确。作为闽语方言的语言描写小文，当时发表还有一定的价值。在这篇论文里，我把闽语仙游话的变调归纳出49种模式，并指出有四个变调特点。

1. 变调主要在上字，下字大多不变调。在49种变调模式中，只有上字变调的有35式，只有下字变调的有3式，上下字都变调的有11式。

2. 变调出现轻声，轻声多出现在上字。

3. 实字能变调，虚字不能变调。因而能够依据变调与否区分实字与虚字。副词能变调，属于实词。

4. 词组的变调特点不同于复合词，可以依据变调特点区分复合词和词组。

当时觉得已费尽力了。但现在看来，这项研究还可以在描写的基础上进一步做些解释。可以解释的问题有：

1. 解释闽语仙游话为什么有如此复杂的变调。这可能与仙游话的单音节性超强、声母简单有关。为了扩大表义，通过变调弥补单音节性、声母少表义的不足。

2. 仙游话特别讲究韵律，而变调讲究声调和谐，符合仙游话的特点。

3. 变调主要在两个音节上建立规律，符合仙游话的双音节化特点。

4. 仙游话的连音音变丰富，这与变调丰富是一致的，构成一个系统。此外，还可以与闽语别的方言进行比较发现新的认识。

我希望以后有机会再写一篇解释仙游话变调成因的论文。

例二：景颇语使动范畴的语言解释。

景颇语有丰富的使动范畴，其来源可以追溯到原始藏缅语共同语阶段，是语法系统中的一个最重要的特点。半个多世纪以来，我们对它的语法意义、语法手段都做了多次细致的描写，发现语法手段有三种类型。

一是变音型。通过声韵调的变换表示自动使动。这一层次在现代景颇语里只保留20多对。例如：

自动词	使动词
pja^{ʔ55} 垮	phja^{ʔ55} 使垮
tuŋ^{33} 坐	tuŋ^{55} 使坐（锅）
ʒoŋ^{33} 在	ʒoŋ^{55} 使在

二是前缀型。加 ʃã^{31}、tʃã^{31}、sã^{31} 等前缀构成使动词。这类词的构词能力较强，使用范围较广。这几个前缀是不同的变体，各有自己的出现条件。例如：

自动词	使动词
phai^{33} 抬	tʃã^{31} 使抬
tʃai^{33} 转动	ʃã^{31}tʃai^{33} 使转动
tsam^{33} 朽	sã^{31}tsam^{33}~ʃã^{31}tsam^{33} 使朽

三是分析型。是在自动词后加 ʃã^{31}ŋun^{55}（虚化的"使"）构成使动式。这一模式能产性高，不仅能出现在单音节自动词前，还能出现在双音节自动词前，而且还能出现在任何声母的自动词前。例如：

phun^{55} ʃã^{31}ŋun^{55} 让穿　　kã^{31}lo^{33} ʃã^{31}ŋun^{55} 让做
　穿　　　让　　　　　　做　　　　让

作为语言描写，把这三种类型细致地划分出来，并做细致的描写也就够了。但仅这一步还看不到藏缅语的使动范畴深层的特点，需要进一步在语言描写的基础上再深入做深层次的解释。

对景颇语使动范畴共时的三种类型，我们至少可以做三点解释：

1. 这三种类型是有紧密联系的，可以连成一个历时的"演变链"。说明他们之间是有联系的。

2. 其演变的成因是扩大语义表达的需要，但都受语音条件的制约。也就是说，语音、语义强烈地制约语法的发展。单从一方面看是片面的。

3. 其演变受语言转型路线的制约，即使动范畴受藏缅语由屈折、黏着型向分析型转型的制约。这些解释，无疑对景颇语使动范畴会有新的认识。

下面对使动范畴这一命题做些具体分析。

第一类型的屈折变音式，景颇语只留下20多对，藏缅语各个语言跟景颇语一样都只遗留少量，可以证明是古代使动范畴形态型的遗存，是有珍贵价值的"活化石"。但它已无再生能力，因为景颇语向分析型语言演化后，语音系统简化，双音节词大量发展，所以单音节变音构词已不能构造出大量的新词，其他亲属语言的情况也是如此。

第二类型的黏着型虽构词能力强些，但只能出现在单音节动词和形容词前，也存在一定的局限性。所以必然会被能产性强的分析型所代替。

第三类型的分析型，由表示使动义的虚化动词 $ʃã^{31}ŋun^{55}$ "让"表示。这是分析形式，适应能力强，能产性高，与动词或形容词结合时可以放在单音节后，也可放双音节、三音节后。景颇语使动范畴由第一、第二层次的形态型向第三层次的分析型演变，是语言类型的演变，是质的变化。

以上是景颇语使动范畴最新的研究成果。

例三：汉藏语是四音格词的语言解释。

汉藏语系语言普遍都有四音格词，得到汉藏语研究者的注目。半个多世纪以来，有关四音格词的描写层出不穷，但大多是对它进行分析描写。这是必要的。

四音格词的描写，多从语义关系上，语音结构关系上进行分析。我也做过景颇语的四音格词研究，发表过论文。每挖一锄，都有新认识，其乐无穷！

后来我进一步思考了以下一些问题：

1. 为什么汉藏语普遍都有四音格词，如藏语、彝语、拉祜语、景颇语、傣语、壮语、苗语、瑶语等都有大量四音格词，而印欧语、阿尔泰语则很少或没有，其原因是什么？是否与语言类型的不同有关。而属于南亚语系的佤语、德昂语也有大量四音格词。四音格词是否是分析型语言派生的特点？

2. 为什么汉藏语不同的语言，四音格词的丰富程度不一，特点也不完全一样？这是否与分析性的强弱有关？

3. 如何认识四音格词的韵律特点？它与复合词有何异同？

4. 四字格词是由四个音节构成的，与分析型的单音节性特点的关系如何解释？

我认为，汉藏语的四音格词是一个永恒研究的题目，还有大块研究的空间。汉藏语蕴藏着无尽的四音格词的资源，有大量语言和方言的四音格词的共时特征还未被挖掘出来，需要补白，语言间的比较成果也还少。还有许多理论问题需要研究，如四音格词的类型学特征，四音格词的成因、在句法中的地位、语言影响的特点等。

例四：克伦语动宾语序的语言解释。

这是我近期与我的博士生袁梦一起做的克伦语的动宾型语序的课题。合写了一篇《论克伦语的动宾型语序——兼论语序的转型》，很快将在《南开语言学刊》上发表。这里先把我们研究的新成果与大家交流。

克伦语是克伦族使用的语言，在藏缅语研究上有着重要的地位。白保罗（Paul.Benedict，1972）在汉藏语分类中，认为克伦语是汉藏语高层的一种语言。把克伦语列为藏–克伦语族，下面再分克伦语和藏缅语。克伦族主要分布在缅甸克伦邦和泰国北部山区，使用人口约420万，有众多的方言、土语。克伦族居住的地区还有缅、克钦、孟、泰等民族。我国学者对克伦语的研究很少。

藏缅语的基本语序普遍是宾动型，但克伦语则是动宾型。这一巨大的反差究竟是怎样引起的，是怎么形成的，其成因又是什么，曾引起藏缅语言学家的兴趣，也引起我们的兴趣。

我和袁梦对克伦语的基本特点，包括语音、语法、词汇的基本特点做了共时描写和研究，基本确定它属于藏缅语，并认为与彝语支语言接近。有了这一前提，就进一步分析它的动宾型语序，解释为什么会产生与藏缅语不同的语序。我们试图从语言学理论、语言比较、语言内部关系等方面寻找答案。

语言史的事例说明，促使语序转型的因素主要有二：一是内源的，即由语言内部因素的调整和变化引起的；二是外源的，即语言影响导致语序变化。前者是内因，后者是外因。研究者都会从上述两方面去思考，国外一些学者经过研究认为克伦语的动宾型语序是由语言接触引起的。但我们从社会背景上分析，认为不是。

从克伦族目前的地理分布情况来看，克伦族的主体主要分布在缅甸克伦邦和泰国北部山区，在泰国的克伦族仅10万人。缅甸的克伦族与缅族、克钦族（景颇族）相邻，接触最多。除了以自己的母语为主要交际工具外，多会兼用缅甸语和克钦语，而这两种兼用语都是宾动型稳固的语言，不存在动宾型语序的影响。长期以来，克伦语受缅甸语较大影响，已有很多缅甸语借词，包括一些古老的借词，而泰语对克伦语的影响很小，在克伦语中几乎找不到泰语借词。在克伦人的历史上，也未发现克伦人与说动宾型语言的人群如泰族、汉族等有过大面积的、密切的接触。可见，克伦语的宾动型语序向动宾型语序转型从泰语的语言接触找不到证据。

因此，我们认为克伦语产生语序转型不是外源的，要从内源寻找原因。但如何从内源上找出原因呢？这是我们在研究中遇到的难题。

我们从克伦语构词的宾动语序发现了一点有用的证据。在汉藏语系诸语言里，短语的语序和复合词的语序普遍是相同的，如果不同，必有其特殊原因。但我们发现，其他宾动型的藏缅语，复合词、短语都只有宾动一种语序，而克伦语在复合词中既有动宾语序又有宾动语序，两种语序并存，这有可能是宾动型语序的残留。例如：

宾动语序：kho^{55} phlo^{55} 帽子　kho^{55} phi^{3} 鞋

　　　　　　头　　盖　　　脚　　套
动宾语序：θă³¹ dɯ³³ mɯ³³ 伞　θi⁵⁵khui³kho³¹ 筢子
　　　　　遮　太阳　　　梳头

　　从两类复合词的语义分析中可以看到，宾动型语序比动宾型复合词的语序出现较早。如上例宾动型的"帽子、鞋"，显然比动宾的"伞、筢子"出现得早，能够说明克伦语在历史上曾经存在过宾动型语序，后来才转为动宾型，但在构词中还保留有宾动型语序遗迹。

　　我们又用格林伯格提出的45条与语序有关的普遍规则与克伦语的语序对比，考察克伦语的动宾型和宾动型语序有哪些是符合规则的，哪些不符合。通过比较，看到在蕴含共性上，克伦语两种情况都有，但符合宾动型的蕴含语序比不符合的多。由此能够证明克伦语曾经有过宾动型的语序或"基因"，后来才出现了动宾型的语序。

　　通过以上分析，我们认为克伦语的动宾型语序是由宾动型语序转来的。那么，克伦语语序为何会发生转型？其语序转型的主要成因是什么？上面说过，语言影响不是克伦语的动宾型语序形成的主因，那又是什么呢？

　　我们再看世界语言的情况及相关观点。世界上不同语系、不同语族中均存在由宾动型语序向动宾型语序转型的语言，如印欧语系的法语、英语。法语从14世纪开始，由宾动语序逐渐转变为动宾语序，英语经历了古英语时期的宾动语序，中古英语时期出现动宾语序的趋势，到现代固定为动宾语序。乌拉尔语系的匈牙利语、芬兰语都是动宾语序的语言，但都保留有一些早期宾动型语言的语序特征。阿尔泰语系突厥语族中的嘎嘎乌孜语也经历了宾动型语言向动宾型语言的转变。这说明宾动型语序向动宾型语序的转变是许多语言有过的。是否与语言内部机制的转型有关，我们还将进一步研究。

　　除了以上几个例子外，还有一些我们做过研究的例子。如：为什么述补结构在藏缅语里发展不平衡，有的发达，有的不发达，这可以使用语言转型的快慢来解释。又如：汉藏语的名量词发展不平衡，存在不同的层次，有强制性的，有非强制性的，反响型量词有的语言丰富，有的语言贫乏，其成因都能从语言转型上做出解释。还有状语、重叠、连动、结构助词的特点及成因，构词法的特点及成因等，都可以使用语言学理论和语言比较进行解释。

总之，汉藏语有做不完的课题，大有可为。我希望大家都热爱这一专业，努力探索，早日成才！

动态视角下的藏缅语动词特点及其属性——兼与汉语比较
——湖南大学报告

（2022年6月14日 湖南大学外语学院）

动词是藏缅语词类中功能最强、特点最丰富的一类词。它是藏缅语句法结构的中心，是句子的中心成分，而且紧紧制约其他的语法成分。藏缅语动词特点丰富，变化多端，但不同语言之间存在有对应关系的类型差异。因而，如何科学地认识藏缅语动词的特性及其属性，是藏缅语语法研究的一项重要内容，它对于加深藏缅语的语法特点以及汉藏语语法学的研究都具有重要的价值和意义。

研究藏缅语动词的动态演变，必须先确定以下三个问题。一、先要确定要讲的动态演变是什么。动词的动态演变有多种内容，比如，由语言类型的变化引起动词变化，由语言接触引起的动词变化，由社会、文化、认知的变化引起的动词的变化等。这里主要讲藏缅语由于语言类型的演变引起的动词特点的演变。二、必须确定藏缅语语言类型演化的路径，即是由屈折型、黏着型向分析型演变的，还是其他。认准演变的方向，才有可能科学地厘清其演化的路径。三、怎样提取最有代表性的动词特点来做比较。动词的特点很多，如有人称数范畴、使动范畴、趋向范畴、体貌范畴、疑问范畴、否定范畴、示证范畴等，应当选哪些项目来进行比较。

今天这个报告，主要讲动态视角下藏缅语动词的特点及属性研究。先分析藏缅语动词的一些主要特点在不同语言里的表现，指出古代藏缅语的特点在现代藏缅语里哪些保留了，哪些消失了，哪些出现了类型的转变。还把藏缅语的动词与亲属关系的汉语进行比较，反观汉语的特点，揭示二者的共性和个性。希望这一研究有助于藏缅语乃至汉藏语的动词研究。

一、藏缅语语言类型演化的方向

藏缅语的语种究竟有多少？目前尚未弄清。主要原因有二：一是有的地区的藏缅语情况还不清楚，如印度、缅甸等国，有待进一步调查。二是划分语言和方言的标准还未取得一致的意见。同一研究对象，有的认为是语言，有的认为是方言。所以，藏缅语研究至今还拿不出一个多数人认可的大致数字。

但有的研究者曾提出过一些数字，我们可以参考。如：1995年美国谢飞（Robert Shafer）在《汉藏语系语言的分类》中列出藏缅语有200多种语言和方言。孙宏开等主编的《中国的语言》中列出中国的藏缅语有46种，不包括大量区别较大的方言，如藏语的安多方言、哈尼语的碧卡方言等。在我国，经过多年的调查，藏缅语的基本情况是清楚的，当然，有可能再发现一些藏缅语的语种，但估计不会太多。

经过一个多世纪的调查研究，学者们已认识到藏缅语的复杂性，包括语言类型多样、交叉，语法意义、语法形式存在多种不同的特点等。在语言类型上，藏缅语有屈折式、黏着式、分析式等不同类型，主要类型特点存在差异。如有的语言屈折、黏着式比较丰富，分析式稍弱；有的语言是分析式比较丰富，屈折式、黏着式较弱；在同一大类下，还存在一些小的类型差异。需要论证的是，藏缅语的动词是从屈折式、黏着式向分析式演变，还是相反的方向？这是进行藏缅语语法比较研究的前提。有了这一前提，才便于认识语法中各种现象的属性，不会只停留在表面的认识上。

近几十年来，有一些学者已经发表了关于藏缅语由屈折型、黏着型向分析型转型的论述。如：（按发表时间先后排列）瞿霭堂1985年就提到藏缅语由屈折形态变为无屈折形态。在《藏语动词屈折形态的结构及其演变》一文中说到："藏语动词的屈折形态同其他语言要素一样，也是通过量的积累而逐渐演变，由较丰富的屈折形态变成无屈折形态。"[①] 孙宏开1992年在《论藏缅语语法结构类型的历史演变》一文中，通过数十种藏缅语的比较，发现语法特点存在差异但有连接性，把藏缅语形态类型的演变归纳为"黏着型→屈折型（不十分典型）→分析型"，并认为"原始藏缅语为黏着型。"[②] 蒋颖2009年从普米语方言对比和亲属语言的对比中，认为藏缅语动词是从黏着型向分析型演变的。在《论普米语动词后缀的分析化趋势》中谈到，"从总体上看，藏缅语动词后缀经历了从粘着型向分析型演变的过程，但不同的语言发展速度不一。可以根据不同语言动词后缀显示的共时特征，将其串为一个演变链。"[③] 戴庆厦、崔霞2009年在《从藏缅语语法演变层次看独龙语和景颇语亲缘关系的远近》中指出"藏缅语语法演变总的趋势是屈折型向分析型发展。但不同语言或同一语言中的不同语法成分发展不平衡出现不同的层次即有的特点发展快一些有的发展慢一些。"[④] 闻静2021年通过彝缅语动词形式的比较，在《彝缅语泛义动词的句法分布及其分析性演进》一文中，论证了彝缅语支动词"重叠的属性由综合性手段向分析性手段演进"，指出"重叠式由于存在一个清晰的基式，词框内部形成明确的语法操作关系，表现出较强的分析性。"[⑤] 此外，还有一些相关的论述，由于篇幅所限，这里未能提及。

---

① 瞿霭堂：《藏语动词屈折形态的结构及其演变》，《民族语文》1985年第1期。
② 孙宏开：《论藏缅语语法结构类型的历史演变》，《民族语文》1992年第5期。
③ 蒋颖：《论普米语动词后缀的分析化趋势》，《中央民族大学学报（哲学社会科学版）》2009年第5期。
④ 戴庆厦、崔霞：《从藏缅语语法演变层次看独龙语和景颇语亲缘关系的远近》，《中央民族大学学报（哲学社会科学版）》2009年第3期。
⑤ 闻静：《彝缅语泛义动词的句法分布及其分析性演进》，《汉藏语学报》2021年第13期。

已有的研究成果已经指明，藏缅语动词的语法意义主要有人称、数、体、趋向、语气（式）、态（使动态、互动态）等。语法形式主要有语音变化（声韵调的变音）、加词缀（以后缀为主，也有少量前缀）。但在现代不同语言里特点不一，演化程度不平衡，出现差异。有的形态丰富，有的贫乏；有的有前缀，有的没有，有的虚词这个语言有，别的语言里没有；虚词的多功能性不一等等。但不同的类型，可以连成一条从形态丰富到形态逐渐脱落再到形态大部失去的演变链，可以证明它们之间存在内在联系，有亲缘关系。

藏缅语不同语言动词特点的演变，尽管特点不同，形式差异，但都是无例外地沿着这条演变链演化下来的。我们可以从动词的比较中，看到现代藏缅语之间的亲缘关系，进而认识语言的共性和个性。

二、藏缅语主要语法范畴历史演变分析

经过不同语言的比较和古今藏语的比较，能够发现藏缅语动词在古代曾经存在过的一些语法范畴，但在今日藏缅语里演化情况不一。主要有以下几种：

（一）人称、数

人称、数范畴，是藏缅语动词（或谓语）的一大特点。这一范畴是指在句法结构或谓语上能区别人称、数。这个特点是从古代一直延续下来的。在不同语言里有共性也有差异。如：羌语支的嘉绒、羌、道孚、木雅、普米等语言，以及景颇语、独龙语等语言，至今都有人称、数的语法范畴。人称分第一、第二、第三等三个人称。有些语言除反映主语的人称、数外，还能反映宾语、领属语的人称、数。数的范畴，多数语言只有单数和复数，但有的语言还有双数，如嘉绒语、景颇语等。但一些分析性强的语言，如哈尼语、载瓦语等，没有人称、数的语法范畴，通过词汇手段表示人称、数的意义。即便是属于羌语支的贵琼语，也没有人称、数

范畴。

在语法形式上，有些通过前缀、后缀表示，如嘉绒语用前缀反映人称，用后缀反映数。道孚、却域、木雅、普米等语言用动词的屈折变化表示。景颇语比较特殊，主要用句尾词表示。句尾词放在动词或形容词之后，综合表示句子的语气、人称、数、方向等语法意义，但不是后缀，是虚词，有丰富的形态变化，是藏缅语中的一类具有特点的虚词。

但古今藏语则没有发现有使用变音或前缀表示人称、数的。是否在七世纪之前有过，到后来消失了，还是一直没有，现不得而知。

（二）趋向范畴

藏缅语的羌语支有趋向范畴，以"山、水、人"为标杆。语法意义有直上方、直下方、上游方、下游方、靠山方、靠水方、离心方、向心方、里方、外方、后方等，通过前缀的语音变换表示。但语支内的不同语言，趋向范畴多少不一，多的有10多个，少的只有几个。羌语支的趋向范畴是一个区别于其他语支的重要特征。但不同语言发展不平衡，如贵琼语虽属羌语支，但趋向范畴只保留了五个，主要用前缀表示。以 tɕhy³⁵³ "走"为例：

wu³¹ tɕhy³⁵³ 走开   zi³¹ tɕhy³⁵³ 走过来

离心 走   心 走

thu³¹ tɕhy³⁵³   mi³¹ tɕhy³⁵³ 走下去

向上 走   向下 走

ta³¹ tɕhy³⁵³ 走回去

往返 走

在彝缅语支、景颇语中还没有发现有这一语法范畴。不过，在景颇语里有少量表示正方向和反方向的语法形式，使用声母 s 和 ʒ 的交替表示。是不是古代趋向范畴的残留，还是趋向范畴不发达的表现，还有待考证。如：

sa³³　　　suʔ³¹　　去吧

来、去　　吧（第二人称单数，去方向）

sa³³　　　ʒit³¹　　来吧

来、去　　吧（第二人称单数，来方向）

上例"来"和"去"，景颇语用一个词表示，在句中选哪个义项要由后面的句尾词决定。

（三）使动范畴

使动范畴是藏缅语的一个古老的语法范畴，能够推及原始藏缅语阶段。现代藏缅语都还普遍保留这一范畴，但功能和特点不一。语法形式大都有以下三种。以景颇语为例：1.变音式，通过声韵调的变化表示自动使动，如 pjaʔ⁵⁵ 垮 — phjaʔ⁵⁵ 使垮，mă³¹ti³³ 湿 — mă³¹tit³¹ 使湿，ʒoŋ³³ 关 — ʒoŋ⁵⁵ 使关。这一形式只保留有20多对，已无再生能力。2.前缀式，加前缀表示使动，如 pjo³³ 高兴 — ʃã³¹pjo³³ 使高兴。这一形式有一定的再生能力，但只能跟单音节动词结合。3.分析式，在动词后加虚化动词 ʃã³¹ŋun⁵⁵ "使"表示。这一形式跟单双音节都能结合，有较强的再生能力，如 khʒap³¹（哭）ʃã³¹ŋun⁵⁵（使）"使哭"，kă³¹lo³³（做）ʃã³¹ŋun⁵⁵（使）"使做"。

古代藏语就已有使动范畴。七世纪藏文反映的古代藏语，动词的语法形式有变音和加前缀两种，变音形式比较丰富。格桑居勉先生从藏文（记录七世纪古藏语的语音）1300多个单音节动词中筛选出175对有形态变化的使动词，反映出古代藏语使动范畴的形态变化比较丰富。语法形式主要有清浊变音和加前缀两种。变音的如 bral 分离 — phral 使分离；前缀有 s、b 等，如 laŋ 起 — slaŋ 使起，gug 弯 — sgug 使弯。但这些形态变化，到了现代藏语各方言都出现了衰退，被分析式所代替。如东旺藏语的使动词变音，据次林央珍研究，只保存57个，而分析式得到大量发展。

可以认为，古代藏缅语就已存在使动范畴，其语法形式主要是形态变化，包括变音和加前缀，当然也有分析式。据目前公布的材料看，现代藏缅语各种语言的使动范畴的演变基本上与藏语方言演变的路径相同，即有形态变化，但形态变化衰变，分析式大量发展。如彝语、哈尼语、基诺语、载瓦语、阿昌语等语言，变音式保留得很少。这一演变趋势主要是由藏缅语从屈折、黏着型向分析型转型和扩大表义功能的需要决定的。

（四）式（语气）

这是藏缅语普遍具有的一种语法范畴，一般有叙述、命令、禁止、疑问等类别。语法形式有前缀、后缀，有的兼用元音变化、声调变化表示，有的用语气词表示，等等。如道孚语加前缀表示：

nə-ngi！　　　你吃！

nə-ngə-n！　　你们吃！

扎坝语用元音变化表示：

kə^{55}-tsʅ　　　吃！

ko^{55}-tsu^{55}　　你吃！

疑问式在道孚语、却域语、木雅语等语言里都用前缀表示。如道孚语：

a-ngi-gu　　　你吃吗？

a-ngə-gu　　　他吃吗？

（五）体范畴

有将行体、即行体、现行体、已行体、完成体等，在羌语支里多用后缀表示。如尔龚语：

vi　　　　　煮

vi-zɛ　　　　将煮

从这五种类型的特点上，可以清楚地看到藏缅语语言类型存在有规律的演变，可为藏缅语语言类型的演变提供证据。通过上面的比较，对现代藏缅语动词出现的历史演变能够得到以下几点认识：

1.不同语言尽管特点不同，但有亲缘关系，不是偶然的。不同语言的音变式、前缀式、分析式，能够串成一条演变链。它是由藏缅语存在的一条语言类型演变规则决定的。这条共同的演变链，决定了藏缅语使动范畴的历史演变既有共性又有个性，其中共性是主要的。

2. 形态型音变式的衰退是必然的。以使动范畴为例来说明。因为音变式区别自动使动在表义上有很大的局限性。由于这一语法手段只能出现在有限的声韵调上，而且只能出现在单音节词上，在语义表达上受到了很大的限制。而且由于语音的演变，有的语音对立会出现转化（如清浊转化为送气不送气和不同声调），还会出现对立消失，这就使得音变式手段缺乏旺盛的再生能力，不能适应表达意义日益扩大的需要。所以，藏缅语各种语言的屈折音变式，普遍都得不到较大的发展，仅保留在少量词上。这样，为了扩大表达意义的需要，势必要产生新的语法形式。

3. 基于形态型语音形式的局限性，藏缅语的语言类型必然要向分析式的方向演化。因为分析式是通过动词加使动义的虚化动词实现的，可以不受语音多少的限制，也不受音节多少的限制。如东旺藏语，它是在主要动词之后加 tɕɔ^{54} "允让"表示使动。例如：

ŋe^{35}　kʰu^{55} jɛ　ta^{41} tɕɔ. 我让他看。
我（施格）他 与格 看　使

哈尼语的分析式是在动词前加虚化动词 bi^{33} 表示。bi^{33} 来自实义动词 bi^{31} "给"。当动词用 bi^{31}，现在还在用，使用频率很高。虚化后，语音有点变化，意义是"使、让"。例如：

ŋa^{55}　a^{31}jo^{31}　jo^{55}　bi^{31}　a^{55}. 我给他了。
我　　他（宾助）　给　　了

载瓦语：用 lo^{55} "弄、搞"表示使动。lo^{55} 由动词虚化而来，加在动词前。例如：

thin^{51} lo^{55} then^{21} pe^{51}. 镯子弄坏了。
镯子　弄　坏　了

三、藏缅语动词的现状

由于历史演变的快慢、方式不一，因而现代藏缅语动词的特点出现三种不同的类型。三种类型的特点分述如下：

（一）形态丰富型

动词有丰富的形态变化，包括变音、前缀、前缀+变音。北部地区的嘉绒、道孚、木雅、尔龚、尔苏、普米等语言都属于这一类。这一类型都有人称、数、体、使动态、趋向等语法范畴，大多通过形态变化表示。如嘉绒语：

ka tʃhɛ	去，走（不及物）
ŋa tʃhɛ-ŋ	我去
no tə-tʃhɛ-n	你去
notə-tʃhɛ-ŋ	他去
jo-tʃhɛ-i	咱们去
notə-tʃhɛ-ŋ	你们去
wəjo ŋɛ ke-tʃhɛ	他们去
ndʐo tʃhɛ-tʃh	咱俩去
ndʐo tə-tʃhɛ-ntʃh	你俩去
wəjomdʐəs kə-tʃhɛ	他俩去

（二）分析式为主型

这一类型形态贫乏，主要靠分析式（虚词、语序、重叠等）表示动词的语言意义。属于这一类型的有彝缅语支。人称、数、使动、趋向、时、体等都用分析手段表示。如哈尼语：

ŋa^{55} xo^{31} dza^{31} a^{55}. 我吃饭了。
我　饭　吃　了

ŋa^{55}ja^{33} xo^{31} dza^{31} a^{55}. 我们吃饭了。
我们　饭　吃　了

no⁵⁵ xo³¹ dza³¹ a⁵⁵. 你吃饭了。

你　饭　吃　了

no⁵⁵ja³³ xo³¹ dza³¹ a⁵⁵. 你们吃饭了。

你们　　饭　吃　了

a³¹jo³¹ xo³¹ dza³¹ a⁵⁵. 他吃饭了。

他　　饭　吃　了

a³¹jo³³maʔ³¹ xo³¹ dza³¹ a⁵⁵. 他们吃饭了。

他们　　　饭　吃　了

(三) 居中型

这一类型的主要特点是分析型，但有显著的形态。属于这一类型的有景颇语、独龙语。人称、数、使动都还保持一些形态。也有用分析手段表示的。例如：

ŋai³³ ʃat³¹ ʃa⁵⁵ să³³ŋai³³. 我吃饭了。

我　饭　吃　了（第一人称单数）

an⁵⁵the³³ ʃat³¹ ʃa⁵⁵ să⁵⁵kaʔ⁵¹ai³³. 我们吃饭了。

我们　　饭　吃　了（第一人称复数）

naŋ³³ ʃat³¹ ʃa⁵⁵ sin³³tai³³. 你吃饭了。

你　饭　吃　了（第二人称单数）

nan⁵⁵the³³ ʃat³¹ ʃa⁵⁵ mă³³sin³³tai³³. 你们吃饭了。

你们　　饭　吃　了（第二人称复数）

ʃi³³ ʃat³¹ ʃa⁵⁵ sai³³. 他吃饭了。

他　饭　吃　了（第三人称单数）。

ʃan⁵⁵the³³ ʃat³¹ ʃa⁵⁵ mă³³sai³³. 他们吃饭了。

他们　　饭　吃　了（第三人称复数）

四、从藏缅语反观汉语

藏缅语与汉语存在亲缘关系，这一认识虽然还未有周密的论证，但都得到汉藏语专家的默认，心照不宣。所以，我们能够用藏缅语的特点、属性及其演变来反观汉语，从对比中提供有助于汉语研究的线索。

（一）从比较中，可以确认汉语的动词属于强分析性的属性。古代藏缅语有丰富的形态，现代藏语有的方言消失了，有的方言还不同程度保持着。藏缅语其他语言的动词，有的也还保持丰富的形态，但有的语言已大部消失。这说明，原始汉藏语曾有过丰富的形态。到了现代汉语，动词的形态大都已消失，就是汉语方言，也找不出多少形态变化来。这是汉语的一个不同于其他亲属语言的特点。

（二）可以设想，古代汉语，应该是甲骨文以前的汉语动词，会有像藏缅语一样的形态变化。后来逐渐向分析型方向转化，形态变化消失殆尽，成为今日强分析型语言。这是历史发展的必然结果。所以，使用分析性眼光来研究汉语是一条符合语言实际的方法，削足适履的做法是不可取的。

（三）汉藏语的分析性特点要求语言学研究中要有一套对付的理论、方法。半个多世纪以来，汉语的研究者已探索了一些有价值的方法，如语义语法、韵律研究法、三个平面研究法等，说明研究汉藏语的学者已感觉到必须要有适合汉语特点的研究方法。这个大方向是对的，值得称赞。

从语言类型视角谈谈怎样认识汉语的特点

—— 青岛大学国际教育学院报告

（2022年7月7日）

一、为什么要谈这个题目

其一，汉语是世界语言中使用人数最多的语言之一。据联合国人口司2016年9月26日发布：世界人口共有72,623,063,42人，中国是世界上人口最多的国家，有1,396,914,787人。世界各国还有不少华人说汉语，还有不少人学习汉语。因此，怎样缩短时间学好汉语，是一个语文教育的重要问题，关系到国家事业的成败，汉语在国际传播的效果。

其二，汉语是一个分析性语言，而且是超分析性语言，是一种学习难度很大的语言。学好、教好汉语，必须对它的特点有贴近事实的认识。汉语的特点究竟是什么，尽管过去有大量的人做过研究，但对他还道不明说不清。

其三，在座的大多是搞第二语言汉语教学研究的。要搞好这一工作，除了了解学习者的母语特点外，还要了解目的语汉语的特点。汉语特点的研究，有大量的题目要做。

其四，汉语与其他非汉语的语言有密切的亲缘关系。研究非汉语必须参考汉语的研究成果和研究方法，从中吸取营养。所以做非汉语研究的，一般都会关注汉语的研究，提倡汉语研究必须与非汉语研究相结合。

2012年，我写了一篇《汉语和非汉语结合研究是深化我国语言研究的必由之路》，刊登在《中国语文》2012年第5期上。文中认为"我国蕴藏有用之不尽、不可替代的语言对比资源；过去80年来的历史过程已显示出汉语研究结合非汉语研究的必要性。"从2002年起我写了十几篇有关汉语和非汉语结合研究的论文。

认识汉语的特点，可以有不同的角度，不同的方法。这里主要讲两个问题：怎样从语言类型的比较上认识汉语的特点；怎样从学习汉语的难点上认识汉语的特点。

二、从语言类型上认识汉语的特点

语言类型可以有不同的分类，这里讲的语言类型是语言形态的类型。语言若从形态特点上区分，传统的分类法是把世界的语言分为分析语、黏着语、屈折语、多式综合语等几种。但又可以把这四种分为两类：一是分析型语言，另一是非分析型语言。

分析型语言在世界语言中占有相当数量，并具有独有的特征。在中国的语言中，分析型语言的数量多于非分析型语言。根据《中国的语言》一书的语料统计，在所收录的128种语言中，分析型语言有89种，占语言总数的69.5%，非分析型语言有39种，占语言总数的30.5%。分析型语言中包括汉藏语75种，南亚语9个，混合语5种；非分析型语言包括阿尔泰语22种，南岛语16中，印欧语1种。[①] 我认为，汉语是分析型语言中属于分析性最强的"超分析性语言"。

以往研究语言，大多是根据世界语言的共性和个性来认识语言，不太讲究针对语言类型采取不同的研究方法。这就出现一个不足：即语言中带有类型学的一些特点不易被发觉，未能从语言类型上去发觉具体语言的特

---

① 孙宏开等主编：《中国的语言》，北京：商务印书馆，2007年。

点。虽然，语言学家们也不同程度地注意到所研究的语言的特点，如研究汉语的，注意汉语的分析性特点，研究阿尔泰语系语言的，注意黏着语的特点，但并未能自觉地、系统地使用语言类型眼光去分析汉语和汉藏语。

我们在做汉语和汉藏语非汉语的研究过程中逐渐体会到，要揭示汉藏语的特点，包括共时特点和历时特点，需要有分析语的眼光或视角，或者说要有分析语的研究方法。若能注意到语言类型的特点，就更有针对性，就能发现一些使用一般性语言研究方法所不能看到的新现象，也就能够揭示语言的深层特点。

举例来说，四音格词（又称"四音格连绵词"）的研究曾使汉藏语语言学家对它有了极大兴趣，认识到是第二语言教学中的一个难点。人们从构词、语音结构、句法特征等诸方面对四音格词的特征进行了大量的微观分析，发现了它不同于各种词类或词组的特征。但是，如果能够再从类型学的视角进一步分析研究，就会发现分析型语言的类型模式是大量产生四音格词的土壤或条件，就能发掘更多的四音格词的特点。四音格词大量出现在具有分析型特点的汉藏语、南亚语里，具有普遍性，不是无根据的，而在形态发达的阿尔泰语、印欧语里则少见。为什么？因为分析型语言是以单音节为主的语言，词根多是单音节的，而单音节性语言讲究双声叠韵、音节成双的韵律和谐，容易生成四音格词。这一角度的观察，使我们对四音格词的生成条件有了新的认识。[1]

分析型语言的特征主要有：1.缺少形态。所谓"缺少"，是指形态变化在语法手段中虽然都有一些，但所占比例较小，不同语言的形态也多少不一。2.单音节词根所占比例大，双音节词多由两个单音节词根构成。双音节、四音节词是对单音节的补充。3.语序比较固定，不能随意调换。如：主语在谓语之前，补语在述语之后，宾语有的在动词之前，有的在动词之后等。少量可以调换语序的要依靠助词的帮助，还要有一定的条件。

---

[1] 参看戴庆厦、孙艳：《景颇语四音格词产生的机制及其类型学特征》，载《中国语文》2005年第5期。

这些特征是我们在研究汉语及其他分析型语言时必须把握的。在分析型语言的内部，分析性及其特点的强弱还存在不同的层次。对待汉语，要有分析型的理念，要有对分析型语言的敏锐性。

汉语是分析性最强的语言。为什么说汉语是"超"分析性语言呢？其"超"字的表现在哪些方面呢？为了说明问题，我拿同属分析语但分析性较弱的景颇语与之比较。

1. 从词的音节多少看，汉语是单音节性强，即词的表达大多用单音节单纯词，或用单音节词构成的复合词。我拿斯瓦迪士的200个基本词表将汉语和景颇语做了比较，统计出音节多少的异同是：

	单音节	双音节	一个半音节	单双音节变读	三音节
汉语	188	12	—	—	—
景颇语	76	41	49	33	1

2. 从义项的扩大能力看，汉语义项扩大能力特强，景颇语特弱。如："爱"：汉语的"爱"除了主要表达"有深感情（爱祖国）"外，还有"喜欢（爱看电影）、容易（铁爱生锈）、爱护（爱公物）"等义项。而景颇语与汉语"爱（有深感情）"对应的是 tsŏ⁵⁵ 或 tsŏ⁵⁵ʒa⁷³¹，如"爱祖国"说成 tʃi³³woi³³muŋ⁵⁵tan³³（祖国）pheʔ⁵⁵（宾助）tsŏ⁵⁵ʒa⁷³¹（爱）。汉语"爱"的其他义项，景颇语或用别的词表达，或无表达法。如：爱看电影，用 tat⁵⁵ʃin³³（电影）ju³³（看）mă³¹ju³³（想）"想看电影"表达。

3. 从词类的兼用能力看，汉语词类的兼用能力大大强于景颇语。

词类的兼用上，汉语的名词、代词、动词、形容词、数词、量词、副词、介词、连词、助词等词类，都有兼用能力。而景颇语的词类中，实词中的代词、数词、副词、连词、语气词等，不能与其他词类兼用。汉语名词的活用能力还在不断增多。如"很阳光""很明星""最黄金的时代""开幕式表演很中国，而闭幕式却很世界""今天我也阿Q了一把"等名词的活用用法，已在口语出现，并有不断增多的趋势。这已成为汉语的一种能产的活用格式。汉语有实词和虚词兼类的，如：对（动词兼用介词：

刀对刀、对他好），把（动词兼用介词：把脉、把他批评了）。而景颇语的实词都不能兼用虚词。

4. 从韵律的强弱看，汉语的韵律比景颇语强。在并列复合结构的语素组合上，汉语和景颇语都依靠韵律，但有不同的手段。汉语靠声调变换规则组合。大多是平声在前，仄声在后，如"男女、手脚、天地、牛马"等。而景颇语靠元音和谐规则组合，元音舌位高的在前，低的在后。如：nu^{51}（母）wa^{51}（父）"父母"，num^{33}（女）la^{33}（男）"男女"。但在句法中，汉语双音节化的现象比景颇语出现得多。如：可以说"植树、种植树木"，而不能说"*种植树""*植树木"。说"掌声有请"，不说"*掌声请"。

5. 从歧义的多少看，汉语由于超分析性的特点，使得它的歧义现象比景颇语多。多年来学术界讨论歧义的经典句子"鸡不吃了"，有"我不吃鸡了"和"鸡不吃（食）了"两种意义，汉语这一公认的歧义句在景颇语里不歧义。这是因为汉语没有主语和宾语的标记，光靠语序不能确定居于句首的是主语还是宾语；而景颇语不存在这类歧义，因为景颇语主语和宾语的确认，有句尾词和结构助词标记的帮助。

总之，分析型或非分析型是语言的核心特点，能影响、控制该语言结构的方方面面，如同人的血型一样。所以可以说，抓住分析性强弱的特征，是认识具体语言特征的一把钥匙。认识汉语的特点，必须抓住分析性这一根本性的特点。

汉语表达功能的最大特点是，用最经济的音节表达无限的内容。汉语因为缺少形态，所以要表达丰富的内容就必须在分析型系统上找出路，尽可能地发掘采用适合自己语言特点的表达手段，以弥补分析型表意功能的不足。

三、几点建议

1. 要深入研究汉语的特点

大学的学科建设是大学建设的生命线。我在学校曾经主持过语言文学学科的建设工作。深深体会到学校工作要狠抓科研。科研好一点，教学也会好一点。要花力气备课，教好书，但也要抽出时间做科研。"磨刀不误砍柴工"。

大家是否注意到，现在国内外越来越多的人注意研究汉语的特点。去年国家语委语言项目申报指南中就列有"汉语特点研究"的专项。主要内容有：在以往研究的基础上，从汉语总体层面着眼，突破以往对语音、词汇、语法各个组成部分各自概括特点的局限，向更深层次探索汉语自身的构造特征；在与其他语言的比较中，摆脱套用外语结构模式认知思路的束缚，通过对汉语特点的研究，既能回答汉语整体上的问题，又能涵盖和解释各组成部分的现象。这是个好消息，大家可以申报。

2. 要充分利用自己身边的资源搞好教学科研

大学语文老师每天都与说各种语言或方言的教学对象打交道，他们的语言学习中都有自己母语的干扰，而且有规律，对语言研究是宝贵的资源。所以，要充分利用自己身边的资源，搞好教学科研。

对于从事第二语言教学研究的教师来说，要培养捕捉语言现象的敏锐性和准确性。在平时的教学实践活动中，要善于发现、勤于积累，研究、总结随时发现的问题。语言现象是否捕捉得准，是检验语言教学水平高低的一个试金石。

3. 要多写些论文

语文教师必须多写些论文。写作使人精确，使人勤奋，使人有毅力。写论文会有挫折，也会有失败。要强迫自己写，写着写着就体会到乐趣。

参考文献

[1]成燕燕:《哈萨克族汉语补语习得研究》,北京:民族出版社,2003年。

[2]戴庆厦、关辛秋:《第二语言习得中的语法"空缺"》,《语言教学与研究》2002年第5期。

[3]戴庆厦:《汉语与少数民族语言语法比较》,北京:民族出版社,2006年。

[4]闻静:《从藏缅语定语助词的演变反观汉语》,《汉语学习》2012年第4期。

[5]赵金铭:《汉语研究与对外汉语教学》,北京:语文出版社,1997年。

"语言田野调查交流"报告

（2022年8月22日 湖南大学）

鲁曼老师、各位研究生：

听说你们马上就要去做田野调查了，为你们高兴。鲁老师要我与大家交流一次田野调查的做法、经验，我与鲁老师是老朋友，盛情难却。下面我先谈一些，留一半时间请大家提问题交流。

一、语言田野调查是必须学会的一种语言调查研究方法

一谈起田野调查，我总会不由自主地感到兴奋，这是长期养成的一种职业习惯。一到语言第一线，我就有特别的激情，见到语言现场多彩的情景、新鲜的语言环境、亲切友善的老乡面孔，我都会有一种特殊的享受。每次田野调查回来后都有新的成果，对自己的事业会有新的认识，还会结交一些新的朋友。这些，都是课堂上得不到的。我和自己的同事、研究生们都有这种体会。

我的许多有新意、有价值的成果都是在田野调查中获得的。如：松紧元音研究、嘎卓语的语言系属、景颇语的支系语言、语言影响与语言适应等。另外，在通海彝语调查中，其音系的确定（清浊声母是否对立，有的年轻人不对立），是到村寨广泛调查后才定下的。

田野调查是最出活、最出成果的时候。田野调查最专心，能集中思考

一两个问题，印象深刻。我认为，田野调查还能改变人的理念、世界观，对如何待人处事都会有帮助。

所以，做语言学的研究生，如果能有机会参加一两次田野调查，是难得的，是一生中值得回忆的事。研究生必须学会做好一个点、一个专题、一个个案的田野调查。

二、语言田野调查有不同类型

由于田野调查有不同的任务，所以必然存在不同的类型，而不同的类型在方法上、时间上都会存在一些差异。类型主要有：

1. 在内容上存在语言结构调查与语言功能调查两大类。语言结构调查包括语音、语法、词汇等方面的内容，这方面不用多说。语言功能调查包括母语的语言活力、使用情况、不同代际差异、兼用语的状况、兼用语的语言能力、母语和兼用语的互补和竞争等。

2. 在内容大小上存在专题调查和综合调查两大类。专题调查题小，如动词的体范畴调查、形容词的级范畴、虚词的描写、结构助词的描写等。但专题调查要在深入上下功夫，寻找突破口。综合调查题目大，如某个语言的概况、某个语族的某种语法范畴等，做好综合调查要有个好框架。

3. 在任务完成上存在了断调查和阶段调查两大类。了断调查指调查课题必须在这次调查中全部完成；阶段调查指课题在这次调查中只能完成一部分，有待下一次调查完成。范围不同，要求、方法也不同。

三、下去前的准备工作

1. 设计调查计划

田野调查出发前要有一个明确的、可行的计划，包括完成什么任务，怎么完成等。根据我的经验，规定的任务在调查中是必须完成的；但子项目和具体实施方案可以根据具体情况做修改。因为未到调查点的想法往往不会很切合实际，所以修改是必要的。

2. 已有文献的汇集

出发前将与本课题有关的研究成果都汇集好，带上使用。

调查表格要印好带去。（因为有的村寨没条件印）

3. 出发前的培训

主要培训内容有：

（1）统一认识。成员掌握调查要完成什么任务和使用的调查方法。

（2）了解前人在这一课题上有哪些成果。

（3）学会记音，分析语料。

（4）明确分工，包干完成。

四、怎样记录语料

获取的语料包括两方面：

一是专题研究需要的句子。可以用对译法让发音人一句一句地读出，说完一句就逐词注解。注解中实词容易，虚词困难些。若遇到译不出的，先留着，千万不要删去，更有价值的可能就是这些注不出的。二是篇章语料或话语语料。可以让发音人完整地说一段，然后再逐词逐句地注解。

语料的注解，总的看来分析性强的语言相对好注些；形态丰富的语言注解起来难度大些，因为语法成分、虚化成分不好注。

注解有两种符号：一是汉字注释，二是莱比锡注释。我主张用汉字注释，容易看。外语界多习惯用莱比锡式。

懂这种语言的，可以从日常会话中发现有用的语料，若不会这种语言只能使用翻译法。

记音的关键是准确记音，否则语料就成了废料。其次，记音时要善于发现语料中蕴含的语言学问题。新的语料，往往会出现在超出原定的设想，是计划中所没有的。

进入现场，要做有心人，要有强烈的获取新语料的愿望。带着问题下去，但不受问题限制，有价值的问题往往是计划中所没有的。

五、怎样整理语料

1. 整理材料是很有含金量的活动。从整理材料中，能够发现新现象、新规律，能发现天外有天。

2. 每天记录的语料都要当日整理完。整理中不能随意修改，即使发现是记录错误的，也要与发音人见面核对后再改。整理材料不过夜是个原则。过了夜，有的就想不起来了。

3. 没把握的、存在问题的都要注明，过后就想不起来了。

六、善于与发音人合作

1. 这是田野调查中必须时时注意的一个问题。只有与发音人处好关系，才有可能完成调查任务。

2. 要尊重发音人。要认识到发音人是老师，他虽然没有学过语言学，但对自己的母语是熟练的，有语感。所以一定要满腔热情地与他们相处，建立珍贵的友情，交好朋友。

3. 要善于听取发音人的意见，不能固执己见。让发音人区分语音或语法是相同或不同时，要说明为什么。学会提问，让发音人理解你要的是什么。

4. 避免急躁。当发音人没理解你的意思时，必须和缓地再作解释。绝不可有埋怨、不耐烦的表现。我过去带研究生做克伦语调查，就出现过这种现象。

5. 在调查中与发音人交成好朋友。记下联系地址，以后继续保持联系。

6. 若遇到不合适的发音人需要调换时，要妥善运作，不要伤感情。我们在调查西摩洛语时，当时选择了一位50岁左右的老支书做发音人，试了一天大家都觉得他虽然非常热情，肯于认真提供语料，但存在答非所问的情况，总是大段大段地说我们不需要的。所以在分发音人时，几位研究生都不肯要。为了处理好关系，只好分给我调查。

7. 能用当地话交流的最好。

七、几个必须注意的事项

1. 下去的时间要避开农忙。因为农忙找不到发音人。
2. 要给报酬，给多少一开始就说好。若遇到不肯要的，要送点礼物。
3. 要拍照。调查照片是珍贵的田野调查成果。包括：工作照，生活照，文物照，村寨照，房屋照，发音人照，全家照。要记得发给他们做留念（说话算数）。
4. 拍照的事，往往是开始忙于调查，好的镜头失去了，结束后就失去机会。

我就讲这些，不知对你们有没有用，仅供参考。下面有什么问题也可以提出来！

论新时代中国跨境语言资源保护的重要意义
——"首届中国少数民族语言资源保护学术讨论会"报告
（2022年9月23日 中央民族大学）

中央民族大学主持召开的"首届中国少数民族语言资源保护学术讨论会"，是一次对保护中国语言资源具有重要意义的会议，也是适应形势发展的一次重要活动。我就会议主题之一的"跨境民族语言保护与民族语言文化保护传承"发表一些认识，与大家交流。讲三个问题。

一、跨境语言资源保护的共性和个性[①]

"语言资源保护"是我国进入新时代在语言工作中的一项重要工程，旨在保护各种语言的生存和发展，使语言资源更好地为中华民族伟大复兴服务。跨境语言资源的保护，是中华民族共同体凝聚力的保护，各民族感情和谐的保护，还是国力发展的保护，文化的保护。由于我国跨境语言情况多样、复杂，语言保护必然存在不同的类型、不同的手段。区分不同的语言特点，对号入座，是科学地做好语言资源保护的一个必要的原则。

跨境语言是由于国界线隔离而产生的一种语言变体。中国的跨境语言

---

① "跨境语言"是指分布在不同国境（主要是相接壤的国家）中的同一语言。下同。

大约有30多种，存在不同的类型。在使用人口上，有的是境内使用人口比境外的多，如壮语、藏语、维吾尔语、拉祜语等，有的是境外使用人口比境内的多，如傣（泰）语、哈萨克语、朝鲜语、赫哲语等；在语言差异上，有的差别小，如朝鲜语、景颇语等，有的差别大，如傣（泰）语、优勉瑶语等；在功能上，有的是国语或官方语言，如泰国的泰语，朝鲜的朝鲜语，有的是少数民族语言，如缅甸的拉祜语、哈尼语、优勉瑶语、老挝德昂语等。

跨境语言的发展、规范都受本国制度、本国国情的制约。这是共性。但由于不同国家制度不同、国情不同，制约的性质、方式不同。这是个性。如：在语言地位上，我国的跨境语言在民族平等的方针制约下，享有语言平等、自由使用自己语言文字的权利，得到健康的发展；而在民族不平等的跨境国家里，少数民族语言受到歧视，不能自由使用，得不到健康的发展。又如：在语言兼用上，少数民族语言都是兼用自己国家主体民族的语言；在语言影响上，主要受主体民族语言的影响。这是共性，但兼用和影响的特点存在差异。

所以，要科学地认识跨境语言资源的特点，必须认识其共性和个性。特别是要精确地把握好个性，才有可能针对实际特点制定对路的政策。

二、跨境语言资源保护的特殊价值

跨境语言由于地处边疆，与国外民族在历史和现状上都有着密切的联系，所以两侧民族、语言必然相互影响。这与内地的民族、语言不同，有其特殊性。先举几个实例来看。

例一：跨境景颇语

我国景颇族是个人口较少的跨境民族，只有14万余人，分布在西南边疆长达503千米的边境上。在国外，主要分布在缅甸，约有150万人，是缅甸除缅族外的一个人口较多的少数民族。在印度阿萨姆地区，还有6

万余人。此外，在美国、英国、日本、澳大利亚等国，还有一些景颇族侨民。长期以来，中缅景颇族交往十分密切。20世纪50年代，我曾多次到景颇族山寨调查学习景颇语，那时正是中华人民共和国成立初期，边疆地区贫穷落后，在经济、教育、生活等方面都比不上缅甸景颇族。所以许多人认为缅甸比中国好。但后来，我国日益向上，社会、经济各方面都有巨大发展，群众的生活水平不断提高，整个面貌发生了根本的变化。拿我曾生活过半年的瑞丽县（瑞丽市）来说，初到的1953年，全县连条柏油马路都没有，也无楼房酒店、百货商店，如今已建成一座现代化城市，高楼林立，汽车四通八达，还有四星级酒店。而境外缅甸地区，进步不大，远远落后于我们。2018年，我参加了在瑞丽市召开的、由各国景颇族参加的"世界景颇族发展大会"，我与来自缅甸、印度、英国、日本等国的景颇族亲切交谈，他们都发自内心地羡慕中国发展得快，景颇族过上了好日子。他们看到中国出版的《景汉辞典》《汉景辞典》《景颇族创世记》《团结报（景颇文）》等，特别兴奋，称赞景颇语文的自由使用受到中国政府的保护。夜晚，外宾们穿上景颇族服装在民族广场参加了景颇族的大型狂欢舞——目瑙纵歌舞，兴致勃勃地与大家一起欢舞到深夜，简直高兴得不得了。在会上，他们发自内心地不断称赞中国的巨大进步和变化。景颇族朵示拥汤教授在会上作了题为《景颇族的根在中国》的报告，他使用大量的史料、口传语料、人文比较材料，论述了景颇族的祖先发源于中国西北高原的Majoi shingle bum（木拽星拉山），后南迁至中国及东南亚各地。他的报告受到与会景颇族代表的赞同。这一史实，使得境外的景颇族与中国更近了。以上说明，跨境民族的和谐对边疆的稳定、安全具有重要的作用，是非跨境民族所不能完全代替的。

例二：跨境优勉瑶语

优勉瑶族在我国主要分布在广西，又称"过山瑶"，是瑶族的一大支系。泰国的优勉瑶族是1819年从中国广西迁去的，人口有四万五千余人。

2012年1月10日至2012年2月20日，由中央民族大学、北京语言大学、北京华文学院、云南民族大学、广西民族大学、清莱皇家大学的教师组成的"泰国优勉瑶族及其语言调查"课题组,到达泰国瑶(优勉)族地区进行了实地考察。考察中发现,200年来,泰国的优勉瑶族形成以下四个制约自己行为的理念:

一是民族理念。认为他们有自己的来源、传统文化、宗教习俗,无论迁徙到什么地方,都还是优勉瑶族。

二是祖籍理念。认为他们的祖先来自中国,历史上与汉族、汉文化有过密切关系,中华文化深深地刻在他们的记忆中,并一代一代地传下来。他们非常喜欢学习汉语,一些家庭还珍藏了他们祖先在中国时留下的汉文文献。

三是祖国信念。认为他们的祖国是泰国,必须热爱自己的祖国,希望自己的祖国日益发展、繁荣。

四是现代化理念。认为优勉瑶族要摆脱过去遗留的落后状态,必须进行现代化建设。

我们课题组在优勉瑶族的村寨、学校调查、访问,村寨的男女老少一听说是来自中国的朋友,都以亲人对待,尽心为我们提供情况,甚至把优勉土司世家珍藏的《评皇卷牒》拿出来给我们看,还让我们拍照。他们告诉我们,这件文物,是只有泰国国王、外国领导人来时才会拿出来的。

跨境语言资源保护的特殊价值在于:它对边防地区的稳定、发展具有不可替代的重要作用;是境外了解中国最直接的窗口。

三、新时代做好跨境语言资源保护的几个着力点

从2007年起,我们中央民族大学"985"工程适应国家的需要建立了"跨境语言研究"项目。连续10多年来,做了近10项跨境语言项目,出版了12部跨境语言研究专著。在多次跨国的第一线调查中,我们对新时代如何做好跨境语言资源保护有了一些体会。下面谈几点与大家交流。

(一）跨境语言资源保护必须有助于铸牢中华民族共同体意识

铸牢中华民族共同体意识是新时代的重要任务。我们做跨境语言资源保护工程，不仅是为了我国跨境语言资源的保护，而且还有助于跨境两国的传统文化的保护。中华民族共同体的不断巩固和发展，同样强烈地波及邻国的民族及语言，特别是源于中国的人群，很容易理解铸牢中华民族共同体意识的必要性。

（二）要把积累跨境语言的语言事实放在跨境语言调查的重要地位

跨境语言资源保护主要有三个工作要做：一是语料的记录、录制；二是对跨境语言资源保护的理论认识，包括为什么要保护、怎么保护等；三是具体点的实施，包括通过哪些具体措施保护跨境语言。三项中的第一项是基础工作，重中之重。

由于跨境语言研究是一门新学科，过去研究得很少，缺乏资料积累。因而，要发展这一学科，必须着力做好语言事实的调查、积累，否则理论认识就无法建立起来。我们中央民族大学虽然较早就开展了跨境语言研究，但也只做了部分跨境语言的材料积累，有大量的跨境语言还未涉及。比如，我们曾多次对泰国的跨境语言进行调查，但仍存在许多空白点。泰国有30多个民族，我们与泰国清莱皇家大学多年的合作只调查了哈尼（阿卡）、拉祜、优勉瑶等三种语言。老挝有49种语言，我们与老挝南塔师范学院多年合作只调查了克木语、傣仂语、普内语、西拉语等四种语言。

必须准确地把跨境语言的语料系统地、准确地记录下来，包括语音、语法、词汇、文字以及相关的人文材料。人文材料包括人口分布、社会经济文化特点、宗教信仰、民族关系、历史渊源、通婚状况、语言使用状况、语言活力等。

（三）调查中要换位思考，培养跨境语言特点的敏锐性

由于国家的情况不同，所以不能用对待本国情况的认识去看待他国跨境语言。要用他国的国情认识跨境语言。比如，对如何处理跨境语言的关系必须根据两国的具体情况提出认识。

在研究中，必须区分相邻两国跨境语言和谐友好的主流和矛盾冲突的支流。就一般情况而言，相邻两国的跨境语言既有和谐友好的一面，又有矛盾冲突的一面，但二者的比例、特点会因不同国家、不同时期的国情而不同，还会因社会特点的变化而变化。所以在调查研究中，切忌不看事实主观臆断，而必须在获取具体事实的基础上确定其性质。

（四）"摸着石头过河"，摸索建立适合中国国情的跨境语言资源保护的理论方法

由于各国跨境语言的理念不同、情况不同，所以对待跨境语言资源保护也会存在不同的认识，在方法上也会有差异。我们必须根据中国的国情、中国的目标，摸索建立适合中国国情的跨境语言资源保护的理论方法，要在中国特点上下功夫。当然我们还要借鉴别国的经验。我相信，在中央方针的指引下，凭借我国丰富的跨境语言资源优势，经过广大语文工作者的努力，定能建立具有中国国情的跨境语言资源保护的理论方法。

为国家的战略服务是科学工作者的职责；中央民族大学在语言资源保护中应做出自己的贡献。

参考文献

[1]戴庆厦、陈娥、彭茹等著：《老挝普内语研究》，北京：科学出版社，2018年。

[2]戴庆厦：《论跨境语言的和谐与冲突——以中缅景颇语个案为例》，《语言战略研究》2016年第2期。

[3]戴庆厦、乔翔、邓凤民：《论跨境语言研究的理论与方法》，《云南师范大学学报（哲学社会科学版）》2009年第1期。

[4]戴庆厦主编：《跨境语言研究》，北京：中央民族学院出版社，1993年。

[5]戴庆厦主编：《老挝琅南塔省克木族及其语言》，北京：中国社会科学出版社，2012年。

[6]戴庆厦主编:《泰国清莱拉祜族及其语言使用现状》,北京:中国社会科学出版社,2010年。

[7]戴庆厦主编:《泰国万伟乡阿卡族及其语言使用现状》,北京:中国社会科学出版社,2009年。

[8]戴庆厦主编:《泰国优勉(瑶)族及其语言》,北京:中国社会科学出版社,2013年。

[9]力提甫·托乎提:《哈萨克斯坦维吾尔族及其语言》,北京:中国社会科学出版社,2016年。

[10]余金枝:《中泰跨境苗语对比研究》,北京:中国社会科学出版社,2018年。

中华民族共同体的形成是中国社会发展的大势

——中国民族语文翻译局报告

（2022年12月8日）

中华民族共同体的形成是中国特色的象征，是中国社会发展的大势。我们每个中国人，特别是从事教学科研的人都要从理论和实践的结合上弄清这一理念，并融入自己的人生观和实际工作中。我今天主要通过自己的学习体会，谈谈如何从我国社会发展的大势上、从我国语言的特点上，看中华民族共同体形成的必然性和必要性，与大家共勉。

一、中华民族共同体是中国独具特色的一种重大社会现象

世界上的不同国家，有单一民族的，也有多种民族的。多民族组成的国家，其形成和发展有不同的条件，形成不同的特点，民族关系会有各种不同的性质。中国的社会，包括民族的形成、人口的分布、民族关系的特点、历史的发展等条件，早已形成一个中华民族共同体，并不断延续至今。而许多国家由于存在民族压迫、民族隔阂、分割聚居，或由于民族分布、民族关系等原因，相互间缺乏凝集力，未能形成一个共同体。比如与我国比邻的缅甸，也是个有50多个民族的多民族国家，但未能形成共同体,所以长期以来民族矛盾尖锐,民族战争不断,国家发展滞后,人民痛苦不堪。①

中国是一个多民族统一的国家,又是世界上的一个文明古国。它有自己众多独有并引以为豪的文化特色。如哲学、汉字、中医、京戏等。中华民族共同体是中国重要特色之一,在中国延续了数千年,维护了中国的民族尊严,领土的统一,保证了中国的发展。我们必须格外珍惜中华民族共同体这一特色。

二、中国各民族形成共同体有其必然性

中国各民族能够形成一个共同体不是偶然的,是由中国的社会、地理、人口、文化等具体特点决定的,还有历史的发展路线、民族的特点、文化的传承方式等因素。这里仅从三方面谈谈一些认识

(一)我国自古就是一个由不同民族(部落、族群)组成的国家

中华民族共同体早在远古就已具有雏形。我国新石器时代的文化特征、文化分布,明显反映出不同民族集团的地理分布。早在新石器时代,各民族已有了交往,后来经过不断地交融、分合,增强了经济、文化的共同性,才逐渐形成为一个稳固的、不可分割的共同体。费孝通先生曾对中华民族共同体的形成作了精辟的概括:"它的主流是由许许多多分散孤立存在的民族单位,经过接触、混杂、联结和融合,同时也有分裂和消亡,形成一个你来我去、我来你去、我中有你、你中有我,而又各具个性的多元统一体。"②

(二)我国多民族中,汉族人口最多、分布最广,这是各民族形成一个紧密聚合共同体的必要条件

长期以来,我国汉族人口最多,分布最广。中国的民族分主体民族和

---

① 戴庆厦:《缅甸的民族及其语言》,北京:中国社会科学出版社,2018年。
② 费孝通:《中华民族多元一体格局》,北京:中央民族大学出版社,1989年。

少数民族，这是中国的特色。这种格局，有利于认识民族的共性和个性，有利于国家对少数民族实行特殊的支持政策，有利于中华民族共同体的巩固和发展。这与其他多民族国家不同。中华人民共和国成立后，党和政府一直重视少数民族的特殊性，采取特殊优惠政策帮助少数民族发展，使得民族团结不断加强，共同体不断巩固。

其实，汉族在形成、发展过程中融入了许多少数民族成分才逐渐庞大起来的，汉族中有许多是少数民族成分。汉族的前身华夏族，就是在黄河中游不断吸收别的民族成分发展而成的。在汉族形成的过程中，逐渐出现了一些别的族体，如秦汉时期的匈奴、氐羌、西域各族、百越、武陵蛮、西南蛮、乌桓、鲜卑，等；隋唐时期的突厥、回纥、吐蕃、乌蛮、白蛮、契丹等。这些先民又随历史的发展经过分化、聚合，形成今日的56个民族。[1] 可见，中华民族共同体在漫长的历史中是逐渐形成的，尽管历史上不断有过改朝换代，也有过外敌入侵，也有过非汉族的政权掌握，但共同体形成的大势从未改变过。

（三）近代，中华民族共同体在共同反对西方的侵略中不断巩固

近代，中国不断遭受西方殖民者的欺凌。在国难面前，在内忧外患大敌当前的紧要关头，各民族都能团结在一起，奋起筑成"钢铁长城"反抗外敌，在血肉抗争中巩固了中华民族共同体。如甲午战争、抗日战争等队伍中，都有各民族成分参加，出现了不少可歌可泣的少数民族义士。

三、从民族语言中认识中华民族共同体的认同

中华民族共同体的形成是中国特色的象征，是中国社会发展的必然大势。我们每个中国人，都要从理论和实践的结合上弄清这一理念，并且融到自己的人生观和实际工作中去，为中华民族共同体的巩固和发展助力。

---

[1] 戴庆厦、何俊芳：《多元一体与中国少数民族语言》，《山西大学学报（哲学社会科学版）》2002年第2期。

我是做语言学的教学和研究的。今天，我主要通过自己的工作和学习体会，谈谈如何从我国语言的特点上，看中华民族共同体形成的必然性和必要性，与大家共勉。

语言是民族的重要特征之一，是社会、文化的载体。语言不但能反映各民族的社会、经济、文化等方面的特点，还能反映中华民族共同体的形成和发展。我们能从语言上，包括语言内容、语言结构、语言关系、语言影响、语言兼用等方面，都能认识中华民族共同体的认同。我们做语言工作的，有责任从语言上理出中华民族共同体认同的各种证据，为共同体的理论建设做出贡献。下面，我通过一些具体的实例，论述语言中反映的中华民族共同体的认同。

（一）从历史文献上看认同。在我国长期形成的历史文献中，包括汉文文献、民族文字文献，都有关于我国各民族交流、交融的记载，有待我们深入去挖掘。比如《后汉书卷八十六·西南夷列传第七十六》（范晔，1965）中记载了"白狼王唐菆等慕化归义，作诗三章"，这就是后世称为《白狼歌》的朝廷颂歌，即"远夷乐德歌"。经考证，是一首用藏缅语族白狼语写的诗歌，其中就含有许多汉语借词，如"译、圣、德、危、险、万、荒、服、之、传、汉、怀、匹、臣、仆"等。[①]歌中反映了当时边疆少数民族语言就已吸收了不少汉语语言成分，还反映了边疆少数民族对中央王朝的国家认同和对中华民族共同体的认同。

（二）从不同民族语言对照的辞书看认同。我国历史上很早就出现了一些汉文和少数民族语言对照的辞书。如宋朝时期地方政权西夏乾佑庚戌二十一年（1190年）党项人骨勒茂才编纂的西夏文汉文双语文字典《番汉合时掌中珠》、明清两代编纂的系列《华夷译语》（即多种少数民族语言与汉语对照的大型辞书）和清朝乾隆年间编纂的《五体清文鉴》（满文、蒙古文、维吾尔文、藏文、汉文对照的分类词汇集）等，反映了当时的统

[①] 范晔：《后汉书卷八十六·南蛮西南夷列传第七十六》，北京：中华书局，1965年。

治者和文人已觉察到不同语言的密切关系，提倡互通语言。

（三）从语言影响上看认同。我国各民族语言都是在互相影响、相互交融中发展起来的。特别是少数民族语言，都不同程度地从汉语成分中吸收自己所需要的成分，而且从古至今一直延续下来，从未有过中断。语言之间的交融既有延续性，又有普遍性。有些语言的汉语借词已超过基本词的二分之一，如白语、土家语、朝鲜语等。有些语言的古词难以区分是汉语借词还是本族固有词，只好创造"关系词"一词来表达。"关系词"的出现，当时是为了解决固有词和汉语借词区分不了的困难，但现在看来，这一新概念反映了少数民族语言与汉语之间存在"你中有我，我中有你"的密切关系。

我国民族语中的一些文化词，反映了共同体内不同语言的密切关系，和中华民族共同体的特点。如：人名、地名、亲属称谓名等。有许多民族的人名都实行本族名和汉族名的双名制，汉名的取名还深受汉族文化的影响。少数民族乐意使用汉名，反映了民族关系的亲近。但汉姓中也有来自少数民族的。张联芳（1992）经研究认为，在我国历史上出现过的5000多个姓氏中，约有2000多个姓氏来自兄弟民族，许多兄弟民族也主动地借用了汉字姓氏，如后魏鲜卑拓跋氏改姓元，叱卢氏改姓祝，等等。姓名是含有浓厚的思想感情的，是贴身的一种文化现象，双名制的出现，是共同体意识的反映。

（四）从口传文学上看认同。在口传史诗、谚语、故事里都会保留许多中华民族共同体的认同，能够从中看到共同体认同的情景及演变。我国许多民族都有祖先来自中国北部高原的传说。比如，景颇族有祖先来自墨椎星拉山的传说。他们在为逝者送魂的歌词里，要把逝者的灵魂往北一直送到墨椎星拉山。墨椎星拉山在哪里？中国、缅甸的景颇族都一致认为，墨椎星拉山是在中国的北方，靠近喜马拉雅山。

（五）从兼语现象看认同。根据文献记载，我国很早就出现了双语现象，特别是少数民族兼用汉语。据《三朝北盟会编卷二十》（徐梦莘，上海古籍出版社，1987年）记载，辽代契丹境内不同民族，由于语言不通，相互交际"则各以汉语为证，方能辨之"。还有不少记载不一一列举，都反映出历史上中华民族共同体不同个体间的交往、交流、交融。

各民族兼语的人数、范围随中华民族共同体的不断增强而扩大。一些与汉族密切接触的少数民族，如壮、白、土家等民族，历史上早就有一些熟练掌握汉语文的双语人，一些人在科举中还中了状元、进士。特别是中华人民共和国成立后，由于国家实行了民族平等、语言平等的方针、政策，少数民族从自己的实际需要深深感到兼用国家通用语有利于自己的发展、进步，而国家顺应时势和少数民族的需要为少数民族提供各种条件。所以中华人民共和国成立后，少数民族掌握国家通用语的普及有了大幅度的发展。随着通用语的普及，各民族中都出现了一批受过高等教育的精英人才，并不断在扩大，民族的文化素质都有了大幅度的提高，就连一些人口较少的民族，如鄂伦春族、鄂温克族、赫哲族、独龙族等，都有了自己的大学生、硕士生和博士生。这种变化，除了各少数民族自身奋发图强外，还与中华民族共同体强大的影响力以及少数民族积极掌握汉语文、吸收先进文化有关。

（六）从通用语的形成看认同。中华民族共同体的出现，必然会在中华大地上出现为共同体解决语言交际的通用语。这条"通用语路线"由古到今，一直延续下来，照亮了语言交际的通道。我国从先秦起就有建立全民族共同使用的标准语的需求，出现了"雅言""雅语"的新概念。汉代扬雄所纂《輶轩使者绝代语释别国方言》用了"通语"概念。"雅言""雅语""通语"的出现，反映了汉语不同方言区的人们对汉民族共同标准语的认同，并受到各民族的认同。清末民初学校教育提倡"国语"，中华人民共和国成立后提倡"普通话"，当前称为"国家通用语言文字"，这一新概念的提出，是中华民族共同体新发展的产物，是对我国多民族国家语言关系认识的一次新飞跃。

（七）从优秀文化的交融看认同。在中华民族的文库里，有一大批汉族优秀文化题材用少数民族语言创作的诗歌、戏曲、唱词等，涉及壮族、苗族、藏族、白族、达斡尔族等一大批民族、如《三国孟姜女哭长城演义》《封神演义》《梁山伯与祝英台》《白蛇传》《西厢记》《藏王与汉女》《董永与七仙女》等，是中华民族共同体在文化上的一大奇葩，是各民族长期用来发展文化、教育子孙后代的教科书。它是不同民族长期、密切的文化交流、交融，以及少数民族学习汉族文化的结果。没有共同体的"基因"，没有共同的价值取向和相同的审美观念，就不可能在各民族中扎根发芽，长期流传。[1]

（八）从汉字看认同。汉字是世界上历史最悠久、使用最广的文字之一，在中华民族共同体形成的过程中起了非常重要的、不可替代的作用。汉字是在汉语的基础上创造的，是汉族文化的载体，但后来逐渐扩大到其他民族和邻国中去，成为许多民族创制其文字的汉字式仿照文字，如契丹大字、契丹小字、西夏文、古壮字、古瑶字、水书、古白文、古布依字、古哈尼字、古傈僳字等。在长期的历史发展过程中，汉字不仅记载了汉族悠久的历史文化，而且还不同程度地汇集了各民族的文化，成为中华民族文化的载体。汉字与各民族的密切关系，重要的是中华民族共同体因素强大的吸引力，还有来自文化、人口的力量和汉字本身的适应力。汉字能够适应不同类型的语言，涉及方方面面，其魅力还有待进一步认识。

总之，中华民族共同体在语言上的表现是多方面的，但主要有普遍性、延续性、主次性等三性。这不同于一般的语言接触、语言影响，是中华民族共同体背景下的语言关系。

但怎样从语言上研究中华民族共同体认同则存在方法论问题，需要有方法论的支撑。这是另外一个需要深入研究的课题。这里提几点与大家交流。

1. 要有系统论的视角。善于从不同方面，发现铸成中华民族共同体

---

[1] 见梁庭望主编《汉族题材少数民族叙事诗译注·壮族卷》，北京：民族出版社，2009年。

的语言元素。如：现实的，历史的；口传的，文献的；显性的，隐性的；等等。

  2.要处理好语言现实和语言历史的关系。现实的特点，能够得到历史的解释；而历史的现象，会在后来的发展中有所反映。

  3.要从相关领域如民族学、地理学、社会学、文献学、历史学、文学艺术、教育学等发掘中华民族共同体意识的反映。

  总之，巩固和发展中华民族共同体是我们每个人的神圣职责。从语言上论证中华民族共同体的认同大有可为。希望大家各自发挥自己的长处，为巩固和发展中华民族共同体的理论建设添砖加瓦！

必须加强彝缅语类型特点的研究——兼论彝缅语的类型属性

——第七届"国际彝缅语言暨语言学"报告

（2022年12月17日 北京）

半个多世纪以来，彝缅语的研究有了巨大的进展。从过去只知道少量的特点到认识了比较系统的特点；从孤立地了解一个语言的特点到认识到不同语言的关系；从一般性的分析描写到有深度、有方法论支撑的深度研究。在藏缅语研究中，彝缅语研究的范围比较广，队伍较大。在彝缅语的研究中，出现了一些令人耀眼的成果。如：Matisoff James 的《拉祜语语法》（加利福尼亚出版社，1982）、马海木呷主编的《彝语大辞典》（四川民族出版社，2015），David Bradley 的《彝语支源流》（四川民族出版社，1992），汪大年的《缅语方言研究》（北京大学出版社，2018）。还系统出版了反映彝缅语各种语言主要特点的《语言简志》。

彝缅语在藏缅语中是属于分析性较强的一支语言，这一特点使它在许多特点上区别于其他语言。我们可以从语言类型上进一步研究彝缅语，能够扩大、加深对彝缅语特点的认识。但我们看到，在过去的研究中，这一视角的研究还不够，有的研究即便描述了其分析型特点，但大多是不自觉的，非理性的。

有鉴于此，本文根据彝缅语研究的现状，运用语言类型学的眼光，选取虚词、韵律、构词三个方面研究中出现的问题，谈谈如何加强彝缅语的研究。我虽然做过彝缅语一些语言的研究，但不是主攻方向，在语感上、研究深度上都不够，所以下面谈的一些认识仅供参考，求教于同行专家。

一、彝缅语虚词特点研究

藏缅语研究的成果已经证明，虚词是分析型语言的重要特点。在藏缅语亲属语言比较中能够看到，分析性越强的语言，虚词越发达，如彝缅语支各语言；而形态发达的语言。如嘉绒语、羌语、道孚语等，虚词相对不发达。景颇语的类型特点在藏缅语中居中，所以虚词的特点也居于二者之间。虚词的状态如何，还影响其他的特点，制约整个语法系统的演变，所以，认识好虚词的特点，解释它与其他成分的关系，等于完成语法研究的大半。

彝缅语的虚词在藏缅语里属于最发达的一支。其构成主要有三类：一是语气词，位居句尾主要表示句子的语气；二是结构助词；在短语结构中表示句法结构的关系；三是情态助词，用在谓语后表示谓语的情态意义，有表示体、貌等意义。

彝缅语虚词的研究，对各种语言过去都不同程度地做了许多研究。有的语言还出版过专题研究的专著。如：胡素华的《彝语结构助词》（民族出版社，2002）对凉山彝语的结构助词进行较系统深入的研究。但就不同语言的研究情况看来，还不全面、深入。比如，每种语言的语气助词究竟有多少，有哪些类别，都还心里没底。至于虚词产生、发展的动因还未有人深入揭示过。我们要学习汉语的虚词研究，有的学者把汉语的语气助词做了精细的、穷尽的分析，发现了许多过去没有发现的现象。语言研究往往只有进入精细穷尽的分析，才能见到其本质特征，否则对其认识只能停留在片面上。如果能够基本掌握语气助词的范围及其类别，对其属性就会得到较好的认识。

藏缅语有些语言如景颇语，语气词除了表示语气外还能表示主语、宾语的人称、数、方向，有的还能表示谓语的体貌，如景颇语、独龙语等。这些特征在彝缅语里已普遍消失，但在有的语言里还留有残余，如载瓦语的语气词有个别还有表人称的功能。此外，语气词的功能是否在不同语言里存在不同的层次，其强制性如何，还需要通过语言比较才能揭示。

结构助词在彝缅语里很重要，但其分布情况如何，存在哪些差异，有待深入研究。如：表示"的"的结构助词，各语言的分布如何，是一分的，还是二分、三分的。为什么会存在数量多少的差异，演变是由多变少，还是由少变多，制约其变化的因素是什么。彝缅语的结构助词是否有共同来源，可以通过词源比较判断。当前存在的一个重要不足是，各语言描写的数量不足，难以进行科学的描写和分类。

话题助词是彝缅语要着重加强研究的一个问题，其研究比其他两类更弱。彝缅语的话题助词在各语言里的状态如何，使用频率如何；其功能如何，是否具有多功能性，不同功能之间存在什么联系，这是研究话题助词必须解决别的主要问题。能否认为使用话题助词是彝缅语的一个特点，但各语言发展不平衡。彝缅语的话题助词有无共同来源，可以通过词源比较解决。还有一个值得研究的重要问题是，彝缅语话题结构和主谓结构的关系应如何认识，是叠合关系，还是两套不同的系统，还是话题优先等。把话题结构看成语用系统、把主谓结构看成语法系统是否可行。

二、彝缅语韵律特点研究

韵律，是分析型语言的一个重要特点，甚至可以看成语言的一个形态特点。彝缅语词的构成、短语的组合，要讲究韵律，韵律还是区别词类的一种标记。过去研究彝缅语，虽然也描写了某些韵律特征，但研究得不深，而且未能从语言类型的角度进行研究。彝缅语韵律研究还有很大的空间，今后需要多加强。

据已有的研究成果，彝缅语的韵律包括音节数、双声、叠韵、谐韵、调配、舌位和谐、重叠等，但不同语言有同有异，各有特点，需要做深入的研究。

音节数韵律是彝缅语普遍存在的。彝缅语的不同词类、不同结构都有音节数标记，而且不同语言的音节数分布还存在差异，但有规律可循。比如：各语言的动词、数词、量词都以单音节为多，而名词则以双音节为多，就是说音节数在不同词类中有不同的反映。而且在构词结构、短语结构搭配、句法结构组成等方面还存在双音节化趋向。我感到，我们对彝缅语音节数的功能、形式、作用等还认识得很肤浅，应该还有一些特征未被揭示出来。

双声、叠韵、谐韵在彝缅语里主要出现在四音格词上。彝缅语四字格词大量出现，是个普遍的特征。怎样认识其属性？我认为，这是由彝缅语强分析性的特点决定的，还与双音节化的韵律基因有关。四音格词集音节韵律、双声、叠韵、谐韵于一身，是分析型语言特点的集中表现。对四音格词的研究，各语言发展不平衡，其中拉祜语、彝语的四音格词研究得比较深入，如刘劲荣的《拉祜语四音格词研究》（民族出版社，2009）做了深入的系统分析，材料丰富。但许多语言还未见有深入研究的专著，或只停留在一般的研究上。这种不平衡性，影响了跨语言的比较，使得还未能认识整个语支四音格词的特点。

元音舌位高低的和谐，在彝语支语言里只出现在并列结构上。其形式是舌位高的居前，舌位低的居后，是相异的和谐。但在彝语支语言里，这种和谐只出现在部分并列结构中，另一部分是按语义安排先后的。二者的比例，不同语言不同，但至今尚未见到具体的数字印证。

三、彝缅语的构词特点研究

彝缅语的构词研究相对于词法、句法的研究还比较薄弱，多少年来停滞不前。过去的研究，多停留在形式和语义的粗略分析上，尚未见到从语言类型上揭示构词法的特点及演变。

用语言类型眼光，能够发现藏缅语由于属于分析型，构词法中普遍是复合法构词占绝对优势，而派生法构词则少。最近，我在研究景颇语的构词法，对构词小类的比例做了统计，得出复合构词的比重大大超过派生构词。数据是：在2133个常用词中，单纯词有1371个，占总数的64.28%。单纯词之如此丰富，与景颇语虽属分析型语言但分析性不及汉语、彝缅语那么强有关。除了单纯词外，合成词有762个，其中复合词有608个，占总数的79.8%，而派生词只有154个，仅占总数的20.2%。合成词的数量比派生词多三倍，这个比例也是受景颇语的类型特点制约的。景颇语属于分析型语言，形态不丰富，必然是复合词多而派生词少。最近，我的几个博士生分别做了彝缅语构词小类的统计，结论也是复合构词的比例大大超过派生构词，而且超过量大于景颇语。这是因为彝缅语的分析性大于景颇语。许怡统计了纳西语的735个合成词，其中复合词有716个，占总数的97.41%，而派生词只有19个，仅占总数的2.59%。复合词丰富，派生词极少，这是纳西语分析性较强的体现。所以我认为，构词法的特点紧紧受语言类型的制约，运用语言类型学的视角，有助于彝缅语构词法的研究。分析型语言中由于分析性强弱的不同，构词特点也会存在差异，复合构词和派生构词的比例也会出现差别。一般是分析特征越强，复合构词越发达（如纳西语、彝语、哈尼语等）；形态特征越强，派生构词越发达（如嘉绒语、普米语、羌语等）。贵琼语、景颇语中的一些单纯词，在纳西语中是复合词。

彝缅语乃至藏缅语的复合词中有一些是一个音节有意义，一个音节没有意义，或只有模糊的意义。如：这是客观存在，要给它一个地位。但首要是要认识它是什么复合词。

彝缅语的双音节词的前一音节普遍有a音节，a音节的属性是什么，功能是什么，需要做定性研究。过去，许多人把它视为前缀，现在看来不甚准确。诚然，a音节在彝缅语一部分词里具有前缀功能，是词类的标记，如亲属称谓词、动物词、植物名词等，但它还有双音节化功能，起构词的配音作用。还有一些a音节与后一音节结合很紧构成单纯词，不是前缀。怎样给a音节定性，还需要研究。至于a音节是不是原始汉藏语或原始藏缅语就有的，还是后来出现双音节化韵律而后产生的创新，需要进一步研究。这需要彝缅语有了比较结果再与其他语支比较后才有可能得到进一步的认识。

彝缅语在复合构词中，除了"实词素+实词素"外，还有"实词素+半实半虚词素"的复合词。如：表阴阳性的动物名词，阴阳性词素是"半实半虚词素"，如哈尼语的$xa^{33}ma^{33}$"母鸡"、$xa^{33}phy^{55}$"公鸡"，ma^{33}"母，表阴性"，phy^{55}"公，表阳性"都有点虚化，可视为"半实半虚词素"，许多人还当成是后缀。但当成后缀不甚合适，因它还有实词意义，有的还能当实语素使用，如哈尼语的$a^{31}ma^{33}$"母亲"。诸如以上彝缅语的词素定为前缀或后缀，总觉得有些格格不入，可能是分析型语言特点所致。

四、结语

语言博大精深的特点决定了对它的研究要有多角度、多方法，只要能够揭示出新规律的都可使用。我认为，藏缅语都带有明显的语言类型标记，成为自己的、区别于其他语言的特点，如果能把握好这一特征进行研究，必将有助于发现藏缅语更多的特点，也就是说，运用类型的"眼光"研究藏缅语是有效的。

今天讲的这个题目较大，蜻蜓点水似地点到一些问题，没能做个深入的专题研究。但我主要是想通过这一报告，强调一下重视运用语言类型学眼光研究彝缅语，或许能得到更多的收获。

参考文献

[1]戴庆厦:《戴庆厦自选文集》,北京:中央民族大学出版社,2021年。
[2]戴庆厦:《景颇语参考语法》,北京:中国社会科学出版社,2012年。
[3]戴庆厦:《论景颇语的分析性属性》,《语言学论丛》2020年第2期。

要善于发现语言中有特点的专题——以景颇语研究为例

——"中国民族语言学会第16次全国学术讨论会暨第二届青年论坛"报告

（2023年11月11日 中央民族大学）

各位专家、各位朋友：

"中国民族语言学会第16次全国学术讨论会暨第二届青年论坛"要我做个"治学经验"的报告，我很高兴。先要说明一点：治学之道有共性，但每个人由于治学的条件、背景不同，治学之路也会有所不同，应该根据自己的情况决定适合自己的治学之道。

我从事语言研究已有70年的历史，我大约接触过10多种语言，有景颇语、哈尼语、阿昌语、载瓦语、浪速语、波拉语、勒期语、基诺语、彝语等，还适应社会需要，做过跨境语言、濒危语言。语言国情、语言政策等社会语言学研究。但其中对景颇语做得最多，是我的主业。我早早就锁定以景颇语为主攻方向，把注意力、兴奋点集中在景颇语上。

我今天主要以景颇语研究为例，讲讲我做语言研究如何重视选择有特点专题的体会。分以下两个问题讲：

一、什么是语言中有特点的专题

做语言研究，既要研究该语言的一般特点，也要研究、揭示语言中具有特殊特点的专题。研究中在选题上、用力上，必须处理好二者的关系。

一般特点是指语言的共性特点，即其他语言或亲属语言也有的特点。如汉藏语都有的音节结构特点，名量词、介词、动宾结构、述补结构等的一般特点；而特殊特点是指在其他语言或亲属语言里没有或少有的特点，如汉语的隐性特点、韵律特点，景颇语的宾谓同形结构特点，哈尼语反响量词的特点，勒期语的长短元音特点等。研究者在研究中除了研究一般特点外，还必须用更多的气力去做有特点的题目。二者相比，后者对于语言研究具有更重要的价值，是语言研究深入的需要和表现。

近期我看了一些博士生和青年教师写的论文，其中有些写得很好，有特点，有新意，耳目一新。如有研究某个语言的韵律特点的，有通过方言比较论述语言转型的；但有的则一般化，只分析一般常见的，也能套在其他语言上的特点、规律，没有太多的新意。我对作者说"这样的研究放在书里比如参考语法、语言简志、语言概况里还可以，但要作为论文投杂志就差点"，还说"研究一种语言，要善于发现、揭示语言中不同于其他语言、含有特点的专题。语言研究者要培养这方面的能力。"

每种语言都有其个性。语言研究要善于发现这一语言不同于其他语言的个性特点。

二、景颇语研究中有特点的专题举例

我开始做景颇语研究时，也是模仿汉语和一些已发表的著作选题，分析一些与模仿语言相同或相近的特点。当时，语言研究正处于从无到有的时期，看来还可以。但后来随着学术界研究的深入，以及我自己语言研究的积累，逐渐认识到必须选些景颇语新题即有特点的题目深入地做，后来逐渐形成了这一理念。下面介绍几个专题与大家交流。

例一：景颇语句尾词专题

景颇语有丰富的句尾词，是景颇语的一个非常重要的语法特点，也是藏缅语其他语言所没有的。景颇语的句尾词共有350多个，句法功能是表示句子的人称、数、体、方向等语法范畴。这是个挖不完的富矿，对藏缅语语法研究具有重要价值。我先后发表过四篇论文分析它的特点。

开始时，我只根据收集到的语料做些分类性的描述，发表了《景颇语的句尾词》一文。该文指出：句尾词是一种具有形态变化的虚词（汉语等亲属语言没有形态变化），它用在句尾，表示句子主语、宾语、修饰语的人称、数、体（存在、变化）、语气（一般、强调）、方向（正方向、反方向）等语法意义。以"我（你、他、我们、你们、他们）在吃饭"为例：

ŋai^{33} ʃat^{31} ʃa^{55} ŋa^{31} n^{33}ŋai^{33}.
我　饭　吃　在　句尾词

naŋ^{33} ʃat^{31} ʃa^{55} ŋa^{31} n^{31}tai^{33}.
你　饭　吃　在　句尾词

ʃi^{33} ʃat^{31} ʃa^{55} ŋa^{31} ai^{33}.
他　饭　吃　在　句尾词

an^{55}the^{33} ʃat^{31} ʃa^{55} ŋa^{31} ga^{ʔ31}ai^{33}.
我们　饭　吃　在　句尾词

nan^{55}the^{33} ʃat^{31} ʃa^{55} ŋa^{31} mă^{31}tai^{33}.
你们　饭　吃　在　句尾词

ʃan^{55}the^{33} ʃat^{31} ʃa^{55} ŋa^{31} ma^{ʔ31}ai^{33}.
他们　饭　吃　在　句尾词

但后来随着语料的增加、语感的加深，进一步认识到人称标记存在多选择性的特点，又写了一篇《景颇语谓语人称标记的多选择性》的论文（发表在《中国语文》2008年第5期上）。在这篇论文里，我根据新的语料指出景颇语句尾词的人称标记功能具有多选择性。多选择性是指人称标记除了与句内的语法成分（除主语外，还有宾语、定语等）一致外，还与句子成分形式以外的语义成分（包括省略的，说话者附加的）存在一致关系。例如：

1. ʃat³¹ ʃa⁵⁵ ʃã³³ŋai³³. 我吃饭了。

　　饭　吃　（句尾）

（人称与省略的主语一致，是第一人称）

2. khji³³ kǎ³¹te³¹ thu³¹ sǎ⁵⁵ta⁵¹. 几点了？

　时间　多少　指　（句尾）

（人称与主语不一致。主语是第三人称，但用第二人称单数）

3. nan⁵⁵the³³ ka⁵⁵ e³¹ khjen³³ n⁵⁵ khʒat³¹ n³¹ni⁵¹？你们地方下霜吗？

　你们　　地方（方位）霜　不　下　（句尾）

（人称与主语不一致。主语是第三人称，用第二人称单数）

4. kum³¹kai³³tiŋ³¹la³³ ni³³ noʔ⁵⁵ khʒum⁵⁵ lit³¹ni⁵¹. 老人还在吗？

　　老人　　　　　们　还　活　（句尾）

（人称与主语不一致。主语是第三人称，用领属第二人称）

此外，还发表了《再论景颇语的句尾词》《景颇语句尾词形成的结构机制》两篇论文，从另一层面揭示了景颇语句尾词的特点。

景颇语句尾词的特点反映了由屈折型向分析型转型的特点，保留有藏缅语古代的屈折特点。看来，还有许多特点可以研究。

例二：景颇语使动范畴专题

使动范畴是景颇语的一个重要的语法范畴，它通过自动和使动的语音变化表示大量的自动义和使动义的对立。使动范畴也是藏缅语各种语言的一个古老的、普遍特点，都存在由屈折型向分析型演化的过程，但景颇语有不同于其他语言的特点和规律，而且能从使动范畴的研究中认识景颇语语言类型的转变。这是景颇语有特点的一个语法研究专题。

景颇语使动范畴的语音形式有变音式、前缀式、分析式三种，不同形式的功能、活力存在差异。

（一）屈折式：通过变化声母、韵母、声调的屈折变化表示使动态，声母交替的形式主要有送气和不送气交替、不同韵尾的交替。例如：

自动词　　　　使动词
pja⁷⁵⁵ 垮　　　phja⁷⁵⁵ 使垮
kã³¹wan³¹ 绕着　khã⁵⁵wan⁵¹ 绕上

不同韵尾的交替有多种形式，有 -ŋ 和 -n 韵尾的交替，无韵尾与带 -t 韵尾的交替等。例如：

自动词　　　　使动词
mã³¹laŋ³³ 直　mã³¹lan⁵⁵ 使直
mã³¹ti³³ 湿　　mã³¹tit³³ 使湿

但这一类是古老形式的残余，现代留下的词不多，只有十多对。

（二）前缀式：在单音节的自动词前加前缀表示使动。前缀有 tʃã³¹ 和 ʃã³¹ 两个，各有不同的出现条件，例如：

自动词　　　　使动词
su³¹ 醒　　　　tʃã³¹su³¹ 使醒
pa⁵⁵ 累　　　　ʃã³¹pa⁵⁵ 使累

这一形式比前者功能强，能构成较多的词。

（三）分析式：在自动词后加虚化的动词 ʃã³¹ŋun⁵⁵ "使"表示。这一形式比前两种功能强，能构成大量的词。例如：

自动词　　　　使动词
sa³³ 去　　　　sa³³　　　ʃã³¹ŋun⁵⁵ 使去
　　　　　　　去　　　　使
kã³¹lo³³　　　kã³¹lo³³　　ʃã³¹ŋun⁵⁵ 使做
　　　　　　　做　　　　使

这几种形式中，变音式由于受到语音条件的限制，生成新词受到限制；前缀式虽然有较强的构词能力，但因为受到双音节化的制约，也不可能产生大量的新词，而屈折式则比较灵活，它可以加在所有动词和形容词的后面，构成使动词。可见，景颇语使动范畴语法形式的历史演变受到语言类型的制约，是语言类型的转变引起的。我在《语言转型与使动范畴演变——以景颇语使动范畴的演变为例》一文中对景颇语使动范畴的演变进行了比较细致的分析，指出它的演变规律和演变趋势。（该文载《中国语言学集刊》2022年第15卷第1期）

例三：景颇语"一个半音节"专题

在汉藏语中，音节的数量一般都有单音节、双音节、三音节等，但是景颇语有"一个半音节"，这是景颇语语音、语法的一个重要特点，必须进行深入的研究，为此，我在《韵律语法研究》2020年第1期上发表了《景颇语的"一个半音节"在汉藏语语音研究中的地位》，介绍了我近年来对景颇语"一个半音节"研究的成果。

通过语素的共时分析和亲属语言比较，我发现景颇语的一个半音节主要来源于古代藏缅语复辅音声母音节。景颇语的一个半音节，凡与藏缅语保留复辅音声母的亲属语言存在同源关系的，大都是与带复辅音声母的音节对应，而非"一个半音节"的词则与单辅音声母音节对应。这条规则清晰地显示了一个半音节与复辅音声母音节在演变上的关系。对应的例子如下：

词义	景颇语	藏文	羌语	哈尼语	载瓦语
三	mă^{31}sum^{33}	gsum	khsə	sɔ^{55}	sum^{31}
五	mă^{31}ŋa^{33}	lŋa	ʁuɑ	ŋa^{31}	ŋo^{21}
闻	mă^{31}nam^{55}	snom	ɕɛʒ	nɔ^{55}	nam^{51}
火	mi^{31}	me	mə	mi^{31}	mji^{21}
盐	tʃum^{31}	tshwa	tshə	tsha^{31}dʑ$^{}$	i^{55}tʃum^{21}
狗	kui^{31}	khji	khuə	a^{31}khɯ^{31}	khui^{21}

这一规律的发现，不但能够更科学地认识景颇语一个半音节的属性，而且还能为沟通亲属语言的关系提供一个有力的证据，对有些没有复辅音的语言（如汉语）在古代是否有复辅音也能提供思考的线索。

除了以上几个专题外，我还做了一些专题。如：《景颇语名词的类称范畴》《景颇语的泛指动词》《景颇语的宾动结构》《萌芽期量词的类型学特征——景颇语量词的个案研究》《景颇语的句尾词》《景颇语的重叠及其调量功能》《景颇语的NP+e^{31}式与汉语被动结构比较》《景颇语并列结构复合词的元音和谐》《景颇语四音格词产生的机制及其类型学特征》《景颇语单音节词在构词中的变异》《景颇语词的双音节化对语法的影响》《论景颇语的支系语言——兼论语言和社会的关系》《景颇语的话题》等。越挖掘越觉得还有许多有特点的题目可以做。这些有特点的专题研究，使我对景颇语的特点有了新的认识。

当然，除了有特点的专题外，还可以做一般项目的深化研究。如：汉藏语a音节词的研究、否定范畴的研究、"的"字结构的研究、介宾结构的研究等。但必须要有新意，要揭示一些以前没有见过的语言现象和演变规律，如果还只停留在一般特点的论述上就没有新意。

三、开展有特点专题研究的几个注意事项

做有特点的专题研究，要比做一般特点的研究更费力，需要有敏锐的眼光和坚持不断深入的毅力，否则就发现不了新题目，即使有了题目不深入研究也写不出好文章。根据我做藏缅语的体会，有以下几个要强调的注意事项：

1. 要有语言类型和语言转型的眼光

每种语言都有它的类型特征，比如有的语言属于形态型语言，有的属于分析型语言，有的语言介于二者之间。不同语言的类型制约其结构的演变和发展，在演变和发展过程中会出现一些新的特点。如果有了语言类型和语言转型的眼光，遇到语言现象就能够合理地解释其成因，找到其存在的理据。比如上面提到的景颇语"一个半音节"特征就是由复辅音声母向单辅音声母转型过程中出现的过渡特征。还有景颇语句尾词由多到少、由

丰富到衰退的演变，也是受形态型语言向分析型语言转型规律的制约，因为分析性越强，句尾词的形态特征消失得越快。

2. 要重视语言现象的系统性

语言是个系统，要准确认识这个系统中的某些子特征，就必须要有系统的参照。因为每个现象的产生和演变，都不是孤立的，都受到整个语言系统的制约。研究景颇语的每个小专题，都自然要与整个系统的特点挂钩。比如：我研究景颇语的量词时，发现景颇语存在许多双音节合成量词，如 si^{31}khap^{55} "担（棉花）"、num^{33}po^{33} "个（妻子）"、ʃan^{31}po^{33} "头（猎物）" 等，这是其他彝缅语所没有或少有的。为什么会产生这些合成量词呢，其生存的土壤是什么呢？经比较，发现这大约与景颇语双音节韵律有关。景颇语的量词贫乏，个体名词计量时大多不需要量词，由于名词以双音节为主，数词大多也是双音节的，二者结合时构成四音节词，符合双音节韵律。所以，若要加量词，量词是双音节的话更能符合双音节韵律的要求，所以容易产生双音节合成量词。[①]

3. 区分语言自身演变和语言外部接触的关系

语言的演变有两种促使因素：一是内部自身演变的因素；二是外部语言接触、语言影响的因素。这两个因素在有的语言中容易区分，但也有容易混淆出现不易区分的。比如景颇语有大量的四音格词可以作为专题研究，能够揭示出一些令人耳目一新的特点。其由来主要是景颇语分析型的单音节性因素决定的，不可能是外部语言的影响。我做景颇语多年有一个很深的体会，就是每个现象的出现及其演变一般都能从语言内部找到理据，语言内部演变的规律有强大的力量，不容易受其他语言的影响而改变。所以在研究中，我一般先从语言内部找原因，实在找不到，再考虑是不是语言接触的影响，避免出现语言影响扩大化的倾向。

---

① 参看戴庆厦《景颇语使动范畴的结构系统和历史演变》，载《藏缅语族语言研究》（2），北京：云南民族出版社，1998年。

4. 做专题研究必须不断深入，不可能一次到位

由于专题研究涉及语言的生成特点，不是那么容易就能认识到位的，所以要有不断深入的毅力才会有新的发现。如上面所说的句尾词研究，我一共写了四篇文章，每篇文章都有新的进展。人类每天都在使用语言，但对语言的特点和规律不容易认识到位。

5. 语言研究者必须重视理论学习，从理论中汲取营养，提高认识

处理好语言事实和语言理论繁荣关系很重要。我举一个例子来说。景颇语的 ko^{31} 是个使用频率很高的助词，由于它大多出现在主语之后，所以我们很长时间把它看成主语助词，后来学习了话题理论后，才意识到应该是话题助词。2000年我写了《景颇语的话题》一文，发表在《语言研究》2001年第1期上，修改了过去的看法。我根据语料对景颇语话题的特点形成了自己的认识。我认为："景颇语是一种具有话题结构的语言。话题结构（由话题与述题组成）与句子成分结构（由主语、宾语等句子成分组成）虽有部分交叉，但却是不同的语法结构，所表示的语法关系属于不同的语法范畴。"即认为话题结构与句子成分结构是两个不同的"软件"，说话人根据需要分别调出使用，不是一套软件谁优先、谁不优先。

6. 坚持把一种语言研究得深入些

因为我是汉族，景颇语不是我的母语，开始时对景颇语一无所知，所以我下定决心要学好景颇语，逐渐有了语感，尝到了甜头。对语言有了语感就便于深入，不时就会冒出一些新课题，就会觉得有做不完的题目，就会觉得自己与语言近了，对语言的认识就会实在一些。熟悉不熟悉一种语言大不一样。对研究的语言有语感，使用语料容易得心应手，说起话来底气足些。我们的师辈及同门语言学家中是有不少例子的。

汉族做少数民族语言，最好要有一种语言作为根据地，会唱一场"折子戏"。所以，我在过去的教学工作中，要求我的研究生每人都要蹲一种语言，对这种语言下点功夫，而不要"满天飘"。我看到有些年轻人下不了学语言的决心，写的一些救急文章，经不起推敲。

四、结语：景颇语的研究还存在大块空白点等待填补

我尽管做了这么长时间的景颇语研究，但我觉得对景颇语的特点和规律还认识得很不够，还有大块空白点等待填补。比如，景颇语和汉语的亲缘关系究竟怎么确定，同源词的分布状况如何，已被公认有同源关系的词如数词等有无可能是早期的借词，语法系统在语法类型学中的地位应如何确定。还有，景颇语的系属总是认识不清，找不到与它接近的语言，其"独生子"地位如何看待；等等。这些都有待后面的年轻人去攻克。

人类天天都在使用语言，但对自己的语言认识很肤浅，要科学地、深入地认识一种语言的特点很不容易。尽管如此，由于语言科学的进步是渐进的，水到渠成的，能有今天的进步是不易的。

今天就讲到这里。谢谢大家！

谈谈语言反观：以藏缅语的特点反观汉语为例

—— 在北京语言大学语言科学院成立十周年庆典上的报告

（2023年12月1日）

我今天讲的题目是"从藏缅语的特点反观汉语"。这属于语言研究视角、研究眼光的方法论问题。分以下三个问题来讲。

一、"反观"是语言研究的一种有效的方法

什么是"语言反观"？语言反观是指从一种语言的特点发现另一种语言的特点，包括语言的共时特点及历时演变的特点。

语言研究的方法有多种：1.从语言结构自身结构的分析中发现语言特点；2.从与社会、文化、历史的关系中发现语言特点；3.从古今语言的比较中认识语言的特点；从不同方言的比较中发现语言特点；4.从数字统计、语音实验中发现语言特点；5.从推理、演绎中归纳语言特点；6.从一种语言的特点上反观另一种语言的特点等。

语言反观，是指使用一种语言的特点，去对比、发现另一语言的特点。它与语言比较相比，既有相同点又有差异。相同点是都要通过语言对

比来发现语言特点；不同点是语言比较是双方的，而语言反观则是拿一种语言的特点去映照发现另一种语言的特点。

语言反观存在不同的类别。若从语言有无亲缘关系上分可分成两类：一类是有亲缘关系的语言反观，如从藏语反观汉语，从蒙古语反观维吾尔语等。另一类是无亲缘关系的语言反观，如从汉语特点反观英语、日语等。若从同一语言的不同变体上至少可分为四类：一是从方言反观普通话；二是从普通话反观方言；三是从现代汉语反观古代汉语；四是从古代汉语反观现代汉语。

不管是哪一类的"反观"，对语言研究都有一定的收获。特别是亲缘关系语言的反观更为有效，能够通过语言演变链的构拟发现另一语言的特点，包括显性特点和隐性特点、共时特点和历史特点等。

我们的师辈早已有了"反观"意识，曾发表一些精辟的认识。如：1939年12月29日，被誉为"非汉语研究之父"的李方桂先生，在国立北京大学文科研究所的演讲中就明确指出："我并不希望，比方说，专研究汉语的可以一点不知道别的汉藏系语言。印欧的语言学者曾专门一系，但也没有不通别系的。就拿汉语来说，其中有多少问题是需要别的语言帮助的。"又如，1980年，时任北京大学副校长的朱德熙先生就决定请中央民族大学的教师到北京大学中文系开设"汉藏语概论课"，让学中文的学生也有非汉语的知识。朱德熙先生后来回忆说："这门课1982年开出，以后又于1983年、1984年重开两次，每次都收到很好的效果，很受听课师生的欢迎。"1987年8月朱德熙先生在《汉藏语概论》一书的序言中大声疾呼："为了加强汉藏语研究，就国内的情况来说，首先要清除汉语研究和汉语以外汉藏语言研究之间长期存在的隔绝状态。这种隔绝状态的根源在于高等学校和研究机构的学科设置上。"朱德熙先生的初衷是让学汉语的学生有非汉语的知识。

二、我是怎样逐渐认识到反观的重要作用的

在长期的语言研究实践中，我是逐步才认识到"反观"对语言研究的重要作用的。我的主业是做藏缅语研究，对景颇语、哈尼语比较熟悉，还做过阿昌语、载瓦语、勒期语等10多种语言的研究。在开始的一段时间，只是觉察到汉语与藏缅语有许多相似点，比如汉语的音节结构与藏缅语有相似点，都可分为声、韵、调三个部分；汉语有大量的四音格词，藏缅语也有，而且结构大致相同；汉语的名词有些可以做量词，藏缅语也是这个特点等等。当时这些认识，只是看到汉语和藏缅语有关系，必须重视学习汉语的研究方法，但并未认识到相互借鉴的重要价值。

后来，随着掌握语料的增多，以及研究课题的扩大，加上有了语言系属、语言关系，语言类型学的理论知识，逐渐地认识到汉语和藏缅语由于出自一源，存在相同的DNA，必然会存在有规律的共性，也会在不同的语言结构里出现一些新的变化、新的特点。这种亲缘关系，决定了汉语与藏缅语的研究能够从对方的特点上取得借鉴和启发，存在语言"反观"的可能性。

我翻一下过去发表的论文，看到在许多论文里都出现过反观的做法。即在对藏缅语共时特点进行分析之后，还会多少再与汉语做些比较，指出二者的密切关系，并论述共性和个性的成因。这意味着自己当时已有了语言反观的认识，但那时的认识还是很肤浅的，后来才逐渐深入。

几十年的语言教学和研究，我取得了一个体会——汉语、非汉语的研究必须相互结合，互相参照。我曾发表过一些有关这方面的论文。如2010年我与蒋颖合写的《萌芽期量词的类型学特征——景颇语量词的个案研究》一文中，在解释景颇语反响型量词得不到发展的成因时，认为这是因为景颇语是"名+量+数"语序，并进一步反观古代汉语，认为古代汉语数量词修饰名词的语序应该是"名+数+量"，所以才出现"羌百羌、人十人"的反响型语序。但我不解的是，这种语序后来为什么没有像藏缅

语的哈尼语、拉祜语一样得到充分的发展，成为我后来一直想继续探索的课题。我曾发表过数篇关于景颇语"一个半音节"的研究论文，这是因为当时已意识到它对研究原始汉藏语是否有复辅音声母有一定价值。

在汉藏语中，音节的数量一般都有单音节、双音节、三音节的，但是景颇语有"一个半音节"，这是景颇语语音、语法的一个重要特点。通过语素的共时分析和亲属语言比较，我发现景颇语的一个半音节主要与藏缅语复辅音声母存在同源关系，大都是与带复辅音声母的音节对应，而非"一个半音节"的词则与单辅音声母音节对应。这条规则清晰地显示了一个半音节来自复辅音声母音节。

这一规律的发现，不但能够更科学地认识景颇语一个半音节的属性，而且还能为沟通亲属语言的关系提供一个有力的证据，对有些没有复辅音的语言（如汉语）在古代是否有复辅音也能提供思考的线索。

到了2012年，我在《中国语文》上发表了《汉语和非汉语结合研究是深化我国语言学研究的必由之路》一文，论述了汉语研究与非汉语的结合是改善我国语言研究的一个重要方法，是一条必由之路。此外，我还发表了《汉语的特点究竟是什么》（2014）、《再论汉语的特点是什么》（2017）等论文。

近期，我还与几位博士生一起做了几篇研究藏缅语有特点的专题并反观汉语的课题，虽然是初步的，但觉得大有可为。一篇是与许怡合写的《藏缅语双音节化的特点及管控力——兼反观汉语双音节化的发展》。文中认为，藏缅语普遍存在双音节化，双音节化是藏缅语的共同基因。还指出：藏缅语的双音节化具有普遍性和不平衡性，是在内部动因和外部影响的双重作用下产生的。其产生的途径有组合式、韵律式、重叠式、增减式、借入式等五种。双音节化对语音类型、构词方式、语法形式、语法意义、句法特点等方面的特点和演变具有一定的管控力。还指出，汉语与藏缅语有亲缘关系，都有分析型语言特点的基因，同样都存在双音节化趋势。但由于汉语和藏缅语的演变特点存在差异，其双音节化的发展也有所不同，表现在双音节化的形成途径、管控力的强度等方面。论文分析了汉语和藏缅语双音节化的共性和差异，认为其比较有助于汉藏语研究的深入。

另一篇是与吕羿蒙合写的《藏缅语疑问语气助词的类型学特征——兼与汉语比较》一文。文中运用语言类型学和描写语言学的理论和方法，在考察、比较了50多种藏缅语族语言及方言疑问语气助词的基础上，指出藏缅语疑问语气助词有发达型、次发达型和不发达型三种类型；部分疑问语气助词存在多功能性，即除了表示疑问语气外，还能表达人称、数、方向等意义；不同语言间的疑问语气助词同源词较少、只有部分存在同源关系，而且分布不平衡。还通过藏缅语、汉语的比较发现，分析型语言类型的共性决定了疑问语气助词的基本特点相似，分析性强弱不同导致了疑问语气助词的丰富程度存在差异。并认为，汉语虽在上古阶段就出现了疑问语气助词，但应当是在与藏缅语分化后产生的。

从非汉语反观汉语，目前做了的课题还极少，还有大量课题要做。

三、语言反观的几个方法论问题

反观是探索语言规律的手段，必然存在方法论问题，语言反观的方法论，是语言研究者必须思考和探索的。这里，谈几点与大家交流。

1. 做反观，必须区分反观的语言有无亲缘关系

不同语言之间有的有亲缘关系，有的没有。如：汉语和英语无亲缘关系，二者之间虽然存在共性，但性质不同，不在一个层面上。无亲缘关系的语言，其共性是语言的普遍性，而有亲缘关系语言的共性是由于同出一源而产生的共性，带有共同的"同源基因"。如：汉语与英语没有语言亲缘关系，但也有语言共性，如基本语序都是VO型，但其演变的规则则与有亲缘关系的语言大不相同。汉语是VO型而藏缅语是OV型，虽然语序不同，但在演变上能发现二者存在内部的联系。今天讲的如何从藏缅语反观汉语，二者有许多共性。如：制约声调的产生和发展都与声韵母简化、音节数的减少有关；韵律对语言结构的演变有很强的管控力；实词虚化有相同的动因；语气助词在句子中有重要的作用等。

2. 做反观，必须注意寻求语言演变链

有亲缘关系的语言，由于发展不平衡，必然在具体的特点上存在一条互有演变层次的演变链。这对分析语言的特点、沟通不同语言的渊源关系非常有用。如：我曾与朱艳华教授合写了一篇《藏缅语选择疑问范畴句法结构的演变链》，运用28种藏缅语（包括方言）的语料，把选择疑问范畴分为选择问句、正反问句、重叠问句三种类型，求出这三种类型的蕴含关系、等级序列。认为藏缅语在历时上存在一个"从选择问句到正反问句再到重叠问句"的演变链。并认为其演变受语言内部机制及语言类型特点（屈折性、分析性程度的差异）的制约；此外语言使用的经济原则也对选择疑问范畴句法结构的演变产生影响。通过藏缅语的疑问范畴来反观汉语，还发现藏缅语与汉语方言也能串成类似的演变链。如汉语有的方言也存在重叠式如"吃吃、看看、去去"的疑问形式，也是由反复式"吃不吃、看不看、去不去"压缩而成的。

3. 做"反观"，要有语言类型和语言转型的眼光

每种语言都有它的类型特征，比如有的语言属于形态型发达的语言，有的则属于分析型发达的语言，有的语言介于二者之间。不同语言的类型制约其结构的演变和发展，在演变和发展过程中会出现一些新的特点。如果有了语言类型和语言转型的眼光，对遇到的语言现象就能够合理地解释其成因，找到其存在的理据。比如景颇语有丰富的"一个半音节"，它与嘉绒语、羌语等形态丰富的语言相比，与复辅音声母对应，是复辅音声母向单辅音声母转型的证据；与彝语、哈尼语、汉语等缺少形态的语言相比，则都是单辅音声母。

4. 做"反观"，要区分语言自身演变和语言外部接触的关系

语言的演变有两种促使因素：一是内部自身演变的因素；另一是外部

语言接触、语言影响的因素。这两个因素有的容易区分，但也有容易混淆出现不易区分的。比如景颇语有大量的四音格词可以作为专题研究，能够揭示出一些令人耳目一新的特点。其由来主要是景颇语分析型的单音节性因素决定的，不可能是外部语言的影响。我做景颇语多年有一个很深的体会，就是每个现象的出现及其演变一般都能从语言内部找到理据，语言内部演变的规律有强大的力量，不容易受其他语言的影响而改变。所以在研究中，我一般是先从语言内部找原因，实在找不到再考虑是不是语言接触的影响，避免出现语言影响扩大化的倾向。

5. 做"反观"，要重视提高对反观语言的敏锐性

语言研究要有语言敏锐性，做"反观"也是这样。能不能从一种语言发现另一种语言的特点，要靠语言的敏锐性。敏锐性的培养，除了靠语言知识、语言理论外，还要有对语言敏锐的能力。语言敏锐固然与语言学水平有关，但并不是绝对的。这种能力的形成还有别的因素，要靠平时实践的积累。比如，藏缅语多数语言的语气助词只表示语气，但有的语言还表示人称、数、示证等语法意义，还称语气助词合适否？

从非汉语反观汉语目前只涉及一小部分，还有大量的课题要做。我们第一步是先要发现这块值得大力开采的原始森林，看到其重要性，然后一个一个地去挖，但还要做理论、方法的建设。估计这一领域的研究，今后会有较大的发展。

谈谈新时代的语言国情调查——兼回顾中华人民共和国成立后的几次语言国情调查

——"中国民族语言学会民族语文应用专业委员会第四次学术研讨会暨中国民族语文应用第三届高层论坛"报告

（2024年4月20日 北京）

一、语言国情调查的五大重要性

语言国情调查的重要性可概括为以下六点：

1. 语言国情调查是国情调查的一部分。
2. 语言国情调查是国家制定语文方针、政策的依据。
3. 语言国情调查是国家经济、文化、教育等发展所需要的。
4. 语言国情调查有助于深化认识中华民族共同体。
5. 语言国情调查有助于加强各民族的团结。
6. 语言国情调查能够促进语言研究的发展。

二、回顾中华人民共和国成立后规模较大的三次语言大调查

（一）1956年开始的"全国少数民族语言大调查"

1. 领导：中国科学院；国家民委。

2. 历时：4年，1956年6月至1960年。

3. 人数：7百余人。分7个工作队。

4. 任务：普查全国少数民族语言文字情况；解决少数民族文字的创改选问题。

5. 成果：基本上了解了全国少数民族语言、方言、文字的情况；

共调查了42个民族的语言和方言，1500个点的语料；

为10个民族设计了14种新文字（后又加了3种）；

出版了《中国少数民族语言简志》59部。

（二）2015年开始的"中国语言资源保护工程调查"

1. 领导：教育部、国家语言文字工作委员会。

2. 历时：五年，2015年至2020年（第一阶段）。

3. 任务：语言资源保护。

4. 成果：完成1712点的记录，其中少数民族语言点324个，濒点152个。每个点3000条词汇，100条语法例句。

出版《中国民族语言资源集》《中国濒危语言志》50卷，《中国语言文化典藏》50卷。

（三）2006年开始的"新时期的语言国情调查"

1. 领导：中央民族大学。

2. 历时：2006年至2016年，历经10年。

3. 任务：研究新时期民族语言的变化。

4. 成果：《语言使用现状及其演变》25部，《跨境语言研究》13部，《少数民族参考语法》23部。

此外，还有多次大小不等的民族语言调查。如：1983年至1987年的

《中国语言地图集》的语言调查；20世纪50年代初的中央访问团的民族语言调查；1986年由中国社会科学院主持的"中国少数民族语言使用情况和文字问题"的调查等。

三、中华人民共和国成立后语言调查的经验和启示

中华人民共和国成立后历经的大小语言调查都取得了不少经验和启示，值得借鉴和传承。主要有：

（一）每次调查的重点都针对当时社会中存在的语言文字问题。

如：20世纪50年代的全国少数民族语言调查，主要解决当时对全国民族语言状况认识不清，并落实中央人民政府1951年2月5日提出的帮助尚无文字的少数民族创立文字的指示。

又如：2006年至2016年开展的"新时期的语言国情调查"，是针对进入改革开放新时期少数民族语言发生的巨大变化而提出的。

（二）各级领导重视。语言文字的使用，涉及千家万户，要做好这一工作，必须有各级领导的大力支持。20世纪50年代的全国少数民族语言调查，周总理和国家语委主任吴玉章出席结业典礼。各地领导都大力支持语言调查。

（三）语言调查手段既要继承传统经验，又要使用新发展的现代化手段。重视语料库的建设。

（四）重视对调查队员的基础训练。

1. 必须掌握语言学、民族学、社会学的基本理论知识。

2. 必须具有记录语言、分析语言的能力。

3. 必须具有好的语言写作能力。

四、新时代语言国情调查的原则和内容

（一）调查各民族语言中的中华民族共同体元素。

1. 调查语言中蕴含的中华民族共同体的各种证据，包括显性的、隐性的，现状的、历史的，汉文文献、民族文字文献，以及各民族语言相互借用、相互学习语言的记载。

2. 调查研究少数民族语言与汉语交融的记载，以及少数民族兼用汉语的记载。从各民族语言的文化词，如人名、地名、族名、亲属称谓名、文学艺术名，以及经济作物名等名称中发掘。

调查记录口传史诗、谚语、故事、戏曲以及汉族优秀文化题材用少数民族语言创作的诗歌、戏曲、唱词等作品。

（二）调查新时代各民族语言的使用和发展问题。

1. 新时代少数民族语言生活的新需求。

2. 怎样认识少数民族语言和国家通用语的关系。

调查少数民族对国家通用语的需求。

调查新时代少数民族如何学好国家通用语。

3. 怎样保护好少数民族语言。

价值和意义。

少数民族的认识和要求。

4. 怎样抢救濒危语言。

（三）构建新时代语言使用和发展的理论体系。

1. 调查研究新时代语言关系的发展和变化。

2. 调查研究如何处理好语言关系的经验。

3. 调查研究新时代语言关系面临的新问题。

（四）研究如何开展新时代语言国情调查：

1. 采取多元实施：国家、机构、个人三结合。

2. 争取社会各界的支持。

五、结语

（一）新时代语言国情调查有重要的理论意义和实用价值。

（二）新时代语言国情调查大有可为！

（三）新时代语言国情调查是培养民族语文工作者的大熔炉。

（四）民族语文工作者必须为语言国情调查多做贡献！

跨境语言[①]与国家安全

——国家语委高级研修班报告

（2024年7月30日 北京）

我今天讲的题目是"跨境语言与国家安全"。主要根据自己长期做跨境语言研究的具体体会讲。这是一个新题目，不一定能讲好。讲一个半小时，留些时间大家交流。

讲五个问题：

一，跨境语言与国家安全；

二，跨境语言研究的理论意义与应用价值；

三，跨境语言调查研究的方法论；

四，怎样编写跨境语言调查报告；

五，跨境语言研究的前景。

一、跨境语言与国家安全

名称定位：跨境语言又称"跨国语言""跨界语音""边境语言"等。但看来用"跨境语言"更好些。跨境语言是指同一个语言分布在不同的国家，由于国界阻隔形成的不同的变体。跨境语言研究是语言研究的内容之

---

① "跨境语言"是指分布在不同国境（主要是相接壤的国家）中的同一语言。下同。

一。其研究与国家安全密切相关，还有助于促进语言学研究。

我国拥有跨境语言研究用之不竭的资源。跨境语言研究的价值有多种，主要有国家安全价值、语言学价值、社会学价值等。这里先以我熟悉的语言景颇语为个案，论述跨境语言与国家安全的关系。

景颇族基本情况：景颇族主要分布在云南省德宏傣族景颇族自治州的盈江、梁河、陇川、瑞丽、潞西等县的边境山区。还有少量分布在怒江傈僳族自治州的片马、岗房、古浪，临沧地区（今临沧市）的耿马傣族佤族自治县，西双版纳的勐海等县的边境山区。景颇族是我国人口较少的一个民族，共有147828人（2010年），分布在长达500多千米的西南边境线上。景颇族分布地区与缅甸接壤，许多村寨与国外的村寨相连，甚至还有交错在一起的。在我国边境民族中，景颇族是处于边境最前沿、边境人口比例最高的边疆民族之一。境外的景颇族主要分布在缅甸、泰国、印度等国。缅甸的景颇族约有150余万人，主要聚居在与中国接壤的克钦邦、掸邦等地；在泰国主要分布在北部地区；在印度主要分布在阿萨姆地区，约有四万人。此外，在美国、日本、英国、阿根廷、菲律宾等国，还有少量旅居的景颇族。跨境的因素是影响景颇族、景颇语特点及其演变的一个不可忽视的因素，研究景颇族、景颇语必须研究其跨境特点。

境内外景颇族的民族特点基本一致。如：都自称"景颇"。使用的语言文字基本相同，都使用多种支系语言，能够使用母语顺利交流。生活习惯、宗教习俗、服饰爱好等大致相同。还有相同的历史传说、口传文学、传统工艺、音乐舞蹈等。境内外景颇族都认为他们祖先的根都在中国，共同发源于中国西北部、靠近喜马拉雅山的木拽兴拉山（Majoi Shingra Bum）。在古代，由于社会、经济、气候等因素的变化，整个族群才逐渐南迁至中国的云南边境以及缅甸、泰国、印度等国。在他们的口传文化和为逝者的送魂辞里，都有祖宗来自中国西北高原的传说。所以，"根在中国"这一理念，在中外景颇族中普遍存在，同根同祖的客观事实为各国景颇族中老幼皆知、世代相传。历史研究的成果也已证明，景颇族是由古代氐羌人群分化出来的一支。春秋战国时期，由于战乱、自然灾害等原因，他们逐渐向南迁移，分布至今日亚洲的南部地区。

长期以来，各国景颇族保持交往，互婚、互市，走亲串戚。五天一次的"街子天"（集市），成为中外景颇族见面、交流、互换产品的喜庆日子。一年一度的景颇族"狂欢节"——目瑙纵歌节，是各国景颇族盛大的狂欢节日，参加的人数多达上万人。一到节日，两国边民穿上景颇族服装、带上景颇族食品，兴高采烈地进入目瑙会场，连续几天通宵达旦地跳起景颇族传统舞蹈。凭着舞步和音乐，不相识的都成为好朋友。

语言使用：跨境景颇语的使用具有多样性、复杂性的特点。境内外景颇族按支系分别使用五种不同的支系语言。景颇语，是景颇支系的语言，属汉藏语系藏缅语族景颇语支；另外四种支系语言——载瓦语、浪速语、勒期语、波拉语，都属汉藏语系藏缅语族彝缅语支。景颇语与另四种语言差异较大，不能互相通话。后四种语言差异小些，但在语音、语法、词汇上也各有不同的特点。不同支系对自己的支系语言都有强大的吸引力，即便是同一家庭内，如果成员是不同支系，则各自坚持说自己支系的语言，而且坚持说到老。支系语言的使用，已形成一套严格的规则。半个多世纪以来，我国景颇族还发展成为普遍兼用汉语的双语人，这对景颇族的发展、进步有着重要的作用；而缅甸的景颇族，有不少人兼用缅甸国语缅甸语。各自使用不同的通用语，是因跨境而形成的语言兼用上的差异，是不可避免的。在文字使用上，境内外景颇族都使用景颇文，景颇文是按景颇语拼写的拉丁拼音文字，已有100多年的历史。此外，中国政府还在20世纪60年代创制了拼写载瓦语的载瓦文，主要供载瓦支系使用。我国平等的语言政策，受到缅甸景颇族的普遍称赞。

必须认识到跨境语言与国家语言的关系具有两面性：一面是由于语言、文化相通，可以利用它来宣传我国的方针、政策，揭露、打击敌对势力的阴谋破坏，增强我国边境安全；还能通过语言相通共同搞好经济建设，发展"一带一路"的人类命运共同体。另一面是负面影响。由于语言相通，也易于被敌对势力用来挑拨两国关系，传播不好的思想，破坏现代化建设，破坏边疆稳定。

下面，举些我经历过的几个例子来说明。。

1. 20世纪50年代初，也就是中华人民共和国成立初期，我在云南边境畹町、瑞丽、陇川、盈江等景颇族地区做语言调查，目睹了当时边疆地区跨境语言的重要性。那时，敌对势力趁边疆经济、文化还相对落后，利用民族语言对群众进行危害国家的宣传、煽动。1954年，就有一些干部、教师、群众听信谣言而脱离了自己的祖国。

2. 在三年困难时期，上万群众由于受到谣言的蛊惑，忍痛离开了自己的故土。当时，边疆干部和边防官兵在极其困难的条件下，紧紧依靠群众开展工作，使用景颇语进行宣传，说明真相，教育群众，维护了边疆的稳定和发展。后来随着边疆的发展，这部分群众大多又回到了自己的祖国。

3. 改革开放后，景颇族地区发生了翻天覆地的变化。无数高楼在边疆拔地而起，公路直通村村寨寨，家家户户都用上了电灯、电话、电视、手机，昔日只有一条石街的瑞丽县城，现在已有了红绿灯的现代化街道。一系列的变化，令境外景颇族居民羡慕不已，成为教育群众的有力武器。

4. 如今，边界开放，境外景颇族纷纷来到中国务工、上学，都想在中国长期居住。他们看到街道上有景颇文路牌、商店里有景颇文读物，不时还能听到景颇族歌曲，还能举行上万人的景颇族狂欢节，感到非常亲切。他们看到，中国的景颇族穿着、住房、交通等都有大改善，比缅甸强多了，都对前途充满信心。缅甸景颇族称赞说："中国大变样了。"实力是硬道理。

5. 2014年2月19日至23日，在边境城市瑞丽市举办了"景颇国际学术交流大会"，来自中国、缅甸、泰国、印度、日本、英国、美国等国的景颇族聚集一堂，共商景颇族发展大事。会上，各国景颇族发自内心地赞扬中国边疆建设搞得好，景颇族过上了好日子，景颇族能自由地使用自己的语言文字。我们深深体会到，正是由于我国的进步、发展，外国景颇族才从心里赞扬中国，羡慕中国。

以上事实说明，没有群众相互熟悉的语言，就难以开展群众工作。要建设好边疆、发展好边疆，除了必须提高群众生活外，还要重视发挥跨境语言的作用，解决好边疆语言的关系以及发展、使用问题。

对跨境语言的两面性，要辩证地认识。国家在解决跨境民族、跨境语言问题时，要在政策上扶持积极的一面，防止、扼制不利的一面，尽力减少负面干扰。

习近平总书记2017年5月14日在"一带一路"国际合作高峰论坛开幕式讲话中指出，"国之交在于民相亲，民相亲在于心相通。"语言是人心相通的工具，语言通是心相通的基础，"一带一路"的建设必须解决语言相通的问题。实践证明，跨境语言研究对于加深认识世界的文化、社会、历史、语言的关系和个性，以及制定好国家的语文方针，都是非常重要的、必要的。对人文学科建设来说，跨境语言研究有助于语言学、民族学、历史学、社会学等学科的深化研究。

二、跨境语言研究的理论意义与应用价值

历史经验证明，跨境语言具有重要的理论意义和应用价值。我研究的语言多是跨境语言，所以对跨境语言的调查研究很有兴趣，对它的学术内涵做了一些思考。40年来，我做过12项境内跨境语言项目和5项境外跨境语言调查研究，还发表过一些论述跨境语言的概念、性质、功能、研究内容、研究方法的论文，以及跨境语言与国家安全的关系的论文。

在语言学领域，跨境语言研究是语言研究的一个部分。跨境两侧的同一语言，由于两国情况不同，势必出现不同的变体，这是语言研究必须认识到的。跨境语言与方言变异不同，跨境语言是语言因国界而产生的一种语言变体，科学地认识这一变体有助于加深对语言的认识，从跨境语言中能够获取许多有益于语言研究的新材料。而且跨境语言中还可能保留一些

古代语言的遗迹，对语言研究是非常难得的。但以往的语言学研究，对跨境语言的研究重视不够，成果较少，成为语言学研究中的一个薄弱环节。

正因为跨境语言是客观存在的，有其重要的理论意义和应用价值，很自然就受到国家的重视。以下事实能够证明跨境语言研究的重要性。

1. 自2000年开始，国家社科基金、国家有关机构以及省部级有关机构，都批准了一定数量跨境语言研究项目。如：2011年，我主持的国家语委"十二五"科研规划重大项目"中国跨境语言现状调查研究"获得批准，这个项目自2011年10月开始启动，至2015年5月完成，共完成了10部跨境语言研究专著。如：《老挝克木族及其语言》（2012）、《泰国优勉（瑶）族及其语言》（2013）、《蒙古国蒙古族语言使用现状》（2014）、《哈萨克斯坦维吾尔族及其语言》（2016）、《缅甸的民族及语言》（2018）等，其中8部已由中国社会科学出版社出版。

2. 有的学校的科研工作选择跨境语言作为主题获得了多个国家项目，取得了突出成绩。如：云南师范大学汉藏语研究院余金枝2016年获得国家社科基金重点项目"东南亚苗语志"，云南民族大学杨光远2008年获得国家社科基金重大特别委托项目"印度阿萨姆阿洪傣族编年史：阿洪姆兰基译注"等。

3. 跨境语言研究得到国家"985"工程建设的支持。从1998年起，中央民族大学"985"工程把跨境语言研究列为基地的主要任务之一，并把研究成果列为标志性成果。课题组曾与国内其他高校如云南师范大学、云南民族大学、广西民族大学、玉溪师范学院、内蒙古师范学院等，以及国外的泰国清莱皇家大学、老挝南塔师范学院等共同组成跨境语言调查组，多次赴国外进行田野调查，取得了10多个个案调查的新成果，并获得了跨境语言调查研究的新经验、新认识。经多年的努力，已出版的专著有：《泰国万伟乡阿卡族及其语言使用状况》（2009）、《泰国阿卡语研究》（2009）、《泰国清莱拉祜族及其语言使用现状》（2010）、《东干语调查研究》（2012）、《泰国勉语参考语法》（2014）、《老挝普内语研究》（2018）

等，还有一些论文。

4. 在学术期刊上，发表了一批跨境语言的论文。据"中国知网"1999年至2023年7月31日关于"跨境语言"主题词的搜索显示，有学术期刊109条，学位论文5条，会议3条。如：袁善来、康忠德《中越跨境语言与边疆安全研究》(《黑龙江民族丛刊》，2014)，赵世举《跨境语言的资源价值》(《语言政策与规划研究研究》，2016)，张军《跨境语言生活国内研究综述》(《语言战略研究》，2018)，张四红《中国周边跨境语言研究国际学术活动话语权的构建》(《语言文字应用》，2020)等。这些论文反映了学者们对跨境语言学科建设的构想。

一些核心期刊还组织专栏反映跨境语言研究的新进展。如：《当代语言学》于2016年第2期发表了"跨境语言学"专栏，含有6篇论文。这期专栏反映了我国跨境语言研究有了较大的进展。刊物以"跨境语言学"命名，确认跨境语言研究是语言学研究的一部分，是对跨境语言研究的学科属性的理性升华。《贵州民族研究》杂志也组织了"跨境语言研究"专栏，在2020年第1期上，刊登了4篇论文。

5. 全国各地先后举办了一些跨境语言或边疆语言的学术会议，影响很大。如：2013年在广西百色学院举办"第七届全国社会语言学学术研讨会暨首届跨境语言研讨会"，2015年在中央民族大学举办了"'一带一路'沿线跨境语言文化国际学术研讨会暨第三届中国周边语言文化论坛"，2015年在云南玉溪师范学院举办了"第二届跨境语言研究论坛暨第五届中国云南濒危语言遗产保护学术研讨会"，1923年在云南师范大学举办了"跨境语言与语言安全学术研讨会"等。这些会议对跨境语言的研究价值、学科地位、方法论等学科建设都起到了促进作用，不断升华对跨境语言的认识。

6. 跨境语言研究已写入国家规划中。《国家语言文字事业"十三五"发展规划》中指出：加强语言规划、语言文字信息技术、跨境语言等研究，提升语言文字服务能力。国家社科基金、国家语委项目批准了多项跨境语言研究项目，其中包括重大、重点项目。

以上事实，说明国家对跨境语言研究的重视，以及所取得的巨大成绩。

三、跨境语言调查研究的方法论

1. 关于"跨境语言"概念的研究

这是跨境语言研究必须面对、探讨、解决的一个问题。因为科学概念的形成，反映人们对客观事物认识的水平。语言生态的客观存在是语言概念产生的基础。"跨境语言"这一概念的出现，有其语言生态客观存在的依据，还有其产生的必要条件和社会背景。回顾语言学史，跨境语言虽然是一种客观存在，是世界许多国家都存在的一种普遍现象，但是直至20世纪80年代之前，国内外都未出现这一概念。

在我国，跨境语言的概念是逐步形成的。1983年，我和马学良先生在《语言和民族》一文中为了阐述语言和民族的关系，提出了"跨境语言"这一概念。在文中提到："跨境语言的发展问题，是值得研究的一个问题。所谓'跨境语言'是指分布在不同国度的同一语言。……跨境语言的发展规律有什么特点？应该怎样正确对待两地语言的关系？这些问题都还没有好好研究。"当时，仅根据自己的感性认识提出了这一概念，朦胧地认识到跨境语言是一个值得研究的问题，但还未能系统、深入地认识到它的重要性和必要性。

事过10年，到了1993年，我国的改革开放有了大发展。在改革开放大背景的影响下，全国上下亟待了解国外行情，包括境外的民族、文化、教育、科技、语言等情况。于是，跨境语言研究作为语言学研究中的一个组成部分也就应运而生。那时，我正好主持中央民族大学中国少数民族语言文学专业的学科建设，就把多年来想做的跨境语言研究列入我们学院的项目之一，并得到学校领导的支持。这样，我校就开始具体实施，组织本学院的教师和外校教师一起开展这一专题的研究，还把多年来的研究成果汇集成《跨境语言研究》一书，于1993年12月由中央民族学院出版社（现中央民族大学出版社）出版。书中对跨境语言概念、价值的论述，使其成为跨境语言学科建立过程中的闪光点。没想到这部小书竟成了国内外第一部研究跨境语言的专著。

当时为什么会提出这一概念呢？现在回忆起来主要有四个因素：一是这个时期是我国进入了改革开放的新时期，各项事业要对外开放，面向世界，必然会注意到境外的跨境语言，力求解开跨境语言之谜。二是由于语言学研究的迅速发展，语言研究不断扩大了眼界，从语言内部的语音、语法、词汇结构和不同方言的研究扩大到境外的跨境语言，加上境外的语言会保留一些由于跨境原因而产生的一些新的特点以及亲属语言古代的特点，对语言研究有其特殊价值。三是我国从事民族语言教学研究的学者、教师，其专业多是跨境语言，对跨境语言的变异、研究价值都有较强的敏感力，能够具体感受到与非跨境语言存在不同的特点。四是跨境语言的调查研究很快就得到语言学界的认可。

2. 研究方法的基本经验之一："摸着石头过河"

跨境语言调查研究是个新学科，国内外前人没留下多少经验，加上跨境语言类型多样、特点复杂，所以对它的调查研究必须靠自己根据研究对象一点一滴地摸索经验，逐步形成立得住的理论认识和方法论。如果仅用过去一般的语言描写方法是无法奏效的。我们在每次田野调查中都强调要"摸着石头过河"，就是基于这一认识。

这些年到境外调查跨境语言遇到了一系列的新问题，如怎样拟定大纲、怎样进村寨、怎样付报酬、怎样找语言翻译、调查中怎样与跨国建立合作关系、怎样处理好与跨国成员的合作等，全要靠自己去摸索。

记得，当我们调查组初到泰国北部做阿卡语调查时，要调查什么、怎么调查，简直是一眼黑。这时我们全靠自己就地摸索，就是"摸着石头过河"。开始时，我们只能按自己的一点初步想法去做，但在实践过程中重视改进、创新，才有新的体会。在田野调查的每一天，几乎都是白天进村调查，晚上回来开会总结，即便再累也要开会讨论。在会上，每个成员都会汇报自己一天的收获、做法、经验，会议都会留出一点时间让大家讨论遇到的问题。天一黑，队员们都会带着笔记本等着开会，会上聚精会神地听取别人的发言，都成了一种习惯。这已成为跨境语言调查中的一道绚丽的风景线。就这样认真实践多次，我们对跨境语言调查的价值、方法，都有了一些经验。

经过几个点的田野调查，我们大体知道了跨境语言调查要有哪些内容，怎么去做。都学会如何调查语言功能、怎样获取家庭语言使用的情况及数据；还学会进入村寨后怎样入户调查、取得数据；怎样确定语言能力的等级（分3级还是分4级）；怎样测试词汇、句子；怎样做专人访问，怎样提问，要注意些什么；怎样结合当地社会、文化、历史的特点认识语言特点，怎样通过翻译获取语料；如何与境外人员友好合作等。我们的成员经一两次实践，都有了一定的经验。当接送汽车开至村寨口一停下，各个队员都会抓紧时间主动奔向住户开始调查，完毕后按规定的时间集合上车回驻地。工作效率一次比一次提高，有的还会带新手"徒弟"一起工作。

目前，我们已掌握了一套调查跨境语言的方法，虽然还有待于进一步完善，但已为继续探索跨境语言调查研究提供了一个难得的基础。

3. 遇到难题要"换位思考"

过去我们长期在国内做语言调查，习惯于使用适合国内情况的调查方法、思维方法。但到了国外，面对的是异国他乡的新情况，必须要有新的对策。开始时我也感到束手无策，就开始思考如何针对当地的具体情况进行调查研究，不能都以过去的认识、方法去对待。这就是后来我们一再强调的"换位思考"。

所谓"换位思考"，是指对跨国的语言文字现象的认识，包括共时的特点及历时特点，除了使用普遍原理进行认识外，更重要的是要以该国的实际情况为依据寻求答案或作出合理的解释，而不能完全按照自己固有的认识、推理去解释或评判是非。每个人都会有定式思维，这是不可避免的，容易把以往多年形成的思考问题、判断问题的方法，一下子就套在新遇到的客体上，而且还会固执地坚持这样做是对的。这一弊病，在跨境语言调查研究中时时能见到，也是影响调查研究质量的一个重要因素。

其他又如语言关系、语言文字的发展、语言教育、文字规范、扫盲教育等，不同国家除了共性外，都会有各自不同的特点。因而，我们在境外做跨境语言调查时，必须多思考该国的特点，从该国的现实情况、历史出发并听取本国人的认识去思考，去判断，而不应该不深入实际仅用已有的认识去套新现象。

4.总体操作要"宏观把握，微观入手"

"宏观把握"，是指必须掌握跨国语言的总体特点及与语言相关的背景特点。把握了这些宏观特点，才有可能合理地、准确地理解、判断具体出现的各种语言现象，否则就不可能准确地认识所要研究的跨境语言的特点。宏观把握的知识主要有：

（1）国家的性质，实行的制度，国际地位。

（2）全国的基本情况。包括各民族的人口、面积的数字，经济状况，民族情况，民族关系等。

（3）地理状况、有何特点，相邻的国家有哪些、关系如何。

（4）与我国的关系有什么特点，包括历史和现实的交流、交融关系。

（5）语言状况如何，是否存在亲缘关系，特别是跨境语言的状况。

（6）调查研究跨国的语言方针、政策，包括：方针、政策的要点、涉及的内容、主要特点、主要依据、历史上的语言方针、政策及其演变等。还要了解语文机构的设置、语文工作者的培养情况。

所谓从"微观入手"，是指要选择好有特点的问题或个案进行深入的研究。只有从微观入手，才能获得真实、有用的材料，也才能为整体认识提供有价值的内容。要做好微观调查，必须筛选出能反映整体特点的专题。比如，我们在做"泰国万伟乡阿卡族及其语言使用现状"的调查时，注意获取以下微观信息。

（1）掌握跨国语言的特点。对未有语言资料的语言，要按语言概况要求进行调查、记录，还要进行录音，力求掌握其基本特点。

（2）获取语言能力的数据。如对母语能力的测试分为四级调查：A级为能脱口而出的，B级为想一想才说出的，C级为提示后才想起的，D级为虽经提示仍不知道。综合评分的标准分优秀、良好、一般、差四级。在400个常用词的测试中，掌握A和B级的词汇达到350个以上的，定为"优秀"，即母语能力较强；熟悉A和B级的词汇达到280—349个的，定为"良好"，即母语能力尚好；熟悉240—279的，定为"一般"，即母语能力出现衰退；在240以下的，定为"差"，即母语能力出现严重衰变。

（3）调查国家通用语的能力，其等级、标准的划分都有具体的设计。还要调查语言转用的数据。

（4）获取家庭、青少年语言能力的数据。家庭、青少年的语言状况，包括语言使用、语言能力的变化、转型等，能够反映语言生活的特点及演变。在微观调查中，应作为一个重点。

（5）获取语言能力形成的各种因素。从共时、历时上获取语言能力形成的多种因素，如经济因素、人口比例、地理条件、婚姻状况、教育状况、宗教影响、民族关系等。

（6）研究跨国两侧语言关系的特点。包括相似度、差异度、相互交流情况、相互影响特点、语言态度等。主要语言点要有基本情况的记录和录音。

（7）研究语言生活的走向。从当前的社会情况、民族关系、世界或地区的潮流，预测跨境语言间的语言关系。要重视获取青少年语言使用的变化。

调查组在调查中一定要进入群众的语言生活，如家庭、集会、市场、医院、机构等场合，还要做一定数量的人物访谈，获取语言能力的信息。

5. 境外调查的注意事项

境外调查有一些不同于国内调查的特点。有几个事项值得注意，提出供同仁参考。

（1）组织好课题组

实地调查能否保质保量完成，关键之一是要有好的课题组。所以要做好课题组人员的挑选、搭配。具体人数多少由课题的任务而定，从住宿、交通安排方便上考虑，10人以下为好。注意老手和新手的比例搭配，最好要有懂得跨境语言的成员。在境外调查，最好要配备一两名能胜任翻译的人员一起工作。我的几次境外调查，幸好有几位外国研究生参加，他们主攻语言学与应用语言学，熟悉跨国语言和汉语，除了担任调查任务外还积极担负翻译工作，为我们的调查做了大量的、不可替代的工作。课题组由多方面成员组成，虽然都有很高的热情和积极性，但水平不一，在运作中要注意成员间的团结、协调、合作。对境外成员特别要尊重、照顾。我们几次调查之所以能圆满完成，与调查组成员的愉快合作、紧密配合有关。

（2）做好入境调查前的准备工作。

由于在境外不像在境内调查那么方便，所以必须尽可能做好调查前的准备工作，带齐必需品。主要工作有：

A. 尽量做好文献资料的收集、消化。文献包括已发表的相关论文、专著、史籍记载等。力争在田野调查之前让成员先获得一些认识，做到心里有点底。

B. 调查问卷的准备。包括词汇、语法调查大纲、语言能力测试标准、能力的制定、问卷等。成员要经过培训，让他们都能了解这次调查的内容及注意事项。

C. 必须配好调查所需的仪器。有录音机、照相机等。最好带上复印机、复印纸，否则进入偏僻的山寨要印材料很不方便。还要带点礼品、药品。

D.办好入境、在境外工作的手续。

到实地调查之前,多与境外合作方联系,除签署协议外,还要请他们办理入境和在境外工作的手续、确定好调查点。

E.做好人员分工,任务落实到人,包干负责。

主持人要掌握每个成员的特长。调查开始后,要掌握每个人的工作进度、成果质量,及时解决章节之间出现的重复、观点提法的矛盾、术语的不统一、篇幅不当等问题。

(3)强调调查任务必须在调查点完成,特别是语料、数据的核实一定要在实地完成,不留尾巴。调查成果稿也要在调查点基本完成,写出初稿。如果留了尾巴,回国后就难以再补上。

到境外调查,调查组成员的组成一般是既有本国的,又有外国的,国内的又是几个单位合成,有老手又有新手,有专业的,又有翻译的。所以主持人在实施中要妥善处理好各种关系,充分发挥每位成员的积极性。相互尊重应放在首位。

(4)在调查中要注意记录好地点名、人名。要留下被调查者的身份情况、地址和手机号,还要注意留下现场照片,照片中要注明必要的信息。

四、关于跨境语言调查报告的编写

跨境语言调查研究,其成果主要是落实到调查报告上。我在主持这一项目时,始终重视编写、出版调查报告,每完成一次调查,最后都要出一本调查报告。我们的目的是编辑一套"跨境语言"研究丛书,留给语言学界参考使用。这些年,全国各地都在积极编写出版"跨境语言丛书",有的称"周边语言丛书"。这是十分可喜的、有意义的事。

究竟怎样才能编写好调查报告?开始时心里没底。前人没有给我们留下可资参考的经验,只能靠我们自己去摸索,去总结。经过十本书的编写,逐步有了一些体会。这里,我主要谈些编写中必须坚持的几个原则。

我把它归纳为"四性":知识性、实用性、学术性、创新性。这是一个理想的规格,在执行中不一定都能达到,但必须要有这样一个要求和方向作为目标。下面,具体谈些具体体会。

1. 知识性:是指调查报告要能反映这个国家有关语言、社会、文化等方面的基本知识,使读者看了后对这个国家的基本特点有所了解。主要内容必须包括:

语言使用情况,有多少种语言、人口及其分布情况、语言系属、语言关系、母语及国家通用语使用状况及成因、文字使用情况及活力等。

语言生活情况,包括在电视、广播、报纸、出版社、网站等媒体中,在家庭、村寨、城镇、学校、政府等场合的语言使用情况。语言规划包括语言方针、语言政策、语言规范、语言保护等。介绍跨境两国的语言关系。包括语言接触、语言影响、语言和谐、语言冲突等。

2. 实用性:要使读者看了有用,能对了解跨境语言有启发。要能让读者愿意看,看得下去,有吸引力。

必须选好点,选择有代表性的个案做。在泰国清莱省拉祜族个案的调查中,我们选取了有代表性的普凯村、里凯村、奥普色文村和汇芦村等四个拉祜族聚居村为重点调查个案。每个个案的调查都取得了丰富的材料,成稿要有丰富的事实,让读者读起来感到有收获,愿意读。我们还重视写一些有代表性的人物访谈记。访谈记比较具体、贴近实际,对了解一个陌生国家的状况很有帮助。

在文字表述上,要求深入浅出,通俗易懂,让读者愿意一口气读下去,有娓娓动听的感觉。必须防止在概念上打转转,不堆砌过多的数字。

3. 创新性:这是"丛书"编写要达到的高度。要求在材料、方法、观点上有一定的新意,能够反映现时代的最新成果。特别是要有在跨境国家收集到新材料、新数据。在归纳分析现象时应多少要有一定的新理念、新方法,防止一般化。创新,重要的是从实际出发,从繁杂的客观现象中归纳规律。注意不要以已有的传统理念去看待、衡量他国之实际。

4.学术性：要求根据掌握的新材料，提炼新认识、新观点，反映成果对语言学学科的建设和发展新的学术价值，要对相关学科如民族学、社会学等学科的知识系统建设有所帮助。

以上所总结的，主要侧重在跨境语言功能方面的。至于语言结构方面的调查研究，还做得不多，有待今后进一步探索。

五、我国跨境语言研究的前景

40多年来，我国跨境语言的研究取得了长足的进步。研究者对跨境语言的概念、属性、类型以及成因等问题进行了探讨，并对我国跨境语言（包括境内外两侧语言）做了部分个案描写和研究。主要成就有：

1.已大体弄清中国语言中有哪些跨境语言。
2.认识到跨境语言研究的理论意义及应用价值，以及它的学科地位。
3.已初步获得跨境语言调查研究的框架。
4.取得了国外调查跨境语言的初步经验。
5.已培养出一批能做跨境语言调查研究的人才。

这些年，随着跨境语言研究项目的实施，已培养出一批能做跨境语言调查研究的科研人员，为今后全面开展边境语言研究奠定了一定的基础。一批青年学子通过语言调查获得了跨境语言调查研究的知识和能力，能够独当一面地进行跨境语言田野调查，并能撰写调查报告和研究论文。

难能可贵的是，其中有一批以跨境语言为母语的语言学家。他们曾长期在跨境地区生活、学习，对跨境地区的人文地理、风土民情、语言文学等都有深厚的知识和感情，具有获取跨境语言语料的优越条件。他们是我国开展跨境语言调查研究的骨干力量。

由于跨境语言学是一门新兴学科，在理论方法上都有待进一步系统化和深化，在研究范围上还有待扩大。如对境外汉语的调查，无论在语言结构上，还是在社会语言学层面上都还调查研究得很少。许多跨境语言还是个空白点，有待我们去开发。还有一个重要任务是跨境语言的本体调查研究，过去做得很少，是今后需要大力加强的。跨境语言本体是一个富矿，能够从中获取非常有价值的语言研究资料。特别是海外华语，其特点和变异对汉语研究非常有价值，有待大力开采。

我相信，再过几年跨境语言研究会有新的进步！跨境语言研究大有可为！

谢谢大家！

参考文献

[1]戴庆厦、陈娥、彭茹等：《老挝普内语研究》，北京：科学出版社，2018年。

[2]戴庆厦、徐悉艰：《跨境语言与国家安全——以中缅跨境景颇族语言为例》，《中国图书评论》2019年第1期。

[3]戴庆厦：《导语：我国跨境语言学研究》，《当代语言学》2016年第2期。

[4]戴庆厦：《宏观把握微观入手——老挝跨境语言调查研究的体会》，《贵州民族研究》2019年第1期。

[5]戴庆厦：《跨境语言调查的方法论问题》，《华夏文化论坛》2016年第1期。

[6]戴庆厦：《跨境语言研究的历史和现状》，载苏金智、卞成林：《跨境语言与社会生活》，北京：商务印书馆，2015年。

[7]戴庆厦：《论跨境语言的和谐与冲突——以中缅景颇语个案为例》，《语言战略研究》2016年第2期。

[8]戴庆厦：《深化跨境语言研究的五个理论问题》，《贵州民族研究》2020年第1期。

[9]戴庆厦、彭茹、徐悉艰等：《缅甸的民族及其语言》，北京：中国社会科学出版社，2018年。

[10]戴庆厦、彭茹、徐悉艰等：《中缅跨境景颇族语言研究》，北京：中国社会科学出版社，2019年。

[11]戴庆厦主编：《跨境语言研究》，北京：中央民族学院出版社，1993年。

[12]戴庆厦主编：《老挝琅南塔省克木族及其语言》，北京：中国社会科学出版社，2012年。

[13]戴庆厦主编：《泰国阿卡语研究》，北京：中国社会科学出版社，2009年。

[14]戴庆厦主编：《泰国清莱拉祜族及其语言使用现状》，北京：中国社会科学出版社，2010年。

[15]戴庆厦主编：《泰国万伟乡阿卡族及其语言使用现状》，北京：中国社会科学出版社，2009年。

[16]戴庆厦主编：《泰国优勉（瑶）族及其语言》，北京：中国社会科学出版社，2013年。

[17]冯智文：《我国跨境民族语言认同研究的现状与展望》，《贵州民族研究》2020年第1期。

[18]何山华：《国际跨境语言管理：现状与趋势》，《语言战略研究》2018年第4期。

[19]李春风：《我国跨境语言研究三十年》，《当代语言学》2016年第2期。

[20]李旭练：《跨境语言与国家安全》，《语言战略研究》2018年第4期。

[21]林涛：《中亚东干语的特点、现状和发展趋势》，《当代语言学》2016年第2期。

[22]刘岩、刘希瑞：《老挝克木仂话四音格词韵律的实验语音学研究》，《当代语言学》2016年第2期。

[23]马学良、戴庆厦：《语言和民族》，《民族研究》1983年第1期。

[24] 史春颖：《中俄赫哲语濒危状况对比研究——兼论跨境濒危语言保护的启示》，《贵州民族研究》2020年第1期。

[25] 王浩宇：《边疆汉族干部兼用跨境语言的几个问题》，《语言战略研究》2018年第4期。

[26] 阎莉：《基于语言需求的边疆地区跨境语言教育规划：内涵与路径》，《外国语文》2022年第4期。

[27] 余金枝：《中泰苗语的差异分析》，《当代语言学》2016年第2期。

[28] 余金枝：《中越苗语的和谐与竞争》，《贵州民族研究》2020年第1期。

[29] 袁善来、康忠德：《中越跨境语言与边疆安全研究》，《黑龙江民族丛刊》2014年第4期。

[30] 张军：《中国跨境语言生活国内研究综述》，《语言战略研究》2018年第4期。

[31] 张四红：《中国周边跨境语言研究国际学术活动话语权的构建》，《语言文字应用》2020年第2期。

[32] 赵世举：《跨境语言的资源价值》，《语言政策与规划研究研究》2016年第2期。

[33] 朱艳华：《论跨境语言资源保护》，《贵州民族研究》2016年第3期。

[34] 朱艳华：《缅甸克钦族的语言使用现状》，《当代语言学》2016年第2期。

从非汉语反观汉语的三个理论问题

——"汉外语言研究交流与融合高端论坛"报告

（2024年10月12日 北京外国语大学）

我谈谈从非汉语反观汉语的重要性，以及其中包含的三个理论问题。希望大家对非汉语反观汉语有一定的兴趣。

我们都知道，汉语是人类重要的语言之一，不仅使用人口多，使用历史长，而且还具有自己独特的语言类型特点。汉语不仅是我国的通用语，而且是联合国规定的通用语言之一。因而，如何认识汉语的特点至关重要，成为我国语言研究中的一项重要任务。能否做好这项工作，关系到如何从宏观上科学地认识我国的语言关系、如何发展巩固中华民族共同体、如何帮助少数民族学好通用语的几个大事。

经过多年的实践，我们认识到从非汉语反观汉语有三个理论问题要认识清楚。一是从非汉语反观汉语是汉语研究的方法之一；二是从非汉语反观汉语能得到什么；三是从非汉语反观汉语的方法论问题。下面做点具体分析。

一、从非汉语反观汉语是汉语研究的方法之一

人类语言极为复杂，博大精深，难以认识清楚。汉语的研究，前人已经费尽心思地从不同的角度进行了包抄，取得了巨大的成绩。主要方法

有：古今汉语、不同方言的比较，语言要素相互关系制约的分析，语言结构不同层面的比较，语言习得规律的分析，语言与文化、社会的结合，等等。半个多世纪以来，一些先知先觉的语言学家又提出了汉语研究必须与非汉语相结合的新思想，为汉语研究的深化指出了一条新路。如语言学大师李方桂先生1939年12月29日在国立北京大学文科研究所的演讲中说："就拿汉语来说，其中有多少问题是需要别的语言帮助的。"

我国有100多种语言，分属5大语系，语种丰富，特点复杂。几个语系中，汉藏语系语种最多。中国素有"汉藏语的故乡"之称。长期以来，汉语和非汉语相互接触，互相影响，"你中有我，我中有你"。我们有可能通过不同语言的对比，为语言学的理论研究和应用研究，提供大量有价值的语料和认识。半个多世纪的经验证明，通过非汉语来反观汉语是汉语研究的一个重要方法。汉藏语系语言（以下简称"汉藏语"）是我国特有的、无可替代的一大资源，也是我国的国宝。我们必须充分保护、开发、利用这一资源，但过去开发得很不够。

所以，必须打破汉语研究与非汉语研究相互隔绝、各自为政的状态，是发展我国语言学的必由之路。

二、从非汉语反观汉语能得到什么？

1. 通过反观能够进一步认清汉语的特点；如"的"字结构、连动结构、名量词。

2. 从亲属语言的演变轨迹看汉语历史演变的线索。如：选择疑问句的演变、使动范畴的演变。

3. 从反观能够证实汉语研究成果的可靠与否。如"一锅饭吃十个人""台上坐着主席团"的句子成分确定。

4. 反观有助于发现汉语需要研究的新课题。如量词研究，四音格词的研究、词类划分等。

三、从非汉语反观汉语的方法论问题

1. 认识从非汉语反观汉语的可行性。
2. 需要的知识和技能：有关非汉语的一般知识；专题研究现状；语言比较方法；掌握国际音标。
3. 学会选择"反观"的专题。

我过去已做过的题目有：《从藏缅语反观汉语的被动句》《从景颇语的类别名词反观汉语》《从藏缅语的疑问句反观汉语》《从非汉语的四音格词反观汉语》《从藏缅语的连动结构反观汉语》等。

参考文献

[1]戴浩一、黄河:《时间顺序和汉语的语序》,《国外语言学》1988年第1期。

[2]戴庆厦、李泽然:《哈尼语的"来、去"》,《民族语文》2000年第5期。

[3]戴庆厦、徐悉艰:《景颇语语法》北京：中央民族大学出版社, 1992年。

[4]戴庆厦:《汉语与少数民族语言的语法比较》,北京：民族出版社, 2006年。

[5]戴庆厦:《景颇语的连动式》,《民族教育研究（动词研究专辑）》增刊, 1999年。

[6]刘丹青:《语序类型学与介词理论》,北京：商务印书馆, 2003年。

[7]吕叔湘:《汉语语法分析问题》,北京：商务印书馆, 1979年。

[8]吕叔湘:《语法学习》,北京：中国青年出版社, 1953年。

[9]沈家煊、吴福祥、马贝加:《语法化与语法研究（二）》,北京：商务印书馆, 2005年。

[10]石毓智:《语法化的动因与机制》,北京：北京大学出版社,

2006年。

[11]吴福祥:《汉语语法化研究》,北京:商务印书馆,2005年。

[12]赵元任著,吕叔湘译:《汉语口语语法》,北京:商务印书馆,1979年。

[13]周国光:《现代汉语里几种特殊的连动句式》,《安徽师大学报(哲学社会科学版)》1985年第3期。

[14]朱德熙:《语法讲义》,北京:商务印书馆,1982年。

三论汉语研究与非汉语结合的重要性
——中国传媒大学报告
（2020年11月24日）

一、题解

我主要是做汉藏语系语言研究的。在几十年的语言教学和研究中，我有一条体会——汉语、非汉语的研究必须重视相互结合，互相参照，即汉语研究必须重视与非汉语结合，非汉语的研究必须重视与汉语结合。这些年，我陆续发表了一些有关的论文。如：

《汉语结合非汉语研究的一些理论问题》（2002）

《汉语方言研究及少数民族语言结合的一些理论方法问题》（2003）

《从非汉语反观汉语》（2011）

《汉语和非汉语结合研究是深化我国语言学研究的必由之路》（2012）

《汉语的特点究竟是什么》（2014）

《再论汉语的特点是什么》（2017）

几十年的研究实践证明：汉语非汉语的结合研究是有效的，是我国语言研究的一种好方法，大有可为；汉语非汉语的结合研究已经受到越来越多的学者重视，但要做好这一结合是有一定难度的，必须不断总结经验，需要不断呼吁。今天的报告就是一次呼吁。

汉语非汉语的结合研究包括两个目的：一是通过汉语与非汉语的结合

研究促进汉语研究；二是通过非汉语与汉语的结合研究促进非汉语研究。我今天主要根据我近期的思考，再一次论述汉语研究与非汉语结合的重要性。讲四个问题。

二、汉语研究与非汉语结合有助于认识汉语的语言类型特点

每种语言都有其类型属性，语言类型学是语言研究的一种重要的理论方法。语言的类型可以从不同的角度做不同的分类。如：从语序的异同，可以分为VO型和OV型；按声调的有无，可分为有声调型和无声调型，有声调型又可分为萌芽型、不发达型和发达型；还可以按形态特征分为分析型和非分析型等。分析型和非分析型的分法是近期备受关注的一种语言类型分类，我最近也在做这一方面的研究。为什么会对这一课题感兴趣呢？

几十年来，我在做汉藏语的一些语言研究，诸如景颇语、哈尼语、彝语、载瓦语、浪速语等的比较研究时，深深地体会到分析型语言的"基因"深深影响着这些语言的特点及其演变规律，逐渐形成了"分析型语言研究眼光"这一理念。我认识到，语言研究不能再停留在过去不考虑语言类型，也不能一味地使用印欧语类型研究的理论和方法来研究汉藏语系语言。

那么，分析型语言的特点是什么？目前研究的结果主要是：单音节性、缺少形态、虚词丰富、语序固定、重视韵律等。在与非汉语的比较研究中，我发现汉语是分析型语言中具有超强伸张力的语言，可称"强分析型语言"，因此我认为在研究汉语或进行汉语和非汉语的比较时，要充分注意这一特点。

先提出几个与汉语分析型语言特点有关的语言现象供大家思考：

（1）为什么四音格词在汉藏语系语言里普遍存在，而且很丰富；而印欧语系、阿尔泰语系没有或很少。以印欧语为母语的外国留学生为什么学

习汉语四音格词时有困难？

（2）为什么汉语有丰富的把字句、被字句、离合词，而非汉语没有或很少。以非汉语为母语的人学习这些句子和词时为什么有突出的难点？

（3）为什么汉藏语系语言普遍有声调，而且声调在语言表义上非常重要；而印欧语、阿尔泰语没有声调。属于南亚语的德昂语、佤语、布朗语原来也没有声调，但后来有的语言如布朗语开始产生了声调。

（4）汉语的"胜"与"败"是对立的反义词，但"中国队胜美国队"和"中国队败美国队"两句为什么变成同义？

（5）为什么"植树""种树"可以说，而"种植树"不能说，"种植树木"又可以说；"抗日"可以说，"抗日本"不说，"反抗日本"又可以说；"本文"可以说，"本文章"不说，但"这篇文章"又可以说？

（6）汉语为什么歧义现象较多，印欧语、阿尔泰语较少。汉语的"鸡不吃了"译为印欧语、阿尔泰语以及藏缅语等，不存在歧义。为什么？

这些现象的出现，都与语言类型是不是分析型有关。所以要解释以上现象，必须要有"分析性眼光"。

三、汉语研究与非汉语结合有助于揭示汉语的共时特点

汉语的特点究竟是什么？几十年来学者们做了艰苦的探索，但还是认识不清，未能取得一致意见。原因有三：一是汉语的特点太复杂，特点中哪个特点是主要的难以被辨认；二是各人使用的标准不同，有的偏重语言类型的特点，有的偏重于语言习得的特点；三是许多人用的是单角度方法，只从汉语看汉语，所以不易做出客观的判断。有的虽然拿了印欧语来参照，但还不够，因为印欧语和汉语没有共同的来源。我认为，认识汉语的特点要运用多角度的方法，除了与不同语系的语言比较外，还要有同一语系分析性程度不同的语言比较，此外还要有古今汉语比较、汉语方言比较。下面举些具体的例子来说明结合的重要性：

例一：怎样认识汉语词法的韵律特点？

汉语词法有丰富的韵律特征，是汉语的一个重要特点，这是大家已经认识到的。但这一特征的具体特点如何界定，其类型学的特征是什么，并不是都清楚。以往的汉藏语类型学研究多集中于句法，构词方面特别是复合词的研究，是个薄弱环节。

以并列复合词为例，汉语的并列复合词在古今汉语里都非常丰富，不仅数量多、能产性强，而且词素顺序基本固定，这成为汉语区别于其他语言的一个重要特点。汉语并列复合词的词素顺序孰先孰后、制约顺序的因素是什么，与亲属语言的关系是什么，类型学的特点是什么等，是汉语并列复合词研究必须回答的问题。但要解决这些问题，有的靠汉语本身的研究就能得到回答，而有的则要靠非汉语特别是亲属语言的参照才能解决。

如：汉语的"天地、男女、兄弟、姐妹、牛马、猪狗、耳目、黑白、长短、酸甜、等待"等并列复合词的顺序，与藏缅语一些语言有的同，有的不同，各有自己的制约条件。几十年前，有的学者经过研究就已经揭示了汉语并列复合词的词素孰先孰后是由声调因素决定的，并指出多数是按平上去入的顺序排列。如："天地"，"天"是平声在前，"地"是去声在后；"耳目"，"耳"是上声在前，"目"是入声在后，"等待"的"等"是上声在前，"待"是入声在后。

再看亲属语言的情况。以景颇语为例，景颇语也有丰富的并列复合词，词素孰先孰后与汉语不同，是由词素不同的元音舌位制约的，主要是舌位高的在前，舌位低的在后。如上例的"男女"读为 num^{33}（女）la^{33}（男），高元音的u在前，低元音的a在后，词序与汉语不同。

可见，声调交替也好，元音舌位交替也好，都属于韵律范畴。汉语和景颇语在这一语法特征上，既有共性（靠韵律安排词素顺序），又有个性（一个是用声调，一个用舌位高低）。

汉藏语语言并列复合词的大量存在及其韵律和谐的显赫特征，其产生的土壤与汉藏语普遍存在分析型特点有关。分析型的特点，决定了汉藏语在构词和句法结构上要采用韵律手段。

如果再从跨语系的语言角度看,可以发现阿尔泰、印欧等语系语言的并列复合词,在数量上都不及汉藏语多,而且特点迥异,因此汉藏语的并列复合词成为区别于其他语系语言的一个重要特点。[①]

这是一个值得深入研究的语法类型学特征。

例二:怎样认识汉语的双音节化特点。

汉语有双音节化特点,并有双音节化韵律,这是已被认识到的特点。但双音节化韵律为什么会出现在单音节化的分析性语言里,再进一步说,单音节化和双音节化的关系又是什么,双音节化的类型学特征应如何认识等,这些都需要进一步认识。

从汉语与亲属语言的比较中,能够发现双音节化在其他亲属语言里也存在,而且带有普遍性。诸如藏语、缅语、景颇语、哈尼语、苗语、壮语等都存在双音节化倾向,而且双音节化的比例很高。那么,为什么双音节化能成为分析型的汉藏语系语言的共性呢?

经过比较研究,我们取得了这样的认识:分析型语言是以单音节词为主的,就是说单音节性是分析型语言的核心特点,或早期特点;但是,随着社会的不断进步、认识的加大、词汇量的不断扩大,单音节性已无法适应人们表达思想的需要,这就必须进一步扩大词的音节量,来补偿单音节模式的不足,而扩大双音节词是扩大词汇量最好的选择,因为它符合双音节韵律的要求。因此可以说,双音节化是单音节化的补充,是分析型语言与时俱进的表现,也应看成分析型语言的特点。

[①] 参看《汉藏语并列复合词韵律词序的类型学特征——兼论汉藏语语法类型学研究的一些认识问题》,原载《吉林大学社会科学学报》2015年第3期,中国人民大学报刊资料复印中心2015年第9期转载。

四、汉语研究与非汉语结合有助于解释汉语历史演变的特点

与汉语有亲缘关系的非汉语语言，因为亲缘关系的原因在历史演变上必然会存在某些相同走向的共性，相互间的差异有的是因发展快慢的不同层次，有的是因为后来的各自创新。所以，语言的比较研究，有可能将亲属语言某一现象的历史演变串成一条一目了然的"演变链"。下面举些例子来说明：

例一：上古汉语究竟有没有复辅音声母？

上古汉语究竟有没有复辅音声母，这是汉藏语学界一直关心但未能解决的问题。有的学者敏锐地发现汉字中有少数谐音现象有可能是复辅音的遗迹。董同龢先生1944年从少量谐声的汉字构拟了复辅音声母。如从"每、毛"（m）与"悔、海、耗"（h）的谐音、（h）与"墨、默"（m）的谐音中，构拟了*hm，从"各"（k）与"路"（l）的谐音中构拟了*k，把"黑"拟为*hmək，把"悔"拟为*hməg。还有"窟窿、旮旯"等双音节词，可以拟测为*kl复辅音声母。李方桂先生同意这一意见，在1978年的《上古汉语的音系》中拟出了一整套单辅音与复辅音对立的声母，有m、hm、n、hn、ng、hng、ngw、hngw、l、hl等（该文见《语言学动态》1979年第5期）。但经多年的实践，感到要解决复辅音问题，单从汉语本身进行研究，如研究汉语方言、汉字等，似乎难以解决。

在非汉语里，我们能够找到一些旁证。如：现代瑶语方言标敏方言、金门方言还保留pl、phl、bl、kl、khl、gl等复辅音声母。如：刚才说到的"路"一词，全州瑶语读kla³，金秀瑶语读kau³。另外，"栏"（监）一词，全州瑶语读glan³，恭城瑶语读klan²（引自邓方桂、盘承乾《从瑶语论证上古汉语复辅音问题》，第十五届国际汉藏语暨语言学会议论文）。

在藏缅语的嘉戎语、安多藏语、普米语等语言中，至今还保存大量的复辅音声母。从反映七世纪藏语语音特点的藏文里能够获知，古代藏语有大量的复辅音声母，但到了现在藏语方言，出现了不同程度的简化，有的

保留得多些，有的少些。非汉语的复辅音特点及演变规律，能够旁证上古以前的汉语有可能存在复辅音声母。但后来大都消失了，到出现汉字时所剩不多，所以在汉字里能反映复辅音的特点也不多。

近期，景颇语弱化音节的研究有了较大的进展，有助于汉藏语复辅音声母演化的研究。景颇语所谓弱化音节，是指双音节词的前一音节读轻而短，如$ma^{31}sum^{33}$"三"，其来源是古代汉藏语的复辅音声母的前一辅音独立成一个音节而成的。弱化音节是古代复辅音声母衰退并丢失的过渡痕迹。

例二：从藏缅语反观上古汉语的人称代词。

藏缅语与汉语同属汉藏语系，存在原始共同语。通过藏缅语反观上古汉语，能够认为上古汉语已经是分析型阶段，人称代词主格、宾格、领格的语音变化不明显，缺少形态变化，至于中古与近代汉语，就更看不出形态变化了。但藏缅语北部语言人称代词格范畴保留较多的形态变化，可以看作是上古汉语的前身。上古汉语的第三人称代词使用指示代词"彼""此""是""其"等表达，这在藏缅语里也有。

但在人称代词的格范畴上，汉语的形态变化不如藏缅语丰富。藏缅语北部的嘉戎语、尔龚语、珞巴语等语言形态变化较多，分析性较弱，其格范畴类型更趋向黏着式；相比而言，上古汉语格范畴的形态变化少且不显著。

五、汉语研究与非汉语结合有助于汉语教学

汉语研究与非汉语结合有助于认识汉语的特点，特别是有助于认识汉语习得的难点，就是说这就有助于汉语教学。

比如，母语里缺少述补结构的学习汉语的述补结构困难很大，如把汉语的"把野兽打死了"说成"把野兽打了死了"。但通过汉语与非汉语的比较，能够认识述补结构的构式特点，补语有哪些类型，哪些不易发生偏

误,哪些最易发生偏误。

汉语组词造句常常受到韵律的制约,但韵律不是处处存在的。所以正确地把握韵律规则是第二语言习得者的一个难点。比如:非汉语人说汉语,有的容易出现"*说错误一句话""*他们是发达国""*今天栽树木"等偏误。又如,母语中没有介词的民族学习汉语的介词时,其中"从、按照、根据、通过"等介词构成的句式容易掌握,而由"在、把、被、由"等介词构成的句式则存在较大的难点。所以在教学中对难点的层次要加以区分,突出不易解决的难点。

汉语的四音格词(又称"四音格连绵词")的使用非常普遍,一开口似乎离不开四音格词。但通过汉藏语的比较,我们认识到分析型语言的类型模式是大量产生四音格词的土壤或条件,而且分析性越强的语言,四音格词越丰富。分析型语言中,四音格词在构词、语音结构、句法特征等诸方面都存在不同于其他词类或词组的特征,是第二语言教学中的一个难点。西方人学习汉语的一个大难点就是四音格词,要不回避使用,要不用不准。通过比较准确地掌握汉语四音格词的特点有助于学习、运用四音格词。

一些先知先觉的先辈们早有汉语研究必须与非汉语相结合的思想,为汉语研究的深化指出了一条新路。严学宭先生在《原始汉语研究的方向》(1988)一文中说:"经过李方桂、丁声树两位学者的指示,必须求助于汉藏语系的比较研究,才能把汉语的历史扩展得比上古汉语更古一些。"季羡林先生在《语言应用研究》2000年第1期"卷首语"中强调说:"要进行认真的汉语与同一语系的比较研究,从而真正摸索出汉语的特点。再走《马氏文通》的路子,已经不合时宜了。"

中国素有"汉藏语的故乡"之称。长期以来,汉语和非汉语相互接触,互相影响,"你中有我,我中有你"。我们有可能通过不同语言的对比,为语言学的理论研究和应用研究,提供大量有价值的语料和认识。让我们共同努力,把汉语和非汉语的结合研究搞好!

谢谢!

从语言类型视角看景颇语的补语——兼与汉语的补语比较

——"第52届国际汉藏语言暨语言学会议"报告

（2019年6月25日）

补语是汉藏语系语言普遍具有的一个特征。但不同的语言由于分析性强弱的特点不同，补语也存在不同的特点。所以，研究者能够通过补语类型特点的分析以及与亲属语言比较，更深入地认识补语的特点。

景颇语属于汉藏语藏缅语族，其语言类型属于分析型，但兼有显著的黏着屈折特点。语言类型属性对其补语的特点及演变有着强烈的制约作用，从语言类型的角度观察补语能够发现新特点。本文主要运用语言类型的视角，特别是分析型研究的视角，对景颇语的补语进行微观的分析和归纳，并进一步论述景颇语补语的属性、特征及其成因。

一、景颇语补语的语义类别及语法特点

景颇语的补语表义丰富，使用频率高，是景颇语的一种独立的句法成分，在语义、语法上都有不同于其他语法成分的特点。当动词、形容词做谓语时，大多要带补语，表达各种复杂的词汇意义和语法意义。

在语义上，景颇语补语有以下几种类别：

1. 结果补语：结果补语表示谓语产生的结果，多由动词、形容词担任。例如：

tsun³³ŋut⁵⁵ 说完　　　　ʃa⁵⁵khʒu⁵⁵ 吃饱
说　　完　　　　　　　吃　饱

tu³¹ʒa³³ 到齐　　　　　jup⁵⁵phʒaŋ³¹ 睡醒
到　齐　　　　　　　　睡　醒

2. 表示谓语的趋向，主要用语法化的动词 wa³¹ 和 khʒat³¹ "由上向下"担任。wa³¹ 有多义性，能表示 "回、来、去"等趋向义。例如：

ʃaŋ³¹wa³¹ 进来　　　　sa³³wa³¹ 过来
进　来　　　　　　　　去　来

pʒu³³wa³¹ 出去　　　　luŋ³¹wa³¹ 上去
出　去　　　　　　　　上　去

joŋ³³khʒat³¹ 淌下来　　khai³¹khʒat³¹ 讲下来
淌　下来　　　　　　　讲　下来

3. 程度补语：表示程度的补语不多；主要用 tik³¹ "极"，si³³、sat³¹ "死" 充当。例如：

kǎ³¹tʃa³³ tik³¹ 好极（了）　kǎ³¹ʃuŋ³³ tik³¹ 冷极（了）
好　　极　　　　　　　　好　　极

mǎ³¹ni³³ sat³¹ 笑死　　　　pa⁵⁵ si³³ 累死
笑　　死　　　　　　　　累　死

4. 情态补语：补语表示谓语的态势。这一类补语是大量的，由虚化的动词即貌词充当。如：tat³¹ 当谓语动词用时，义为"放"，而当情态补语用时表示动作行为触及宾语；khat⁵⁵ 当谓语动词用时，义为"交互"，而当情态补语用时，表示动作行为是双向的。貌词在景颇语里比较丰富，是景颇语区别于其他语言的一个词类。例如：

paŋ³³ tat³¹ 放进　　　　kǎ³¹sat⁵⁵ khat⁵⁵ 互相打
放　进　　　　　　　　打　　相互

ton³¹ ta⁵⁵ 放下　　　　　kum³¹kai³³ mat³¹ 老掉
放　下　　　　　　　　老　　掉

la³¹ la⁵⁵ 等到　　　　　mă³¹tsiŋ³³ la⁵⁵ 记得
等　到　　　　　　　　记　　得

tʃã³¹tha⁷³¹ tʃai³³ 随便聊天　　tạm³³ khom³³ 来回找
聊天　　随意　　　　　找　　来回

在语法上,景颇语述补结构有以下几个主要特点:

1.语法标记主要是语序。述语在前,是中心成分,补语在后,是补充成分。都是紧接式,不靠补语助词连接,也无形态变化。这特点与景颇语的分析型类型是一致的。

2.能够当述语的是动词、形容词,能够当补语成分的主要是动词、形容词、貌词。例如:

ʃa⁵⁵ŋut⁵⁵ 吃完　　　　　ka³³ʃut⁵⁵ 写错
吃　完　　　　　　　　写　错

juʔ⁵⁵wa³¹ 下来　　　　　paŋ³³ta⁵⁵ 放下
下　来　　　　　　　　放　下

3.具有单音节性特点。这也是由景颇语以单音节为主以及讲究韵律的特点决定的。(详见下例)

4.景颇语的补语与述语结合得比较紧,在句法关系上形成一个紧密的单位。如:当被否定词修饰时,否定词只能放在述补结构之前,否定整个述补结构,而不放在补语之前。例如:

n⁵⁵ ʃa⁵⁵ ŋut⁵⁵ 不吃完　　*ʃa⁵⁵ n⁵⁵ ŋut⁵⁵ 吃不完;不吃完
不　吃　完　　　　　　吃　不　完

n⁵⁵ mă³¹tsiŋ³³ la⁵⁵ 记不得　*mă³¹tsiŋ³³ n⁵⁵ la⁵⁵ 记不得
不　记　　得　　　　　记　　　不　得

又如,景颇语的动词可以重叠,重叠后表示动作行为的"经常"义或"轻微"义。但动词带了补语,则在补语上重叠,主要表示动词重叠的语法意义。可见，补语与前面的动词是紧紧结为一个整体的。例如：

kă³¹ʒum³³khat⁵⁵khat⁵⁵ 经常互帮　　khai³¹tan⁵⁵tan⁵⁵ 经常讲
帮助　相互（叠）　　　　　　讲　给（叠）

景颇语述补结构在语法关系上的整体性，说明述补结构的黏着性强的特点。这是景颇语黏着性特点在补语上的反映。

由于述语和补语结合紧，述补结构有的已词汇化为复合词。如：

tsuṇ³³tan⁵⁵ 告诉　　　　　　maʔ⁵⁵khʒa³¹ 完全
说　给看　　　　　　　　　　尽　到底

5. 补语的意义，有的能用状语表达，但有的不能。能转为状语的主要是表示结果、程度的补语；而情态补语不能转为状语。所以，景颇语的补语不能称"后状语"。例如：

tsuṇ³³ŋut⁵⁵ 说完　　　　　　ŋut⁵⁵khʒa³¹tsuṇ³³ 直至完地说
说　完　　　　　　　　　　　完　地　说

ʃa⁵⁵khʒu⁵⁵ 吃饱　　　　　　khʒu⁵⁵khʒa³¹ʃa⁵⁵ 直至饱地吃
吃　饱　　　　　　　　　　　饱　地　吃

下面的短语都不能转成状语：

sa³³wa³¹ 正在去　　　　　　paŋ³³tɔn³ 放下
去　回　　　　　　　　　　　放　下

la⁵⁵kau⁵⁵ 拿掉　　　　　　　kă³¹tʃa³³tik³¹ 好极
拿　掉　　　　　　　　　　　好　极

6. 补语的虚化程度存在层次性。从词类上看，貌词短语语法化的程度最强，其次是使动词短语，少量动词、形容词短语语法化较弱。

二、景颇语补语具有单音节性的特点

景颇语的补语大多是单音节的，此外还有一些一个半音节的使动词，双音节和多音节的补语很少。

为什么有单音节性居多这一特点呢？这与景颇语分析型属性有关。分析型语言的主要特点之一是单音节性强。所谓"强"，是指基本词以单音节词为主，词汇是由单音节词根组成的。

补语的单音节性与讲究韵律有关。因为，充当补语的大多是动词、形容词、副词、貌词，这些词类的词多以单音节为主，而充当谓语的主要是动词、形容词，也是单音节的，二者在一起正好配成双音节，符合景颇语双音节韵律。例如：

ʃa⁵⁵khʒu⁵⁵ 吃饱　　　　　　tu³¹khum³³ 到齐
吃　饱　　　　　　　　　　到　齐

tu³³tsom³¹ 长得美丽　　　　ka̠³³ʃut⁵⁵ 写错
长　美丽　　　　　　　　　写　错

la⁵⁵wa³¹ 拿回　　　　　　　khom³³wa³¹ 走回来
拿　回　　　　　　　　　　走　回

一个半音节做补语的多是使动词。如：

tʃa³¹tʃã³¹phʒiŋ⁵⁵ 打满　　　tsun³³ʃã³¹pʒa⁵⁵ 说明
打　使满　　　　　　　　　说　使明

kă³¹wut³¹ʃã³¹tʃi³¹ʔ⁵⁵ 吹着　　sat³¹ʃã³¹mjit⁵⁵ 杀尽
吹　使燃　　　　　　　　　杀　使尽

有少量双音节词也能做补语。但使用频率低，多出现在翻译作品中。这说明是后起的。如：

kap³¹thiŋ³¹kʒaŋ⁵⁵ 打穿　　　kă³¹wut³¹kă³¹toŋ³³ 吹倒
打　闩上　　　　　　　　　吹　　倒

pat⁵⁵ʃiŋ³¹taŋ⁵⁵ 堵住　　　　sum⁵⁵thiŋ³¹nut³¹ 败退
堵　住　　　　　　　　　　败　退

对双音节补语，景颇语存在排斥性。表现在：有许多双音节词不能当补语，只能当状语。如：san³¹seŋ⁵⁵ "干净" 不能做补语，不能说 *kă³¹ʃin³¹（洗）san³¹seŋ⁵⁵（干净）"洗干净"。但能说成 san³¹seŋ⁵⁵（干净）khʒa³¹（直至地）kă³¹ʃin³¹（洗）。其他又如：汉语的"（打）跑、（烧）热、（制）冷、（修）好、（搞）脏、放（慢）、放（凉）、（跑得）快"等补语，景颇语都是双音节的，都不能当补语用。这一音节韵律特征，正是分析型语言管束力的作用。

三、分析型、黏着型的使动词在补语中大量出现

构成补语的成分，多是分析型、黏着型的使动词。为什么？这也与使动范畴的语言转型有关。

景颇语的使动范畴有三种类型：一是音变式，通过单音节词变音表示使动。如：pjaʔ⁵⁵ "垮" — phjaʔ⁵⁵ "使垮"。这是古老的形式，只遗存20多对，并无再生能力。二是黏着式，通过在单音节自动词前加一个半音节前缀表示使动。如：pa⁵⁵ "累" — ʃă³¹pa⁵⁵ "使累"。这一前缀在单音节动词前都能使用。三是分析式，通过在单音节自动词之后加虚化动词 ʃă³¹ŋun⁵⁵ "使" 表示。如 sa³³ "去" —— sa³³ʃă³¹ŋun⁵⁵ "使去"。三种类型反映了景颇语语言类型从黏着型向分析型演变过程。

从结构特点上看，这三种类型只有第二种带前缀的使动词当补语最适合。因为，第一种的音变式，寥寥无几，没有再生能力，表达能力受限，不可能成为补语的主要成分。第三种分析型使动词虽然构词能力强，表达的意义多种多样，但因为其音节数量都是三音节或四音节的，放在述语后不符合韵律搭配，所以也不适合做补语。而带前缀的使动词，只有一个半音节，与单音节或双音节的述语搭配在韵律上比较合适，所以很自然成就为补语的最佳选择。例如：

să³³ʃă³¹ŋun⁵⁵ 使去   phun⁵⁵ʃă³¹ŋun⁵⁵ 使穿
  去   使   穿   使

kă³¹lo³³ʃă³¹ŋun⁵⁵ 使做   kă³¹pu³³ʃă³¹ŋun⁵⁵ 使高兴
  做   使   高兴   使

lam³³tʃã³¹khʒoʔ⁵⁵ 晒干　　　　　　kǎ³¹sat⁵⁵ tʃã³¹sum⁵⁵ 打败
晒　　使干　　　　　　　　　打　　　使败

tʃa³¹tʃã³¹phʒiŋ⁵⁵ 打满　　　　　kap³¹ʃã³¹ŋoi³³ 打响
打　　使满　　　　　　　　　打　　使响

有使动词与之相配的自动词，多数不能当补语。补语一般选择自动词充当，因为在语义上表示结果的补语是使动的。例如：

lam³³tʃã³¹khʒoʔ⁵⁵ 晒干　　　　　*lam³³khʒoʔ⁵⁵ 晒干
晒　　使干　　　　　　　　　晒　　干

tʃa³¹tʃã³¹phʒiŋ⁵⁵ 打满　　　　　*tʃa³¹phʒiŋ⁵⁵ 打满
打　　使满　　　　　　　　　打　　满

kǎ³¹sat⁵⁵tʃã³¹sum⁵⁵ 打败　　　　*kǎ³¹sat⁵⁵sum⁵⁵ 打败
打　　使败　　　　　　　　　打　　败

kap³¹ʃã³¹ŋoi³³ 打响　　　　　　*kap³¹ŋoi³³ 打响
打　　使响　　　　　　　　　打　　响

kǎ³¹lo³³ʃã³¹ʒai⁵⁵ 纠正　　　　　*kǎ³¹lo³³ʒai⁵⁵ 纠正
做　　使正　　　　　　　　　做　　正

kǎ³¹jat³¹tʃã³¹then³¹ 打坏　　　　*kǎ³¹jat³¹then³¹ 打坏
打　　使坏　　　　　　　　　打　　坏

tʃa³³tʃã³¹khje³³ 染红　　　　　　*tʃa³³khje³³ 染红
染　　使红　　　　　　　　　染　　红

a³¹ʒut³¹tʃã³¹san³¹ 擦亮　　　　　*a³¹ʒut³¹san³¹ 擦亮
擦　　使亮　　　　　　　　　擦　　亮

景颇语的补语，黏着式和分析式在同一个句子中能共现。这种现象能够说明，补语的分析式在句法转型中的强势地位。例如：

nu̱⁵¹　nau³³ pheʔ⁵⁵ ma³¹ ʃã³¹jup⁵⁵ ʃã³¹ŋun⁵⁵ ai³³.
妈妈　妹妹（宾助）孩子　使睡　　使　（句尾）
妈妈让妹妹弄孩子睡。

naŋ³³ ma³¹no³³ pheʔ⁵⁵ lă³¹pu³¹ tʃã³¹khje³³ ʃã³¹ŋun⁵⁵ uʔ³¹!
你　　玛诺（宾助）裤子　　染红　　使　（句尾）
你让玛诺把裤子染红！

四、景颇语的补语与汉语比较

景颇语和汉语都属于汉藏语系，语言学家都认为二者有亲缘关系，没有异议。但由于二者语言演变的程度、演变存在不同的特点，特别是分析性演化的程度汉语比景颇语强，所以通过景颇语和汉语的比较，能够有助于认识汉藏语补语语法转型的特点。

景颇语和汉语在补语上的共性主要是：两种语言在句法成分中都已产生独立的补语；而且在语义分类上，也有相同点，如都有表示结果、程度、趋向、性状的补语。在具体词的运用上，二者部分在词类上和语义上有相同的对应。例如：

ka³¹lo³³ŋut⁵⁵ 做完　　ja³³kau⁵⁵ 给掉
做　完　　　　　给　掉

kap³¹khʒa⁵⁵ 打中　　kă³¹lun³¹woʔ³¹ 戳破
打　中　　　　　戳　破

kă³¹po³¹kaʔ³¹ 炸裂　　ʃa⁵⁵khʒu⁵⁵ 吃饱
炸　裂　　　　　吃　饱

但从总体上看，景颇语的补语不及汉语发达，这可能与景颇语的分析性没有汉语强有关。有以下一些表现：

1.汉语有一些述补结构，景颇语没有，只用一个词（其中有的是使动词）与汉语的述补结构对应。这是景颇语补语不发达的表现。例如：

汉语	景颇语	汉语	景颇语
摆脱	lot³¹	冲淡	puŋ³¹san³¹
崩溃	pjak³¹	翻开	phoʔ³¹

靠近	kă³¹thep³¹	跟上	tep³¹
打动	khʒa⁵⁵	结成	kă³¹hkyin³³
辨别	phă³¹kaʔ³¹	打动	khʒa⁵⁵
打破	ʃã³¹kaʔ³¹（使动）	分开	tʃã³¹khaʔ³¹（使动）
打死	tʃã³¹sat³¹（使动）	辨别	phă³¹kaʔ³¹（使动）

2. 汉语的补语结构，景颇语大量是用状语表示。特别是汉语的多层补语，景颇语都用状语表示。例如：

汉语（补语）	景颇语（状语）
爬得高	tso̱³¹teʔ³¹luŋ³¹
	高（方）爬
差得多	kʒai³¹ʃai⁵⁵
	很 差别
忘光	maʔ⁵⁵khʒa³¹mă³¹lap³¹
	完全地忘
分清	a⁵⁵san⁵¹ʃã³¹kin³¹khaʔ³¹
	清楚地分
气得发抖	kă³¹ʒiʔ⁵⁵khʒa³¹po̱t³¹
	发抖地气
搬光	maʔ⁵⁵khʒa³¹thot³¹
	完全地搬
写得谁也看不懂	kă³¹tai³³muŋ³¹n⁵⁵tʃe̱³³ju³³khʒa³¹ka̱³³
	谁也不知看（貌）写

景颇语主要使用单补语，但也有少量带情态的双补语。但在书面语或翻译作品中还有一些两个以上的补语。例如：

kă³¹pjeʔ³¹ toʔ³¹ tʃã³¹khʒot³¹ 踩断

踩　　断　　使掉

a³¹tʃo⁷⁵⁵ sat³¹ kau⁵⁵ 戳死
戳　　杀死 掉

kă³¹pje⁷³¹ po⁷³¹ sat³¹ kau⁵⁵ ja³³ 踩破死掉
踩　　破　死　掉　给

3. 景颇语表示趋向的补语不及汉语丰富。汉语趋向补语的"来、去、上、下、出去、过来、回去"等，景颇语都用wa³¹"来、去"表达。汉语的"扔过来、扔过去"，景颇语只有一个形式，要靠主语区别"来、去"。汉语的"多、死、很"等补语，景颇语除了用补语tik³¹"极"外，还多用状语kʒai³¹"很"、mă³¹na³¹mă³¹ka³¹"特别"等表示。例如：

暖和多（了）　lum³³tik³¹；kʒai³¹lum³³；mă³¹na³¹mă³¹ka³¹lum³³
　　　　　　　　暖 极　　很 暖　　　特别　　　　暖

高兴死（了）　kă³¹pu³³tik³¹；kʒai³¹kă³¹pu³³；mă³¹na³¹mă³¹ka³¹kă³¹pu³³
　　　　　　　　高兴 极　　很 高兴　　　特别　　　　高兴

汉语的补语比景颇语发达，其主要原因是汉语的分析性比景颇语强，汉语的形态变化不如景颇语多。

五、结语

从以上的分析中看到，我们能够认识到景颇语补语的一些特点。

1. 景颇语的补语已是一个独立的语法成分。虽然在语义上与状语有部分交叉，但在整体上各是各的，是两个不同的语法成分。

2. 在藏缅语不同语言中，景颇语的述补结构的发达程度居中。就是说，与北部分析性弱的普米语、贵琼语等相比，补语相对发达，但与南部分析性强的彝缅语相比，又不甚发达。这是景颇语的语言类型在藏缅语中属于中心地位是一致的。

3. 从藏缅语亲属语言的比较中我们可以推测，景颇语的述补结构大约是在分化为独立的语支后，才大量发展起来的。我们看到，景颇语的补语只有部分动词、形容词与其他亲属语言有一致的对应关系，而大量出现的貌词补语在其他语言中大都无此表达形式。景颇语由动词虚化而成的貌词做补语，大约是后来出现的，这类补语在其他亲属语言里很少。

4.用分析性眼光来看景颇语的短语，则能发现景颇语的补语特点及其演变强烈地受语言转型的制约。补语既有分析型为主的语言特点，又有少量黏着屈折型的特点；补语的演化遵循黏着屈折型向分析型演化的路径。因而，深入研究景颇语的述补结构，必须要有语言类型演变的眼光，特别是要把握分析性的眼光。

参考文献

[1]戴庆厦、黎意：《藏缅语的述补结构——兼反观汉语的述补结构》，《语言研究》2004年第4期。

[2]戴庆厦、闻静：《论"分析性语言"研究眼光》，《云南师范大学学报（哲学社会科学版）》2017年第5期。人大复印件2018-1转载，《中国社会科学文摘》2018（3）转载。

[3]戴庆厦：《景颇语参考语法》，北京：中国社会科学出版社，2012年。

[4]徐悉艰、肖家成、岳相昆等：《景汉辞典》，昆明：云南民族出版社，1983年。

景颇语教学经验点滴

——1987年在中央民族学院语文系"语言教学经验交流会"上的报告[①]

景颇族是分布在我国西南边境上的一个人口较少的民族，有93008人（1982年）。在缅甸，景颇族的人口较多，又称克钦（Kachin）。此外，在印度也有少量分布。景颇语是藏缅语中富有特色的一种语言，在语言学研究上具有比较重要的价值，从1952年起，中央民族学院语文系就已设立景颇语专业，培养了数批从事景颇语研究、教学、翻译的人才。教学对象有两种：一种是不懂景颇语的，教学内容从零开始，以学语言为主，辅之以语言理论知识；另一种是懂景颇语的，主要提高对景颇语的理性认识，同时提高景颇语使用能力。下面所谈的，是针对前一种对象而言的。

一、突出难点 分散解决

景颇语同汉语都属汉藏语系，既有共同点，又有差异。对母语是汉语的人来说，学习景颇语的难点主要是景颇语和汉语之间存在的差异，所以，认识难点是景颇语教学中的重要一环。

景颇语与汉语的差异，主要表现在两方面：一是语音、语法、词汇诸

---

① 该讲话后全文载于中央民族学院少数民族语言文学学系、少数民族语言研究所编：《民族语文专业教学经验文集》，贵阳：贵州民族出版社，1989年。

要素的差异；二是表达习惯与表达方式的差异。一般来说，前者比较容易看到，而且在认识上易于使之条理化，而后者则较零散，不易被认识清楚。相对来说，后者的差异属于深层差异，是使用别族语言的人所不易理解和掌握的。在教学的开始阶段，我们主要解决前者的差异，以为这就抓住了难点的全部，但随着教学深入，发现学生学习口语有了一定基础后，再进一步提高就较吃力，主要是因为不能很好地掌握景颇语独有的表达习惯与表达方式，所以，在解决难点时，既要注意语音、语法，词汇等要素的差异，又要解决表达习惯与表达方式的差异，缺一不可。前者主要为了打基础，后者是为了深入提高，如果只停留在前一步，是不可能把景颇语学好的。

（一）语音、语法、词汇诸要素的差异

1.语音。学生学习景颇语语音，困难不算大，主要注意以下几点：

卷舌化声母一般不易发好音，如bra"散"、hpro"白"、pru"出"、grit"减少"、hkru"饱"、kru"六"等。这类音发起来往往不习惯，容易发成两个音节，如bra发成bara，kru发karu。

景颇语的元音存在松紧对立，但音值差别不甚显著（与有松紧对立的彝语支语言相比），而且在声母上带有伴随特征（如松元音的声母略带浊流），所以，学生在学习中较难建立两套元音对立的语感，特别是在语流中较难区别二者的特征。在语音学习阶段，区分松紧元音的对立应成为重点。

景颇语有 –p、–t、–k、–ʔ、–m、–n、–ng 等七个辅音韵尾。由于汉语的韵尾少，所以区分这些韵尾也存在一定的难度。掌握 –n、–ng 韵尾不难，–p、–t、–m 韵尾在口型上能看出来，稍加练习也能掌握，如 dap "火塘"、sat "杀"、tam "找"。只是掌握 –k、–ʔ 两个韵尾要多花气力。这两个韵尾的区别在舌根后的位置，由于看不到发音部位上的差异，加上差别不大，文字上又没有标志 –ʔ 韵尾，如 1ok "脱落状"、1o[1oʔ] "多"，所以学习者往往发不好这两个音，特别是语流上不能显示二者的区别。

景颇语只有高平、中平、低降、全降四个调，不仅数量少，而且相互间的调值差别大，易于掌握。难度有二：一是有大量的变调，而且变调规律复杂，所以不易掌握其变化。二是文字上没有标示声调，给学习声调带来了不便。为了搞好声调教学，我们采取的措施是：在课文的生词部分，一律加声调符号。标示方法是：中平不标，低降标 1，高平标 z，全降标 1。为了同时标示 -ʔ 韵尾，凡带 -ʔ 韵尾的声调符号都加上圆圈，如 1 调标①，z 调标②（景颇语的 -ʔ 韵尾只出现在 1 调和 z 调上），如 la "男子"、la¹ "等"、la^z "拿"、la① "关"、la② "极"、nu¹ "妈妈"。为便于学生掌握变调，凡出现变调的音节都标变调，不标本调。如 num "女子"、num¹dung "原配"；wa¹ "爸爸"、ka¹wa¹ "他的父亲"。

2. 语法。学习语法的难度大些，就词类来说，有几类词同汉语的差别较大，是学习的重点。这些词类是句尾词、助动词、状态词、动词中的使动词、结构助词等。

句尾词是景颇语中独具特色的一类词。这类词数量多，约 260 多个，而且用法复杂，其作用在句子中主要表示各种语气，指明说话者的各种态度，即表示"式"的语法意义。式可分为六种：叙述式、疑问式、命令式、商量式、测度式、惊讶式。在命令式里，还可根据语气的强调与非强调再分为两类：一类是一般语气；一类是强调语气。在叙述式、疑问式、测度式、惊讶式里，还可根据说话者的态度或意图再分为存在式和变化式两类。除了表示语气外，句尾词还能表示主语、宾语的人称、数以及动作行为的方向（正方向与反方向）。表示不同语法意义的语法形式，有相当一部分是通过形态变化表示的。学生在学习句尾词时，遇到的困难主要是不易养成习惯，人称、数、方向的形态变化往往使用得不准确，所以在教学中要提醒学生有意识地通过不断练习，培养运用句尾词的习惯，还要学会比较不同词之间的细微差别。在编写课文时，我们根据句尾词内部的体系分散难点，每一课安排数个句尾词，尽量便于理解和记忆。比如，我们把叙述语气中表示第二人称单数的 ndai 和第二人称复数的 madai 放在一起教，学生能从二者的对比中掌握其用法。

助动词在景颇语里也比较丰富，助动词的运用，在一定程度上增加了语言的表达能力，往往使动词的意义更为具体、形象。由于助动词表示的意义比较复杂，而且其中有许多比较抽象，学生在接受时存在一些困难，学不好的话听起来很别扭。如hkat表示动作行为是相互的，la表示动作结果的取得，da表示动作的结果，nang表示动作行为是跟随他人而进行的，hkrat表示动作行为由上而下发展。学习助动词的难点是不能理解其意义和掌握其用法，学习中最好是为学生提供较多的例句，让他们自己去体会这类词的意义并通过造句掌握其用法。

状态词也是景颇语中数量较多的一类词，在一万多条词中，状态词就占一千多条。状态词表达各种复杂的意义，能对动作行为的状态方式以及事物的性状作各种描绘，能形象地表达各种细致的感情，而且状态词还具有区别于其他词类的构词特征和句法特征。状态词在句中主要是做泛指动词di、rai、nga、ngu的状语，组成状述结构。在这种结构中，修饰成分的意义比较实，而中心成分的意义比较虚，正好同汉语相反，所以学生学习景颇语时，必须整个地把景颇语状述结构的模式接受过来，确立"先实后虚"的语感。在教学中，既要解释好状态词的词义特征，又要说明它的各种用法。

景颇语的使动词有四种形式：加词头ja或sha、sa，加词头a，语音交替，后加shangun"使、派"。几种形式分别用于不同的条件下。用不用使动词，受语义条件的制约，所以要从语义上说明使动词的用法。

3. 词汇。景颇语词汇与汉语比较，在词义上存在两种情况。一种是词义范畴相等的，如n-gu"米"、shat"饭"、kru"六"、hkye"红"、gawa"咬"等。掌握这类词的用法，一般没什么困难，但属于这种类型的词较少。大量的是另一种类型，即词义不相等，这是学习的重点。如景颇语的hpun在汉语里有"穿、盖"二义，gasa有"嘶哑、小声说"二义，do有"断、折、付出、定（时）、剪（发）、赔偿"等义。有的词，

汉语与之对应的是两个意义完全对立的词。如 sharin 一词，汉语有"学、教"二义，出现哪个义项，由前后词决定。sa|也有"来、去"二义，在"sa su"中是"去吧"，在"sa rit"中是"来吧"。也有相反的情况，汉语的一个词，在景颇语里有多种译法。如"是"一词，在景颇语里有四个词与之对应：rai，用于描写句里，后面带助词 ai；re[55]，用于一般语气的叙述句里，后面带助词 ai；re[51]，用于语气强调和肯定的陈述句里；rai，用于肯定语气的句子里。"起来"有四种译法：一般的"起来"用 rot la，"叫起来"用 shaga dat，"下起来"用 htu wa，"藏起来"用 makoi mat。

其次，景颇语有一些词在一定的条件下出现音节省略现象。如 masum "三"在"三十"中说 sumshi；gagat "跑"在赛跑中说 gatjong；nlnug "石头"在"磨刀石"中说 l unghkrut。在教学中要使学生掌握音节省略的条件和规律。

（二）表达习惯与表达方式的差异

不同的民族，由于历史、文化背景和语言特点不同，在使用语言表达思想时，都会有自己的一些不同于其他民族的表达习惯与方式。掌握景颇语这方面的特点，是学好景颇语的重要一环。下面简略地列出几种差异：

1. 用词的不同。在表达同样一个概念时，景颇语所用的词素或词有时不同于汉语。比如："黄狗"一词，景颇语是 guihkye，直译是"红狗"，由"狗+红"构成，而不说 guihtoi "狗+黄"。因为景颇族人在形容狗的颜色时，习惯于用"红"表示"黄"。不了解这一特点，仅按汉语概念类推，未免闹笑话。其他如：

翻身　　bo sharot（抬头）
看病　　tsirung yu（看医院）
舂米　　mam htu（舂谷子）
养活　　kan bau（养肚子）
力量大　n-gun ja（力量硬）

2. 句子成分使用特点的不同。景颇语句子成分的省略情况同汉语不同。比如，当人称代词做主语时，汉语一般不能省略，只有在一定的上下文或问答等语言环境中才能省略，而景颇语则不需要任何语言环境，可以经常省略，因为主语的人称、数等可由句中的句尾词来体现。如：Jong de sa wa saga!"（我们）去学校吧！"这句话省略了主语anhte"我们"；Yong Begyin du yu masin ni？"（你们）都到过北京了吗？"这句话省略了主语 nanhte"你们"。景颇语还能出现有宾语无动词的句子，而汉语一般不能。如：Jigrong hpe go？"（对待）蚊子呢?"在汉语中用补语表示的内容，在景颇语里有的要用状语表示。如：汉语"吃得很多"，在景颇语中说成grai sha sai"很吃了"。

3. 疑问方式的不同。汉语的疑问句可用肯定式或否定式两种方式表示，而景颇语不习惯用肯定式，主要用否定式表示。例如：nsa nni？（你）不去吗？ n chye ka ani？（他）不会写吗？ Magam nhkrum nni？（你）没见到麻干吗？

4. 比喻的不同。如"心坏"说成sai hten（血坏），以血的好坏比喻人心。而"胆大"说成masin gaba（心大），则以心比喻胆。"对牛弹琴"说成Dumsu a man e doro dum（黄牛面前拉二胡），"火上浇油"说成Hka hta marang jat（水上加雨）。

5. 成语表达特点的不同。成语是景颇语族文学语言的重要组成部分，人们在日常交往或在文学作品中都离不开成语的运用。景颇语的成语有许多自己的特点，比如：复式成语中表示主从关系的，多数语言是从句在前，主句在后，而景颇语则存在主句在前，从句在后的形式，如：Hpunau kau nhkap n nga，hpotso kau nhkap she nga ai."没有扔兄弟的坡，只有扔烂叶子的坡"。不掌握这些特点，使用成语就不够味儿，本民族听起来会感到别扭。

二、深入景颇山寨体验群众生活

学好语言，不仅要在语言上下功夫，打好语言基础，而且还要深入实际，了解群众的实际生活。因为，每一种语言都是一个民族在长期的历史发展过程中形成的，具体而深刻地反映一个民族的历史、文化特点，包括民族的历史变迁、民族迁徙、经济生活、婚丧喜庆、文化教育、宗教信仰、民族心理等。所以只有了解了群众的实际生活，才能学好一种语言。为了达到这个目的，我们坚持在教学计划中安排实习课。实习的主要任务是深入景颇山寨，同景颇族群众建立感情，在思想上与群众打成一片，不仅要尊重他们，还要热爱他们。实习中要求学生做到四勤：口勤（多说，利用一切机会同群众交谈）、手勤（随身带本子多记，听到有新的语言材料不放过，立即记下）、脑勤（对语言多思索、多分析）、脚勤（多联系群众，多参加群众的各种活动，从中学习语言）。实践证明，实习是学生学习景颇语的一种较好的方式。

实习，有利于学生学到一些活的、生动的口语。比如像 Du ke she ra ai, masha myit go n ra ai."人的脖子长得一样，人的思想不一样"；N chye ai hta n sharin a grau yak ai."不学比不懂更难办"等生动句子，常常出现于群众的口语中，在课堂里是无法学到的。

经过实习，才能真正学到反映景颇族生产生活和文化生活中带有特点的词语和句子。比如，景颇族的农业生产除了水稻耕种和旱谷栽种外，在有的地区还保留落后的"刀耕火种"的耕作方式，在景颇语里有不少反映刀耕火种的词，如 yi shari "熟荒地"、yi hku "刀耕火种一年后丢荒的地"、hkran "刀耕火种时烧剩的树枝柴头"等。这些词对研究语景族的历史文化很有价值，应当学习。但是，如果不亲眼看一下刀耕火种的情景，是很难理解这些词的真实含义。又如：景颇语中的亲属称谓词还保留血缘婚的遗迹，其特点是：亲、从、表同称，如 wa 一词称呼父亲、叔父和父的姨表兄弟；连襟以兄弟相称，如 hpu 一词既称兄又称兄的连襟兄弟等。景颇语婚姻关系划分为mayu"丈人种"和dama"姑爷种"两大集团，各自又派生一些小分支，并以此为界限决定能否择偶和确定亲疏。但是，要理解这种复杂的婚姻关系，并学会使用这些亲属称谓词，不通过与景颇族群众较长时间的相处，是不可能学会的。

通过实习，才能有效地学到语言中的一些细微差别和发现自己的语病。在与群众广泛接触的过程中，丰富多彩的生活要求说话者能够对付各种内容的谈话，同时又能考验说话者的语言水平。比如：有的同学进了景颇寨抱起一位孩子说"这孩子很重"，"重"一词用li。老乡听了不高兴。为什么？因为li只能用在物品和死人上，而活人的"重"应当用majun。又如，有的同学以长短来形容鱼的大小，说鱼有半尺或一尺长，景颇人听了不相信，说没有这么大的鱼，因为景颇族是以宽度来形容鱼的大小的。

三、语言学习与语言研究相结合

我们认为，语言学习如能与语言研究相结合，容易收到较好的效果，因为，通过自己动手收集材料，分析语言规律，有利于学生提高学习语言的兴趣，激发他们学习语言的热情。而且，由于语言材料经过自己的一番整理消化，容易理解得深，记得牢。

所以，在四年的教学中，我们始终强调学生要积极开展科研活动，即使在低年级阶段，也是如此。

开展景颇语研究，首先要掌握语言材料。我们要求学生从一年级起，认真做到自觉地、勤奋地积累材料。根据自己所收集的材料，以及自己的兴趣和条件，确定自己的研究课题。老师把学生的语言研究活动，看成自己的教学任务，尽可能在这项活动中起到组织、指导的作用。

除了个人的研究项目外，教师还组织全班学生进行集体项目，如编写《景颇语词汇集》《景颇语成语》《景颇语语法概要》《景颇族文化常识》等。学生根据每个研究项目的内容要求、写作体例，写出分给自己的部分，然后再进行集体讨论，加工提高。通过参加集体项目，学生不仅在自己负责的章节上得到较深、较扎实的知识，而且还了解到如何完成一个大项目的全过程。像这样的学习和训练，对学生以后走向工作是非常有益的。

新时代语言国情调查研究的几点思考

——"第六届边疆语言文化暨第八届周边语言文化论坛"报告

（2023年4月10日 书面报告）

新时代是一个崭新的历史时代，语言研究为新时代服务，如何开展，是一个大课题，需要民族语文工作者根据新时代的任务做新的摸索、思考。我今天谈几点体会，与大家交流。

一、语言国情调查研究乃是新时代民族语文工作的一项重要任务

语言国情调查研究是国情调查研究的一部分，它对制定国家的语言方针、政策，科学地用好语言文字是必不可少的。我国是一个统一的多民族国家，多语种、多文种是国情的一大特色。如何发挥各民族的语言资源功能，协调好语言关系，是建设好社会主义强国的一大任务。而要做好语言工作，必须有语言国情研究做后盾。因而，语言国情研究必然成为语言学科研究的不可缺少的部分。

进入新时代，由于社会的发展比以前更快、更复杂，语言必将出现更复杂的变化，比如语言结构和语言功能适应新时代的进步发生了语言能力

的变化,包括母语结构和使用功能的变化,兼用国家通用语能力的变化,以及语言观念、语言态度的变化等。但具体情况究竟如何,新时代民族语言有了哪些变化,其范围、深度如何,不同民族、不同地区之间又存在什么差异,这些都需要做艰苦的、细致的、有根据的调查研究,才能获得真知,否则就不能产生出正确的、科学的对策。

中华人民共和国成立后,中央发布的两个重大的语言政策都是根据当时的语言国情制定的,受到广大群众的欢迎,成为全国人民致谢遵守的语言政策。中华人民共和国成立初期提出的"各民族都有使用和发展自己语言文字的自由"这一规定,就是中央根据我国是一个多民族、多语言、多文种的语言国情,以及存在民族问题、语言问题实际提出的。当时中央清楚地认识到,在我们这样一个多民族国家,没有语言文字使用的自由就不能保证民族团结。2001年提出的"科学保护各民族语言文字"方针,是根据现代化进程中语言功能、语言关系出现了新变化,弱势语言出现功能衰退的新情况而提出的。这两条规定都切合我国的语言国情实际,所以对做好我国民族语文工作指明了科学的方向。

语言国情调查是个大事,涉及方方面面,所以要讲究科学,讲究辩证法。我们强调一体化的同时,也要注意多元化的存在;在认识现状特点时,也不能忘掉要以史为鉴;看到主流的茁壮成长,也要估计会遇到的困难。

二、新时代的语言国情研究首要的任务是为铸牢中华民族共同体意识助力

中华民族共同体是中国独具特色的一种重大社会现象,是中国长期社会发展形成的大势。巩固和发展中华民族共同体,是各民族发展、繁荣和实现中华民族伟大复兴的必要保证。语言是一面强烈反映社会、文化的镜子,在语言中富有共同体的各种因素,因而语言国情研究中必须深入挖掘

语言上的各种共同体的因素,从理论和实践的结合上证明中华民族共同体形成的必然性和重要性。

从语言国情调查研究中,能够发现大量能够说明中华民族共同体的因素。比如,从我国的历史文献中,包括汉文文献、民族文字文献,都能发现关于我国各民族交流、交融的记载,也有各个民族语言相互交融、相互学习的记载,特别是少数民族语言与汉语的交融,包括语言影响与语言兼用,这些都能够证明中华民族共同体的形成。在我国民族语言的文化词中,如人名、地名、亲属称谓词等,都反映了共同体内不同语言的密切关系。在口传史诗、谚语、故事里,都会保留许多中华民族共同体的认同,能够从中看到共同体认同的情景及演变。

中华民族共同体的出现,必然会在中华大地上出现为共同体解决语言交际的通用语。这条"通用语路线"由古到今,一直延续下来,照亮了语言交际的通道。我国从先秦起就有建立全民族共同使用的标准语的需求,出现了"雅言""雅语"的语言形式和新概念。汉代扬雄所纂《輶轩使者绝代语释别国方言》用了"通语"概念。"雅言""雅语""通语"的出现反映了汉语不同方言区的人们对汉民族共同标准语的认同,并受到各民族的认同。清末民初学校教育提倡"国语",中华人民共和国成立后提倡"普通话",当前称为"国家通用语言文字",这一新概念的提出,是中华民族共同体新发展的产物,是对我国多民族国家语言关系认识的一次新飞跃。

在中华民族的文库里,有一大批用少数民族语言创作的汉族优秀文化题材诗歌、戏曲、唱词,涉及壮族、侗族、毛南族、仫佬族、苗族、瑶族、藏族、白族、达斡尔族等一大批民族的语言,如《三国孟姜女哭长城演义》《封神演义》《梁山伯与祝英台》《白蛇传》《西厢记》《藏王与汉女》《董永与七仙女》等。是中华民族共同体在文化上的一大奇葩,是各民族长期用来发展文化、教育子孙后代的教科书。它是不同民族长期、密切的文化交流、交融,以及少数民族学习汉族文化的结果。没有共同体的"基因",没有共同的价值取向和相同的审美观念,就不可能在各民族中扎根发芽,长期流传。

  再看汉字在中华民族共同体发展中的重要作用。汉字是世界上历史最悠久、使用最广的文字之一,在中华民族共同体形成的过程中起了非常重要、不可替代的作用。汉字是在汉语的基础上创造的,是汉族文化的载体,但后来逐渐扩大到其他民族和邻国中去,成为许多民族创制其文字的基础,汉字式仿照文字,如契丹大字、契丹小字、西夏文、古壮字、古瑶字、水书、古白文、古布依字、古哈尼字、古傈僳字等。在长期的历史发展过程中,汉字不仅记载了汉族悠久的历史文化,而且还不同程度地汇集了各民族的文化,成为中华民族文化的载体。汉字与各民族的密切关系,重要的是中华民族共同体因素强大的吸引力,还有来自文化、人口的力量和汉字本身的适应力。汉字能够适应不同类型的语言,涉及方方面面,其魅力还有待进一步认识。

  总之,中华民族共同体在语言上的表现是多方面的,有待我们去挖掘。在新时代,我们必须从各民族的现实情感和历史文化中去挖掘共同体的各种表现,这是一笔有重要价值的文化遗产。这当中要重视方法论的建设,比如系统论的视角。要善于从不同方面,发现铸成中华民族共同体的语言元素,现实的,历史的;口传的,文献的;显性的,隐性的;等等。又如,要处理好语言现实和语言历史的关系。现实的特点,能够得到历史的解释;而历史的现象,会在后来的发展有反映。

第四部分 祝贺、怀念

在"第二届跨境语言研究论坛暨第五届中国云南濒危语言遗产保护学术研讨会"开幕式上的贺词

（2015年10月24日 玉溪师范学院）

尊敬的玉溪师范学院领导、研讨会的专家们：

第二届跨境语言研究论坛暨第五届中国云南濒危语言遗产保护学术研讨会今天在玉溪师范学院隆重召开。这是研究中国现实的语言生活的一次重要会议，对于科学地解决中国跨境语言问题及语言濒危问题，具有重要的理论意义和学术价值。为此，我对会议的召开表示热烈的祝贺。我因北京另有会议不能参加，失去一次学习的机会，非常遗憾。我趁会议召开之际，谈两点想法，也是两点理念，与大家交流。

一是中国的语言学家必须关心现实的语言生活，必须做现实的语言生活的研究。我们知道，语言生活是社会生活的重要组成部分，而语言生活的状况关系到社会生活是否和谐、民族是否团结、国家是否顺利发展。濒危语言问题也好，跨境语言问题也好，都与我国的语言生活有直接关系，如何处理好是关系到国计民生的大事。因语言问题影响到社会的稳定和进步，在国内外时有发生。所以，一个有作为的语言学家，一个有良知的语言学家，除了做语言本体即语言结构的研究外，还必须关心人民大众实际存在的语言生活，探讨语言生活中出现的问题，并提出相应的对策，而不能袖手旁观。语言本体研究和语言使用的研究是相辅相成、互相促进的。

二是研究语言生活问题必须贴近语言事实，采取科学、客观的立场，遵照其客观规律办事，而不能附加其他主观的成分。语言的存在和发展，有其严格的客观规律，不能违背。近20年来，中国语言学家在濒危语言研究上做了不少工作，取得了许多新的认识。这一点必须肯定。强调濒危语言研究的重要性是必要的。但是，随着濒危语言研究的深入，我们越来越感到科学地认识濒危语言现象是有很大难度的。我们对濒危语言的研究很不够，需要我们对濒危语言进行系统的、全面的描写，并在描写的基础上提取理论认识。所以我认为，看不到濒危语言现象是不对的，但在认识上出现扩大化也是有害的。至今，究竟哪些是濒危语言，哪些不是，我们还说不清楚。各有各的标准，未能统一。这个问题解决不了，就很难提出切合实际的保护政策。这一点，我在上一届的闭幕式的发言中谈到过，时过一年，我仍然持这个认识。

再说，跨境语言问题是个新的研究课题，也是个复杂的问题。虽然经过多年的研究，但其理论、方法问题还未系统地解决。比如，研究跨境语言问题的理论意义和应用价值是什么，我们还说不透；两国跨境语言存在什么关系，其和谐和竞争的关系应当怎样认识，也需要进行探讨；不同国家的跨境语言有什么不同的特点，有哪些不同的类型，这是跨境语言研究的基础工作，我们还不清楚；跨境语言的未来发展将是怎样，这是需要做宏观预测的，而至今我们研究的很少。如此等等，摆在语言工作者面前的任务是相当繁重的。

玉溪师范学院多年来重视语言生活研究，在濒危语言与跨境语言的研究领域做了许多有开创性的工作，成为西南边疆语言研究的一颗明珠。这种学术路子和学术精神值得我们学习。

预祝会议圆满成功！谢谢！

在商务印书馆125周年华诞纪念会上发表题为"'商务'是作者的温暖之家"的贺词[①]

2022年,是中国第一家现代出版企业商务印书馆(以下简称"商务")125周年华诞。这是中国出版事业的一件有意义的节日,可喜可贺!

我是一个从事语言学教学和研究的高校教师。从2004年起就陆续在商务印书馆出过一些书,如《社会语言学概论》《语言学基础教程》《语言调查教程》《汉藏语研究方法讲稿》、"中国少数民族语言使用状况系列丛书"(22部)、《汉藏语学报》(12期)等,还多年参加了中国语言绿皮书的审定工作。由于工作的关系,我与商务印书馆接触较多,也不断麻烦他们,相互间有了事业的感情、友谊的感情。我很愿意与他们一起合作,很珍惜在"商务"出的书,更珍惜与商务的领导、编辑们相处的日子,深深感到"商务"是作者的温暖之家、可信任之家。

在与"商务"具体合作的过程中,"商务"编辑工作的两性——严肃性与温暖性深深感染了我。严肃性,是指他们对出版物一丝不苟,严肃对待。每位编辑对我出的书都要求很严,书稿中凡遇见错误的、含糊的、不明白的、遗漏的、不规范的,都不放过,一定要弄清楚或改正后才付印。这种严肃负责的编辑作风保证了质量的品牌。温暖性,是指尊重作者,虚心倾听作者的想法,善于与作者商量,体谅作者的难处,不把自己

[①] 原载《中华读书报》2017年11月29日20版。

的意见强加给作者。我们与编辑打交道，感到不拘束，能把自己的想法说出来。这两个特点是"商务"历史传统的积淀，也是一代代领导坚持下来的传家宝。

"商务"人有很强的事业心，能紧跟时代的步伐出版有价值的书。这里举个例来说。在语言学领域，出版了大量受读者欢迎的词典、语言学著作。比如，我到少数民族许多地区调查语言时看到《新华字典》《现代汉语词典》已在民族地区广泛普及，几乎是每个家庭的必备书，成为少数民族学习国家通用语、认识中华民族文化不可缺少的工具书。这些年来"商务"出版了许多有价值的少数民族语言研究的著作，以其品牌优势推动了少数民族语言的研究，对加强国内各民族的团结、促进各民族的繁荣起了重要作用。这一举措，深得少数民族的敬仰和热爱。真是功德无量！

我要感谢"商务"2007年起为我们中央民族大学"985"工程出版了系列"新时期中国少数民族语言使用情况研究丛书"。进入21世纪，由于现代化进程加快，少数民族语言也适应社会的需要在使用功能上、语言结构特点上发生了新的变化，特别是在语言能力上少数民族除了使用自己的母语外，还兼用国家通用语，成为"母语－国家通用语"的双语人。语言功能、语言结构的这一变化，需要及时调查、记录、研究，其成果能为语言学研究提供新的语言事实，还能为党和国家制定科学的对策提供依据。为此，中央民族大学"985"工程组织了调查队伍不失时机地进行了新时期民族地区的语言国情调查，获得了大量新情况、新语料。记得，当时我与时任商务总编辑周洪波先生谈了这个情况并希望能出版丛书，周总听了后立即同意我的意见，认为这是一项有战略意义的举措。从2007年到现在，我们已在"商务"出版了20多部语言国情调查个案专著。这些成果都是我们民族语文专业人员亲自到各民族地区经过第一线的调查、整理、分析而写成的，能够从中了解到现代化进程中少数民族语言的现状及变化，还有助于社会语言学的研究。这些著作的出版，是我国民族语文调查研究工作的一份成绩，必将载入中国语言研究史。要衷心感谢各部书的责任编辑们曾经付出的辛勤努力。

2002年,为适应高校语言学教学的需要,"商务"在陈章太、于根元教授的主持下,组织各方力量编写应用语言学系列教材,包括《应用语言学概论》《计算语言学概论》《中小学语言教学概论》《对外汉语教学概论》《语言规划概论》《社会语言学概论》《传播语言概论》《文化语言学概论》《中国辞书学概论》《汉语语体概论》等书。我主持了《社会语言学概论》一书,多次参加了"商务"召开的策划会、编写会,深深感到"商务"做事有板有眼、盯住质量、一抓到底的编辑作风。这套书出版后在社会上引起热烈反响,对语言教学有着重要推动作用。该丛书已不断再版,以《社会语言学概论》为例,已再版了八次。

我还要感谢"商务"在2013年出版了我的《语言调查教程》这本教科书。我国是一个多语种的国家,有无限的语言资源,随着社会的发展,语言处于不断变化之中,因此,语言调查成为民族语文工作中的一项常态工作,必须不断开展不同类型、不同目的、不同语言专题的语言调查。在当前国家主持的语言保护工程中,语言调查决定语言保护工程的质量。在我们高校的语言学专业的教学中,语言调查课是一门必修的基础课,但多年来,还没有一部适合少数民族语言专业使用的教材。我在多年的民族语文工作中,有了一些语言调查经验,还教了几十年的语言调查课,积累了语言调查课的讲稿,"商务"的领导和编辑知道这一情况后,决定为我出版这部教材。在责任编辑刘建梅的精心编辑下,这部满布国际音标的教材很快就出版了,成为高校语言调查课的一部选用教材,在短短的时间里已重印了三次。

"商务"还有一个特点,就是他们不把自己的职责仅放在出书上,而是把出版与推进国家的文化、科学建设紧紧地联系在一起。比如,为了促进传统语言学与现代语言学的结合,"商务"和中国科学院语言所等单位连续几年共同召开了"海内外中国语言学者联谊会",讨论大家所关心的语言认同、跨境语言等问题,不仅有助于学科建设,还有利于中青年学者的培养。

　　进入伟大的新时期，衷心预祝商务印书馆在过去光辉的基础上越办越强！

在国际阿昌族阿鲁沃罗节文化节上的致辞

(2018年2月30日)

尊敬的云南省阿昌族研究会的曹先强会长,尊敬的各位领导,亲爱的阿昌族父老兄弟们:

这次在云龙县召开阿昌族协会成立10周年和庆祝2018年阿鲁沃罗节文化节,这是一个有重要意义的会议,也是一个有影响的会议。感谢会议盛情邀请我去参加。我本来是要去参加的,只是因为最近在北京还有别的会议,所以不能去,甚是遗憾,失去了一个学习的机会。

我从1975年起就研究阿昌族的语言和文化。之后我到过陇川、梁河、路西等阿昌族的村寨,调查阿昌语和它的文化,在阿昌族寨子生活过一段时间,与阿昌族父老兄弟结下了不解之缘。我早在1980年在北京就与曹先强先生一起调查阿昌语。那时他在中央民族大学汉语系学习,他为我提供梁河阿昌语的语料。在与阿昌族接触的过程中,深深感到阿昌就是一个勤劳勇敢、好客、善良的民族。我每到一地他们都无私地给我们提供帮助,为我们研究服务,后来汇集了多年的调查写成了《阿昌语简志》。近些年我们出版了一本《阿昌族语言使用现状及演变》一书,这本书是一种绿皮书,能为中央制定语言政策、民族政策提供咨询。

阿昌族语言文化在我国民族的研究中具有重要的地位,特别是在藏缅语族彝缅语支语言的研究中有它的特殊的价值,阿昌语属于藏缅语族彝缅语支,他跟景颇族的载瓦语,还有缅甸语特别近,认为阿昌语是古缅语,因为他的语言里面保留了许多古代言语资源的成分，所以他的研究有它特殊的研究价值，而且阿昌族还保留了一些古老的彝缅语，它对我们研究我们西南边疆的少数民族的文化也有重要的参考价值。目前阿昌族虽然大部分人还会使用自己的语言，但是在一些地方也出现了语言衰退，我很担心我们阿昌族的这份珍贵的、有文化价值的语言丢失，所以应该怎样对阿昌语实行保护是我们目前应该思考的问题。

另外我们考虑过如何为阿昌族制定一套记录本民族语言的符号，能够把阿昌族的丰富的优秀的历史文化记录下来，保留下来。我想我们现在要考虑怎样对阿昌语和阿昌族的文化实行保护，因为它在我国是一个人口较少的民族。我们不仅要对境内的阿昌族的语言文化进行研究，还要对境外的阿昌族进行调查，我希望我们以后这项工作能够开展起来，为阿昌族做点好事。

我衷心预祝我们这次国际阿昌族的盛会能够圆满成功，谢谢大家！

中国社会科学院民族学与人类学研究所建所60周年贺词：新时代中国民族语文工作的新作为

（2018年9月11日 中国社会科学院民族学与人类学研究所）

尊敬的各位领导、各位专家：

中国社会科学院民族研究所胜利地走过60周年。在庆祝建所60周年之际，我怀着十分亲切、崇敬的心情，向民族所60年来在民族研究上取得的重大成就表示热烈的祝贺。

民族所建立时，正是我进入民族工作领域之时。60年来，我们这批新中国培养的民族工作者，特别是在中央民族大学工作的教师，始终与民族研究所的研究人员在一起，喜忧共度，为如何解决少数民族语言文字的使用问题而共同奋斗。大家在一起参加过语言调查工作队；在一个大院里工作、生活；在一起探讨民族语文问题。这当中，有对民族语文问题复杂性的思考，有遇上挫折的忧虑，更有看到成就的喜悦。民族所的同行们都成了我们的好朋友，我们都是一个战壕的战友。

60年来，民族所始终坚守一个宗旨：面对现实，探索如何科学地认识、解决我国的民族问题和民族语文问题，使民族语言文字能够造福于少数民族。民族所的大大小小研究员们，在20世纪50年代积极投身全国少数民族语言文字的大调查，为少数民族创造、改进、改革文字，许多人到民族地区一去就是几年，与少数民族群众同甘苦，共患难。如今，许多人已经退休，但他们的功绩将永远镌刻在民族语文史册上。

如今，党中央吹响的新时代的号角，为我们广大民族语文工作者创造了新作为的条件。我们看到，民族所的研究人员正积极投入研究新时代的民族问题和语言问题，现在已经做出了显目的贡献。

当前，我们民族语文工作者面临着新的挑战。民族问题、语言问题，是一个贯穿整个社会主义历史时期的极其复杂的问题，处理得如何关系到国家事业的成败。在当今现代化进程加速进展的情况下，如何认识我国各民族语言特点的新变化，如何估量少数民族语言的使用功能和语言的感情价值，如何认识少数民族语言在新时期的语言结构的变化，如何处理好强势语言和弱势语言的关系，如何使语言文字更好地为少数民族的发展、进步服务等等问题，都需要我们去做艰苦的调查研究。这些既是重大的理论问题，又是重要的实践问题，但都是难以辩证解决好的新问题。

所以我认为，新时代的民族语文工作大有可为。我们中央民族大学从事民族研究的教师和研究生，将一如既往地向民族所学习，与民族所并肩奋斗，争取为民族语文工作做出新的贡献。

在"中国云南濒危语言有声资源采录技术培训班"上的开班致辞

(2019年6月9日 云南元江因远)

尊敬的各位专家学者:

由玉溪师范学院濒危语言研究中心主办的"中国云南濒危语言有声资源采录技术培训班",在白碧波、许鲜明两位教授多年的努力下,在学界同仁的鼎力支持下,经过半年时间的筹备,现在正式开班了。我代表学校向各位知名专家、学界精英和参加培训的同学表示衷心的感谢和热烈的欢迎!

玉溪师范学院濒危语言研究中心始建于2000年,始终坚持"立足本土、携手合作"的建设方针,围绕"保护濒危语言、维持语言文化多样性"开展工作,共建"中国云南濒危语言研究基地",召开了三届"中国云南濒危语言遗产保护研讨会",预计今年将召开第四届中国云南濒危语言遗产保护研讨会。经过多年的努力,濒危语言研究中心在抢救记录云南少数民族濒危语言方面取得了一些成绩,2011年获得了"云南濒危语言记录与研究创新团队"。

云南丰富多彩的少数民族语言资源,是玉溪师范学院濒危语言研究中心得天独厚的科研条件,借助这个平台才能够与国内外知名的科研院所、专家学者携手合作。通过13年的合作,我们深刻认识到濒危语言研究中心学术团队在学科结构、科研理论、科研方法和科研设备的有效利用等方面还有较大的提升空间。

希望通过本次培训，使我们在少数民族语言研究理论、研究方法上得到进一步的提升，系统掌握濒危语言有声语料存档的各项标准和濒危语言语料记录保存的技术规范，成为一支社会语言学、描写语言学和记录语言学等多学科交叉的云南濒危语言记录与研究科技团队。

最后，预祝本次培训圆满成功！

在"首届跨境语言高端论坛"上的致辞

（2019年11月30日 云南昆明）

尊敬的蒋校长、卞书记、各位来宾：

今天，我怀着无比激动的心情参加"首届跨境语言高端论坛"会议。我谈三点：

一、跨境语言研究有不可替代的重要价值和意义，大有可为。

它是一门新兴的学科、交叉学科，在新时代具有重要的战略意义。是语言学研究的一个重要分支。研究语言，只研究本土语言还不够，还要研究境外的语言，做到"知己知彼"。

二、云南师大汉藏语研究院多年坚持将跨境语言研究作为自己的一个重点，已取得可观的成绩。

汉藏语研究院从建立起，就意识到必须坚守南方跨境语言的阵地，大力开展有特色的跨境语言研究。我们十位研究人员，几年来已获得了11项与跨境语言有关的国家级和省部级的项目。

"十年磨一剑"。今年已进入第8个年头，汉藏语研究院将一如既往地继续抓好跨境语言研究。

三、感谢学校领导和各方专家的大力支持。

我们的跨境语言研究，始终得到校领导的支持。而且还得到省内外专家如黄行、周庆生、和绍英、杨光远、刘劲荣等教授的大力支持。值此会议召开之际，特向他们表示深切的感谢。

我们特别要感谢这么多在跨境民族、跨境语言的研究上做出突出贡献的专家莅临会议传经送宝。预祝会议圆满成功！

"詹伯慧语言学奖"成立大会贺词

（2020年11月3日 北京）

尊敬的伯慧先生、各位领导、各位朋友：

暨南大学成立"詹伯慧语言学奖"是一件有意义的、正能量的事，必将推动我国的人才培养和语言学事业的发展。特此衷心祝贺！

伯慧先生是著名的有影响的语言学家。他热爱祖国，热爱语言学事业，长期勤勤恳恳工作，贡献突出。我们是老朋友。记得20世纪80年代，我们一起参加过《中国大百科全书》民族卷、语言文字卷的编委会审稿，还参与了序言的编写，还参加了早期华中师范大学博士生的答辩，伯慧先生那种对国家科学事业发展的热情关注，以及严谨的学风、敏锐的洞察力，给我留下了很深的印象，还深深感染了我。我们的友谊一直延续到今日。伯慧先生近期这一善举，必将推动我国新时代的语言学的建设。

祝会议圆满成功！祝伯慧兄嫂以及一家人健康幸福！

在"中国语言生活皮书"编纂十五周年暨第三届中国语言生活学术研讨会开幕式上的致辞

（2020年11月7日 北京）

各位领导、各位朋友：

我陪伴"中国语言生活皮书"的编写走过了十五年，其中的酸甜苦辣和喜悦愉快，我都经历过了，都体会到了。我们这个语言生活皮书撰写的大家庭是一个饱含家国情怀的温暖集体，十分难得。我每次参加会议，都感到兴奋。

"中国语言生活皮书"编写的功绩至少有三点：一是增强人们对语言生活重要性的认识和重视。二是用无数具体事例证明，在人文科学的语言学科中，不能只做语言本体研究，还要做语言使用、语言功能的应用研究，要关心人民大众的语言生活。一个新的分支学科——语言生活应用研究学有望诞生。三是培养了一批有战斗力的、有水平的、实干的人才队伍，这是我国语言学队伍的宝贵力量。其他的成绩由于时间关系，就不再讲了。

祝"中国语言生活皮书"的编写绵绵流长，不断延续，为我国的现代化建设做出新的贡献。

在"中国外语战略研究中心"十年总结会上的致辞

（2021年1月8日 上海外国语大学）

"中国外语战略研究中心"自2011年11月在上海外国语大学成立以来，已走过光辉的十年，为我国外语的教学科研发展作出了突出贡献，可喜可贺！

中心是一个科教融合的学术平台，成立以来，密切关注语言与社会的互动关系，广泛开展社会语言学、语言政策、语言教育等相关领域的研究，形成了一支学科涉及广、科研能力强的研究队伍，培养了一大批优秀人才，为学科发展、语言文字事业发展做出了重要贡献，同时兼具家国情怀，服务于社会和国家的发展。

10年是一个节点，值得总结和盘点，也是一个展望未来，开启新征程的起点。祝中心越办越好，在未来的5年、10年，取得更大的成绩，祝第三期签约成功！

《黔南民族师范学院学报》创刊40周年刊庆寄语

（2021年12月29日）

今年是《黔南民族师范学院学报》创刊40周年。值此之际，作为贵刊的一名读者、作者和学术顾问，我对贵刊致以诚挚的祝贺！

我与《黔南民族师范学院学报》有很深的感情。从我第一次在《黔南民族师范学院学报》发稿到现今已经有八年，共计在贵刊发表了6篇文章，涉及语言的宏观研究和微观研究。在宏观方面，涉及我对国家语言和谐的构想、语言国情及语言政策的相关思考、语言保护的认识；在微观方面，涉及我对藏缅语族语言中景颇语的本体性研究（包含分析型语言的借鉴与启示）等。我还主动帮学报组稿并鼓励一些年轻学者向贵刊积极投稿。这八年，我时时关注着贵刊的发展与变化，一路上见证着贵刊的成长，尤其是贵刊对于民族语言的重视，从多年前每年刊发一到两篇民族语言的论文到如今每年都有固定两到三期专门刊发民族语言的论文，有着稳定的稿源，刊发论文的质量也得到民族语学界的认可。我深知办好一个刊物实属不易，但在学科建设和人才培养上功德无量！

语言研究是文科的重要部分，对社会文化的发展进步有着不可替代的作用。贵刊为民族语言研究提供了稳定的发文阵地，重视民族语言研究，值得称道。我作为一名从事65年学术研究的民族语言工作者，衷心希望贵刊继续前进，不忘初心、牢记使命，在伟大的新时代，做出更大贡献！

我和《中国语文》①

我是《中国语文》的忠实读者和热情支持者。

1952—1956年上大学期间，我就喜欢上《中国语文》了。那时每期的《中国语文》我都要读，缺期的我还极力想方设法到旧书店或托人到外地买了补上。后来一直是如此。如今我藏有一套完整的《中国语文》，它成为我必读的语言学杂志，帮助我思考语言学问题，做好语言学的教学和研究。我还要求我的博士生必须读三本语言学杂志：《中国语文》《民族语文》《当代语言学》，告诉他们《中国语文》办得好，有事实，有理论，是反映我国语言学研究前沿水平的一份杂志，能够从中学习到研究方法、得到有用的新语料，还能获取语言研究的新动态。我还积极为《中国语文》写稿，有幸在《中国语文》上先后发表了十一篇论文，有闽语仙游话的，有藏缅语研究的，还有汉语和非汉语比较的，还有语言应用研究的，还担任了多年的编委。

《中国语文》重视挖掘新的语言事实，从语言事实中提取规律、总结理论，还不忽现代语言学理论的借鉴。这个方向我非常赞同。我国是一个语言资源大国，有挖掘不尽的语言资源，可供语言研究使用。包括丰富多样的汉语方言、少数民族语言，还有浩瀚的汉文文献。语言资源的丰富性及其价值，怎么估计都不会过分。我们可以利用自己得天独厚的语言资

---

① 载张伯江、方梅：《〈中国语文〉七十年纪念文集》，北京：社会科学文献出版社，2024年，第16页—18页。

源,揭示新的语言规律、总结新的理论、发展语言学学科、解决现代化进程中民生的语言应用,还可以为相关学科的建设提供语言参照。因而,从本国的语言实际出发,发现语言的新规律,是建立具有中国特色语言学理论的必循之路,也是中国语言学家不可推卸的责任。建刊以来,《中国语文》立足本土语言,刊发了大量有原创性的论文,为建设具有中国特色的语言学学科做出了贡献。

我主要做汉藏语系语言研究,除了研究藏缅语的语言外,还做过一些汉语和非汉语的比较。我通过自己的研究实践,深深体会到语言的博大精深,要精准认识语言,必须从不同角度、使用不同方法逐步深入,不能困于单一的角度、方法上。不同的理论、方法往往是互补的、互鉴的。人类语言有共性又有个性,研究中既要认识语言的共性,又要把握其个性。由于语言特点不同,要有个性化的对策,不能一刀切。比如,二十世纪80年代我曾经做过藏缅语述宾结构的研究,那时只根据语言的共性理出了一些容易看到的特点。近期,我从语言类型和语言转型的角度又思考了藏缅语述宾结构的类型学特点,发现藏缅语由于受到从黏着型向分析型语言转型的制约,不同语言的述宾结构出现了不同的特点,包括显性特点和隐性特点,也就是说,都含有分析性强弱不同特点的烙印。此外,藏缅语的使动范畴、疑问范畴、复辅音声母、一个半音节、a音节、四音格词等的特点和演变都会强烈地受到分析性强弱的制约。《中国语文》坚持开放包容的学风,是办好刊物的重要保证。

汉语是世界上使用人口最多、功能最强的语言之一,汉语研究得如何,事关中国,事关世界。我国的汉语、汉字的研究,长期处于世界的最前沿,受到国际语言学界的认可;《中国语文》在促进汉语研究上作出的突出贡献,是值得称赞的。

我国的非汉语研究,从理论上、方法上不断从汉语研究中汲取养料,推动了研究的发展;非汉语的研究成果中,含有大量汉语研究的影子。我的博士生在论文开题、论文写作的过程中,都要认真查阅、学习汉语相关专题的研究成果。汉语的研究也需要从非汉语特别是汉藏语其他亲属语言的角度反观。这是因为汉藏语系语言发展不平衡，存在不同的层次，不同语言的变化是有规律可循的，能够通过对照得到启发，发现汉语单一语言研究看不到的特点和规律。

进入新时代，我国的语言学研究将会有更大的发展，衷心希望《中国语文》今后越办越好。

在"严学宭先生诞辰110周年纪念暨学术研讨会"上的发言

（2021年10月23日 中南民族大学）

各位同仁、各位朋友：

今天在这里召开严学宭教授诞辰110周年纪念会，我的心情十分激动。严老是我的老师，但又是同行好友，是忘年交。回忆往事，主要谈三点：

一、严老是汉语非汉语结合研究的开拓者，实践者

严老是研究汉语史的，在汉语史上有他独到的建树，发表过许多重要的论著。长期以来严老看到我国少数民族语言中有大量的资料对汉语研究有帮助，很重视利用非汉语的材料来研究汉语。记得，我当时在做藏缅语的松紧元音研究。如他敏锐地感到松紧元音与汉语史会有关系，多次找我了解松紧元音的特点，并探索上古汉语是否有过松紧对立。他还利用非汉语中的复辅音的语料，结合方言、汉字的特点，论证上古汉语有过复辅音声母，并进而构拟了一套上古汉语的复辅音系统。此外，他还从非汉语中的清化鼻音、非清化鼻音、辅音韵尾、小舌音等特点中，思索古代汉语的语音结构。他在1997年说过一段非常重要的话："经过李方桂、丁声树两

位学者的指示：必须求助于汉藏语系的比较研究，才能把汉语的历史扩展得比上古汉语更古一点……原始汉语的研究方向，应求助于汉藏语系的比较是肯定的。"（见《汉语研究的方向》，载《民族研究文集》民族出版社，1997年）

二、严老具有悉心培养提携年轻人的优秀品质

严老虽有丰厚的资历，学问过人，但他十分关心年轻人的成长，非常愿意与年轻人交朋友。他培养了许多在语言学界有成就的年轻一代。我年轻时也得到过他的恩惠。

20世纪80年代，我有幸因工作关系与严老有较多的接触。当时他很注意对年轻人的培养，处处想到让年轻人挑担子。记得那时他正在筹备华中科技大学的语言研究所和《语言研究》杂志。因为我是做少数民族语言研究的，他特别重视这一领域的研究，多次找我商讨《语言研究》要怎么办、怎么突出特点、怎么组稿等，还请我担任杂志编委。

1982年6月他在华中科技大学主办了"全国语言学研讨班"，请了一些有成就的专家来授课。我那时还是个讲师，但受到严老的特别邀请，负责讲少数民族语言的研究课题。当时，与其他那些年长的学者相比，我资历差，讲课经验少。严老生怕我胆怯，热情鼓励我大胆讲。我讲完课后，他十分兴奋地告诉我，"课讲得很成功"。他的鼓励，对我后来的成长起了难得的推动作用。时过近40年，严老主持的"全国语言学研讨班"，后来被誉为"语言学的黄埔军校"，参加学习的后来多数都成为我国语言学界的领军人或骨干，这与严老的精心策划、亲自运作分不开的。

三、严老虽是大学者，但平易近人，平等待人，是位可亲的长者

1956年开展全国少数民族语言大调查，严老也参加了，时任海南分

队队长。我还记得，在培训中他跟我们年轻的学生一起认真听课。我至今还有清晰的印象：一位头发花白的老教授坐在大礼堂右侧第一排认真听课、记笔记。

1981年，我和他都担任"中国少数民族语言简志丛书"编委会委员。在处理少数《简志》作者纠纷时，他总是从大局出发，尽量摆平关系，消除矛盾，使《简志》得以顺利完成。

我们与他在一起，不论是切磋学问，还是讨论工作，都不会有拘束。他总是把自己的想法坦率地告诉大家，并认真听取大家的意见。他的好作风深深地感染了其他人。

严老已仙逝30年，但他的音容笑貌还深深留在我们心中，我们将永远怀念他。愿他的学术贡献和优秀品德能成为推动我国语言学发展的一种力量！

谢谢大家！

忆学良师对中国民族语文专业建设的杰出贡献

——在"马学良先生诞辰110周年纪念活动暨马学良学术思想研讨会"上的发言

（2023年11月25日 中央民族大学）

我的发言主要是从我与学良师接触的回忆中，谈谈马先生对中国民族语文专业建设做出的杰出贡献。

我是1952年进入中央民族学院语文系学习民族语文专业的。毕业后留校任教至今。70年来，我一直在民族语文战线工作，经历过我国民族语文工作的兴起、发展、繁荣的过程。学良师仙逝之前，我与他有过较多的接触，了解他的想法和做法。由于发言时间有限，我只能谈几件我印象深刻的事。

一、马先生参与领导了民族语文专业的开创工作

我们知道，中华人民共和国成立时，我国民族语文专业经历过从无到有的变化。1950年11月24日，政务院第60次会议批准了《筹办中央民族学院试行方案》，决定在中央民族学院建立语文系，并规定："语文系招收高中毕业以上的志愿做少数民族工作的汉民族学生以及有相当学历的少

数民族学生，专修少数民族语文。"为国家培养从事民族语文研究、教学、翻译的高级人才。遵照政务院的指示，我校于1951年就开设了藏语班，1952年建立了语文系，开设了维吾尔语、蒙古语、彝语、苗语等语言专业，并正式从高考毕业生中录取学生。我是1952级的学生，当时有近180名的学生，其中约有一半的学生是从北京大学东语系调拨过来的。这一年共招收了蒙古、藏（拉萨、安多）、维吾尔、壮、布依、苗（黔东、湘西）、瑶（勉、拉珈、布努）、景颇（景颇、载瓦）、傈僳、傣、纳西、佤等17个语言专业班，不仅有使用人数较多的少数民族语言班，如蒙古、藏、维吾尔等语言，还有使用人口较少的少数民族语言班，如景颇、纳西、傈僳等语言，体现了国家民族平等的方针政策。我们都是响应国家的号召，为帮助少数民族文化教育事业进入民族学院的。那时马学良先生也是响应国家号召，从北京大学东语系调来中央民族学院的，担任了语文系首届系主任。与马先生同来的还有于道泉教授、李森教授等。我是1952年进校后不久才认识马学良先生的。那时他亲自给我们上语音学课，教我们如何记音，如何调查少数民族语言，把先辈的一套治学经验和优良传统传给了我们。那时近200人的大教室，学习氛围很浓，虽然对民族语言都只是一张白纸，但大家都想学好本领，将来为少数民族服务。

我们学习少数民族语言，只学了半个学期，学校就决定让我们到民族地区去实习，在群众中学习语言。这是英明的决策。我是学景颇语的，到了景颇山寨住了一年，跟群众搞"三同"（同吃同住同劳动）。现在回想起来，那一年的实习对我们后来的成长起了重要的作用，我们有了群众的感情，有了处处为国家利益着想的人生观，有了吃苦耐劳的作风。马学良先生当时是领导，他曾在西南联大做过田野调查，深知在田野调查中与群众打成一片的好处，所以坚定地施行了这一教学方式。

1956年，正是我们毕业的一年。有幸遇到国家决定开展全国范围的少数民族语言大调查。当时的院系领导果断地决定让我们这批即将毕业的学生全部参加这次大调查。我原定要进研究生班学习的，但马先生认为这次大调查机会难得，让我先下去做调查，等开班时再回来。于是我就参加了中国科学院少数民族语言调查第三工作队，到云南做少数民族语言的调查和新文字的创制工作，前后在云南待了三年多，于1960年初才奉命调回学校任教。这几年的语言调查，虽然很艰苦，但锻炼了我们从事少数民族语言调查工作的能力，为我以后的发展提供了基础，十分可贵。

从以上的经历说明，马先生领导的语文系当时施行的"重视实践、服务民族地区"的方针是完全正确的，是需要载入史册的。

二、马先生为民族语文事业培养了大批人才，付出了心血

中华人民共和国成立初期，民族语文人才十分匮缺，严重影响了民族语文的发展。马先生把自己的主要精力放在人才培养上。我们51级、52级的学生都受到过马先生的关怀，包括主攻哪种少数民族语言、怎样学习、怎样做科学研究等。后来我们这一批毕业生以后都成为全国各地少数民族语言教学研究的骨干力量。马先生对我的帮助，有几件事我永不忘怀。

1956年，我参加了哈尼语的方言调查工作，发现哈尼语方言有丰富的松紧元音对立现象，而且存在各种不同的变体，我就决定先做哈尼语松紧元音研究这一专题。我把自己的想法跟时任第三工作队队长罗季光教授说了，他很支持我做。经多次修改后，罗季光先生认为可以拿出去发表，他让我寄给他的好朋友马学良先生看一看。那时我虽然跟马先生还不熟，但我还是把稿子寄去。没想到马学良先生看后很快就给我回信，并在稿子上批了七个字："可以刊用。马学良"。他让我尽快投给《中国语文》，说该刊目前正在编辑少数民族论文集。我遵照马先生的意见投了稿。半年后见到论文集出版。这是我的第一篇少数民族语言研究的成果，感到十分兴奋，使我对自己的事业更有信心。

还有一件事，马先生为了让我扩大知识面，学一些民族学知识，跟着

名民族学家杨堃教授说，让我跟他去北师大听他讲民族学概论课。杨堃先生欣然答应，于是我跟他去北师大听了一学期他的课。杨堃先生曾在一篇文章中说过："一个民族学家如果不懂得语言学，就只能是半个民族学家。"这一认识，他多次与我说过。

三、马先生尊师好学的精神成为我们这一代人的榜样

记得在1964年，我和胡坦教授在《中国语文》上发表了《哈尼语的松紧元音》一文，里头提到是马学良教授最早在云南彝语里发现了松紧元音的。那段时间马学良先生正患病在床，我去看他时，高兴地告诉他，我和胡坦发表的论文里提到马先生的贡献。他很高兴地说，其实这是他的老师李方桂先生的功劳，还说当时他在西南联大调查彝语时听到松紧元音的对立，拿不准，就找李先生对音。李先生听了后说，对，是松紧元音的对立，并建议在元音下加"-"作为紧元音的符号。我听了后很受感动，认为自己应该像马先生一样，念念不忘老师的培养。

我去美国访问时，马先生亲自给李先生写信，介绍自己的学生是做什么的，希望李先生给予指导。所以我几次去美国参加学术会议时见到李先生，他都非常热情地接待了我。记得1986年，我去美国圣巴巴拉参加美国加州大学举办的"中国少数民族语言与文化"国际会议，在会上见到了李方桂先生。由于马先生的关系，李先生把我们当孙辈对待。当我发了题为"景颇族的支系语言的发言"后，李先生十分高兴地说："你是怎么得到这些材料的？"，我说："是在景颇寨子里跟老乡在一起才得到的"。李先生充满笑容地说："对，语言调查必须做田野调查，才会有新的收获。"因为他做了大量的壮侗语的田野调查，才获得今日"非汉语之父"的荣誉。

我还受马先生的委托到李先生家请李先生为我们系编写的《汉藏语概论》题书名和写评语。李先生一下就答应了，写道："近数十年来，国内收集的汉藏语的资料及研究，可以使这种研究达到一个新的境界，这本书

代表这种新的发展。"这段话给予我们学校的语言学研究很高的评价。

由于时间关系,我就讲这些。

师恩难忘,永记心间!

永远怀念好友章太兄[①]

（2021年11月13日）

10月17日上午，突然收到商务印书馆原总经理洪波君发来的章太兄逝世的噩耗，我一下子吓呆了，立刻就告诉我的老伴徐悉艰。顿时，往事一件件涌现在眼前，不禁泪湿眼目。

我与章太兄的结交是从20世纪60年代初开始的。那时，我和吴启录合写了一篇《闽语仙游话的文白异读》稿投给《中国语文》，《中国语文》决定刊用。1961年6月的一个下午，时任《中国语文》编辑的章太兄，亲自来中央民族学院16号楼，找我商量论文修改的事。那时，他才30出头，显得干练、忠厚、诚实。一见面就说"你的论文编辑部审了后，决定刊用，但有几处要改一下。"又说，"我是永春人，和你们仙游县只隔了一个小山，我们也算是老乡，又是同行，以后多联系。"这次初次认识和交谈，相同的闽南普通话口音、共同的闽语兴趣，把我们联结上了。随后半个多世纪以来，我们有缘常在一起审稿、开会、参加答辩，逐渐成为相互关照、互相帮助的难得好友。

2002年，为适应高校语言学教学的需要，他与于根元教授策划编写一套"应用语言学"教材，让我主持编写《社会语言学概论》一书。这样，在多次的规划会、审稿会上，我与他有了更多的接触，对彼此都有了更多

[①] 原载《陈章太先生纪念文集》编委会主编：《春风如沐 永不言别——陈章太先生纪念文集》，北京：商务印书馆，2024年，第24—26页。

的了解。从审稿会上，我学习到他关于语言规划的思想，了解到语言规划在语言生活中的地位。我决定在《社会语言学概论》一书中专门设立"语言规划"一章，请他操刀，我一开口他就欣然应允。我们这套书后来成为高校语言学专业的重要教材。《社会语言学》于2001年由商务印书馆出版，近日接到金艳艳的通知，第八次再版即将印出，我首先想到的是章太兄付出的心血。

进入21世纪，构建和谐语言生活成为语言文字工作的新理念。2006年9月，由教育部语信司和商务印书馆策划的《中国语言生活状况报告（绿皮书）》问世，章太兄、俭明兄和我被聘为审订。15年来，每年都要举行一次审稿例会（2至3天），多在北京举行，也有在外地的。这期间我们接触较多。每天都专心致志地看稿、改稿、讨论稿，紧张工作之后在一起休息，倾吐心言。我们三人中章太兄是长者，常常是来得最早、看的稿子最多。我们审稿过程中拿不定主意的都向"老大"请教，他总是虚心地与我们一起讨论，尊重我们的看法。他那种对工作认真负责、牢牢掌握党的方针政策、实事求是、一丝不苟的工作态度，显示出一个老共产党员、老科学家的优秀品德。每年春季，我们都期待审稿会的到来，盼望绿皮书"大家庭"兄弟姐妹的团聚。我们三位年老的成员，被年轻的成员誉为"语言学三兄弟"。

我们这套由三代人共铸的语言生活绿皮书是我国第一本关注语言生活的绿皮书。目前已连续出版14部，已有英文、韩文和日文的精华译本。章太先生是我们这个集体的最长者、领头人，他的敬业精神和工作态度对整个集体起到引领作用和模范作用。大家都会记住他对绿皮书编写的特殊贡献，都会回忆绿皮书编写的美好情景。

章太兄有个非常值得我们学习的优点：识大体、顾大局。在绿皮书整体框架、认识高度的把握上，他总是牢牢地从国家的利益、中华民族共同体的大局意识来判断是非、思考问题，发表自己的见解。为了保证绿皮书的质量，他甚至在患重病期间，也还坚持挂着尿瓶参加审稿。

章太兄的又一功绩是培养了一批有真才实学的社会语言学博士生，如今这批学生已成为我国语文战线的一支研究中国语言生活的生力军。因为我做过社会语言学研究，只要我在北京，他的博士生答辩都会请我参加。我目睹了他的博士生做社会语言学研究做得好，有事实，有理论，有原创性，有创新性。如今，他们都已活跃在我国语言生活各条战线，注目语言生活，研究语言生活，成为语言生活研究的骨干。陈老师的事业，将由他们继续奋斗。有的学生对我说："没有陈老师的培养，就没有我的今日。"

　　他还有一个值得学习的优点是：心中有他人，关心、成全他人。我们每年的绿皮书审稿，大家都能看到他是充满着欢乐之情来聚会的。审稿中，遇到一些难处理的问题，我们都乐意向他请教，而他都会尽心帮助解决。会后休息时，大家像一家人一样交谈。在一次会议结束的联欢夜晚上，主持人要求每人唱一首歌，他虽不善于唱歌，也应着大家的要求认真唱几句；大家为他祝寿敬酒，尽管师母管得严不许他喝，但他也要抿一下，以示对他人、对集体的尊重。

　　章太兄已故去，我们这个曾经长期并肩作战的审稿组已"三缺一"，再也没有机会与他在一起讨论问题、审稿、参加答辩了。此刻我想，人在世间，能有互相了解、互相支持的好友是幸福的，也是难得的，值得加以珍惜、怀念。

邢福义先生是我的学习榜样[①]
—— 沉痛哀悼好友福义兄
（2023年2月22日）

2月6日中午，突然收到李宇明教授的微信："据可靠消息，邢福义老师今天上午病逝！"顿时惊呆，哀痛不已。与福义兄交往的往事一件件涌上眼前。

我与邢先生初次相识是1982年在华中科技大学举办的"全国语言学进修班"上。在这之前，虽然听说过他汉语语法研究得好，讲课讲得好，但没有机会接触过。我们都是进修班的任课教师，虽然已是中年，但在应聘讲课教师中算是年轻的。那时，邢先生潇洒热情，一起谈了几句有关汉藏语的研究相互的距离就拉近了。

后来，慢慢有了进一步的交流。我们都有幸连续参加了几届国家社科基金评审会，每一年在京西宾馆都有几天接触交流的机会，互相都有了更多的了解。他每次从武汉来京西宾馆住下后，都要打电话问我来了没有，约我聊天。我到会议报到的当晚，都会去他房间找他，谈近来的研究情况，也谈些生活上的趣闻琐事，每次我们都谈得特别尽兴愉快。1999年8月8日至12日，我们一起去德国汉诺威市参加"第六届国际汉语教学会议"，每天晚饭后都会约好到外面散步聊天。记得，第一天的散步走了两

[①] 原载李宇明等主编：《抬头是山 路在脚下：邢福义先生纪念文集》，北京：商务印书馆，2024年，第27—30页。

个多小时,由于天色昏暗,边走边聊,有些问题越讨论越觉得有趣,不知不觉在城郊迷了路,差点回不了宾馆。后来,我们又有多次机会在语言学学术会议上见面交流,对彼此的了解更深了。

我们谈得来的原因主要有:一是我们都做语法研究,他做汉语语法研究,我做汉藏语非汉语的语法研究;二是治学和处事坚守的原则和理念相通;三是我们都做学科建设,他办《汉语学报》,我办《汉藏语学报》,有共通的话题;四是我们同年,都属猪,他长我一个月。这四条是我们建立友谊的基础。

我们见面交谈总是愉快的,坦诚的,有收获的。交流的内容主要是:语法研究的体会;对语言学现状及发展的认识;学科建设的经验和问题。我们还谈过如何办好学报、如何培养研究生等问题。我们一般不议论是非,谈到看不惯的事,他总是笑笑而过。

回忆起来,他对我的帮助很多。比如,我办《汉藏语学报》时就曾征求过他的意见,他认为很有必要,很有价值,要办。我请他担任学术委员会委员,他一口答应。我曾想再办个《中国双语研究学报》,征求过他的意见,幸亏他婉言提醒我"看精力能否顾得来",我才放弃。现在回头看的确不办为好,专心办好一个刊物就非常不容易了。华中师大召开的系列语言学会议,每一次都要邀请我参加。我还参加过他最早几届的博士生答辩,收获多多。

福义兄有许多优点铭刻在我心中,值得我永远学习。由于篇幅有限我这里只谈三点。

一是学习他脚踏中华大地、环视世界的治学理念。他坚持语言事实是第一性,立足于本土语言事实,追求在语言事实的基础上发现语言规律,寻求创新之路。他还重视消化外来理论,努力建立中国化的中国语言研究理论,坚持认为必须使外国理论中国化,在汉语研究中生根发芽。比如,他从2000年起为华中师大主持召开了十届汉语语法学术讨论会,都是提取汉语自身特点作为会议的主题,有重叠、被动句、动词与宾语、语法比较、句子功能、语序、词类、句式、句法省略、句子语气等专题。这些讨论会极大地促进了汉语语法和语言学的研究，使与会者受益匪浅。2003年10月11日至15日，我参加了"汉语被动表达问题国际学术研讨会"，我知道他为了使被动研究能够更符合汉语的分析型类型实际，在名称上做了由被动范畴、被动态、被字句到被动表达的多次改动。据我所知，汉藏语的"被动"，不像西方语言那样有形态形式，甚至有些语言如藏缅语的普米语、景颇语、哈尼语等根本就没有"被动态"，即使有被动表达，也会因语言类型层次的差异而有不同的特点，若用西方的一套来研究肯定是不行的。而用"被动表达"则是靠近了汉语、汉藏语的实际，是一种本土化的创新。他提出的"两个三角"（小三角：语表形式 — 语里意义 — 语用价值；大三角：普通话 — 方言 — 古代汉语），是中国化的典型创新，是积多年的研究实践才能提出的。

　　二是学习邢先生做学问专心致志、一丝不苟，终身坚守汉语语法研究，广搜事实例证，归纳条理，有甘于坐冷板凳的精神。他终身投入自己的事业，除了想，就是写。什么应酬、游玩、拉关系等都不占用他的时间。而且，还以专心做学问为乐，认为这是最幸福的人生过法。

　　三是讲究效率，志在多做贡献。他有超群的智慧，办事讲究效率。比如，在国家社科基金评审会上，他是我们的召集人之一，他在主持评审过程时讲究实效，不搞形式，工作效率高，每次都保质保量地提前完成评审任务。我们曾表扬他"领导有方，好领导"。

　　我多次听他作报告，深感他的报告条理清晰，观点突出，有理有据，深入浅出。这是他认真思索、充分准备的结果，还与他的智慧、气质有关。

　　尊敬的邢福义先生，您的一生已尽心竭力，对社会、国家作出了巨大贡献。您的理念、主张、成就得到同行的认可；您带出的弟子们已都能为社会独当一面。我痛惜您晚年无奈为老伴的疾病、自己的疾病折磨。现在再也没有病痛缠绕您了。安息吧！

回忆我与赵杰的三次交谈[①]

我与赵杰教授是忘年交，但却是老朋友。他大学期间在中央民族学院汉语言文学系学习，那时我在语文系语言学教研室教语言学课。由于他对语言学有特殊爱好，相互间有共同语言，早在20世纪90年代我们就已认识，并不断有交流，成了好朋友。

他逝世的消息我当天就收到了，太惊吓了，好久不能平静。前几天我还与他通话谈了为他的新著《十八洞苗语的描写与研究》写序的事，一个活灵活现的身影一下子就消失了。英年早逝，甚是悲惜！

赵杰是位有理想、有抱负的人才，他有坚定的、持久的事业追求，能不辞劳苦地在为如何多做些事而努力、奔波。他早期为了能考上语言学专业顶峰的北京大学研究生，苦苦坚持考了三年。为了建立中国满学研究院，他上下奔波终于办成。他有许多想法处处找朋友交换意见。我与他在一起交谈时总是那么欢快。真是一位耿直的、愿多做事的东北汉子！

下面记录的是我与他三次交谈的回忆。

一、1982年5月的一次交谈

赵杰毕业后不久的一天，他到中央民族学院17号楼的语言学教研室来找我，谈了他的志向和打算。这是我们第一次在一起时间较长的交谈。

[①] 原载劲松主编：《问学：赵杰先生纪念文集》，北京：民族出版社，2023年。

这之前，时任中央民族学院副院长的张养吾先生曾经找过胡坦和我，说"汉语系有个学生叫赵杰，写了一篇很长的语言学研究论文，请二位看一下，做些评论。"我看了一下，觉得这位年轻学生很努力，肯下功夫，很不容易，是位佼佼者。但一直没有机会在一起交谈过。

这次见面，他谈了自己的志向，认为中国的语言多，丰富复杂，有做不完的题目，愿意为中国的语言学发展做出贡献。还谈到他虽然留校任教，但很想去北京大学读研究生，进一步学习更多的理论知识。还问我年轻教师应当怎样做好学问。

我觉得他很直率、真诚，想说什么就说什么，一下就把关系拉近了。我说，你的习作论文我读了，觉得很好，是下了苦功夫的，但还要再做细致的修改。至于你要报考北京大学语言学专业的研究生，我很赞成。北大的语言学专业很有名，在全国高校中处于顶尖地位，趁年轻时多学些知识是必要的。我大学毕业时也曾经想去北大读研究生，但后来参加了少数民族语言大调查，没能实现愿望。我还知心地对他说，根据我参加语言大调查的体会，做语言研究，要有一门或两门语言作为主攻方向或立足点，这样就会有潜力。他表示同意，还说他是满族，以后要主攻满语研究。

后来他告诉我，他连续考了三年才考上了北大的硕士。我真赞赏他的毅力和奋斗精神。他接着又读了北大的博士，毕业后几年又被聘为教授、博导。在满语研究上，做出了显著的成绩，出版了《现代满语研究》《现代满语与汉语》两部著作。一路还挺顺利。

二、2002年2月的一次交谈

2002年初，北大派他去新疆石河子大学挂职，担任副校长。动身的前一天晚上他急匆匆地来我家找我。一见面，就开诚布公地向我说明来意，说他明天一早就要去新疆石河子大学挂职，今晚来一是告别，二是来取经，征求我如何做好业务、行政两不误。他说，您也做过多年的行政、业务"双肩挑",大家都认为对您的业务影响不大,能否给我介绍些经验。

我听了很为他坚持业务工作而高兴,也真诚地对他说:"不影响是假的,会影响的。但要想办法去弥补。国家培养了我们当大学教师,我们不能丢弃业务。"我还具体地谈了怎样利用节假日多做业务、怎样在教学工作中提高业务能力的一些体会,希望他能把行政、业务都做好。

后来他每次来北京都对我谈业务的事,我知道他除了行政工作外,还在思考一些业务问题。

三、2006年5月的一次交谈

2005年年底,他被派往北方民族大学(银川)挂职,担任副校长。次年,我应邀到北方民族大学访问。有一天,他来到我的住处交谈,不约而同地谈起了我国南北语言研究要打通的问题。我们的共识是:我国南北语言虽然语言类型有差异,北方以黏着型、屈折型为主,南方以分析型为主,但在理论方法上要互相借鉴,互相反观,还要通过南北语言的比较发现语言的共性、类型学特征,以及语言研究中的新问题,我国有丰富的语言资源来实现这一创新研究。离开时,他还约我就这一问题给他主编的《北方语言论丛》写篇稿,我答应了。2013年《北方语言论丛》(第二集)上发表了我的论文《南北语言打通论》一文,这篇文章中的一些思想是我与赵杰共有的。

赵杰走了,我总觉得有件事未能满足他的心愿。他曾多次约我到满语研究院做一次讲座,但我因教学和一些事缠身,一拖再拖,未能成行,很对不起他对我的尊重。但他要我为他的新著写的序,我已写好。

谨以此文悼念赵杰教授英年早逝。

附录

附录一

《光明日报》文：做个"田野调查派"——戴庆厦先生与民族语言学[①]

作者：刘岩（中央民族大学中国少数民族语言研究院教授）

学人小传

戴庆厦，1935年生于福建厦门鼓浪屿。1956年毕业于中央民族学院语文系。现为中央民族大学荣誉资深教授，兼任国家语言文字工作委员会咨询委员、全国语言文字标准技术委员会少数民族语言文字标准技术委员会主任、中国民族语言学会名誉会长。主要从事汉藏语系语言和语言学的教学与研究，独著或合作发表了350多篇论文，出版了《景汉辞典》《汉景辞典》《景颇语参考语法》《景颇语词汇学》《藏缅语族语言研究》《戴庆厦文集》等学术著作和《语言调查教程》《社会语言学教程》《社会语言学概论》等教材，主编了"语言国情调查""跨境语言调查""少数民族参考语法"等。

戴庆厦先生从事民族语言学研究已整整70年了。他在少数民族语言

[①] 载《光明日报》2022年8月1日。

本体研究、社会语言学、民族语文政策、语言学人才培养等多个领域的杰出贡献，使其成为语言学界的标杆人物。70年来，他为中国少数民族语言笔耕不辍，虽然现在已是87岁高龄，但仍保持着旺盛的创造力。

戴庆厦先生对语言学的执着、对教育事业的热爱、对世事的豁达，对我等众多弟子乃至众多从事民族研究、民族教育工作的后辈们都有"润物细无声"的影响。

一、服从分配，踏上民族语言学之路

戴庆厦先生走上民族语言研究的道路，源自年轻时的几次"服从分配"。

第一次是在他高中毕业时。那是中华人民共和国成立初期，国家为了帮助少数民族发展本族语言文字和文化教育事业，在中央民族学院设立了少数民族语文专业，并规定"语文系招收高中毕业以上的志愿做少数民族工作的汉民族学生以及有相当学历的少数民族学生"。当时少数民族考生不多，所以1951年的招生主要是从各大学在读大学生中动员了一批汉族青年来学习少数民族语言，1952年才首次面向高中毕业生招生，这次招了180人，大多数都是汉族学生，刚刚从福建仙游高中毕业的戴庆厦就在其中。彼时，17岁的他对"民族"可谓一点概念都没有，甚至填表的时候连自己是什么民族都不知道。但是，"服务祖国"的信念和对首都北京的向往，使这个风华正茂的少年义无反顾地踏上了北上之路，也踏上了少数民族语言研究的征程。

第二次是在大学期间。当时，中央民族学院中国少数民族语言文学系刚成立不久，给他们上课的都是来自北京大学和中国科学院语言所的知名学者，如高名凯、吕叔湘、马学良、袁家骅、傅懋勣等先生，可谓大家云集。这些学者谈吐睿智，气质儒雅，把博大精深的语言学原理讲得活泼生动，紧紧抓住了青年学子求知之心，也使他们认识到，中国少数民族语言是语言学研究一座得天独厚的宝库。那时，系里设了16个少数民族语言方向，让学生自愿报名，戴庆厦认为，所有语言都是人类的宝贵财富，都有丰富的语音表现和迷人的逻辑内涵，所以只写了"服从分配"四个字，就被分在了没有人报名的景颇语班。学校找来了三位生活在云南边境的景颇族母语人教他们日常口语，还配了一名汉族辅导员。四位老师给他们编了临时教材，用英文打字机打字印出（景颇文是拉丁字母形式），上课时由老师一句句地带读。景颇族老师汉语不好，辅导员老师景颇语也不熟练，上课时若遇到什么问题，大家就一起讨论、分析。在这样的理论分析和感性接触中，戴庆厦很快就爱上了景颇语，从此与之相伴一生，不离不弃，无怨无悔。

第三次是在中国科学院组织的"全国少数民族语言调查"中。1956年，戴庆厦大学毕业不久，就遇上中国历史上第一次有组织、有计划、大规模的全国少数民族语言科学调查活动。那个时候，大多数民族都没有自己的文字，有些民族还过着"刻木记事、计豆数数"的日子。国家对少数民族语言文字的状况了解得也很不清楚，连我国究竟有多少种语言、特点是什么、分布情况、文字使用状况等基本情况都不清楚。所以，迅速调查我国少数民族语言文字状况、解决少数民族语言文字使用问题，已经成为一个亟待解决的社会任务。党中央、国务院对此项工作十分重视，组织了700多人分为7个工作队分赴全国各地调查少数民族语言。戴庆厦参与了这次大调查的全过程。一开始分组时，由于哈尼语组缺人，他再次表态"服从分配"，所以没有进景颇语组而是进了哈尼语组，由此又与哈尼语结缘。中华人民共和国成立初期，边境地区还不是很安全，工作队队员们在调查时还要背枪防身。与哈尼族老乡"同吃、同住、同劳动"，戴庆厦也学习和研究着哈尼语，既做本体研究，又做语言功能研究。他人生中第一篇少数民族语言研究论文《谈谈松紧元音》就是在这段时间发表的，这对于彼时毕业才两年的他来说着实是学术之小成、莫大之鼓励。

长期的民族语言工作使戴庆厦与少数民族同胞建立了十分深厚的感

情。他认为"民族同胞是一生的朋友"。他也总说自己十分幸运,几次"服从分配"都是顺应国家民族的需要,而自己也总是得到了最合适的安排。

二、住在村寨,观察语言现象

"立足田野,世界眼光",是戴先生的座右铭,也是他一生的习惯。70年来,只要条件允许,他就一定会奔赴民族地区进行语言田野调查。

面对语言学界的各种流派,戴先生常开玩笑地说自己是"田野调查派"。他认为,语言事实是第一性的、语言理论是第二性的,语言事实是永恒的,而语言理论往往是暂时的。早年,他就背着"一支笔、一个本、一杆枪",白天学习、劳动,晚上背枪、站岗,调查了景颇语、德昂语、哈尼语等边疆语言。耄耋之年,他仍然在云南与老挝、缅甸、泰国等边境地区调查。即使是在新冠疫情期间,他还学会利用网络通信,通过手机视频通话向民族同胞们了解其语言状况。他说,每当看到富有民族特色的村寨、热情好客的老乡,听到他们带有不同特点的语言,就感到非常兴奋。他认为,语言田野调查的关键词是"亲自、第一线、融入式",只有到群众中调查语言,才能够获得准确的材料;坐在屋子里查阅文献,听第二手信息,拿别人的产品进行加工合成,是绝对做不好的。

戴先生做过上百次大大小小的田野调查,主要是境内汉藏语系藏缅语族的语言和方言。如景颇语、载瓦语、哈尼语、彝语、傈僳语、纳西语、拉祜语、基诺语、克伦语、缅语、浪速语、勒期语、波拉语、茶山语、仙岛语、独龙语、怒语、嘉戎语、藏语、白语、土家语、喀卓语。他还调查了壮侗语族、苗瑶语族以及部分南亚语系的语言。近十年间,他还到境外调查了一些跨境语言的语言本体或使用情况,如泰国的阿卡语、优勉语、拉祜语,老挝的克木语、傣仂语、普内语、西拉语,缅甸的克钦语、缅语,哈萨克斯坦的维吾尔语等。

1986年戴先生到美国加州参加会议，做了《论景颇族的支系语言——兼论语言和社会的关系》报告。景颇族有景颇、载瓦、浪速、勒期、波拉等支系，不同支系使用不同的语言。不同支系的人生活在同一个家庭或村寨中，语言使用情况十分有意思。如不同支系的老人之间、年轻人对老人、年轻人谈恋爱各用什么支系语言、结婚后有无变化等，都有其内在规律和理据。与会的语言学大师李方桂先生认为戴庆夏的研究很细致，问他材料是怎么得来的，他回答说是住在景颇族村寨老乡家里观察到的。李先生非常赞同，说："只有生活在村寨里才能发现有用的语言现象啊！"李方桂先生早年在广西、云南、贵州一带做壮侗语的田野调查，对语言材料的精微细致是十分看重的。戴先生受到李先生的认可，更坚定了对田野调查的信念。

戴先生认识到田野调查对塑造踏实学风、追求学术真理的作用，因而对培养学生相关素质能力极为重视。景颇族有个谚语"小毛驴跟着驴妈妈赶街"，说的是小毛驴跟着驴妈妈赶集，路上走得很认真，但空去空回，不像驴妈妈能驮一大包货回来。戴先生最喜欢引用这个谚语催促弟子们走出门去，踏踏实实地做田野调查，要求他们务必拿回语料，不能走马观花、空手而归。现在，他当年的许多学生也成了博导、教授，带起了学生，这句景颇谚语也就成了他们的口头禅，田野调查求真务实的精神也通过一句谚语传承了下来。

三、治学做事，有担当

戴先生认为，世界的语言多种多样、类型不一，要科学、深入地揭示语言的真相，必须要有适合具体语言特点的理论和方法，必须解决使用什么眼光的方法论问题。眼光对了，容易贴近语言实际，能够发掘出新的语言现象；眼光不对，研究就难以到位。汉藏语系语言研究理论的形成也要以汉藏语语言事实为依据。

长期的田野调查研究让他认识到，汉藏语系语言与印欧语存在根本性的不同，研究汉藏语要有独立于印欧语的眼光，不能盲目照搬印欧语研究理论。他非常推崇著名语言学家朱德熙先生的一段话："现代语言学许多重要观点是以印欧语系的语言事实为根据逐渐形成的。采用这种观点来分析汉语，总有一些格格不入的地方。这是因为汉语和印欧语在某些地方（最明显的是语法）有根本性的不同"。针对国内有些学者不看语言类型、生搬硬套西方理论的现象，戴先生提出，如何根据语言的具体特点构建不同的方法，是目前语言研究一个需要重点解决的方法论问题。汉藏语属于分析型语言，具有单音节性、缺少形态变化、语序固定、虚词发达、韵律丰富等特点，它不同于形态丰富的印欧语系，也不同于词缀丰富的阿尔泰语系，如果生搬硬套西方理论，势必出现"张冠李戴""削足适履"的偏差。比如，汉藏语缺少形态，有些学者就想方设法用汉语虚词表示的不同意义归纳出各种形态，还认为是提高了汉语的语言地位；藏缅语许多语言根本就没有被动态，而有些研究总想从表义上、对译上去弄个被动态；汉藏语的虚词是个"大知识库"，有强大的语义、语法功能，大有作为，而这一大"金矿"则容易被印欧语眼光所忽略。所以，应当充分利用我国丰富的分析型语言资源优势来发展我国语言学，完善分析型语言的概念，多角度发掘分析型语言的个性，增强对分析型语言的敏锐性，这是中国语言学者迫切需要解决的问题。

最初，戴先生是为了探究精密的语言本体规律而入了语言学的门，但在多年的民族语文工作中，他注意到少数民族语言文字应用研究的重要性，并始终将个人的语言学研究与国家不同时期的重大需求紧密结合在一起。

20世纪50年代的大调查，是为了成立不久的新中国进行民族识别和提高少数民族文化教育水平。戴先生他们住在村寨里跟民族老乡学习语言，积极投入哈尼文的创制、推行以及哈尼文词典、读本、读物的编写中。他们与老乡合作编写了《哈汉对照小词汇》《哈尼文扫盲课本》，把一些实用科学知识翻译成哈尼文读物,如《怎样养牛》《怎样养猪》《哈尼族民歌选》等,还开办了"红河州哈尼文第一期培训班",招收了5个县的600多名学员参加,年轻的戴庆厦还应邀担任绿春县扫盲办公室主任,为促进当时哈尼族经济文化发展起了很大作用。

进入21世纪以来,民族地区的经济文化有了飞速发展,语言文字使用情况也发生了很大变化,戴先生又组织了大量的语言国情调查。他认为语言国情是一个国家国情的重要组成部分,各民族语言相关方针政策和民族语文的信息化、标准化、规范化以及少数民族的双语习得、语言翻译等工作,都需要依据现实情况在具体策略上进行充实和调整。而我国过去没有进行过系统全面的语言国情调查,对语言国情的认识处于一种朦胧的状态。由于尚无先例,2007年他亲自带队到基诺山做基诺族的语言国情调查,摸索工作方法。他对队员们说:"西双版纳再美,咱们也没有时间出去观光。只能等完成任务后再说。"队员们也十分理解他的心情和此次调查的意义,都埋头调查,直到最后一天去橄榄坝调查,也没有人提出要去几里外的旅游区看看。靠着这种韧性和决心,基诺语的国情调查顺利完成,并成为后来系列语言国情调查的参考模板。在戴先生的组织和示范下,历经十多年坚持努力,陆续有21部语言国情个案调查报告由商务印书馆出版,清晰展示了我国少数民族语言现状,特别是人口较少的少数民族语言的语言活力状况,还为国家的语言规划、语文政策制定提供了现实依据,并极大地丰富了中国语言生活的研究内容。

几十年的民族语言研究经验使戴先生深深感到,我国是一个统一的多民族国家,由于社会发展的需要和各民族的人心所向,历史上早已形成了一个统一的民族共同体,并在不断地巩固和发展。比如,汉朝西南夷的《白狼歌》,现在学界基本认定其是属于汉藏语系藏缅语族的诗歌,其中有许多汉语借词,反映了西南边疆少数民族对汉语语言成分的吸收,以及对历史中央王朝的国家认同、对中华民族共同体的认同。又如,汉字是汉族文化的载体,后来逐渐扩展到其他民族和邻国,成为许多民族创制其文字的基础，如契丹大字、契丹小字、西夏文、谚文、古壮字、古瑶字、水书、古白文、古布依字、古哈尼字、古傈僳字等都是仿照汉字的造字法创制的。在长期的历史发展过程中，汉字不仅记载了汉族悠久的历史文化，而且不同程度地汇集了各民族的文化，成为中华民族文化的载体。他认为，从语言文字表现论证中华民族共同体形成的规律和必然趋势，使之铸牢在各民族人民的心中，也是民族语文研究者必须肩负的一项重要任务。

四、严师慈父，创"三高"

戴先生不只是对科研严谨，对教学也很认真。他几十年养成的习惯是把课堂上要讲的内容写成详细的讲稿。他认为，科研和教学是相辅相成的，做科研有利于教学，讲课时最能引起学生共鸣的，是自己研究过的内容。他还说，高校里那些讲课讲得好的老师，一般科研也做得好。他不但自己搞科研，也提倡教师搞科研，还鼓励学生搞科研。他当语言学院院长时，高校里并没有现在这种硬性科研考核指标，他想出了各种鼓励政策，使整个学院上下都有做科研的风气，这种风气一直延续了下来。中央民族大学中国少数民族语言文学学科早已成为国家级重点学科，戴先生起到了重要作用。

紧迫的使命感和严谨的治学态度相结合，使戴先生成为一个"严师"。他对治学态度最为看重，对"学术镀金"或"得过且过、学习好坏都一样"的想法最为反对。他常说，怎么治学，涉及人生观、学习态度、学习方法这些问题，每个年轻人都要树立为祖国、为人类多做贡献的志向。每每发现弟子们有什么缺点，尤其是立志和治学方面出现懒惰或动摇的倾向，他不会因为碍于面子、事不关己或偏心偏爱而回避问题，而是会如严父般毫无顾虑地指出错误，要求学生坚定初心、认真改正。学生们也总是能体会到老师的良苦用心，对他充满感激。所以，虽然大家都知道戴先生对学生是"高标准、严要求"，但每年还是有很多学生想考他的博士生。

其实，入了"戴门"的学生们都知道，戴先生还是一个"慈父"。他对学生是负责任的，更是有感情的，把学生当成自己的孩子一样对待。我做博士论文时比较年轻，他那时因担任系主任一时无法抽身，专门托老同学陈相木教授安排我在云南民族大学的饮食起居，还请他给我介绍了几个孟高棉语族语言的发音人。彼时还没有手机，我们就靠写信联系，半个月再到附近邮局给他打一次电话汇报工作。后来，他应我请求来昆明两周。两周内，我们根据所掌握的新鲜的语言材料，决定更改博士论文选题。他带着我分秒必争地记录、收集语料，没有出过校门，也不见老朋友。我每天从学生食堂打饭给他带回宾馆对付着吃。在戴先生的指引和帮助下，我的博士论文得到答辩委员的较好评价。他为学术废寝忘食、对学生关怀备至，至今还感动着我、鼓舞着我。我们这些弟子不仅在跟他学习如何做学问，也在跟他学习如何做老师。

如今，他已如同一棵枝繁叶茂的大树，桃李满天下。他培养的一大批教授、博导和一大批少数民族文化事业骨干，正在推动着语言学、教育学、人类学、社会学、语言信息处理等学科和各类少数民族文化事业的发展。他还培养了许多来自美国、法国、日本、韩国、泰国、越南、老挝等国的留学生，把中国异彩纷呈的少数民族语言文化和中国人民的真挚友谊，传向世界各地。

戴先生总说自己是幸福的人，因为从事着自己所热爱的事业。中国少数民族语言纷繁复杂的语言现象和系统精妙的结构规则，使得他70年如一日探幽揽胜于其中而乐此不疲。他每天都会思考民族语言中的新问题，这个习惯让他过得很充实，自然而然就有了超强的"无龄感"。他每每跟我们谈及经年的研究和教学工作，用的频率最高的词就是"不知不觉"和"抓紧"。80岁以后，他不仅未有老态疲态，反而更加才思泉涌，把多年的思考和积攒的资料，一个专题一个专题地整理和总结出来。他在80岁那年发表了14篇文章，出版了自己的系列合辑《戴庆厦文集》第六卷，还合作主编了《语言类型学的基本方法与理论框架》一书；81岁到86岁的6年间，发表了43篇文章，独著、合著或主编了《哈萨克斯坦维吾尔族及其语言》《语言国情调查概论》《老挝普内语研究》《中缅跨境景颇族语言研究》《景颇语词汇学》《汉藏语研究方法论讲稿》等十部著作。今年他87岁，已经见刊的有4篇文章，还出版了《戴庆厦先生口述史》。先生在高龄依旧高质高产，同人笑称，此"三高"在业内实属少有。

戴先生是退休以后才学会用电脑的，这些论著都是他一个字一个字敲出来的，学生们对他的创造力和写作速度佩服得无以复加，问他怎样才能成为这样的"快手"。他笑着答道："这是我常年的思考啊！问题和答案早就在我脑子里成形了！我要抓紧时间写出来。你们年轻，可以慢慢积攒，但是我要'赶路'，总要时时关注、不断思考，你们坚持几十年，也会是'快手'了！"他虽然成就卓著，但总说自己是"先飞"的"笨鸟"，只是比较"勤"而已。他每天拎的黑包里装着师母几十年前送给他的牛皮面笔记本，本子里密密麻麻积攒着他瞬时的灵感。翻开已经磨白的皮面，就能看见扉页上写着四个端正的大字"勤能补拙"。

戴先生自述，近几年有好几个"小目标"：《戴庆厦文集》现在已经出到第七卷了，他鞭策自己多写文章，争取每两三年出一卷；他还想写一部《藏缅语专题研究》，因为近几年他一直在给博士生上这门课，如果写出来，对藏缅语研究和人才培养都会是有用的。他已经想好了书的结构安排：不按照概论的模式写，按照专题写，如系属问题、松紧元音、清浊声母、复辅音、语法的使动范畴、联动结构、亲属语言词汇比较等等。另外，他想继续他的跨境语言调查。前些年他多次到老挝、缅甸、泰国调查跨境语言，这两年被疫情打断了，他有些遗憾地说："以后再去难度会更大了。但是这里面有很多非常有趣的语言问题，很有搞头！"

这位"85（岁）后"的老先生多次对我等学生们表示："清华大学曾提出'为祖国健康工作五十年'的口号，我已经超额完成任务，但还要继续工作下去。我现在身体和思维还可以，总想抓紧时间多做一点事，留给后人参考。"

我有幸作为戴先生的研究生追随先生学习民族语言学六年之久，之后又一直同事至今，已有30年了。30年间，戴先生一直是我人生道路上的引路人。他70年如一日地沉浸于少数民族语言研究中，不为名不为利，脚踏实地、坚守本业，在田野中点滴记录、在青灯下伏案疾书的模样已经成为我的人生榜样。疫情期间，我不能如常去看望老师和师母，只能通过电话交流。每每谈到手边正在进行的科研课题，戴先生都是才思敏捷，滔滔不绝，对近几年的规划清晰又明确，充满着年轻的热情。也正是这样的交流方式，总是让我恍惚间忘了他的年龄。他把自己挚爱的语言学事业深深地融入了生命之中，在民族语言的探索中发现人类语言的真理。他就是为语言学而生！

时值先生从事民族语言研究70周年之际，慨乎言之，是以为记。

附录二

中央民族大学新闻网讯：戴庆厦教授汉藏语系语言研究学术思想研讨会在校举办[①]

作者：中国少数民族语言文学学院

2024年12月28日，由中国语言文学学部主办，中国少数民族语言文学学院、中国民族语言文字应用研究院承办的"戴庆厦教授汉藏语系语言研究学术思想研讨会"在海淀校区知行堂举办。来自北京大学、中国社会科学院、中国传媒大学、云南师范大学等国内多所高校和科研院所的五十多位专家学者参加研讨。校党委副书记、校长强世功出席活动。校党委常委、副校长，中国语言文学学部主任石亚洲，国家民委中国民族语言文字应用研究院院长曲木铁西，北京语言大学李宇明教授，中国民族语言学会会长王锋研究员等参加研讨会。

研讨会上，戴庆厦教授回顾了自己在民族语文领域73年的工作，分享了"勤奋、感恩、宽容"的人生守则，并特别感谢了国家、老师、家人、朋友和学生的支持与帮助。

强世功在致辞中指出，戴庆厦教授长期致力于中国语言文学学术研究

[①] 载中央民族大学官网，2025年1月8日。见网址：https://www.muc.edu.cn/info/1084/35598.htm。

和人才培养，为我国语言文学领域培养了大批优秀专家学者，为中央民族大学乃至全国中国语言文学学科建设做出了重要贡献。他希望全校师生积极弘扬戴庆厦教授的治学精神，落实立德树人根本任务，为以中国式现代化全面推进强国建设、民族复兴伟业持续贡献力量。

石亚洲指出，要紧紧围绕铸牢中华民族共同体意识主线，不断攀登学术高峰，追求卓越品质，传承戴庆厦教授治学严谨、勇于创新、无私奉献的学术精神和品德，为推动我国语言学研究和教育事业发展贡献力量。

李宇明、王锋、曲木铁西、姜镕泽等专家学者就戴庆厦教授在中央民族大学语言文学学科建设、语言调查思想、铸牢中华民族共同体意识的学术实践和贡献及其在藏缅语研究上的国际地位、汉藏语言语音研究理念等方面进行深入研讨。

与会专家一致认为，戴庆厦教授治学70余年，著作等身，桃李满天下，在中国语言国情、双语研究、社会语言学、跨境语言学、参考语法研究等领域具有开创性贡献，其学术成就对学术界具有重要影响。

后记

这部续集经过努力总算完成了。

承蒙我的博士生徐嘉荣精心替我编辑。她在紧张的博士学位攻读期间，抽出时间从选稿、查稿、统一体例到核对文字到校对，费了许多精力。她很有责任心，能发现问题，又有耐心，具有做科研、整理语料的好素质。没有她的付出，再好的食材也难以成席。我要感谢她。

我还要特别感谢中央民族大学出版社戴佩丽编审为出版这部书所做的努力。她也是学语言学的，对语言学有特殊的感情。她殷切地希望我还能再出第三卷、第四卷。我很感激她的一片心意，回答说"我今年已九十了，不知还能再写多少？努力吧！"

人生的道路是自己写成的，我将继续努力，尽力多做一些贡献。

戴庆厦

2025年2月18日